Formation Administration
Concours

Comprendre l'Union européenne

Ouvrage coordonné par Jean-Luc Sauron

Jean-Luc Sauron
Maître des requêtes au Conseil d'État,
professeur associé à l'université
Paris-Dauphine
Partie I

Emmanuel Barbe
Magistrat, secrétaire général adjoint
des Affaires européennes
Partie II, titre 18

Philippe Huberdeau
Conseiller des Affaires étrangères
et directeur d'études de Questions
européennes à Sciences-Po Paris
Partie II, titres 19 à 22 et partie III

Emmanuel Puisais-Jauvin
Conseiller des Affaires étrangères,
conseiller Mertens à la Représentation
permanente de la France
auprès de l'Union européenne
Partie II, titres 1 à 17

Sommaire

Présentation 5

Partie I
Les grandes étapes de la construction européenne et les aspects institutionnels

Titre 1
L'Europe en dix grandes dates 9

4 avril 1949 : création de l'Organisation du traité de l'atlantique nord (OTAN) 9

5 mai 1949 : création du Conseil de l'Europe 9

9 mai 1950 : déclaration de Robert Schuman 10

22 janvier 1963 : le traité de l'Élysée 10

1er janvier 1973 : premier élargissement des Communautés 11

20 septembre 1976 : Acte fondamental relatif à l'élection du Parlement européen au suffrage universel direct 11

9 novembre 1989 : la chute du mur de Berlin 12

1er janvier 1999 : introduction de l'euro sur les marchés financiers 13

13 juillet 2008 : lancement à Paris de l'Union pour la Méditerranée 14

19 novembre 2009 : nomination du premier président stable du Conseil européen, Herman Van Rompuy 14

Chronologie de la construction européenne en trente dates (1949-2010) 15

Titre 2
Les actes de l'Union, la hiérarchie des normes et les principes d'articulation entre le droit de l'Union et les droits nationaux 16

Les sources normatives du droit de l'Union 16

Les grands principes du droit de l'Union 18

Titre 3
Les institutions de l'Union 26

La Commission 26

Le Conseil et le Conseil européen 35

Le Parlement européen 44

Les organes et les institutions de contrôle 50

Les organes consultatifs 51

Titre 4
La procédure budgétaire 53

Les différents types de ressources propres 53

Les principes du droit budgétaire de l'Union 55

La procédure d'adoption et d'exécution du budget 55

Partie II
Les politiques de l'Union

Titre 1
L'Union économique et monétaire 61

Fonctionnement et réalisations 61

Perspectives 64

Titre 2
Le marché intérieur 68

Fonctionnement et réalisations 68

Perspectives 72

Titre 3
La politique de la concurrence 76

Fonctionnement et règles en vigueur 76

Perspectives 79

Titre 4
La fiscalité 81

Fonctionnement et réalisations 81

Perspectives 82

Titre 5
La politique commune des transports 84

Fonctionnement et réalisations 84

Perspectives 87

Titre 6
L'énergie 89

Fonctionnement et réalisations 89

Perspectives 90

Titre 7
L'environnement 92

Fonctionnement et réalisations 92

Perspectives 95

Titre 8
La politique de recherche et développement 97

Fonctionnement et réalisations 97

Perspectives 99

Titre 9
L'espace 101

Fonctionnement et réalisations 101

Perspectives 102

Titre 10
Les télécommunications 104
Fonctionnement et réalisations 104
Perspectives 105

Titre 11
La politique sociale 106
Fonctionnement et réalisations 106
Perspectives 108

Titre 12
La protection des consommateurs 110
Fonctionnement et réalisations 110
Perspectives 111

Titre 13
Éducation, formation professionnelle, jeunesse et sport 113
Fonctionnement et réalisations 113
Perspectives 114

Titre 14
La culture 116
Fonctionnement et réalisations 116
Perspectives 118

Titre 15
La politique agricole commune (PAC) 119
Fonctionnement et réalisations 119
Perspectives 120

Titre 16
La politique commune de la pêche 122
Fonctionnement et réalisations 122
Perspectives 123

Titre 17
La politique de cohésion 125
Fonctionnement et réalisations 125
Perspectives 126

Titre 18
L'espace de liberté, de sécurité et de justice 128
Les spécificités institutionnelles 128
Contrôle aux frontières, asile et immigration 130
La coopération policière 137
L'espace judiciaire européen 141

Titre 19
La politique commerciale commune 152
L'organisation de la politique commerciale commune 152
Les négociations commerciales 155
Les instruments de gestion de la politique commerciale 157
Évolutions récentes et défis présents de la politique commerciale commune 159

Titre 20
La politique de développement 161
Les grandes étapes de la politique de développement européenne 161
Le consensus européen pour le développement 162
Les instruments 163
Les défis actuels de la politique européenne de développement 165

Titre 21
La politique étrangère et de sécurité commune (PESC) 167
Les étapes de la mise en place d'une politique étrangère et de sécurité commune 167
Le haut représentant et le SEAE 169
Les instruments de la PESC 170
Les enjeux de la PESC aujourd'hui 172

Titre 22
L'Europe de la défense 174
Les grandes étapes de l'émergence de l'Europe de la défense 174
Les moyens mis au service de l'Europe de la défense 176
Les opérations de l'UE 178
Les nouveaux défis de la PSDC 180

Partie III
L'élargissement

Titre 1
Les grands principes encadrant le processus d'élargissement 185
L'article 49 TUE 185
Les critères de Copenhague 185

Titre 2
Le processus d'adhésion 187
Le déroulement du processus d'adhésion 187
Le renforcement du processus après l'expérience du cinquième élargissement 188

Titre 3
État des lieux de l'élargissement 190
Des différences importantes entre candidats 190
Le cas particulier de la Turquie 191
Vers un essoufflement du processus d'élargissement ? 192

Index 193

Présentation

Si « Comprendre l'Europe » en ce début de XXIe siècle n'est guère un exercice facile, il est passionnant en ce qu'il porte sur la dernière grande utopie qui traverse le continent européen.

Certes, à maints égards, on pourra faire valoir que le rêve européen, nourri par les pères fondateurs il y a maintenant près de soixante ans, est devenu réalité. Pour s'en convaincre et s'en réjouir, il n'est que de penser à la paix aujourd'hui inscrite durablement sur le continent européen. Pourtant, à l'heure de la mondialisation qui a accéléré la vie économique et politique, les défis auxquels l'Union doit faire face sont éminemment nombreux et appellent de sa part une capacité à adapter, voire à réformer, ses structures et ses politiques pour être à même de défendre et de promouvoir les intérêts européens sur la scène internationale.

L'entrée en vigueur du traité de Lisbonne, au 1er décembre 2009, a fortement bouleversé la donne européenne. De nouveaux acteurs sont apparus : le président stable du Conseil européen (Herman Van Rompuy), le haut représentant de l'Union pour les affaires étrangères et la politique de sécurité (Catherine Ashton). D'autres se sont vu accorder les moyens de peser sur le débat européen (les parlements nationaux, les citoyens européens). Des simplifications ont été apportées au fonctionnement de la mécanique européenne : suppression des piliers, généralisation de la procédure législative ordinaire.

L'Union européenne intervient, selon des compétences et des modalités différentes, dans la quasi-totalité des politiques suivies par les États : la concurrence, la politique commerciale extérieure, l'environnement, l'énergie, la politique de cohésion, l'agriculture, la coopération judiciaire, la lutte contre les criminalités, l'asile et l'immigration, etc.

Pour toutes ces raisons, il fallait que ce livre soit réalisé et façonné par une équipe « d'artisans ». La volonté de donner à l'étudiant, au fonctionnaire, au décideur ou au citoyen un outil adapté à une bonne connaissance de la réalité européenne nous a amenés à travailler collectivement et collégialement. Il est aujourd'hui impossible d'être un généraliste pointu : ce travail a donc été écrit par une équipe des meilleurs spécialistes des domaines couverts. Parallèlement, l'ouvrage a été mené en collégialité pour lui assurer une cohérence des points examinés nécessaire à une bonne et rapide compréhension des mécanismes et politiques décrites.

Priorité a été donnée, dans la conception de cet ouvrage, à ceux qui s'appuieront sur lui pour passer des concours ou des épreuves de « questions européennes ». Mais son volume a été choisi pour lui permettre d'être un outil consulté par tous et non une somme prenant la poussière sur une étagère de bibliothèque. Il a vocation à donner au citoyen les moyens d'appréhender les enjeux européens et de participer pleinement aux débats et interrogations que la construction européenne suscite chaque jour davantage.

Partie I

Les grandes étapes de la construction européenne et les aspects institutionnels

L'Europe en dix grandes dates

Les actes de l'Union, la hiérarchie des normes et les principes d'articulation entre le droit de l'Union et les droits nationaux

Les institutions de l'Union

La procédure budgétaire

Titre 1
L'Europe en dix grandes dates
(Ou une histoire d'Épinal de l'aventure européenne revue et corrigée)

Dix grandes dates permettent de prendre connaissance des étapes essentielles de la construction de l'Union européenne et de la nature de cette dernière. Ces dix repères constituent un choix forcément limitatif et personnel, mais dont l'objet est de souligner les moments décisifs de l'aventure européenne depuis plus de soixante ans. Nous vous proposons également une chronologie détaillée page 15.

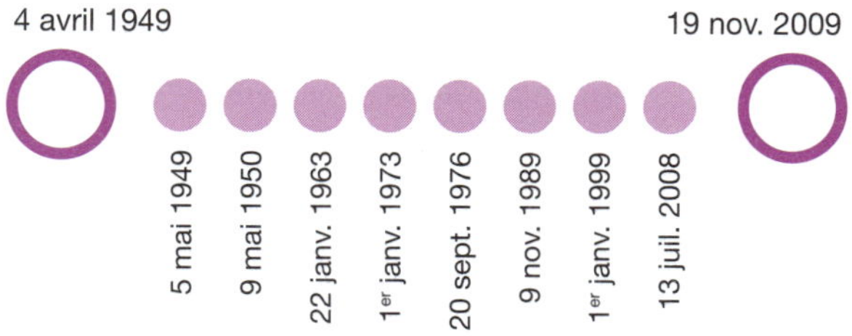

4 avril 1949 : création de l'Organisation du traité de l'Atlantique Nord (OTAN)

La première date choisie concerne une organisation qui a préexisté à la création de la première Communauté européenne, celle du Charbon et de l'Acier (CECA), le 18 avril 1951. L'OTAN est la manifestation de trois idées à retenir sur l'aventure européenne : celle de l'incapacité des Européens à se défendre seuls contre un agresseur d'importance, celle de la désignation de ce contre quoi l'Europe naissante se mettait en place (le système communiste installé dans l'Europe des « démocraties populaires ») et celle de l'identité du parrain de cette nouvelle Europe d'après-guerre, les États-Unis. Paul-Henri Spaak, ministre belge des Affaires étrangères dans les années cinquante, n'affirmait-il pas alors que Joseph Staline, le dictateur communiste qui régentait l'Union soviétique, était le vrai père de l'Europe communautaire ?

Ces points restent tous valables aujourd'hui. L'Europe de la défense tarde toujours à se mettre en marche et l'Europe ne peut conduire une opération militaire d'envergure en dehors des moyens que lui fournit l'OTAN, organisation qui repose essentiellement sur les troupes et le matériel américains. Le récent traité franco-britannique du 2 novembre 2010 en matière de défense répond davantage à des contraintes budgétaires qu'à une amorce de défense européenne intégrée. Si l'effondrement du système communiste a permis l'élargissement de l'Union européenne vers l'est de l'Europe, il a également fait disparaître un ennemi « commode » qui, pour partie, permettait aux Européens de se rassembler contre une autre conception politique, économique et sociale que la leur. La langueur qui semble s'être emparée de l'Union européenne depuis le début des années 2000 ne s'explique pas uniquement par la disparition de l'ennemi idéologique. L'Europe s'est construite depuis 1949 contre un système idéologique totalitaire et elle peine à mobiliser ses habitants sur un projet positif. Peu d'Européens sont capables de définir l'Europe qu'ils souhaitent. Enfin, l'Union européenne arrive difficilement à se détacher de la puissance qui l'a portée sur les « fonds baptismaux ». Derrière cette incapacité à définir la nature des liens qui la lient aux États-Unis (Communauté Euro-atlantique, partenaires, rivaux ?), se cache l'absence de volonté politique, de la part des dirigeants européens, à prendre une place autonome au sein du concert des nations. L'Europe affirme sa préférence pour un multilatéralisme équilibré, où les États-Unis ne joueraient plus le rôle de gendarme planétaire. En revanche, elle ne se donne pas les moyens militaires, économiques et politiques pour devenir pleinement un pôle du monde de demain aux côtés d'États continents comme le Brésil, la Chine, l'Inde, la Russie ou les États-Unis.

5 mai 1949 : création du Conseil de l'Europe

C'est à Londres qu'a été signée la convention qui créait le Conseil de l'Europe, première construction politique transnationale du continent européen. Il a été la concrétisation du congrès de La Haye de mai 1948 qui avait rassemblé, sous la présidence de W. Churchill, les partisans d'une Europe unifiée et en paix. L'œuvre magistrale, parmi bien d'autres, du Conseil de l'Europe demeure la Convention européenne de sauvegarde des droits de l'homme et des libertés fondamentales du 4 novembre 1950. Soixante ans après, cette convention et la jurisprudence de la Cour européenne des droits de l'homme de Strasbourg ont permis d'élever les standards européens en matière de droits de l'homme à un niveau sans doute inégalé de par le monde.

Le **Conseil de l'Europe** existe toujours. Il constitue « l'antichambre » démocratique par laquelle sont passés un certain nombre d'États désireux d'adhérer à l'Union européenne. Il a facilité la convergence des droits, après l'effondrement du système communiste, entre les deux Europe (l'occidentale, capitaliste et parlementaire, d'une part, et l'orientale, socialiste et connaissant un système de régime à parti unique, d'autre part). Il a également participé au rayonnement du droit européen par la négociation et la ratification, par des États non membres du Conseil de l'Europe (comme les États-Unis, le Canada ou le Japon), de conventions adoptées en son sein. Toutefois, son existence a durablement scindé l'image de l'Europe en deux représentations distinctes : une *Europe des droits fondamentaux* assurée par le Conseil de l'Europe et une *Europe économique et financière*, une Europe des marchands et des traders, personnifiée par l'Union européenne. Il n'est ni envisagé, ni prévisible que l'Union européenne (27 États membres) absorbe l'Europe du Conseil de l'Europe (47 États membres, dont la Russie et certaines Républiques d'Asie centrale). Il serait cependant utile, au-delà des coopérations existant déjà entre ces deux organisations ou du processus actuel d'adhésion de l'Union européenne à la Convention européenne des droits de l'homme, qu'une réflexion soit développée sur l'articulation sur un même continent de deux organisations regroupant pour partie les mêmes États membres (les 27 États de l'Union européenne sont tous parties au Conseil de l'Europe) et ayant sur de nombreux domaines des compétences identiques. Cette réflexion pourrait également englober une autre organisation paneuropéenne, l'Organisation pour la sécurité et la coopération en Europe (OSCE, 56 pays membres), dont tous les États du Conseil de l'Europe sont membres et qui comprend également des membres extra-européens (les États-Unis et le Canada).

9 mai 1950 : déclaration de Robert Schuman

Le soixantième anniversaire de cette déclaration a permis, espérons-le, de populariser cette étape majeure (et non première, comme les deux précédentes dates le soulignent) de la construction de l'Union européenne. Par cette déclaration, soigneusement soumise avant qu'elle ne soit prononcée à l'ambassadeur américain à Paris, le gouvernement français proposait à l'Allemagne de mutualiser les productions d'acier et de charbon pour, à l'évidence, rendre impossible une nouvelle guerre entre les deux États. En effet, à l'époque, ces deux matières premières se trouvaient être au cœur des usines d'armement. Cette démarche a effectivement lancé l'aventure européenne. Après la Communauté européenne du charbon et de l'acier (CECA), vinrent en 1957 la Communauté économique européenne (CEE) et la Communauté européenne de l'énergie atomique (CEEA ou Euratom), nécessaires fondations de l'Union européenne d'aujourd'hui.

Mais cette déclaration explique beaucoup des difficultés rencontrées par l'Union européenne en ce début de XXIe siècle. Tout d'abord, elle est « caricaturale » du fossé existant depuis sa création entre le réel de l'aventure européenne et sa représentation, notamment en ce que cette représentation se refuse à considérer le poids conséquent des États et de leurs propres rôles dans ladite construction. Ainsi, si Robert Schuman invoquait la nécessité d'organiser l'Europe pour éviter la réitération de la guerre, il affirmait moins ouvertement que, pour la France, ce projet avait surtout le mérite de tenter de placer sous tutelle une Allemagne déjà fort dynamique à peine cinq années après sa défaite. De leur côté, les Allemands trouvaient le moyen, par la CECA, de regagner un début de statut international après avoir été mis au banc de la communauté internationale après la période nazie. Un calcul identique, quoique moins marqué, fut effectué par l'Italie, également rangée dans le camp des vaincus malgré le gouvernement du maréchal Badoglio. Depuis, l'équation « Europe = paix » continue de gouverner les discours sur la construction européenne ou sur les menaces qu'elle encourt. Lorsque Jacques Delors a affirmé que l'Europe était un « OPNI » (objet politique non identifié), il signifiait par là qu'il ne rentrait dans aucune des catégories de constructions politiques connues, constructions sur lesquelles les hommes politiques européens continuent de tenir deux discours, non seulement contradictoires (Europe fédérale ou Europe des Nations), mais également faux, compte tenu du caractère hybride de l'existant. Enfin, il est regrettable que des institutions adaptées aux contraintes des années cinquante soient toujours en place, à quelques réformes près (sur lesquelles nous reviendrons plus loin), au début du XXIe siècle dans un contexte bouleversé par la mondialisation économique et la globalisation politique.

22 janvier 1963 : traité de l'Élysée

Ce traité organise les modalités d'un rapprochement franco-allemand et pose la première pierre de la coopération entre les deux États, coopération qui constitue le moyeu autour duquel tourne la construction européenne. Il a alimenté la lecture émotionnelle de l'aventure européenne. Deux acteurs, à titre divers, de la Seconde Guerre mondiale – le général de Gaulle et le chancelier Konrad Adenauer – scellent une « amitié » fondée sur de nouvelles bases et symbolisent l'esprit de la Communauté économique européenne : la paix retrouvée et garantie par l'interdépendance économique. Ce mode de relations interétatiques a connu d'autres traductions : le triangle de Weimar, censé prolonger à la Pologne la réconciliation des peuples français et allemand par celle des peuples allemand et polonais.

Il est également la première manifestation de l'égalité relative qui existe entre les États membres de l'Union européenne. Tous les États de l'Union sont égaux en droit, comme le rappelle après bien d'autres textes, le traité de Lisbonne. Mais il en existe certains qui sont plus égaux que les autres. L'Union européenne n'a jamais pu régler ouvertement la question de la prise en compte du poids réel des États. Celle-ci est effleurée par les modalités du vote à la *majorité qualifiée* au sein du Conseil des ministres, où les États disposent d'un nombre de voix qui correspond à leur poids démographique, politique et économique. Il est strictement écarté par la répartition du nombre de parlementaires attribués à chaque État membre, puisque cette

« distribution » s'appuie une dégressivité proportionnelle : les petits États ont, proportionnellement, plus de députés que les grands États. Ainsi un député luxembourgeois représente 66 000 habitants environ, là où son homologue allemand « pèse » 840 000 habitants. Malgré la vulgate européenne, les nations continuent de gouverner le fonctionnement de l'Union européenne. Une majorité des États membres a moins de huit millions d'habitants et ce ne sont pas les futurs élargissements à la Croatie, à la Macédoine, à la Serbie, voire au Monténégro ou au Kosovo, qui vont corriger cet état de fait.

1er janvier 1973 : premier élargissement des Communautés

La fin de l'opposition française à l'entrée de la Grande-Bretagne dans les Communautés, après le départ du pouvoir du général de Gaulle en 1969, a permis ce premier élargissement à la Grande-Bretagne, au Danemark et à l'Irlande. Les négociations ont permis la définition d'une notion promise à un grand avenir : *« l'acquis communautaire »*. Cela signifie que les États candidats doivent accepter, en entrant dans l'Union, tout ce qui aura été construit et décidé avant eux.

Deux éléments doivent être soulignés. Tout d'abord, cette notion a dû être affirmée pour contrer la volonté britannique de conditionner son entrée à des aménagements de la règle commune que les « Six » États fondateurs s'étaient imposés. En réalité, ce n'était que pour mieux le faire une fois dans la maison européenne : le rabais britannique, la possibilité d'échapper à l'Europe sociale, les aménagements aux règles de Schengen après leur intégration communautaire, le confirment. Depuis, les dérogations ne font que se multiplier et les bénéficiaires sont danois, irlandais, polonais ou tchèques. Dès ce premier élargissement, la Communauté économique européenne avait changé de nature. Ceux qui le contestent pensent, à tort, que seuls les États candidats sont concernés par le processus d'élargissement et que la Communauté, puis l'Union, ont pu absorber plus de 21 États supplémentaires (22, en comptant la réunification allemande avec l'absorption de la République démocratique allemande) en 53 ans, sans que son projet s'en trouve modifié. Le célibataire qui devient père d'une famille nombreuse a vu sa vie bouleversée : il en est de même pour l'Union.

Ensuite, l'élargissement n'a jamais concerné, à l'exception de l'entrée en 1995 de la Suède, de la Finlande et de l'Autriche, des États candidats prospères. Qui se souvient aujourd'hui de ce que la Grande-Bretagne était sous l'emprise d'un plan de redressement du FMI, en 1975, trois années à peine après son entrée dans les Communautés ? Mais l'Union a commis une grave erreur politique, à la moitié des années quatre-vingt-dix, lorsqu'il est apparu évident que les démocraties populaires allaient frapper à sa porte. Loin d'opérer un transfert financier conséquent pour amener les États candidats d'Europe centrale et orientale à un niveau comparable au sien, elle a imposé à ces États un exercice qui explique pour beaucoup le dérèglement économique européen aux causes plus endogènes qu'exogènes. Ces États, faute de ressources financières suffisantes transférées par l'Union en leur faveur, n'ont eu d'autres possibilités que de chercher en eux-mêmes ces ressources. Ils n'ont eu pour solution que de se tourner vers le *dumping social et fiscal*. Ce manque de solidarité explique la situation sociale et économique qui mine actuellement l'espace européen. Le peu d'appétence de l'Union pour de nouveaux élargissements « audacieux » (Turquie, Ukraine) s'explique, pour une grande part, par le vieillissement du projet européen. Le slogan qui résume le mieux cette façon de voir, c'est : *« A quoi bon ? L'Europe n'a plus d'envie, de désir. »* Il était de bon ton de critiquer l'Europe des marchands. Pourtant, ces derniers ont souvent de l'ambition. L'Europe actuelle propose aux pays candidats des adhésions, non pas « gagnant/gagnant », mais « une absence de perte pour les parties ». La crise de l'élargissement n'est que la traduction de l'absence d'Europe.

20 septembre 1976 : Acte fondamental relatif à l'élection du Parlement européen au suffrage universel direct

Avant cette date, les parlementaires européens étaient issus des parlements nationaux au sein desquels ils étaient choisis par leurs pairs. Par suite, le cumul était quasi général entre le mandat national exercé au sein de la chambre qui l'avait élu et le mandat européen. La disponibilité et la mobilisation pour ce mandat sans électeurs étaient faibles et ont cantonné le Parlement européen dans un rôle très marginal, ancrant dans l'imaginaire européen que seul le couple Commission-Conseil des ministres avait une existence. Par l'Acte fondamental de 1976, entré en vigueur en 1979, il était décidé que les futurs parlementaires européens seraient élus au suffrage universel direct par les Européens.

Cette décision est l'une des plus importantes prises par les chefs d'État et de gouvernement depuis le début de la construction européenne. Elle a eu deux conséquences principales qui continuent de peser sur l'équilibre politique au sein des institutions de l'Union et entre ces dernières et les représentations parlementaires nationales. En effet, le système du choix des parlementaires européens au sein des parlements nationaux assurait, de manière indirecte et insuffisante peut-être, mais réelle, l'association et l'information des parlements nationaux aux affaires communautaires. Dès lors, les parlements nationaux se sont retrouvés écartés du processus décisionnel européen jusqu'à ce que le traité de Maastricht (1992) et surtout de Lisbonne (2007) les réintroduisent dans le jeu décisionnel européen. Cette situation ne compte pas pour peu dans l'image de *« construction politique coupée des réalités nationales »*, voire de monstre bureaucratique, qui colle encore de nos jours à l'Union européenne. Le déficit démocratique dont est accusée l'Union européenne est le produit de cette illisibilité du contrôle parlementaire qui a longtemps caractérisé la construction européenne. Cette coupure démocratique n'a pas été corrigée par l'élection au suffrage universel des députés européens. En effet, il est peu d'États membres où les électeurs puissent bénéficier de relations aussi étroites avec les élus européens comme ils peuvent, en France, par exemple, les établir avec leur député ou sénateur ou conseiller général. Chacun de ces derniers a une permanence où le joindre. Les problèmes qui peuvent lui être soumis sont cernables et sa capacité d'intervention ou d'aide est tangible. Pourrions-nous aujourd'hui en dire autant des parlementaires européens ? Au mieux, certains d'entre eux tentent d'établir ce lien par un biais, celui du cumul avec un poste de conseiller général ou régional. Comment se reconnaître dans un élu que les électeurs ne rencontrent qu'une fois tous les cinq ans ou lorsque l'élu européen atteint une notoriété médiatique suffisante pour passer à la télévision ou à la radio ? La représentation parlementaire européenne demeure une représentation démocratique « hors sol » et, par suite, qui n'arrive pas à s'ancrer dans l'appréhension que peuvent avoir les citoyens européens, même si cette affirmation doit sans doute être corrigée selon les États. Mais pour la France, pays où est souvent évoquée la coupure entre la population et ses élites, il est vraisemblable qu'une telle séparation trouverait à s'appliquer aux relations entre les parlementaires français et leurs électeurs. Ce véritable « mur de séparation démocratique » doit tomber mais cela ne repose pas sur une décision européenne. Il devra y avoir une volonté politique des responsables français à construire un véritable statut des relations entre élus et électeurs.

La décision d'élire les parlementaires européens au suffrage universel a également eu des conséquences au sein même du processus décisionnel européen. Au départ, à la fin des années cinquante, la construction communautaire, comme toute organisation internationale classique, n'accordait que peu de place au contrôle parlementaire : pas de pouvoir législatif ou budgétaire, représentation au second degré de parlementaires issus des parlements nationaux. Il en est encore ainsi pour l'assemblée parlementaire du Conseil de l'Europe, ou de l'Organisation pour la sécurité et la coopération en Europe (OSCE). Rétrospectivement, il paraît évident que les chefs d'État et de gouvernement qui ont pris cette décision n'en avaient pas mesuré toutes les conséquences. En réalité, à compter de cette date (exception faite des précédents des traités financiers de 1970 et 1975 qui reconnaissent au Parlement européen un certain rôle budgétaire), tous les nouveaux traités ont accru les pouvoirs et les compétences du Parlement européen pour aboutir à en faire l'égal législatif du Conseil des ministres et, dans certaines circonstances, l'arbitre budgétaire. Cette situation n'est pas sans poser problème.

Au niveau européen, elle participe à saper l'autorité de la Commission européenne. En effet, *il n'existe pas*, à ce niveau, de *séparation des pouvoirs* (à l'exception du pouvoir judiciaire) au sens où il serait possible d'identifier une institution à un pouvoir, comme en droit interne : le gouvernement (exécutif) et le parlement (législatif). Pourquoi ? Essentiellement, l'identification, en droit interne, de pouvoirs séparés à des institutions différentes est possible parce que l'intérêt défendu est unique : c'est le bien commun de la population. En revanche, cet équilibre (ou plutôt le jeu des pouvoirs et contre-pouvoirs qui assure une vie démocratique par l'absence de pouvoir tyrannique) est garanti au niveau européen par un jeu entre des pouvoirs exercés conjointement par des institutions européennes, chacune porteuses d'un intérêt particulier : le Conseil des ministres (l'intérêt des États), la Commission (l'intérêt général) et le Parlement européen (l'intérêt des peuples européens). Tant que le Parlement européen n'était pas élu au suffrage universel, il était acceptable de considérer que seule la Commission avait en charge l'intérêt général, l'intérêt commun. Mais aujourd'hui, comment justifier qu'il existe une différence entre l'intérêt général défendu par la Commission et l'intérêt des peuples porté par le Parlement européen ? Quelle serait la légitimité politique de la Commission à s'opposer à une position politique forte défendue par le Parlement européen ? Dans un système démocratique, comment un pouvoir issu des urnes (le Parlement européen) pourrait-il se voir disputer la définition de l'intérêt général par une institution à légitimité seconde assurée par le double consentement du Conseil européen et du Parlement européen ? Nous constatons ici l'extrême vieillissement institutionnel d'un projet politique défini à l'aube des années cinquante (déclaration Schuman précitée) et qui n'arrive plus à remettre à plat ses évidences. Le traité de Lisbonne avait tenté de tirer les conséquences de cette situation. En prévoyant que le président de la Commission devait être choisi au sein du parti qui a gagné les élections européennes, il posait les bases d'une parlementarisation du système décisionnel de l'Union européenne. Mais ce faisant, il bousculait l'équilibre institutionnel existant depuis la CECA : celle d'une Commission, sorte de gouvernement qui ne disait pas son nom et qui, à l'origine, n'était pas adoubée par le Parlement européen. Le choix de Lisbonne est un choix qui fait voler en éclat le compromis fondateur de la construction européenne : il n'y aura pas d'État fédéral. Mais où existe-t-il un gouvernement (la Commission) sans administration (34 000 fonctionnaires pour une population de 501 millions d'Européens) mais soumis au contrôle politique du Parlement européen (la motion de censure) et à une tentative de marginalisation, dans son rôle gouvernemental, de la part d'un Conseil européen qui lui dicte de plus en plus sa conduite et la transforme en une sorte de super-secrétariat général exécutif du Conseil européen ? Ainsi le choix de 1976 a, sans le vouloir, abouti à jeter les fondements d'un bouleversement institutionnel qui est d'autant plus déstabilisant qu'il n'est ni reconnu, ni accepté.

9 novembre 1989 : chute du mur de Berlin

Elle a eu des conséquences remarquables : la réunification allemande (dont la construction communautaire a longtemps constitué une alternative en réponse à cette frustration allemande), la création d'une nouvelle frontière orientale à l'Europe directement voisine de la fédération de Russie et, par suite, la réintroduction de cette dernière dans le jeu diplomatique intra-européen, la disparition (ou l'atténuation) de l'Europe sur les radars américains, la bascule de la philosophie économique européenne. Toutes ces conséquences ont mis du temps à se manifester, mais elles proviennent toutes de cet unique évènement.

La *réunification allemande* de 1990 est l'un des éléments majeurs de la construction communautaire depuis ses origines. L'une des raisons de l'offre française faite à l'Allemagne lors de la CECA était de donner à cette dernière un cadre politique où s'arrimer, tant pour trouver un substrat à l'expression d'un nationalisme allemand revanchard, que pour la détourner d'éventuelles tentations de neutralité est-ouest en échange d'une réunification sous direction soviétique. La réunification est l'acte fondateur de l'Allemagne contemporaine : au 17 juin, qui rappelait aux Allemands leur division (commémoration de la révolte ouvrière à l'est de Berlin le 17 juin 1953, écrasé dans le sang par les Soviétiques), a été substitué le 3 octobre qui magnifie leur réunification (date du traité établissant la réunification). Mais, dès lors, l'Allemagne cesse d'être à la périphérie de l'Europe, enfermée dans l'espace restreint de l'Europe de l'Ouest et tournée vers l'Atlantique et les États-Unis. Dès 1999, ses exportations inversent leur flux : longtemps majoritairement tournées vers les États-Unis (en dehors des exportations vers les États membres de l'Union), elles se dirigent en majeure partie vers l'est du continent européen. Récupérant sa place centrale en Europe, l'Allemagne abandonne une politique euro-centrée et utilise le biais européen pour exprimer une vision mondiale de ses ambitions, conservant l'Europe comme base arrière d'un confort matériel et commercial fondée sur une mondialisation de ses débouchés. Là encore, les tensions (ou les interrogations) que certains en Allemagne peuvent ressentir sur l'éventualité d'une sortie allemande de l'Euro proviennent de ce que l'Allemagne est la seule en Europe, avec la Grande-Bretagne, à « raisonner monde ». Pour beaucoup de dirigeants politiques européens, l'Europe constitue l'extrême limite de leurs ambitions économiques et politiques. Elle est la base arrière d'un développement mondial pour l'Allemagne, lorsqu'elle est comprise comme un marché captif et protégé pour d'autres. Les BRIC (Brésil, Russie, Inde et Chine) sont surnommés les États émergents. Comment qualifier les États membres de l'Union ? Certains (les pays d'Europe centrale et orientale) peuvent se rapprocher des structures des pays émergents et sont d'ailleurs analysés comme tels par les économistes. Mais pour les autres ? Il est sans doute possible de les qualifier de décentrés et de réactifs, décentrés par rapport à un monde de plus en plus tourné vers le Pacifique, et réactifs puisqu'après avoir considérés l'Union européenne comme une construction politique adaptée à l'histoire de l'Europe au XXe siècle, il serait difficile de voir en quoi elle correspond à un monde globalisé. L'Europe a su être le centre de la Renaissance qui peut s'analyser comme une ouverture au monde (Amérique latine, Inde, Afrique), à la culture et à la science. Si l'Europe n'a pour projet que d'être un espace de protection, elle laissera sa place aux autres dans le façonnement du monde de demain. L'Allemagne peut être tentée par une aventure solitaire, en rupture de l'Europe politique, mais appuyée sur un réseau économique européen du Rhin à l'Oural.

La *Russie* a toujours semblé très marginale dans les relations intra-européennes. Sa brusque proximité avec l'Union européenne qu'a entraîné l'élargissement de 2004 (Hongrie, Pologne, République tchèque, Slovaquie, Lituanie, Lettonie, Estonie, Slovénie, Malte et Chypre) a, là aussi, modifié la donne. Ce changement a été conforté en 2007 par l'adhésion de la Bulgarie et de la Roumanie à l'Union européenne. Il s'est alors constitué une continuité géographique est-ouest qui n'avait jamais été réalisée depuis le XIXe siècle. Cette situation est sans cesse soulignée par la dépendance énergétique (allant jusqu'à 100 %) de certains pays européens (essentiellement les anciens « satellites » de l'URSS) et par les audacieuses opérations montées en ce domaine avec l'Allemagne, l'Italie ou la France en dehors de tout cadre européen. Si la situation commence à se normaliser dans le domaine énergétique par une plus grande participation de la Commission aux relations énergétiques avec la Russie, rien n'est réglé. Mais le véritable bouleversement, positif celui-là, c'est la manifeste interdépendance économique de l'Union européenne et de la Russie. Même si cette dernière continue de lorgner vers le Pacifique qui borde l'extrême pointe de son territoire, jamais, en près de quatre-vingt années de régime communiste, les relations commerciales et économiques n'ont été aussi denses entre les deux grands ensembles du continent européen. Il est facile de s'arrêter aux faits divers sur les implantations de capitaux russes d'origine douteuse en Europe ou de s'inquiéter (à juste titre) des atteintes (le mot est faible) portées à la liberté de la presse ou d'opinion en Russie. Mais l'européanisation de la Russie, comprise comme sa marche vers la mise en pratique de valeurs communes aux États membres de l'Union européenne, et sa prise de conscience de la solidarité de destin qui la lie avec l'ouest de l'Europe, ne sont ni banales, ni sans portée. Revenir sur la guerre froide et le tropisme asiato-centré de la Russie « éternelle » ne se fera pas en un jour. Mais si la Fédération de Russie abandonne sa logique d'empire assiégé pour prendre sa place sur le continent à égalité avec l'Union européenne, la place et le poids de l'Union européenne ne seront pas les mêmes qu'aujourd'hui.

Ce mouvement est d'autant plus facilité que nos alliés américains sont plus que tentés de centrer leur vision politique d'avenir sur le Pacifique, région dans laquelle le président Obama a passé sa jeunesse et qui a façonné sa vision du monde.

1er janvier 1999 : introduction de l'euro sur les marchés financiers

En pleine crise de la zone euro avec les difficultés grecques, irlandaises et l'évocation de la sortie de l'euro pour les pays du sud (les fameux PIGS : Portugal, Irlande, Grèce et Espagne), il peut paraître difficile de considérer le lancement de l'euro comme un des éléments fondateurs de l'Europe du XXIe siècle. Or, cette opération est caractéristique de ce qu'est l'aventure européenne depuis son lancement en 1951 (traité de Paris qui a mis en place la CECA) : un effort national pour un gain collectif et européen grâce auquel chacune des pièces du puzzle (chacun des États membres) y trouvera finalement son compte. La crise actuelle est à rapprocher d'une tendance à une sorte de *cocooning* qui pousserait les États membres à se renfermer sur leur pré-carré, comme un individu dépressif reste chez lui, fuyant l'extérieur.

L'euro est le **support d'une économie au niveau du continent européen**, seule dimension susceptible de donner à l'économie de l'UE l'assise suffisante pour supporter la mondialisation. Comment continuer à avoir un marché unique avec vingt-sept monnaies différentes ? Comment espérer bénéficier de l'effet levier d'un grand marché de 501 millions d'habitants et non de la juxtaposition de vingt-sept marchés très incomplètement ouverts ? Comment ne pas voir que l'UE n'a pu que se donner une monnaie unique à défaut d'un gouvernement économique unifié face à des États continents qui, eux, ont une monnaie et un gouvernement pour une population double de la sienne (Chine ou Inde) ou d'ampleur continentale (Russie ou Brésil) ? Le lancement de l'euro est bien dans le prolongement du pari de Schuman et de Monet dans les années 1950 : substituer à l'impossible construction politique institutionnelle une solidarité économique, reposant alors sur les quatre libertés de circulation (marchandises, capitaux, travailleurs, services), aujourd'hui sur l'euro. Au 1er janvier 2011, la zone euro comprend dix-sept pays membres, soit plus de 330 millions d'utilisateurs.

13 juillet 2008 : lancement à Paris de l'Union pour la Méditerranée

L'Union européenne est essentiellement « un pouvoir paisible », qui passe par son **emprise sur la réglementation économique mondiale** où elle est en concurrence avec les États-Unis et peut-être demain avec la Chine. Dans un espace mondialisé, il est vital pour une économie ouverte de tenter de contrôler ses marges, d'influencer les États avec qui elle commerce pour les aider à se développer et à se stabiliser. L'UE a une stratégie d'influence pour parer aux difficultés qui, nées chez des États tiers, pourraient s'étendre à elle. La crise yougoslave des années 1990 aurait pu, de proche en proche, déstabiliser les États d'Europe centrale et orientale très fortement marqués par des minorités nombreuses et historiquement riches d'un passé douloureux. Le traité de Trianon (1920), qui a divisé par quatre la surface de la Hongrie, a « éparpillé », sur au moins quatre États des populations d'origine hongroise (Serbie, Roumanie, Slovaquie, Pologne). L'actuel discours du parti Jobbik en Hongrie laisse à craindre ce que les braises de la haine non digérée pourraient entraîner. Les pays du pourtour méditerranéen (partenaires de l'Union pour la Méditerranée) ont une histoire commune avec ceux du nord. C'est autour de la Méditerranée que se résoudra la question de la compatibilité de l'Islam avec la démocratie et plus largement avec la modernité. Les révoltes arabes du début de l'année 2011 rendent plus nécessaires que jamais une refondation de la politique méditerranéenne de l'Union européenne. En prolongement oriental, les pays d'Europe centrale et orientale ont obtenu de l'UE de lancer le **partenariat oriental** avec cinq États : Biélorussie, Moldavie, Ukraine, Arménie et Géorgie. Là encore, il s'agit de stabiliser des populations et des économies dont il est impossible de séparer les deux espaces UE/pays de la bordure de la Russie.

19 novembre 2009 : nomination du premier président stable du Conseil européen

Le traité de Lisbonne a permis de donner au Conseil européen, et plus largement aux instances chargées de représenter les intérêts des États membres dans le processus décisionnel de l'UE, une certaine stabilité. C'est fondamental pour deux raisons : d'abord parce que, jusque-là, seuls la Commission et le Parlement européen possédaient une équipe dirigeante stable (mandat de cinq ans des députés européens et des commissaires européens) ; ensuite, parce que cette stabilité de la participation des exécutifs de l'UE réintroduit les dirigeants des différents États membres dans la gestion concertée des difficultés de l'UE. Herman Van Rompuy a imposé une réunion mensuelle du Conseil européen. De sorte que les chefs d'État et de gouvernement des 27 États membres reprennent l'habitude de regarder les affaires du continent, non plus de leur capitale, mais d'un point de vue d'ensemble, depuis Bruxelles. Ces réunions « dénationalisent » le regard des dirigeants européens en les conduisant à discuter des difficultés d'une manière collective. Le caractère mensuel de ces réunions interdit d'en faire de simples occasions de psychodrames de communication avec portes qui claquent et conférences de presse vengeresses. Leur régularité les normalise et leur permet de faire émerger un processus concerté de gouvernance politique. C'est dans ce cadre qu'**Herman Van Rompuy**, certes ancien Premier ministre belge mais aussi ancien ministre du Budget, a fait accepter par ses pairs le « semestre européen », c'est-à-dire les premières étapes d'une approche commune des politiques budgétaires. « *Le but recherché par le semestre européen est de renforcer la coordination des politiques économiques des États membres sur la base de résultats attendus. Le nouveau cycle semestriel débutera chaque année en mars : sur la base d'un rapport de la Commission, le Conseil européen recensera les principaux défis économiques et formulera des conseils stratégiques sur les politiques à suivre. Compte tenu de ces conseils, les États membres réviseront en avril leurs stratégies budgétaires à moyen terme et, dans le même temps, élaboreront des programmes nationaux de réforme décrivant les mesures qu'ils prendront dans des domaines tels que l'emploi et l'inclusion sociale. En juin et en juillet, le Conseil européen et le Conseil formuleront des conseils sur les politiques à suivre avant que les États membres ne mettent au point leurs budgets pour l'année suivante. Selon le code de conduite révisé, les États membres doivent veiller à ce que les procédures nationales nécessaires soient mises en place pour appliquer ces dispositions à compter de 2011.* »[1]

Le président stable du Conseil européen est une des pièces majeures d'une articulation entre l'UE et le contrôle démocratique exercé par les institutions nationales représentatives.

1. Communiqué de presse du Conseil « Affaires économiques et financières » du 7 septembre 2010.

Chronologie de la construction européenne (1949-2010)

4 avril 1949 : création de l'OTAN
5 mai 1949 : création du Conseil de l'Europe
9 mai 1950 : déclaration Schuman
18 avril 1951 : signature du traité de Paris (CECA)
30 août 1954 : la France rejette la Communauté européenne de défense (CED)
25 mars 1957 : signature des traités de Rome (Communauté économique européenne – CEE et Communauté européenne de l'énergie atomique – CEEA)
22 janvier 1963 : traité de l'Élysée entre la France et l'Allemagne
1er janvier 1973 : 1er élargissement à la Grande-Bretagne, au Danemark et à l'Irlande
20 septembre 1976 : signature de l'Acte fondamental qui organise l'élection des députés européens au suffrage universel direct
7-10 juin 1979 : première élection au suffrage universel direct des parlementaires européens
1er janvier 1981 : 2e élargissement à la Grèce
1er janvier 1986 : 3e élargissement à l'Espagne et au Portugal
17 et 28 février 1986 : signature de l'Acte unique
9 novembre 1989 : chute du mur de Berlin
3 octobre 1990 : réunification allemande
17 février 1992 : signature du traité de Maastricht
1er janvier 1995 : 4e élargissement à l'Autriche, la Finlande et la Suède
2 octobre 1997 : signature du traité d'Amsterdam
1er janvier 1999 : l'euro est introduit sur les marchés financiers
26 février 2001 : signature du traité de Nice
1er janvier 2002 : mise en circulation des pièces et des billets en euros
1er mai 2004 : première partie du 5e élargissement (Pologne, Hongrie, Slovaquie, République tchèque, Slovénie, Lettonie, Lituanie, Estonie, Malte, Chypre)
29 mai 2005 et 1er juin 2005 : les Français et les Néerlandais rejettent la Constitution européenne par référendum
1er janvier 2007 : seconde partie du 5e élargissement (Bulgarie et Roumanie)
13 décembre 2007 : signature du traité de Lisbonne
13 juillet 2008 : lancement à Paris de l'Union pour la Méditerranée
1er décembre 2009 : entrée en vigueur du traité de Lisbonne
7 mai 2010 : adoption du mécanisme européen de stabilisation financière (jusqu'au 31 juin 2013)
16 et 17 décembre 2010 : adoption au Conseil européen d'une révision du traité de Lisbonne visant à rendre pérenne le mécanisme européen de stabilité financière après juin 2013

L'essentiel

L'histoire européenne se structure autour de deux pôles : celui de l'**approfondissement** de la construction politique de l'Europe (traités de Rome, dit de l'Acte unique, d'Amsterdam, de Maastricht et de Lisbonne) et celui de l'**élargissement** (1973, 1981, 1986, 1990, 1995, 2004 et 2007). Les deux éléments alternent sans qu'aucun ne puisse empêcher l'autre de progresser.

Titre 2
Les actes de l'Union, la hiérarchie des normes et les principes d'articulation entre le droit de l'Union et les droits nationaux

Avec l'entrée en vigueur du traité de Lisbonne, le 1er décembre 2009, l'Union européenne s'est dotée d'une personnalité juridique et a repris les compétences auparavant conférées à la Communauté européenne. Le droit communautaire est donc devenu le droit de l'Union. À côté de l'Union européenne, la Communauté européenne de l'énergie atomique (Euratom) continue d'exister[2].

Les sources normatives du droit de l'Union[3]

Le droit primaire

Les traités

Aujourd'hui, cette catégorie comprend le traité de Lisbonne du 13 décembre 2007 qui modifie le traité sur l'Union européenne (nommé **TUE**), et le traité instituant la Communauté européenne qui devient le traité sur le fonctionnement de l'Union européenne (nommé **TFUE**) ; le traité instituant la Communauté européenne de l'énergie atomique (**CEEA**) ; les traités financiers de 1970 et de 1975 ; l'Acte fondamental de 1976 ainsi que tous les traités d'adhésion depuis 1973 (date du premier élargissement).

Les actes assimilés

Les protocoles annexés aux traités ont une valeur juridique égale à celle des traités. Par ailleurs, la **Charte des droits fondamentaux** de l'Union européenne acquiert la même valeur juridique que les traités et intègre « le bloc de conventionalité » sur lequel la Cour de justice peut se prononcer (article 6 du TUE) : « *1. L'Union reconnaît les droits, les libertés et les principes énoncés dans la Charte des droits fondamentaux de l'Union européenne du 7 décembre 2000, telle qu'adaptée le 12 décembre 2007 à Strasbourg, laquelle a la même valeur juridique que les traités. [...]* ». La Charte des droits fondamentaux de l'Union européenne comprend un préambule et six titres : dignité ; libertés ; égalité ; solidarité ; citoyenneté ; justice ; dispositions générales.

Cependant, la Charte n'est pas opposable au Royaume-Uni, à la Pologne ni à la République tchèque qui bénéficient d'une dérogation *(Protocole n° 30 annexé au TFUE sur l'application de la Charte des droits fondamentaux de l'Union européenne à la Pologne et au Royaume-Uni ; décision du Conseil européen ; protocole sur l'application de la Charte des droits fondamentaux de l'Union européenne à la République tchèque, annexé aux conclusions du Conseil européen des 29 et 30 octobre 2009 et qui sera annexé au prochain traité d'adhésion)* : il découle de cette dérogation que la Charte n'étend pas la faculté pour la Cour de justice ou pour toute juridiction de ces trois États membres, d'estimer que les lois, règlements ou dispositions, pratiques ou actions administratives sont incompatibles avec les droits ou les principes fondamentaux qu'elle réaffirme.

Les principes généraux du droit de l'Union

Il s'agit d'une œuvre prétorienne. Certains s'inspirent des traités européens (effet direct, égalité homme/femme, primauté, équilibre institutionnel). D'autres proviennent des droits des États membres : confiance légitime (dans la stabilité des règles juridiques, par opposition au changement brutal et inattendu de cadre juridique), proportionnalité, non-rétroactivité[4].

---

2. La CECA, elle, a cessé d'exister en juillet 2002.

3. Il sera systématiquement fait usage dans cette partie de la formulation « droit de l'Union » qui se substitue à celle de droit communautaire. En effet, l'absorption de la Communauté européenne par l'Union européenne, à compter du 1er décembre 2009, conduit à ne plus utiliser que la formule « droit de l'Union ». Par commodité, cette formulation sera employée sur l'ensemble de la période (depuis 1957) pour habituer les esprits à son emploi et ne pas créer de risques de confusion.

4. Voir page 22.

Le droit dérivé (le droit adopté par les institutions pour mettre en œuvre les traités)

Il convient tout d'abord de rappeler les articles 288 et 289 du TFUE.

- **Article 288 du TFUE**

« Pour exercer les compétences de l'Union, les institutions adoptent des règlements, des directives, des décisions, des recommandations et des avis.

*Le **règlement** a une portée générale. Il est obligatoire dans tous ses éléments et il est directement applicable dans tout État membre.*

*La **directive** lie tout État membre destinataire quant au résultat à atteindre, tout en laissant aux instances nationales la compétence quant à la forme et aux moyens.*

*La **décision** est obligatoire dans tous ses éléments. Lorsqu'elle désigne des destinataires, elle n'est obligatoire que pour ceux-ci.*

*Les **recommandations** et les **avis** ne lient pas. »*

- **Article 289 du TFUE**

*« 1. La **procédure législative ordinaire** consiste en l'adoption d'un règlement, d'une directive ou d'une décision conjointement par le Parlement européen et le Conseil, sur proposition de la Commission. Cette procédure est définie à l'article 294.*

*2. Dans les cas spécifiques prévus par les traités, l'adoption d'un règlement, d'une directive ou d'une décision par le Parlement européen avec la participation du Conseil ou par celui-ci avec la participation du Parlement européen constitue une **procédure législative spéciale**.*

*3. Les actes juridiques adoptés par procédure législative constituent des **actes législatifs**.*

4. Dans les cas spécifiques prévus par les traités, les actes législatifs peuvent être adoptés sur initiative d'un groupe d'États membres ou du Parlement européen, sur recommandation de la Banque centrale européenne ou sur demande de la Cour de justice ou de la Banque européenne d'investissement. »

Il faut discerner, au sein du droit dérivé, les actes contraignants et les actes non contraignants.

Les actes contraignants

Ils créent une obligation juridique à l'égard de leurs destinataires : il s'agit des règlements, des directives et des décisions.

– Les règlements et les directives : ces deux instruments sont adoptés conformément aux procédures de décisions prévues par le traité – procédure législative ordinaire (article 294 TFUE) ; procédure législative spéciale (article 289 TFUE). Sauf dans le cas des mesures d'exécution, la Commission ne dispose que du pouvoir d'initiative, l'adoption des actes relevant de la compétence du Conseil et du Parlement européen. Ces deux types d'actes ont une portée générale.

Il existe actuellement environ 5 000 règlements et 1 700 directives, auxquels s'ajoutent 60 directives et 200 règlements par an (en moyenne).

Les directives doivent être transposées, c'est-à-dire qu'un opérateur ne peut s'en prévaloir (opposabilité de la directive) devant une juridiction ou à l'encontre d'une administration qu'après l'adoption par l'État membre des mesures nécessaires à l'adaptation de son droit interne aux objectifs fixés par la directive et à sa mise en œuvre. En revanche, les règlements sont opposables dès leur publication au *Journal officiel de l'Union européenne* (nommé ici *JOUE*).

– Les décisions : celles-ci permettent de réglementer les situations particulières. Ce sont des actes obligatoires dans tous leurs éléments. Mais leurs effets juridiques se limitent à leurs destinataires.

Les actes non contraignants prévus par les traités : recommandations et avis

Ces actes sont énoncés à l'article 292 du TFUE.

- **Article 292 du TFUE**

« Le Conseil adopte des recommandations. Il statue sur proposition de la Commission dans tous les cas où les traités prévoient qu'il adopte des actes sur proposition de la Commission. Il statue à l'unanimité dans les domaines pour lesquels l'unanimité est requise pour l'adoption d'un acte de l'Union. La Commission, ainsi que la Banque centrale européenne dans les cas spécifiques prévus par les traités, adoptent des recommandations. »

A côté des actes non contraignants prévus par les traités, il existe d'autres actes n'étant pas mentionnés à l'origine par les traités et qui sont dits *« innomés »* : il s'agit des résolutions, déclarations, lignes directrices, conclusions, codes de conduite, communications, livres blancs, livres verts. Ils seront évoqués dans les chapitres suivants.

Le cas spécifique des actes pris dans le cadre de la politique étrangère et de sécurité commune (PESC)

Le Conseil européen définit les lignes stratégiques et les orientations générales de la PESC. Sur cette base, le Conseil adopte les décisions qui définissent les actions à mener et les positions à prendre par l'Union. Ces décisions produisent des effets juridiques à l'égard des États membres, mais elles n'ont aucun effet juridique en droit interne.

La PESC, en vertu du titre V du TUE, reste soumise à des règles particulières et à des procédures spécifiques. La Cour de justice n'est pas compétente (article 275 TFUE) pour contrôler ces dispositions ainsi que les actes pris sur leur base, sous réserve de deux exceptions, à savoir :
1) qu'elle est compétente pour contrôler la délimitation entre les compétences de l'Union et la PESC dont la mise en œuvre ne doit pas affecter l'exercice des compétences de l'Union et les attributions des institutions pour l'exercice des compétences exclusives et partagées de l'Union (article 40 TUE) ;
2) qu'elle est compétente pour connaître les recours en annulation dirigés contre les décisions prévoyant des

mesures restrictives à l'encontre des personnes physiques ou morales adoptées par le Conseil, dans le cadre par exemple, de la lutte contre le terrorisme (gel des avoirs) (article 275 TFUE).

Les actes multilatéraux

Il convient de différencier les accords internes à l'UE des accords internationaux.

– Les **accords internes à l'UE :** il s'agit à la fois des accords interinstitutionnels (article 295 TFUE : *« Le Parlement européen, le Conseil et la Commission procèdent à des consultations réciproques et organisent d'un commun accord les modalités de leur coopération. À cet effet, ils peuvent, dans le respect des traités, conclure des accords interinstitutionnels qui peuvent revêtir un caractère contraignant »)* et des accords entre États membres (exemples *:* élimination de la double imposition des revenus ou reconnaissance mutuelle des sociétés).

– Les **accords internationaux conclus par l'UE : l**eur compatibilité aux traités peut faire l'objet d'un contrôle préventif dans le cadre d'une saisine pour avis de la Cour de justice (article 218 § 11 du TFUE).

Les grands principes du droit de l'Union

Un certain nombre de grands principes gouvernent le droit de l'Union. Il convient de distinguer les trois principes qui donnent aux normes de l'Union leur plein effet en droit interne des principes de subsidiarité et de proportionnalité, dont le respect est assuré par des mécanismes qui s'exercent uniquement au niveau de l'Union européenne.

Les trois principes donnant aux normes leur effectivité en droit interne

Énonciation des trois principes

La jurisprudence de la Cour de justice, progressivement intégrée par les juridictions nationales, a donné aux normes de l'Union leur plein effet en droit interne par le jeu de **trois principes** : le principe de la primauté, le principe de l'effet direct et celui de la responsabilité de la puissance publique nationale pour violation du droit de l'Union.

- **Le principe de primauté**

La Cour de justice a reconnu la primauté du droit de l'Union primaire et dérivé sur le droit national, y compris la Constitution, dès 1964 (CJCE, 15 juillet 1964, *Costa c/ ENEL*). Par suite, la règle nationale, qu'elle préexiste au droit de l'Union ou qu'elle lui soit postérieure, doit être écartée par les autorités nationales (administratives et juridictionnelles) si elle est incompatible avec le droit de l'Union (CJCE, 9 mars 1978, *Simmenthal*).

La **déclaration n° 17,** annexée à l'acte final de la conférence intergouvernementale qui a adopté le traité de Lisbonne et « relative à la primauté », énonce :
« La Conférence rappelle que, selon une jurisprudence constante de la Cour de justice de l'Union européenne, les traités et le droit adopté par l'Union sur la base des traités priment le droit des États membres, dans les conditions définies par ladite jurisprudence.
En outre, la Conférence a décidé d'annexer au présent Acte final l'avis du Service juridique du Conseil sur la primauté tel qu'il figure au document 11197/07 (JUR 260) :
« Avis du Service juridique du Conseil du 22 juin 2007 :
Il découle de la jurisprudence de la Cour de justice que la primauté du droit communautaire est un principe fondamental dudit droit. Selon la Cour, ce principe est inhérent à la nature particulière de la Communauté européenne. À l'époque du premier arrêt de cette jurisprudence constante (arrêt du 15 juillet 1964 rendu dans l'affaire 6/64, Costa contre ENEL (1)*), la primauté n'était pas mentionnée dans le traité. Tel est toujours le cas actuellement. Le fait que le principe de primauté ne soit pas inscrit dans le futur traité ne modifiera en rien l'existence de ce principe ni la jurisprudence en vigueur de la Cour de justice. »*

(1) « *Il* [en] *résulte [...] qu'issu d'une source autonome, le droit né du traité ne pourrait donc, en raison de sa nature spécifique originale, se voir judiciairement opposer un texte interne quel qu'il soit, sans perdre son caractère communautaire et sans que soit mise en cause la base juridique de la Communauté elle-même.* »

- **Le principe de l'effet direct**

Le principe de l'effet direct des normes de l'Union a été posé par la Cour de justice dès 1963 (CJCE, 5 février 1963, *Van Gend en Loos*). Ce principe signifie que s'agissant de certaines normes obligatoires, celles-ci peuvent directement créer des droits au bénéfice des opérateurs (personne physique ou morale), sans nécessiter au préalable *(« effet direct »)* de passer par l'intermédiaire d'une intégration de la norme de l'Union en droit interne par le biais de lois ou de mesures réglementaires nationales. Seuls le règlement et la décision bénéficient de l'**effet direct complet**, c'est-à-dire :
– **effet direct vertical ascendant** : un opérateur peut opposer une norme d'effet direct à un État membre sur le territoire duquel il vit ou il travaille ;
– **effet direct vertical descendant** : un État membre de l'UE peut opposer à un opérateur une norme de l'Union d'effet direct ;
– **effet direct horizontal** : un opérateur (particulier ou personne morale) peut opposer une norme de l'Union d'effet direct à un autre opérateur.

Au départ, les directives ne pouvaient se voir reconnaître un effet direct. Elles doivent être transposées en droit interne pour être opposables. Mais la mauvaise volonté de certains États membres à transposer les directives a amené la jurisprudence de l'Union à reconnaître à certaines dispositions d'une directive (et non à toute la directive) un **effet direct partiel** (seul l'effet direct vertical ascendant) et seulement si la disposition en question est claire, précise et inconditionnelle (CJCE, 17 décembre 1970, *société SACE c/Min. des Finances de la République italienne* ; CJCE, 4 décembre 1974, *Van Duyn c/ Home Office*).

Précisément, l'effet direct des directives ne vaut qu'à l'expiration du délai prévu pour leur transposition (CJCE, 5 avril 1979, *Ratti*) et ne peut être invoqué dans les litiges entre particuliers (absence d'effet horizontal des directives, CJCE, 26 février 1986, *Marshall*; rappelé récemment dans CJ, 19 janvier 2010, *Seda Kücükdeveci*, C-555/07).

- **Le principe de la responsabilité de la puissance publique nationale pour violation du droit de l'Union**

Dans l'arrêt *Francovich* du 19 novembre 1991[5], la CJCE a, pour la première fois, énoncé clairement, à l'occasion d'un cas de non-transposition d'une directive dans le délai fixé, le principe de la responsabilité de la puissance publique nationale pour violation du droit de l'Union. Elle a affirmé que ce principe fait partie de l'ordre juridique communautaire dans son essence[6] et a déterminé les conditions de mise en œuvre de cette responsabilité.

La jurisprudence de la CJCE s'est enrichie en 1996 des arrêts *Brasserie du Pêcheur S.A.* et *Factortame III*[7], *British Telecommunications*[8], et *Hedley Lomas*[9] concernant la responsabilité de l'État, non seulement en cas d'absence de transposition d'une directive dans le délai requis à cette fin, mais aussi en cas d'action des autorités nationales contraires au droit de l'Union, que cette action émane du législateur ou de l'autorité ministérielle compétente.

Dans son arrêt *Köbler* (CJCE, 30 septembre 2003), la Cour de justice a jugé que le principe de la responsabilité d'un État membre au titre du droit de l'Union en raison d'un manquement à ce droit est applicable au regard de décisions juridictionnelles de juridictions suprêmes. Mais elle a enserré l'engagement de la responsabilité d'un État membre du fait de la méconnaissance du droit de l'Union par ses juridictions suprêmes dans des conditions restrictives : la méconnaissance du droit de l'Union par la juridiction suprême doit être suffisamment caractérisée; il doit en outre être pris en compte le degré de clarté et de précision de la règle violée, le caractère délibéré ou non de la violation, le caractère excusable ou inexcusable de l'erreur de droit et la position prise, le cas échéant, par le juge de l'Union.

Ces arrêts ont conduit à une évolution du régime de responsabilité de l'État du fait des lois et des décisions juridictionnelles, dont le juge national a tiré les conséquences.

5. Arrêt du 19 novembre 1991, aff. C-6/90 et C-9/90, *Francovich,* Rec. Lebon, p. I-5357.

6. « *[...] le principe de la responsabilité de l'État pour des dommages causés aux particuliers par des violations du droit communautaire qui lui sont imputables est inhérent au système du traité.* »

7. Arrêt du 5 mars 1996, aff. C-46/93 et C-48/93, *Brasserie du Pêcheur S.A.* et *Factortame III,* Rec. Lebon, p. I-1029.

8. Arrêt du 26 mars 1996, aff. C-392/93 et C-9/90, *British Telecommunications,* Rec. Lebon, p. I-1631.

9. Arrêt du 23 mai 1996, aff. C-5/94, *Hedley Lomas,* Rec. Lebon, p. I-2553.

La garantie du respect de ces principes par les juridictions nationales dans le cadre de la transposition

En France, le Conseil d'État a reconnu la primauté du droit primaire sur la loi, même postérieure, par son arrêt d'Assemblée *Nicolo* (CE, Ass, 20 octobre 1989, *Nicolo*, n° 108243). Il a ensuite fait prévaloir sur la loi, même postérieure, le droit dérivé : le règlement communautaire (CE, 29 septembre 1990, *Boisdet*, n° 58657) et la directive (CE, Ass., 28 février 1992, *SA Rothmans International France et SA Philip Morris*, n° 56776 et 56777).

En revanche, les juridictions nationales françaises n'appliquent pas la primauté du droit de l'Union par rapport à la Constitution. Pour le Conseil d'État, la suprématie conférée par l'article 55 de la Constitution aux engagements internationaux ne s'applique pas, dans l'ordre interne, aux normes constitutionnelles (CE Ass, 30 octobre 1998, *Sarran, Levacher et autres*, n° 200286 et 200287). Par suite, le principe de primauté du droit de l'Union ne saurait conduire, dans l'ordre interne, à remettre en cause la suprématie de la Constitution.

Cette position est également celle de la Cour de cassation (Assemblée Plénière du 2 juin 2000, *Mlle Fraisse*) et du Conseil constitutionnel (CC, 19 nov. 2004, traité établissant une Constitution pour l'Europe, 2004-505 DC). Le Conseil constitutionnel reconnaît la singularité de l'ordre juridique de l'Union et sa vocation à s'intégrer complètement dans l'ordre juridique interne. Toutefois cette intégration ne peut conduire à primer des dispositions constitutionnelles expresses contraires ou à être contraire au respect de l'identité constitutionnelle de la France (voir II de ce paragraphe).

- **La jurisprudence administrative**

1) Lorsque les directives n'ont pas été transposées.

Concernant les **actes individuels** : le Conseil d'État vient d'abandonner sa jurisprudence « *Ministre de l'Intérieur contre Cohn-Bendit* » (CE, Assemblée, 22 décembre 1978, Rec. p. 524, GAJA, n° 89, 17e édition) en reconnaissant à tout justiciable le droit de se prévaloir, à l'appui d'un recours dirigé contre un acte administratif même non réglementaire, des dispositions précises et inconditionnelles d'une directive lorsque l'État n'a pas pris, dans les délais impartis par elle, les mesures de transposition nécessaires[10].

Concernant les **actes réglementaires :** le Conseil d'État veille à ce que les autorités nationales ne prennent pas d'actes réglementaires contraires aux objectifs définis par une directive, alors même que celle-ci n'a pas fait l'objet d'une transposition en droit interne[11].

Le pouvoir réglementaire ne peut légalement, après l'expiration du délai de transposition d'une directive, « *ni laisser subsister des dispositions réglementaires qui ne seraient pas compatibles avec les objectifs définis [par la directive] ni édicter des dispositions réglementaires qui seraient*

10. CE, Assemblée, 30 octobre 2009, *Mme Perreux*, n° 298348.

11. CE, 7 décembre 1984, *Fédération française des sociétés de protection de la nature et autres*, n° 41971 et 41972, Rec. Lebon p. 410.

contraires à ces objectifs »[12]. De même, il a l'obligation de ne pas prendre des mesures d'exécution d'une loi contraire aux objectifs définis par une directive[13].

Une disposition législative incompatible avec une directive antérieure à son adoption, une fois passé le délai de transposition, ne peut être appliquée[14].

Il est possible d'obtenir l'annulation d'un acte administratif fondé sur une règle, même non écrite, incompatible avec les objectifs d'une directive.[15]

Sanction du défaut de transposition. Le juge administratif peut être conduit à sanctionner un défaut de transposition de deux manières :
- par une censure directe du texte de transposition en tant qu'il est infidèle ou incomplet[16];
- par la censure de procédures ou actes conformes au droit interne mais ne répondant pas aux objectifs fixés par des dispositions non transposées de directives[17].

L'État ne peut se prévaloir à l'encontre d'un particulier d'une directive qu'il n'a pas transposée[18]. L'intervention d'un acte réglementaire pris sur le fondement d'une loi inapplicable du fait de son incompatibilité avec les objectifs d'une directive constitue une illégalité de nature à engager la responsabilité de l'État[19].

2) Lorsque les directives ont été transposées.

Le juge administratif vérifie la conformité de l'acte de transposition à la directive[20]. Il contrôle également la constitutionnalité des actes réglementaires transposant une directive[21] (voir ci-dessous, page 21). Enfin, le juge administratif contrôle une directive communautaire et sa loi de transposition au regard de la Convention européenne des droits de l'homme[22].

Si la directive intervient dans un domaine déjà réglementé, l'acte de transposition devra, à peine d'illégalité, posséder une valeur supérieure ou égale à celle de la norme qu'il modifie ou à laquelle il se substitue[23]. Lorsqu'un décret est pris après consultation du Conseil d'État et qu'une directive ayant une incidence sur le dispositif de ce décret a été adoptée, l'intervention de la directive, alors même que son délai de transposition n'est pas expiré, rend nécessaire un nouvel examen du projet de décret par le Conseil d'État, de sorte qu'un décret pris sans que cet examen ait eu lieu est entaché d'illégalité[24].

La responsabilité de l'État peut être engagée dans le cas où le contenu d'une décision de la juridiction administrative est entaché d'une violation manifeste du droit communautaire ayant pour objet de conférer des droits à des particuliers[25].

- **La jurisprudence constitutionnelle**

Le Conseil constitutionnel exerce sa fonction de juge constitutionnel mais il n'est pas juge de la *conventionnalité*, c'est-à-dire de la conformité de la législation aux accords et conventions internationales signés par la France[26]. Le Conseil d'État et la Cour de Cassation sont et demeurent les plus hautes juridictions chargées de juger de la conventionnalité de la loi[27]. Le Conseil d'État effectue ce contrôle de conventionnalité dans un arrêt sur trois[28]. Le contrôle de conventionnalité s'exerce par voie d'exception à l'initiative d'un justiciable qui conteste devant un juge l'application qui lui est faite d'une loi au motif que celle-ci est incompatible avec une convention internationale.

La jurisprudence du Conseil constitutionnel en la matière a connu une évolution en trois étapes.

– Dans sa **décision n° 2004-496 DC du 10 juin 2004** relative à la loi pour la confiance dans l'économie numérique [considérant 7], le Conseil constitutionnel a jugé que la transposition d'une directive communautaire constituait, au regard de l'article 88-1 de la Constitution, une obligation non seulement communautaire mais constitutionnelle, à laquelle il ne pouvait être fait obstacle qu'en raison d'une disposition expresse[29] contraire de la Constitution. En l'absence d'une telle contrariété, le seul juge d'une directive

12. CE, Assemblée, 3 février 1989, *Compagnie Alitalia*, n° 74052 p. 44, GAJA n° 92, 17e édition.

13. CE, 24 février 1999, *Association de patients de la médecine d'orientation anthroposophique*, n° 195354 p. 29.

14. CE, Assemblée, 28 février 1992, *SA Rothmans International France et SA Philip Morris Fr.*, n° 56776 56777, Rec. Lebon p. 81 et CE, Assemblée, 28 février 1992, *Société Arizona Tobacco Products et SA Philip Morris Fr.*, n° 87753, Rec. Lebon p. 78.

15. CE, Assemblée, 6 février 1998, *Tête*, n° 138777, 147424 et 147425, Rec. Lebon p. 30.

16. CE, 28 mars 2003, *Fédération française des courtiers d'assurance et réassurance*, n° 233343, aux Tables.

17. CE, 27 juillet 2001, *Compagnie générale des eaux*, n° 229566, Rec. Lebon p. 406.

18. CE, Section, 23 juin 1995, *SA Lilly France*, n° 149226, 155083, et 162001, Rec. Lebon p. 257.

19. CE, Assemblée, 28 février 1992, *Société Arizona Tobacco Products et SA Philip Morris Fr.*, n° 87753, Rec. Lebon p. 78.

20. CE, 28 septembre 1984, *Confédération nationale des sociétés de protection des animaux de France et des pays d'expression française*, n° 28467, T. p 512 et CE, Assemblée, 20 février 1998, Ville de Vaucresson, n° 159496 et 159508, Rec. Lebon p. 54.

21. CE, Assemblée, 8 février 2007, *Société Arcelor Atlantique et Lorraine et autres*, n° 287110, GAJA, n° 116, 17e édition.

22. CE, Section, 10 avril 2008, *Conseil national des barreaux et autres, Conseil des barreaux européens*, n° 296845, Rec. Lebon, p. 129.

23. CE, Section, 11 juillet 1988, *Conseil départemental de l'Ordre des médecins des Alpes-Maritimes c. M. Boucq*, n° 50638, Rec. Lebon p. 291.

24. CE, Ass, 15 avril 1996, *Union nationale des Pharmacies*, n° 110464, Rec. Lebon p. 127.

25. CE, 18 juin 2008, *Gestas*, n° 295831, Rec. Lebon p. 230.

26. Décision n° 74-54 DC du 15 janvier 1975, *Loi relative à l'interruption volontaire de grossesse*, cons. 5 et 6.

27. CE, Assemblée, 20 octobre 1989, *Nicolo*, Rec. Lebon p. 190; GAJA n° 93, 17e édition.

28. Olivier Dutheillet de Lamothe, « Contrôle de constitutionnalité et contrôle de conventionnalité », in *Mélanges en l'honneur de Daniel Labetoulle*, Dalloz, 2007.

29. Il doit donc s'agir non d'une construction jurisprudentielle, mais d'un énoncé constitutionnel explicite, ancré dans le « bloc de constitutionnalité », telle la définition du corps électoral politique donnée par l'article 3 de la Constitution de 1958 ou encore telle la formule figurant à l'article 6 de la Déclaration concernant les critères d'accès aux emplois publics.

(qu'il s'agisse du respect de leurs compétences par les organes communautaires ou du respect des droits fondamentaux que les États membres ont en partage) est la Cour de justice.

Il en résulte (en l'absence, comme en l'espèce dans l'affaire n° 2004-496 DC, de disposition expresse contraire de la Constitution) que ne peuvent être utilement critiquées devant le Conseil constitutionnel des dispositions législatives qui se bornent à tirer les conséquences nécessaires d'une directive précise et inconditionnelle.

– Dans sa **décision n° 2006-535 DC du 30 mars 2006** relative à la loi sur l'égalité des chances, le Conseil constitutionnel a affirmé qu'il ne lui appartenait pas de connaître de la conformité d'une loi avec les dispositions d'une directive communautaire qu'elle n'a pas pour objet de transposer en droit interne [considérant 28].

La solution d'incompétence ainsi retenue confirme la jurisprudence, dite *« IVG 1975 »*, selon laquelle la contrariété de la loi avec un traité n'est pas une cause d'inconstitutionnalité. Cette solution réserve toutefois l'hypothèse dans laquelle une loi serait contestée au motif qu'elle serait incompatible avec les objectifs de la directive qu'elle a pour objet de transposer[30].

– Dans sa **décision n° 2006-540 DC du 27 juillet 2006** concernant la loi relative au droit d'auteur et aux droits voisins dans la société de l'information [considérants 16 à 20], le Conseil constitutionnel a jugé qu'il lui appartient, saisi dans les conditions prévues par l'article 61 de la Constitution d'une loi ayant pour objet de transposer en droit interne une directive communautaire, de veiller à ce que le législateur se soumette à l'exigence constitutionnelle définie ci-dessus.

Toutefois, le **contrôle** qu'exerce le Conseil constitutionnel quant au respect de cette exigence par le législateur rencontre deux limites précisées dans la décision du Conseil constitutionnel **n° 2006-540 DC du 27 juillet 2006** concernant la loi relative au droit d'auteur et aux droits voisins dans la société de l'information :
1°) en premier lieu, sauf à ce que le constituant y ait consenti, la transposition d'une directive ne saurait aller à l'encontre d'une règle ou d'un principe inhérent à l'identité constitutionnelle de la France ;
2°) en second lieu, s'il y avait doute sur la portée d'une directive, le Conseil constitutionnel, devant statuer avant la promulgation de la loi et dans le délai prévu par l'article 61 de la Constitution, ne pourrait saisir la Cour de justice de la question préjudicielle prévue par l'article 267 du TFUE.

Il ne saurait en conséquence déclarer non conforme à l'article 88-1 de la Constitution qu'une disposition législative manifestement incompatible avec la directive qu'elle a pour objet de transposer. Par ailleurs, la décision du Conseil concluant à l'absence d'*« erreur de transposition manifeste »* est rendue sans préjudice de la position des juridictions nationales et de celle de la Cour de justice quant à la conformité de la loi examinée au droit communautaire [aujourd'hui droit de l'Union] originaire et dérivé[31].

L'Assemblée du contentieux du Conseil d'État (CE Ass., 8 février 2007, *Société Arcelor et autres*, Rec. p. 55, n° 287110, GAJA, n° 116, 17e édition) a tiré les conséquences de la jurisprudence constitutionnelle en opérant un contrôle juridictionnel adapté aux particularités du contentieux administratif sur les dispositions réglementaires transposant une directive par stricte retranscription de ses dispositions inconditionnelles, sans qu'une loi ne vienne faire écran entre la directive et le texte réglementaire.

Le juge administratif doit d'abord rechercher si les principes constitutionnels dont la méconnaissance est invoquée sont effectivement et efficacement protégés par l'ordre juridique communautaire. Si tel est le cas, le juge doit rechercher si la directive transposée par le décret contesté est conforme à la règle ou au principe général de droit communautaire en cause. En l'absence de difficulté sérieuse, il appartient au juge administratif d'écarter le moyen invoqué. Si une telle difficulté existe, il doit renvoyer, par la voie préjudicielle, la question à la Cour de justice qui détient seule la compétence d'appréciation de la validité du droit communautaire dérivé (voir CJCE, 22 octobre 1987, *Fotofrost*).

Si, en revanche, les principes constitutionnels invoqués n'ont pas d'équivalent en droit communautaire et sont spécifiques à la Constitution française (cas marginal compte tenu de la Charte des droits fondamentaux, mais pouvant concerner, par exemple, la laïcité ou la continuité du service public), le juge administratif contrôlera les dispositions réglementaires au regard des principes constitutionnels.

Dans sa **décision n° 2010-79 QPC du 17 décembre 2010** (*M. Kamel D.),* le Conseil constitutionnel s'est déclaré incompétent pour répondre à une *question prioritaire de constitutionnalité* (QPC)[32] qui portait sur des dispositions qui se bornent à tirer les conséquences nécessaires de dispositions inconditionnelles et précises d'une directive de l'Union européenne.

« La QPC renvoyée par le Conseil d'État présentait trois particularités : elle portait sur une disposition qui transpose une directive européenne ; elle a donné lieu, devant le Conseil d'État, au rejet d'une demande de question préjudicielle

30. Commentaire aux *Cahiers du Conseil constitutionnel* sur la décision 2006-535 DC du 30 mars 2006, p. 12.

31. Commentaire aux *Cahiers du Conseil constitutionnel* sur la décision 2006-540 DC du 27 juillet 2006, p. 3.

32. « La "question prioritaire de constitutionnalité" est le droit reconnu à toute personne qui est partie à un procès ou une instance de soutenir qu'une disposition législative porte atteinte aux droits et libertés que la Constitution garantit. Si les conditions de recevabilité de la question sont réunies, il appartient au Conseil constitutionnel, saisi sur renvoi par le Conseil d'État et la Cour de cassation de se prononcer et, le cas échéant, d'abroger la disposition législative. La question prioritaire de constitutionnalité a été instaurée par la réforme constitutionnelle du 23 juillet 2008. Avant la réforme, il n'était pas possible de contester la conformité à la Constitution d'une loi déjà entrée en vigueur. Désormais, les justiciables jouissent de ce droit nouveau en application de l'article 61-1 de la Constitution. » (site Internet du Conseil constitutionnel, http://www.conseil-constitutionnel.fr/conseil-constitutionnel/root/bank_mm/QPC/plaquette_qpc.pdf)

à la Cour de justice de l'Union européenne (CJUE)[33]*; le renvoi était fondé sur le caractère nouveau de la question, dans la mesure où la disposition est contestée sur le fondement d'un article de la Constitution, l'article 66-1 relatif à l'interdiction de la peine de mort*[34]*, qui a été adopté après la loi dont la disposition est issue. [...]* »

« Dans sa décision nº 2010-605 DC du 12 mai 2010, *Loi relative à l'ouverture à la concurrence et à la régulation du secteur des jeux d'argent et de hasard en ligne*, le Conseil a rappelé « *que le respect de l'exigence constitutionnelle de transposition des directives ne relève pas des "droits et libertés que la Constitution garantit" et ne saurait, par suite, être invoqué dans le cadre d'une question prioritaire de constitutionnalité.* »

Dans la mesure où il était saisi de dispositions qui se bornaient à tirer les conséquences nécessaires de transposition des termes à la fois précis et inconditionnels d'une directive, le Conseil constitutionnel, dans sa décision du 17 décembre 2010, a vérifié que cette directive n'était susceptible de porter atteinte à aucune règle ni à aucun principe inhérent à l'identité constitutionnelle de la France et a jugé qu'il n'y avait pas lieu pour lui à statuer sur la QPC.

Un tel non-lieu traduit la spécificité du contentieux constitutionnel dirigé contre une disposition législative tirant les conséquences nécessaires de dispositions inconditionnelles et précises d'une directive.

Dans une hypothèse très particulière, le juge *a quo*, le Conseil d'État ou la Cour de cassation peuvent, simultanément, renvoyer une QPC au Conseil constitutionnel et poser une question préjudicielle à la CJUE. On sait que la Cour de Luxembourg a, dans son arrêt *Melki* du 22 juin 2010, posé le principe selon lequel, dans cette hypothèse, le juge saisi de la question de la constitutionnalité d'une loi transposant correctement une directive doit, préalablement au contrôle de constitutionnalité, saisir la Cour de justice à titre préjudiciel de la question de la validité de la directive au regard du « droit primaire ». Il ressort de cette décision que ce qui doit être « préalable » est, aux yeux de la Cour, non seulement la « question » de la validité de la directive mais aussi sa propre réponse.

Dans cette hypothèse de double question, le Conseil constitutionnel pourrait, dans un premier temps, attendre que la CJUE se soit prononcée sur la question préjudicielle avant, au besoin en ayant sursis à statuer, de le faire sur la QPC. Dans un second temps, il statuerait au fond au vu de l'arrêt de la Cour.

Une telle orientation finaliserait le « dialogue des juges » noué entre la Cour de Luxembourg et le Conseil constitutionnel.

Elle interdit toutefois au Conseil de juger une disposition législative transposant des dispositions inconditionnelles et précises d'une directive comme conformes à la Constitution. Le Conseil doit alors se borner, comme il l'a fait dans l'espèce jugée le 17 décembre 2010, à constater que lesdites dispositions législatives ne portent atteinte à aucune règle ni aucun principe inhérent à l'identité constitutionnelle de la France. Ce n'est ni un cas d'incompétence, ni un cas d'irrecevabilité. C'est un non-lieu pour réserver l'hypothèse où la Cour de justice censurerait la directive dont est issue la disposition législative contestée ».[35]

La garantie du respect de ces principes par la Cour de justice

Le respect de ces principes posés par la jurisprudence de la Cour de justice est principalement confié à la garde des **juridictions nationales** qui sont les juges de droit commun du droit de l'Union aux travers de leurs procédures nationales. Mais ils sont également défendus par le biais de la procédure de **renvoi préjudiciel** (article 267 du TFUE) qui permet à un juge national de vérifier auprès de la Cour de justice de la conformité d'une règle nationale au droit de l'Union. La Cour de justice ne se prononce pas, dans ce cadre, sur la norme nationale en cause, mais répond à la question de la compatibilité d'une règle comprenant telle ou telle disposition avec le droit primaire ou jurisprudentiel de l'Union ou avec une règle de droit dérivé de l'Union. Ensuite, il revient au juge national qui a saisi la Cour de justice de la question préjudicielle d'appliquer la solution énoncée au cas d'espèce de l'affaire. Cette procédure est très importante du fait du caractère abstrait de la question posée au juge de l'Union : par exemple, est-ce qu'une règle qui prévoit ceci ou cela est conforme aux articles de telle directive ? Dès lors que la question est abstraitement posée et non centrée sur une législation nationale donnée, la réponse du juge de l'Union peut conduire à ce que toute législation proche ou identique à celle considérée comme non conforme à une règle du droit de l'Union, et qui est à l'origine de la saisine du juge européen, ne puisse plus être appliquée par l'administration ou par les juges en cause.

En outre, ces principes peuvent également faire l'objet, à l'initiative de la Commission, d'une **procédure en manquement** (articles 258 et 260 du TFUE)[36].

Le respect de ces trois principes (primauté, effet direct et responsabilité de la puissance publique nationale pour violation du droit de l'Union) est **conforté par la hiérarchie des normes en droit de l'Union**. Tout au sommet, se trouve le droit primaire (les traités, les actes assimilés dont la Charte des droits fondamentaux de l'UE) au sein duquel n'existe aucune hiérarchie et dont la cohérence est assurée par l'interprétation de la Cour de justice. Viennent ensuite les principes généraux du droit de l'Union et, plus généralement, la jurisprudence de la Cour de justice de l'Union européenne. Après, il convient de mentionner dans l'ordre, les accords internationaux de l'UE, les actes de droit dérivé

33. Dans sa décision nº 2010-605 DC du 12 mai 2010, *Loi relative à l'ouverture à la concurrence et à la régulation du secteur des jeux d'argent et de hasard en ligne*, le Conseil constitutionnel a rappelé que la transmission d'une QPC ne privait pas les cours suprêmes de leur faculté de saisir la CJUE en application de l'article 267 du traité sur le fonctionnement de l'Union européenne, interprétation confirmée par le Conseil d'État dans sa décision du 14 mai 2010, *Rujovic*, nº 312305. En écartant une demande de question préjudicielle, en l'espèce, le Conseil d'État a jugé que cette faculté valait aussi pour ne pas saisir le juge européen.

34. Loi constitutionnelle nº 2007-239 du 23 février 2007 relative à l'interdiction de la peine de mort.

35. *Les Nouveaux Cahiers du Conseil constitutionnel*, décision nº 2010-79 QPC – 17 décembre 2010, *M. Kamel D.*

36. Ce point sera étudié dans la partie consacrée aux institutions de l'Union lors de l'examen des compétences de la Commission européenne (voir pages 30 et suivantes).

contraignants, les actes délégués de l'article 290 du TFUE et enfin les accords internes à l'UE. Tous ces actes prévalent sur les normes de droit national, y compris constitutionnel.

Les principes de subsidiarité et de proportionnalité

Le respect du principe de subsidiarité est assuré par des mécanismes s'exerçant uniquement au niveau de l'Union européenne.

La subsidiarité et la proportionnalité sont des principes fondamentaux du droit européen, définis aux paragraphes 3 et 4 de l'article 5 du TUE :
«*3. En vertu du* ***principe de subsidiarité****, dans les domaines qui ne relèvent pas de sa compétence exclusive, l'Union intervient seulement si, et dans la mesure où, les objectifs de l'action envisagée ne peuvent pas être atteints de manière suffisante par les États membres, tant au niveau central qu'au niveau régional et local, mais peuvent l'être mieux, en raison des dimensions ou des effets de l'action envisagée, au niveau de l'Union.*
Les institutions de l'Union appliquent le principe de subsidiarité conformément au protocole sur l'application des principes de subsidiarité et de proportionnalité. Les parlements nationaux veillent au respect du principe de subsidiarité conformément à la procédure prévue dans ce protocole.
4. En vertu du ***principe de proportionnalité****, le contenu et la forme de l'action de l'Union n'excèdent pas ce qui est nécessaire pour atteindre les objectifs des traités.*
Les institutions de l'Union appliquent le principe de proportionnalité conformément au protocole sur l'application des principes de subsidiarité et de proportionnalité.»

Les principes de subsidiarité et de proportionnalité sont complétés par le principe d'**attribution** qui veut que l'Union européenne n'exerce *que* les compétences qui lui ont été attribuées par les États membres («les maîtres des traités»). L'UE n'a pas la compétence de sa compétence.

Le rôle des parlements nationaux dans le respect préventif des principes de subsidiarité et de proportionnalité

L'article 5 du protocole sur l'application des principes de subsidiarité et de proportionnalité prévoit que tout projet d'acte législatif devra comporter «*une fiche contenant des éléments circonstanciés permettant d'apprécier le respect des principes de subsidiarité et de proportionnalité. Cette fiche devrait comporter des éléments permettant d'évaluer son impact financier et, lorsqu'il s'agit d'une loi-cadre européenne, ses implications sur la réglementation à mettre en œuvre par les États membres, y compris, le cas échéant, la législation régionale*».

«Le "protocole n° 2 sur l'application des principes de subsidiarité et de proportionnalité" prévoit un **délai de huit semaines**, au cours duquel les parlements nationaux peuvent envoyer un avis motivé à la Commission. Cet avis a pour objectif la contestation d'une proposition de la Commission au motif qu'elle ne respecterait pas le principe de subsidiarité. Si le projet d'acte législatif européen émane d'un groupe d'États membres, le président du Conseil transmet l'avis aux gouvernements de ces États membres. S'il émane de la Cour de justice, de la Banque centrale européenne ou de la Banque européenne d'investissement, le président du Conseil transmet l'avis à l'institution ou l'organe concerné. Chaque parlement national dispose de deux voix réparties en fonction du système parlementaire national. Dans un système parlementaire national bicaméral, chacune des deux chambres dispose d'une voix (voir § 1 de l'article 7 du protocole cité plus haut).

Ce même protocole prévoit, à son article 7 § 3, un **contrôle renforcé** de la subsidiarité par les parlements nationaux aux actes législatifs adoptés selon la procédure législative ordinaire. Lorsqu'un avis motivé représente une majorité simple des voix attribuées aux parlements nationaux, le projet doit être réexaminé. Le rôle des parlements nationaux est renforcé dans l'hypothèse où la Commission maintient une proposition malgré un avis motivé défavorable quant au respect du principe de subsidiarité. Dans ce cas, l'avis de la Commission et les avis motivés des parlements nationaux sont transmis au législateur européen (Conseil des ministres et Parlement européen). Cette transmission déclenche une procédure spécifique :
– avant d'achever la première lecture dans le cadre de la procédure législative ordinaire, le législateur (le Conseil et le Parlement) examine si la proposition législative est compatible avec le principe de subsidiarité, en tenant compte en particulier des motifs invoqués et partagés par la majorité des parlements nationaux ainsi que de l'avis motivé de la Commission;
– si, en vertu d'une majorité de 55 % des membres du Conseil ou d'une majorité des voix exprimées au Parlement européen, le législateur est d'avis que la proposition n'est pas compatible avec le principe de subsidiarité, l'examen de la proposition législative n'est pas poursuivi.

Le protocole ne supprime pas pour autant la **procédure de contrôle ordinaire de la subsidiarité** figurant au paragraphe 2 de son article 7. Dans ce cas, lorsque les avis motivés sur le non-respect du principe de subsidiarité par un projet d'acte législatif représentent au moins un tiers (voire un quart, pour un projet d'acte législatif présenté sur la base de l'article 68 du TFUE relatif à l'espace de liberté, de sécurité et de justice) de l'ensemble des voix attribuées aux parlements nationaux, le projet doit être réexaminé mais l'institution, auteur de celui-ci, peut décider, soit de maintenir le projet, soit de le modifier, soit de le retirer. La quasi-totalité des actes adoptés dans les domaines de la coopération policière et de la coopération judiciaire en matière pénale sera adoptée selon la procédure législative ordinaire et sera donc susceptible d'être soumise à la procédure de contrôle renforcé. Le législateur de l'Union ne peut donc pas rejeter la proposition comme c'est le cas dans la procédure de contrôle renforcé de la subsidiarité. Cette procédure de contrôle est applicable à tous les actes législatifs, quelle que soit leur procédure d'adoption. À l'issue de ce réexamen, le Parlement européen, le Conseil et la Commission, ainsi que, le cas échéant, le groupe d'États membres, la Cour de justice, la Banque centrale européenne ou la Banque européenne d'investissement – si le projet d'acte législatif émane d'eux – peut décider :
- soit de maintenir le projet en l'état;
- soit de le modifier;
- soit de le retirer.

Schéma de la procédure d'adoption d'un texte dans le cadre du droit de l'Union : l'intervention des parlements nationaux

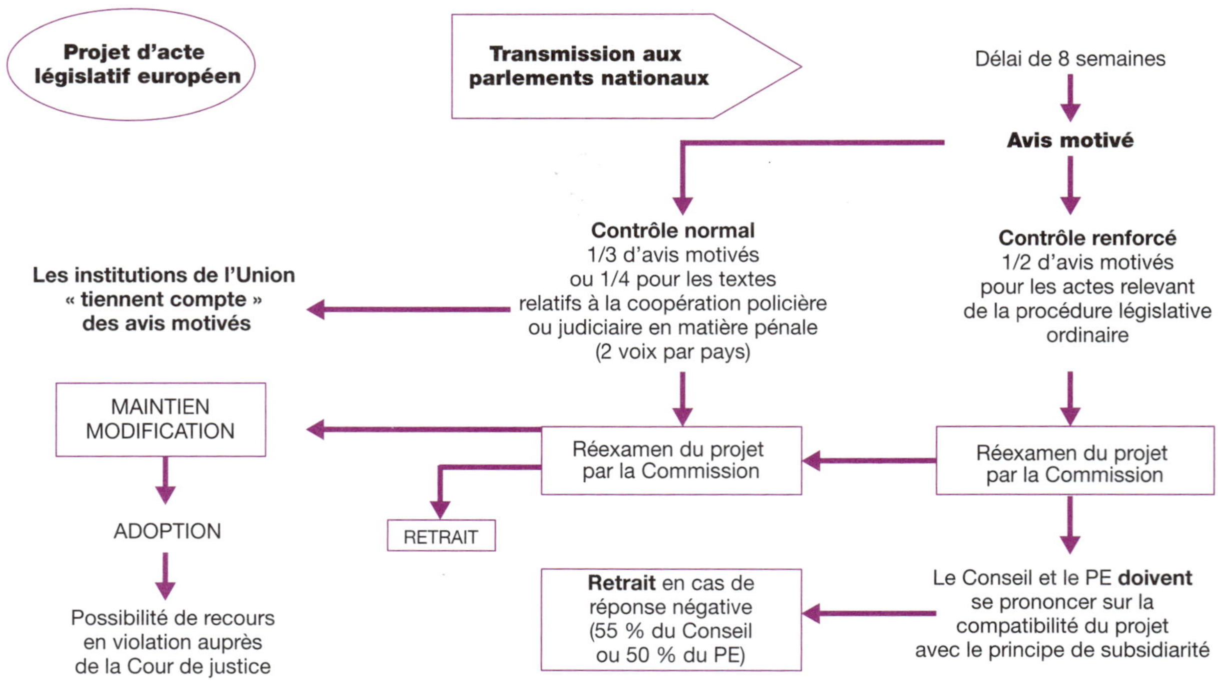

Source : http://www.senat.fr/rap/r07-188/r07-1886.html

Il n'existe donc, dans le second cas, aucune obligation de retirer ledit projet et ceci, quel que soit le niveau de la contestation parlementaire nationale. Cette décision doit être motivée. Alors même que le protocole porte sur l'application des principes de subsidiarité et de proportionnalité, seul le principe de subsidiarité est concerné par le mécanisme d'alerte précoce.

Les procédures prévues au paragraphe 2 (contrôle de droit commun) et au paragraphe 3 (contrôle renforcé) de l'article 7 du protocole sur l'application des principes de subsidiarité et de proportionnalité sont complémentaires. Les projets d'actes adoptés selon la procédure législative ordinaire relèvent de la procédure de contrôle de droit commun si les avis motivés des parlements atteignent un tiers des voix. Toutefois, dès que ces avis motivés atteignent la majorité simple des voix, ces projets sont soumis à la procédure de contrôle renforcé.[37] »

Depuis l'entrée en vigueur du traité de Lisbonne, *« deux sujets particuliers ont retenu l'attention des parlementaires des États membres : la proposition de directive relative aux conditions d'entrée et de séjour des ressortissants de pays tiers en vue d'un emploi saisonnier, sur laquelle le Parlement a reçu quinze observations dont cinq avis motivés soulignant une violation du principe de subsidiarité et la refonte de la directive sur les garanties des dépôts qui a suscité dix observations dont cinq avis motivés contraires »*[38].

Contrôle juridictionnel du respect du principe de subsidiarité après l'adoption de l'acte législatif

Le « protocole sur l'application des principes de subsidiarité et de proportionnalité » prévoit (article 8) la possibilité :
- pour les **États membres,** de former un recours devant la Cour de justice pour violation par un acte législatif européen du principe de subsidiarité, conformément aux modalités prévues à l'article 263 du TFUE, dans le délai de deux mois à compter de la publication de l'acte ;
- de déposer de tels recours au nom de leur **parlement national** ou d'une chambre de celui-ci (article 8 du protocole sur l'application des principes de subsidiarité et de proportionnalité).

Enfin, le **Comité des régions** pourra former un recours devant la Cour de justice pour violation par un acte législatif européen du principe de subsidiarité concernant des actes *« pour l'adoption desquels le traité sur le fonctionnement de*

---

37. Voir Jean-Luc Sauron, *Le puzzle des institutions européennes*, Gualino-Lextenso éditions, 4e éd., nov. 2010, no 1077 à 1084.

38. *Europolitique* no 4096, du 3 décembre 2010, « Des parlements nationaux plus impliqués », Sophie Mosca.

l'Union européenne prévoit sa consultation » : lignes directrices en matière d'emploi (article 148 du TFUE), mesures d'enccuragement en matière d'emploi (article 149 du TFUE), diverses mesures sociales (article 153 du TFUE), Fonds social européen (article 164 du TFUE), cohésion économique, sociale et territoriale (article 175 du TFUE), fonds de cohésion (article 177 du TFUE), Feder (article 178 du TFUE), environnement (article 192 du TFUE), politique commune des transports (article 91 du TFUE), navigation maritime et aérienne (article 100 du TFUE), réseaux transeuropéens (article 172 du TFUE), énergie (article 194 du TFUE), santé publique (article 168 du TFUE), culture (article 167 du TFUE), éducation, jeunesse et sport (article 165 du TFUE), formation professionnelle (article 166 du TFUE) et coopération transfrontière (article 307 du TFUE).

L'essentiel

L'articulation du droit de l'Union et des droits nationaux se réalise autour de trois principes, complétés par un principe de répartition des compétences au sein des compétences partagées (le principe de **subsidiarité**). Les trois principes sont : la **primauté du droit de l'Union** sur le droit national, quelle que soit la place de ce dernier dans la hiérarchie interne (c'est-à-dire, y compris constitutionnel) ; l'**effet direct** qui permet d'attribuer aux nationaux le bénéfice de droits directement issus du droit de l'Union ; enfin la **responsabilité des États pour violation du droit de l'UE**.

Le respect de ces principes est assuré par les jurisprudences des juridictions nationales et de la Cour de justice de l'UE. Si l'Union n'exerce que des compétences qui lui ont été attribuées par les États, la répartition des compétences dans les domaines de compétence mixte UE/États membres s'effectue par le biais du principe de subsidiarité, sous le contrôle notamment des parlements nationaux.

Les **actes** de l'Union sont de deux grandes catégories : contraignants (directives, règlements et décisions) et non contraignants (les autres). Ces actes s'insèrent dans une hiérarchie des normes de l'Union ayant à son sommet le droit primaire et la Charte des droits fondamentaux de l'Union européenne.

Titre 3
Les institutions de l'Union

La Commission

Les articles 17 du TUE et 291 du TFUE, ainsi que son règlement intérieur du 24 février 2010[39], fixent la composition, l'organisation et le fonctionnement de la Commission.

La Commission a son siège principal à Bruxelles (certains de ses services sont installés à Luxembourg). Chaque État membre a un commissaire. La Commission comporte donc 27 membres. Concernant la Commission Barroso II, sa procédure de nomination s'est déroulée de juin 2009 (désignation par le Conseil européen de son président, José Manuel Barroso) à février 2010 (vote d'approbation par le Parlement européen).

Les différentes phases du processus de nomination des membres de la Commission

La désignation du président de la Commission

Elle comprend deux étapes.

– Tout d'abord, la désignation du président de la Commission a lieu au sein du Conseil européen qui statue à la majorité qualifiée. Depuis l'entrée en vigueur du traité de Lisbonne, les membres du Conseil européen doivent «*tenir compte des élections du Parlement européen*», c'est-à-dire que le candidat-président pressenti doit être issu des rangs du parti européen ayant remporté les élections européennes.

– Ce président «pressenti» par le Conseil européen doit être ensuite approuvé par le Parlement européen «*à la majorité des membres qui le composent*».

La désignation des autres membres de la Commission

Elle comporte également deux séquences.

– «*Le Conseil, d'un commun accord avec le président élu, adopte la liste des autres personnalités qu'il propose de nommer membres de la Commission. Le choix de celles-ci s'effectue sur la base des suggestions faites par les États membres.*»

– Cette liste de 25 commissaires (le haut représentant pour les affaires étrangères, membre de la Commission, est désigné selon une autre procédure) est adoptée à la majorité qualifiée par les membres du Conseil européen.

L'approbation par le Parlement européen de la composition de la Commission

Les modalités pratiques de la procédure d'approbation de la Commission par le Parlement européen sont définies à l'article 106 du règlement intérieur du Parlement européen. Elles peuvent conduire à écarter un commissaire pressenti (et pourtant approuvé par le Conseil européen) comme la candidate bulgare, Rumiana Jeleva, en 2009.

- **Article 106 : élection de la Commission**

«*Le président, après consultation du président élu de la Commission, invite les candidats proposés par le président élu de la Commission et par le Conseil aux différents postes de commissaire à se présenter devant les différentes commissions parlementaires en fonction de leur domaine d'activité probable. Ces auditions sont publiques.*

La ou les commissions compétentes invitent le commissaire désigné à faire une déclaration et à répondre à des questions. Les auditions sont organisées de façon à permettre aux commissaires désignés de révéler au Parlement toutes les informations utiles. Les dispositions relatives à l'organisation des auditions sont fixées dans une annexe au règlement [annexe XVII ci-dessous].

Le président élu présente le collège des commissaires et le programme de celui-ci au cours d'une séance du Parlement à laquelle tous les membres du Conseil sont invités. Cette déclaration est suivie d'un débat. En conclusion du débat, tout groupe politique ou quarante députés au moins peuvent déposer une proposition de résolution [...].

À la suite du vote sur la proposition de résolution, le Parlement élit ou rejette la Commission à la majorité des suffrages exprimés. Le vote a lieu par appel nominal. Le Parlement peut reporter le vote à la séance suivante.

Le président informe le Conseil de l'élection ou du rejet de la Commission.

Dans le cas d'un changement substantiel de portefeuille au sein de la Commission en cours de mandat, d'une vacance devant être comblée ou bien de la nomination d'un nouveau commissaire à la suite de l'adhésion d'un nouvel État membre, les commissaires concernés sont invités à se présenter devant la ou les commissions chargées de leurs domaines de compétence [...].

L'annexe XVII du règlement intérieur du Parlement européen précise :

1. Le Parlement européen reçoit les ***curriculum vitae*** *et les déclarations d'intérêts financiers des commissaires désignés. Ces pièces sont consultables sur le site du Parlement européen.*

39. JOUE n° L. 55 du 5 mars 2010, pages 60 à 67.

2. Le Parlement adresse aux commissaires désignés une série de ***questions écrites*** *portant notamment sur les priorités politiques des candidats dans leurs domaines de responsabilité respectifs. Les réponses écrites des candidats servent de base pour la partie orale – les auditions. Les questionnaires et les réponses des commissaires désignés sont publiés sur le site internet du Parlement européen.*

3. Chaque commissaire désigné est invité à une ***audition publique*** *de trois heures devant la (les) commission (s) parlementaire (s) compétente (s) pour le portefeuille qui lui est attribué. Ces auditions permettent aux commissions parlementaires de mieux connaître la personnalité des commissaires désignés et d'avoir un échange de vues approfondi sur les priorités des différents candidats dans leurs futurs domaines de compétence.*

*4. Les commissions parlementaires procèdent ensuite à l'****évaluation*** *de chacun des commissaires désignés. Elles vérifient que les commissaires désignés possèdent les compétences requises non seulement pour être membres de la Commission en général, mais également pour être en charge d'un portefeuille particulier.*

5. Les résultats des auditions sont transmis au président du Parlement européen et examinés par la ***Conférence des présidents****, qui est composée du président et de tous les présidents des groupes politiques, ainsi que par la Conférence des présidents des commissions.*

6. Le président de la Commission présente l'ensemble du Collège des commissaires désignés ainsi que leur programme au cours d'une ***séance plénière*** *du Parlement à laquelle le Conseil de l'UE est invité. Cette présentation est suivie par un débat.*

7. Le Parlement européen procède enfin à un ***vote d'approbation*** *de la Commission européenne dans son ensemble. La nouvelle Commission peut alors être formellement nommée par le Conseil européen à la majorité qualifiée.*

La nomination des membres de la Commission

Le dernier alinéa du paragraphe 7 de l'article 17 du TUE précise : *« Sur la base de cette approbation, la Commission est nommée par le Conseil européen, statuant à la majorité qualifiée. »*

• Leur statut

L'article 17 § 3 du TUE prévoit : *« Les membres de la Commission sont choisis en raison de leur compétence générale et de leur engagement européen et parmi des personnalités offrant toutes garanties d'indépendance. La Commission exerce ses responsabilités en pleine indépendance. Sans préjudice de l'article 18, paragraphe 2, les membres de la Commission ne sollicitent ni n'acceptent d'instructions d'aucun gouvernement, institution, organe ou organisme. Ils s'abstiennent de tout acte incompatible avec leurs fonctions ou l'exécution de leurs tâches. »*

En complément de cet article 17 § 3 du TUE, l'article 245 du TFUE précise : *« Les membres de la Commission s'abstiennent de tout acte incompatible avec le caractère de leurs fonctions. Les États membres respectent leur indépendance et ne cherchent pas à les influencer dans l'exécution de leur tâche. Les membres de la Commission ne peuvent, pendant la durée de leurs fonctions, exercer aucune autre activité professionnelle, rémunérée ou non. Ils prennent, lors de leur installation, l'engagement solennel de respecter, pendant la durée de leurs fonctions et après la cessation de celles-ci, les obligations découlant de leur charge, notamment les devoirs d'honnêteté et de délicatesse quant à l'acceptation, après cette cessation, de certaines fonctions ou de certains avantages. En cas de violation de ces obligations, la Cour de justice, saisie par le Conseil, statuant à la majorité simple, ou par la Commission, peut, selon le cas, prononcer la démission d'office dans les conditions de l'article 247 ou la déchéance du droit à pension de l'intéressé ou d'autres avantages en tenant lieu. »*

Enfin, la Commission prête serment devant la Cour de justice ; serment dont le texte, prononcé le 3 mai 2010, était le suivant :
« Nommé membre de la Commission européenne par le Conseil européen, après le vote d'approbation du Parlement européen, je m'engage solennellement :
– à respecter les traités et la Charte des droits fondamentaux de l'Union européenne dans l'exécution de toutes mes fonctions ;
– à exercer mes responsabilités en pleine indépendance, dans l'intérêt général de l'Union ;
– dans l'exécution de mes tâches, à ne solliciter ni accepter d'instructions d'aucun gouvernement, institution, organe ou organisme ;
– à m'abstenir de tout acte incompatible avec le caractère de mes fonctions ou l'exécution de mes tâches.
Je prends acte de l'engagement de chaque État membre de respecter ce caractère et de ne pas chercher à influencer les membres de la Commission dans l'exécution de leurs tâches.
Je m'engage, en outre, à respecter, pendant la durée de mes fonctions et après la cessation de celles-ci, les obligations découlant de ma charge, notamment les devoirs d'honnêteté et de délicatesse quant à l'acceptation, après cette cessation, de certaines fonctions ou de certains avantages. »

Par ailleurs, la Commission a établi, le 7 décembre 1995 (repris en 2004, document SEC (2004) 1487/2), un code de conduite relatif aux activités des commissaires en dehors de leurs tâches institutionnelles. En 2003, la Commission a institué un comité éthique *ad hoc* qui donne un accord aux nouvelles fonctions exercées par les commissaires sortants, le plus souvent dans le privé, et qui peuvent poser des questions de conflit d'intérêts.

• La cessation de fonction

La durée du mandat des commissaires est de cinq ans. Ce mandat est renouvelable. La cessation de fonction peut être soit individuelle, soit collective.

– La **cessation individuelle :** elle est réglée par les articles 246 et 247 du TFUE.

• *Article 246 du TFUE*

En dehors des renouvellements réguliers et des décès, les fonctions de membre de la Commission prennent fin individuellement par démission volontaire ou d'office.

Le membre démissionnaire ou décédé est remplacé pour la durée du mandat restant à courir par un nouveau membre de la même nationalité nommé par le Conseil d'un commun accord avec le président de la Commission, après consultation du Parlement européen et conformément aux critères visés à l'article 17, paragraphe 3, deuxième alinéa, du traité sur l'Union européenne.

Le Conseil, statuant à l'unanimité, sur proposition du président de la Commission, peut décider qu'il n'y a pas lieu à remplacement, notamment lorsque la durée du mandat du membre de la Commission restant à courir est courte.

En cas de démission volontaire, de démission d'office ou de décès, le président est remplacé pour la durée du mandat restant à courir. La procédure prévue à l'article 17, paragraphe 7, premier alinéa, du traité sur l'Union européenne est applicable pour son remplacement.

En cas de démission volontaire, de démission d'office ou de décès, le haut représentant de l'Union pour les affaires étrangères et la politique de sécurité est remplacé, pour la durée du mandat restant à courir, conformément à l'article 18, paragraphe 1, du traité sur l'Union européenne.

En cas de démission volontaire de l'ensemble des membres de la Commission, ceux-ci restent en fonctions et continuent à expédier les affaires courantes jusqu'à ce qu'il soit pourvu à leur remplacement, pour la durée du mandat restant à courir, conformément à l'article 17 du traité sur l'Union européenne.

• ***Article 247 du TFUE***

Tout membre de la Commission, s'il ne remplit plus les conditions nécessaires à l'exercice de ses fonctions ou s'il a commis une faute grave, peut être déclaré démissionnaire par la Cour de justice, à la requête du Conseil, statuant à la majorité simple, ou de la Commission.

– La **cessation collective** des fonctions intervient :
. soit parce que la Commission a été renversée par une motion de censure émanant du Parlement européen (ce qui n'est jamais arrivé depuis le 1er janvier 1958[40]) en application de l'article 17 § 8 du TUE ;
. soit parce que la Commission a décidé de démissionner collectivement, comme elle l'a fait le 16 mars 1999 après la remise du rapport des sages concernant la Commission Santer et qui avait dénoncé des dysfonctionnements graves dans la conduite de sa mission.

Organisation et fonctionnement

Le collège des commissaires

Les articles 3.4 et 18 du règlement intérieur de la Commission européenne disposent respectivement que « *le président peut constituer, parmi les membres de la Commission, des groupes dont il désigne le président, fixe le mandat et les modalités de fonctionnement, et dont il détermine la composition* » (article 3.4) et que « *les groupes de membres de la Commission contribuent à la coordination et à la préparation des travaux de la Commission selon les orientations politiques et le mandat définis par le président* » (article 18).

La Commission Barroso II comprend **dix groupes** de commissaires[41] :
• groupe sur les relations extérieures (présidé par Catherine Ashston) ;
• groupe sur l'innovation (présidé par Maire Geoghegan Quinn) ;
• groupe sur le marché intérieur (présidé par Michel Barnier) ;
• groupe sur la politique industrielle (présidé par Antonio Tajani) ;
• groupe sur l'agenda numérique (présidé par Neelie Kroes) ;
• groupe sur le changement climatique (présidé par Connie Hedegaard) ;
• groupe sur les retraites (présidé par Laszlo Andor) ;
• groupe sur la révision du budget et les nouvelles perspectives financières (présidé par José Manuel Barroso) ;
• sous-groupe sur les aspects techniques du budget (présidé par José Manuel Barroso) ;
• sous-groupe sur les instruments financiers innovants (présidé par Olli Rehn).

José Manuel Durao Barroso (Portugal) est le onzième président de la Commission (si l'on tient compte du fait que plusieurs d'entre eux ont eu plusieurs mandats de président).

Depuis une dizaine d'années, il est clair que la Commission se présidentialise. En ce sens, l'**article 17 § 6 du TUE** dispose :
« *6. Le président de la Commission :*
a) définit les orientations dans le cadre desquelles la Commission exerce sa mission ;
b) décide de l'organisation interne de la Commission afin d'assurer la cohérence, l'efficacité et la collégialité de son action ;
c) nomme des vice-présidents, autres que le haut représentant de l'Union pour les affaires étrangères et la politique de sécurité, parmi les membres de la Commission.
Un membre de la Commission présente sa démission si le président le lui demande. Le haut représentant de l'Union pour les affaires étrangères et la politique de sécurité présente sa démission, conformément à la procédure prévue à l'article 18, paragraphe 1, si le président le lui demande. »

La dernière version du règlement intérieur de la Commission (décision de la Commission du 24 février 2010) comporte des dispositions marquant le pouvoir du président de la Commission au sein du collège.

Chaque commissaire dispose d'un cabinet dont le rôle est rappelé à l'article 19 du règlement intérieur de la Commission (« *1. Les membres de la Commission disposent d'un cabinet chargé de les assister dans l'accomplissement de leurs tâches et dans la préparation des décisions de la Commission. Les règles relatives à la composition des cabinets sont arrêtées par le président. [...]* »).

40. Date d'entrée en vigueur des traités de Rome du 25 mars 1957.

41. Voir *Europolitique* du 29 avril 2010, n° 3968, Célia Sampol, « Dix groupes de commissaires sous le contrôle de Barroso ».

La répartition des portefeuilles au sein de la Commission actuelle (2010-2014)

	Fonction	Pays
José Manuel Barroso	Président	Portugal
Catherine Ashton	Vice-présidente, haute représentante de l'Union pour les affaires étrangères et la politique de sécurité	Grande-Bretagne
Viviane Reding	Vice-présidente, « Justice, droits fondamentaux et citoyenneté »	Luxembourg
Joaquin Almunia	Vice-président, « Concurrence »	Espagne
Siim Kallas	Vice-président, « Transports »	Estonie
Neelie Kroes	Vice-présidente, « Stratégie numérique »	Pays-Bas
Antonio Tajani	Vice-président, « Industrie et entrepreneuriat »	Italie
Maros Sefcovic	Vice-président, « Relations interinstitutionnelles et administration »	Slovaquie
Janez Potocnik	« Environnement »	Slovénie
Olli Rehn	« Affaires économiques et monétaires »	Finlande
Andris Piebalgs	« Développement »	Lettonie
Michel Barnier	« Marché intérieur et services »	France
Androulla Vassiliou	« Éducation, culture, multilinguisme et jeunesse »	Chypre
Algirdas Semeta	« Fiscalité et union douanière, audit et lutte anti-fraude »	Lituanie
Karel De Gucht	« Commerce »	Belgique
John Dalli	« Santé et politique des consommateurs »	Malte
Maire Geoghegan-Quinn	« Recherche, innovation et science »	Irlande
Janusz Lewandowski	« Programmation financière et budget »	Pologne
Maria Damanaki	« Affaires maritimes et pêche »	Grèce
Kristalina Georgieva	« Coopération internationale, aide humanitaire et réaction aux crises »	Bulgarie
Günther Oettinger	« Énergie »	Allemagne
Johannes Hahn	« Politique régionale »	Autriche
Connie Hedegaard	« Action pour le climat »	Danemark
Stefan Füle	« Élargissement et politique européenne de voisinage »	République tchèque
Laszlo Andor	« Emploi, affaires sociales et inclusion »	Hongrie
Cecilia Malmström	« Affaires intérieures »	Suède
Dacian Ciolos	« Agriculture et développement rural »	Roumanie

Les présidents de la Commission, 1958-2010

Nom	Période
1. Walter Hallstein (allemand)	7 janvier 1958 – 9 janvier 1962
2. Walter Hallstein (allemand)	10 janvier 1962 – 30 juin 1967
3. Jean Rey (belge)	1er juillet 1967 – 30 juin 1970
4. Franco Maria Malfatti (italien)	1er juillet 1970 – 21 mars 1972
5. Sicco Mansholt (néerlandais)	22 mars 1972 – 5 janvier 1973
6. François-Xavier Ortoli (français)	6 janvier 1973 – 6 janvier 1977
7. Roy Jenkins (britannique)	7 février 1977 – 5 janvier 1981
8. Gaston F. Thorn (luxembourgeois)	6 janvier 1981 – 5 janvier 1985
9. Jacques Delors (français)	6 janvier 1985 – 5 janvier 1989
10. Jacques Delors (français)	6 janvier 1989 – 5 janvier 1993
11. Jacques Delors (français)	6 janvier 1993 – 22 janvier 1995
12. Jacques Santer (luxembourgeois)	23 janvier 1995 – 4 mai 1999
13. Romano Prodi (italien)	5 mai 1999 – 1er novembre 2004
14. José Manuel Barroso (portugais)	2 novembre 2004 – 9 février 2010
15. José Manuel Barroso (pourtugais)	10 février 2010 –

Les structures administratives de la Commission comprennent, par ordre décroissant d'importance : les directions générales (sous l'autorité des commissaires auxquels elles sont rattachées) ; à l'intérieur d'une direction générale coexistent plusieurs directions ; enfin les unités qui structurent les directions.

La Commission connaît un fonctionnement collégial, c'est-à-dire que tous les actes, déclarations et prises de position de chacun des membres de la Commission sont l'expression de la volonté d'un collège et engagent la responsabilité de l'institution tout entière. Cette collégialité est affirmée dans le cadre du règlement intérieur de la Commission.

L'**article 4 du règlement intérieur** de la Commission prévoit les différentes expressions du principe de collégialité : « *Les décisions de la Commission sont acquises :*
a) en réunion de la Commission par procédure orale suivant les dispositions de l'article 8 du présent règlement intérieur, ou
b) par procédure écrite suivant les dispositions de l'article 12, ou
c) par procédure d'habilitation suivant les dispositions de l'article 13 ou
d) par procédure de délégation suivant les dispositions de l'article 14. »

Les réunions de la Commission se tiennent, en général, le mercredi matin. Elles sont préparées par des réunions des chefs de cabinet des membres de la Commission qui se tiennent en principe le lundi après-midi. Une partie quantitativement très importante des décisions de la Commission n'est donc pas arrêtée effectivement en séance plénière, mais simplement ratifiée sans débat au cours de ces séances. Le service juridique est représenté à chacune de ces réunions et des fonctionnaires des directions générales peuvent y être invités, selon les questions abordées. Les réunions de la Commission ne sont pas publiques. Les débats sont confidentiels (**article 9** du règlement intérieur de la Commission).

Les attributions de la Commission

L'article 17, paragraphes 1 et 2 du TUE prévoit : « *1. La Commission promeut l'intérêt général de l'Union et prend les initiatives appropriées à cette fin. Elle veille à l'application des traités ainsi que des mesures adoptées par les institutions en vertu de ceux-ci. Elle surveille l'application du droit de l'Union sous le contrôle de la Cour de justice de l'Union européenne. Elle exécute le budget et gère les programmes. Elle exerce des fonctions de coordination, d'exécution et de gestion conformément aux conditions prévues par les traités. À l'exception de la politique étrangère et de sécurité commune et des autres cas prévus par les traités, elle assure la représentation extérieure de l'Union. Elle prend les initiatives de la programmation annuelle et pluriannuelle de l'Union pour parvenir à des accords interinstitutionnels.*

2. Un acte législatif de l'Union ne peut être adopté que sur proposition de la Commission, sauf dans les cas où les traités en disposent autrement. Les autres actes sont adoptés sur proposition de la Commission lorsque les traités le prévoient. »

Première compétence : le monopole d'initiative législative

La première compétence de la Commission est celle du monopole de l'initiative législative, c'est-à-dire que le législateur européen (le Parlement européen et/ou le Conseil) ne peut statuer, le plus souvent, que sur une proposition de directive, de règlement ou de décision préparée par la Commission.

Mais peut-on encore aujourd'hui parler de « monopole » ? En effet, il existe des cas de plus en plus nombreux où l'initiative première peut être prise à la demande du Conseil (article 241 du TFUE), du Parlement européen (article 225 du TFUE), de la Banque centrale européenne (articles 129 § 5 et 219 § 1 du TFUE), d'un quart des États membres (article 74 du TFUE) ou d'un million de citoyens européens issus d'un nombre représentatif d'États membres (article 11 § 4 du TUE)[42]. Et cette liste de dérogation n'est pas exhaustive.

L'**élaboration d'une proposition** de la Commission connaît trois étapes principales :
– *première étape :* la direction générale en charge de la proposition collecte le maximum de données possibles pour commencer à définir le futur contenu de la proposition ;
– *deuxième étape* : le commissaire concerné organise un processus de concertation au travers d'un Livre vert (document de réflexion assorti d'interrogations), soumis à la consultation de tous ceux qui se sentent intéressés par le sujet traité (associations, gouvernements, syndicats, particuliers, etc.). Cette consultation large peut être suivie de la publication d'un Livre blanc que la Commission définit comme « *des documents qui contiennent des propositions d'action communautaire dans un domaine spécifique. Ils font parfois suite à un Livre vert publié en vue d'engager un processus de consultation au niveau européen. Tandis que les Livres verts exposent un éventail d'idées à des fins de débat public, les Livres blancs contiennent un ensemble officiel de propositions dans des domaines politiques spécifiques et constituent l'instrument de leur mise au point* » ;
– *troisième étape* : la direction générale compétente établit un avant-projet de proposition, texte qui sera soumis aux autres commissaires intéressés et au service juridique de la Commission.

Après l'accord du collège des commissaires, la proposition de la Commission est transmise au Conseil des ministres et au Parlement européen d'une part et, en fonction des matières traitées, au Comité des régons et/ou au Comité économique et social européen.

42. Le règlement (UE) n° 211/2011 du Parlement européen et du Conseil du 16 février 2011 relatif à l'initiative citoyenne a été publié le 11 mars 2011 (JOUE, n° L 65, pages 1 et suivantes). Il prévoit le nombre d'États (sept) et les différentes modalités nécessaires à la bonne organisation d'une telle initiative.

Deuxième compétence : la surveillance de l'exécution des obligations de l'Union par les États membres, les autres institutions européennes et les opérateurs économiques

La Commission dispose, pour ce faire, de moyens d'investigation dont le principe est rappelé à l'**article 337 du TFUE** : « *Pour l'accomplissement des tâches qui lui sont confiées, la Commission peut recueillir toutes informations et procéder à toutes vérifications nécessaires, dans les limites et conditions fixées par le Conseil en conformité avec les dispositions des traités.* »

En complément de ces pouvoirs d'information et d'investigation, la Commission dispose de pouvoirs de **sanction** :
– en direction des opérateurs économiques : en matière de concurrence, par exemple, le règlement n° 1/2003 prévoit, à son article 23, non seulement des sanctions pécuniaires que la Commission pourrait infliger à des entreprises qui n'auraient pas fourni, à sa demande, des renseignements ou qui en auraient fourni d'inexacts, mais surtout, à l'article 23 § 2, des amendes que la Commission pourrait infliger en cas d'infraction aux articles 101 et 102 du TFUE (sur les règles applicables aux entreprises);
– en direction des États membres : à l'égard des manquements d'État (le recours en manquement) avec la procédure prévue aux articles 258, 259 et 260 du TFUE.

- **Article 258 du TFUE**

Si la Commission estime qu'un État membre a manqué à une des obligations qui lui incombent en vertu des traités, elle émet un avis motivé à ce sujet, après avoir mis cet État en mesure de présenter ses observations.

Si l'État en cause ne se conforme pas à cet avis dans le délai déterminé par la Commission, celle-ci peut saisir la Cour de justice de l'Union européenne.

- **Article 259 du TFUE**

Chacun des États membres peut saisir la Cour de justice de l'Union européenne s'il estime qu'un autre État membre a manqué à une des obligations qui lui incombent en vertu des traités.

Avant qu'un État membre n'introduise, contre un autre État membre, un recours fondé sur une prétendue violation des obligations qui lui incombent en vertu des traités, il doit en saisir la Commission.

La Commission émet un avis motivé après que les États intéressés ont été mis en mesure de présenter contradictoirement leurs observations écrites et orales.

Si la Commission n'a pas émis l'avis dans un délai de trois mois à compter de la demande, l'absence d'avis ne fait pas obstacle à la saisine de la Cour.

- **Article 260 du TFUE**

1. Si la Cour de justice de l'Union européenne reconnaît qu'un État membre a manqué à une des obligations qui lui incombent en vertu des traités, cet État est tenu de prendre les mesures que comporte l'exécution de l'arrêt de la Cour.

2. Si la Commission estime que l'État membre concerné n'a pas pris les mesures que comporte l'exécution de l'arrêt de la Cour, elle peut saisir la Cour, après avoir mis cet État en mesure de présenter ses observations. Elle indique le montant de la somme forfaitaire ou de l'astreinte à payer par l'État membre concerné qu'elle estime adapté aux circonstances.

Si la Cour reconnaît que l'État membre concerné ne s'est pas conformé à son arrêt, elle peut lui infliger le paiement d'une somme forfaitaire ou d'une astreinte. Cette procédure est sans préjudice de l'article 259.

3. Lorsque la Commission saisit la Cour d'un recours en vertu de l'article 258, estimant que l'État membre concerné a manqué à son obligation de communiquer des mesures de transposition d'une directive adoptée conformément à une procédure législative, elle peut, lorsqu'elle le considère approprié, indiquer le montant d'une somme forfaitaire ou d'une astreinte à payer par cet État, qu'elle estime adapté aux circonstances.

Si la Cour constate le manquement, elle peut infliger à l'État membre concerné le paiement d'une somme forfaitaire ou d'une astreinte dans la limite du montant indiqué par la Commission. L'obligation de paiement prend effet à la date fixée par la Cour dans son arrêt[43].

Troisième compétence : les fonctions d'exécution et de gestion

- **Les compétences d'exécution**

Les compétences d'exécution (délégations de pouvoir) attribuées à la Commission font l'objet de deux articles dans le TFUE, les 290 et 291 :

- ***Article 290 du TFUE***

1. Un acte législatif peut déléguer à la Commission le pouvoir d'adopter des actes non législatifs de portée générale qui complètent ou modifient certains éléments non essentiels de l'acte législatif.

Les actes législatifs délimitent explicitement les objectifs, le contenu, la portée et la durée de la délégation de pouvoir. Les éléments essentiels d'un domaine sont réservés à l'acte législatif et ne peuvent donc pas faire l'objet d'une délégation de pouvoir.

2. Les actes législatifs fixent explicitement les conditions auxquelles la délégation est soumise, qui peuvent être les suivantes :
a) le Parlement européen ou le Conseil peut décider de révoquer la délégation;
b) l'acte délégué ne peut entrer en vigueur que si, dans le délai fixé par l'acte législatif, le Parlement européen ou le Conseil n'exprime pas d'objections.
Aux fins des points a) et b), le Parlement européen statue à la majorité des membres qui le composent et le Conseil statue à la majorité qualifiée.

3. L'adjectif « délégué » ou « déléguée » est inséré dans l'intitulé des actes délégués.

43. Communication de la Commission, *Mise en œuvre de l'article 260, paragraphe 3*, TFUE, 2011/C 12/01, publiée au JOUE n° C12 du 15 janvier 2011, pages 1 et suivantes.

- ***Article 291 du TFUE***

1. Les États membres prennent toutes les mesures de droit interne nécessaires pour la mise en œuvre des actes juridiquement contraignants de l'Union.

2. Lorsque des conditions uniformes d'exécution des actes juridiquement contraignants de l'Union sont nécessaires, ces actes confèrent des compétences d'exécution à la Commission ou, dans des cas spécifiques dûment justifiés et dans les cas prévus aux articles 24 et 26 du traité sur l'Union européenne, au Conseil.

3. Aux fins du paragraphe 2, le Parlement européen et le Conseil, statuant par voie de règlements conformément à la procédure législative ordinaire, établissent au préalable les règles et les principes généraux relatifs aux modalités de contrôle par les États membres de l'exercice des compétences d'exécution par la Commission.

4. Le mot « d'exécution » est inséré dans l'intitulé des actes d'exécution.

Si les dispositions de l'article 290 du TFUE sur les actes délégués sont directement applicables, celles de l'article 291 sur les actes d'exécution nécessitent l'adoption d'un règlement selon la procédure législative ordinaire qui a été adopté début 2011 [44].

Le 6 décembre 2010 a été adopté entre le Parlement européen, la Commission européenne et le Conseil de l'Union européenne un **arrangement relatif aux actes délégués** *(« gentlemen's agreement »)* intitulé « *Common Understanding* sur la délégation à la Commission du pouvoir d'adopter des actes non législatifs (actes délégués) au titre de l'article 290 du TFUE ».

Quant au futur règlement relatif aux **actes d'exécution**, il comprendra les précisions suivantes : les actes d'exécution prévus par les actes législatifs sont présentés par la Commission européenne aux États membres au sein de comités qui se prononcent selon deux procédures – une procédure consultative et une procédure d'examen qui permet aux États membres de s'opposer, par un vote à la majorité qualifiée, à l'acte présenté par la Commission ; il appartient au législateur de l'Union de sélectionner, dans chaque acte législatif, la procédure consultative ou la procédure d'examen ; un comité d'appel est institué qui doit être saisi par la Commission si elle veut voir prospérer sa proposition en cas de vote négatif à la majorité qualifiée ou en cas d'absence d'avis sous certaines conditions ; enfin, la politique commerciale commune fera l'objet d'une procédure particulière au sein du comité d'appel.

Le schéma ci-dessous (page 33) a été établi par les services du Conseil de l'Union [45].

44. Règlement nº 182/2011/UE du Parlement européen et du Conseil, établissant les règles et principes généraux relatifs aux modalités de contrôle par les États membres de l'exercice des compétences d'exécution par la Commission, publié au *Journal Officiel de l'Union européenne,* nº L. 55 du 28 février 2011 ; il entre en vigueur le 1er mars 2011.

45. http://www.consilium.europa.eu/uedocs/cms_data/docs/pressdata/FR/genaff/119271.pdf.

- **Les fonctions de gestion**

La Commission européenne est chargée de la perception des recettes du budget de l'Union européenne. Elle établit le bilan de l'année écoulée et le transmet au Conseil et au Parlement européen (article 318 du TFUE). Elle élabore aussi un projet de budget qui opère la synthèse des états prévisionnels des dépenses de chacune des institutions de l'Union. Cet avant-projet sert de document de travail au Conseil de l'Union européenne (article 314 du TFUE). Enfin, l'article 317 du TFUE (article 17 § 1 du TUE) indique qu'elle exécute le budget.

La Commission assure la gestion des **fonds structurels** qui sont les principaux instruments financiers de la politique régionale de l'Union comme le Fonds social européen (FSE), créé afin d'améliorer les possibilités d'emploi des travailleurs dans le marché intérieur et de contribuer ainsi au relèvement du niveau de vie, ou le Fonds européen d'ajustement à la mondialisation (FEM) qui vise à faciliter la réinsertion professionnelle des travailleurs, notamment à la suite de la fermeture d'entreprises en lien avec la mondialisation de l'économie.

Quatrième compétence : la participation à la représentation extérieure de l'UE et aux négociations internationales

- **La Commission participe à la représentation extérieure de l'Union**

En dehors de la politique étrangère et de sécurité commune et des autres cas prévus par les traités, la Commission participe à la représentation extérieure de l'Union.

Elle est compétente, avec le haut représentant de l'Union pour les affaires étrangères, pour passer des accords de liaison avec les organisations internationales (article 220 du TFUE) : « *1. L'Union établit toute coopération utile avec les organes des Nations unies et de leurs institutions spécialisées, le Conseil de l'Europe, l'Organisation pour la sécurité et la coopération en Europe et l'Organisation de coopération et de développement économiques. L'Union assure, en outre, les liaisons opportunes avec d'autres organisations internationales. 2. Le haut représentant de l'Union pour les affaires étrangères et la politique de sécurité et la Commission sont chargés de la mise en œuvre du présent article.* »

La représentation de l'Union dans les organisations internationales est assurée par une présence conjointe de la Commission (porte-parole pour les questions relevant de la compétence de l'Union) et du haut représentant de l'Union et/ou du président du Conseil européen.

Il appartient à la Commission et au haut représentant de l'Union (en fonction des domaines) de présenter des recommandations au Conseil en vue d'ouvrir des négociations d'accords internationaux et de négocier ces accords (appelés « accords externes ») entre l'Union et les États tiers, dans le respect d'un mandat fixé par le Conseil (article 218 du TFUE).

Nouvelles règles de comitologie (article 291 du TFUE)

La Commission propose un projet d'acte d'exécution

Si le projet d'acte est **de portée générale**, <u>ou</u> **s'il est spécifique et porte sur** :

- des programmes ayant des incidences majeures,
- l'agriculture et la pêche
- l'environnement, la protection de la santé des personnes, des animaux et des végétaux,
- le commerce,
- la fiscalité

Le comité chargé de la procédure d'examen, composé de représentants des Etats membres et présidé par la Commission, **rend son avis à la majorité qualifiée.**

En cas d'avis favorable

La Commission <u>adopte le projet d'acte</u>

En l'absence d'avis

La Commission peut adopter le projet d'acte, sauf :

- s'il porte sur la fiscalité, les services financiers, la protection de la santé, des personnes, des animaux ou des végétaux ou sur des mesures de sauvegarde multilatérales définitives,
- si l'acte de base en dispose ainsi,
- si une majorité simple des membres qui composent le comité s'y oppose.

Dans ces trois cas, la Commission peut soumettre le projet d'acte dans un délai d'un mois au ***comité d'appel*** ou lui soumettre **au comité d'examen** un texte modifié dans un délai de deux mois.

Si le projet d'acte porte sur l'adoption de mesures antidumping ou de mesures compensatoires définitives et qu'une majorité simple s'y oppose, la Commission doit consulter les Etats membres et soumettre <u>un</u> projet d'acte au ***comité d'appel.***

En cas d'avis défavorable

- la Commission soumet le projet d'acte dans un délai d'un mois au ***comité d'appel*** ou
- lui soumet dans un délai de deux mois un projet d'acte modifié. (1)

Le ***comité d'appel***, composé de représentants des Etats membres au niveau approprié et présidé par la Commission, **rend son avis à la majorité qualifiée.** (2)

En cas d'avis favorable

La Commission <u>adopte le projet</u> d'acte.

En l'absence

La Commission <u>peut adopter le projet d'acte</u>, sauf s'il porte sur des mesures de sauvegarde multilatérales définitives, auquel cas, en l'absence d'avis favorable adopté à la majorité qualifiée, la Commission ne doit pas adopter

En cas d'avis défavorable

La Commission ne doit pas adopter le projet

D'une manière générale, pour tous **les autres projets d'actes :**

Le comité chargé de la procédure consultative, composé de représentants des Etats membres et présidé par la Commission, **rend son avis à la majorité**

La Commission <u>adopte l'acte</u>, en tenant le plus grand compte de l'avis du comité.

(1) Toutefois, la Commission peut adopter les mesures proposées sans délai, si cela s'avère nécessaire pour éviter une importante perturbation des marchés dans le domaine de l'agriculture ou un risque pour les intérêts financiers de l'Union, et soumettre immédiatement l'acte ay comité de recours. Si le comité de recours rend un avis favorable ou n'émet pas d'avis, ces mesures restent en vigueur. Si le comité de recours rend un avis défavorable, la Commission doit abroger l'acte.

(2) Le comité d'appel dispose d'un délai de 18 mois après l'entrée en vigueur du nouveau règlement pour rendre, à la majorité simple, son avis sur les projets de mesures anti-dumping ou de mesures compensatoires définitives.

Enfin, la Commission peut, lors de la conclusion d'un accord international et préventivement à sa signature, solliciter l'avis de la Cour de justice sur la compatibilité de l'accord envisagé avec les dispositions des traités (article 218 § 11 du TFUE : « *Un État membre, le Parlement européen, le Conseil ou la Commission peut recueillir l'avis de la Cour de justice sur la compatibilité d'un accord envisagé avec les traités. En cas d'avis négatif de la Cour, l'accord envisagé ne peut entrer en vigueur, sauf modification de celui-ci ou révision des traités.* »).

- **Le haut représentant de l'Union pour les affaires étrangères et la politique de sécurité**

Il convient ici d'énoncer l'article 18 du TUE.

- ***Article 18 du TUE***

1. Le Conseil européen, statuant à la majorité qualifiée, avec l'accord du président de la Commission, nomme le haut représentant de l'Union pour les affaires étrangères et la politique de sécurité. Le Conseil européen peut mettre fin à son mandat selon la même procédure.

2. Le haut représentant conduit la politique étrangère et de sécurité commune de l'Union. Il contribue par ses propositions à l'élaboration de cette politique et l'exécute en tant que mandataire du Conseil. Il agit de même pour la politique de sécurité et de défense commune.

3. Le haut représentant préside le Conseil des affaires étrangères.

4. Le haut représentant est l'un des vice-présidents de la Commission. Il veille à la cohérence de l'action extérieure de l'Union. Il est chargé, au sein de la Commission, des responsabilités qui incombent à cette dernière dans le domaine des relations extérieures et de la coordination des autres aspects de l'action extérieure de l'Union. Dans l'exercice de ces responsabilités au sein de la Commission, et pour ces seules responsabilités, le haut représentant est soumis aux procédures qui régissent le fonctionnement de la Commission, dans la mesure où cela est compatible avec les paragraphes 2 et 3.

La création de cette instance constitue l'une des principales avancées du traité de Lisbonne. Le premier haut représentant est Catherine Ashton, nommée par le Conseil européen par une décision du 19 novembre 2009.

- ***Nomination du haut représentant***

Nommé à la majorité qualifiée par le Conseil européen, avec l'accord du président de la Commission, le haut représentant est soumis, comme tout membre de la Commission, au vote d'approbation du Parlement européen (article 17 § 7 du TUE). En cas d'adoption d'une motion de censure contre la Commission (article 234 du TFUE), le haut représentant de l'Union démissionne de sa fonction de membre de la Commission. Mais seul le Conseil européen met fin à son mandat de haut représentant. En cas de démission volontaire, de démission d'office ou de décès, le haut représentant de l'Union pour les affaires étrangères et la politique de sécurité est remplacé, pour la durée du mandat restant à courir, conformément à l'article 18 § 1 du TUE (article 246 du TFUE).

- ***Missions du haut représentant***

1. Aux côtés du président du Conseil européen et du président de la Commission, il assure la **représentation extérieure de l'Union**.

Pour son travail, il s'appuie sur le Service européen pour l'action extérieure (le SEAE, article 27 § 3 du TUE). En matière de PESC, il peut soumettre, seul ou avec le soutien de la Commission, une initiative ou une proposition au Conseil (article 30 du TUE). Les délégations de l'UE dans les pays tiers sont intégrées au SEAE et sont placées sous son autorité (article 221 du TFUE). Il exécute, aux côtés des États membres, la politique étrangère et de sécurité commune (art. 24 § 1, second alinéa du TUE, article 26 § 3 du TUE). Il « *conduit au nom de l'Union le dialogue politique avec les tiers et exprime la position de l'Union dans les organisations internationales et au sein des conférences internationales* » (article 27 § 2 du TUE). Il coordonne les positions des États membres et de l'Union au sein des organisations internationales et des conférences internationales (article 34 du TUE). Il sera informé des positions prises par les États dans les organisations internationales. Ainsi, les États membres faisant partie du Conseil de sécurité de l'ONU l'informeront de leurs positions et le feront inviter pour présenter devant ledit Conseil de sécurité la position adoptée par l'UE sur une question traitée devant ce dernier (article 34 § 2, deuxième alinéa du TUE).

2. Il assiste le Conseil et la Commission dans la **recherche de la cohérence de l'action extérieure** de l'Union (article 21 § 3, second alinéa du TUE, article 26 § 2 du TUE). Il examine la demande d'États membres qui souhaitent établir entre eux une coopération renforcée pour en contrôler la cohérence avec la PESC (article 329 § 2). Un État qui souhaiterait participer à une coopération renforcée dans le domaine de la PESC doit notifier au haut représentant de l'Union son intention de le faire (article 331 § 2, premier alinéa du TFUE). Le Conseil confirme la participation de l'État membre en question, après consultation du haut représentant de l'Union pour les affaires étrangères et la politique de sécurité et après avoir constaté, le cas échéant, que les conditions de participation sont remplies. Le Conseil, sur proposition du haut représentant, peut également adopter les mesures transitoires nécessaires concernant l'application des actes déjà adoptés dans le cadre de la coopération renforcée (article 331 § 2, deuxième alinéa du TFUE).

3. Il **consulte et informe** régulièrement le Parlement européen sur la politique étrangère et de sécurité commune (article 36 du TUE). Le Parlement peut lui adresser des questions et des recommandations et organiser deux débats par an sur ces questions, y compris la politique de sécurité et de défense commune (article 36 second alinéa du TUE).

4. Dans le domaine de la politique de sécurité et de défense commune (ou PSDC), le haut représentant a, concurremment avec un État membre, le **pouvoir d'initiative** (article 42 du TUE).

Il peut proposer de recourir aux moyens nationaux dans le domaine de la PSDC. Il veille à la coordination des aspects civils et militaires d'une opération liée à la PSDC (article 43 du TUE). Enfin, l'État qui souhaite participer à la **coopération**

structurée permanente[46] notifie son intention au Conseil et au haut représentant de l'Union (article 46 du TUE). Le Conseil consulte le haut représentant de l'Union avant d'adopter une décision établissant une coopération structurée permanente. Tout État qui souhaiterait rejoindre la coopération structurée permanente notifie son intention au haut représentant et au Conseil (article 46 du TUE). Il est consulté par le Conseil lorsque celui-ci adopte une décision acceptant la participation d'un nouvel État à la coopération structurée permanente (même art. du TUE).

Le Conseil et le Conseil européen

Le **Conseil** est une institution de l'Union (article 13 du TUE). Il s'agit, en réalité, d'une formulation générique qui comprend : les groupes de travail du Conseil (composés de fonctionnaires des États membres), le Comité des représentants permanents (COREPER – composé d'ambassadeurs des États membres auprès de l'UE), et le Conseil de l'Union européenne (composé de ministres des États membres). Avant le traité de Lisbonne, il était possible de prolonger cette liste par le Conseil européen (composé des chefs d'État et de gouvernement). Mais le **Conseil européen** a aujourd'hui un rôle qui conduit à le traiter séparément des formations précédemment citées.

Le Conseil

Le Conseil siège à Bruxelles, à l'exception des mois d'avril, de juin et d'octobre où les sessions du Conseil se tiennent à Luxembourg (décision du 8 avril 1965, 67/446/CEE, adoptée lors de la signature du traité de fusion des exécutifs, article 1er § 3 du règlement intérieur du Conseil, ou RIC, dans sa version du 1er décembre 2009, décision du Conseil portant adoption de son règlement intérieur[47]).

Le traité de Lisbonne prévoit que chaque session du Conseil est divisée en deux parties (article 16 § 8 du TUE), consacrées respectivement aux délibérations sur les actes législatifs de l'Union et aux activités non législatives. Dès lors qu'il délibère et vote sur un projet d'acte législatif, le Conseil siège en public. En vertu du protocole sur le rôle des parlements nationaux, ceux-ci sont directement destinataires des ordres du jour et des procès-verbaux de ces réunions.

Les formations du Conseil

Le traité de Lisbonne mentionne directement deux formations du Conseil (article 16 § 6 du TUE) :
– le Conseil des **affaires générales**, qui *« assure la cohérence des travaux des différentes formations du Conseil. Il prépare les réunions du Conseil européen et en assure le suivi en liaison avec le président du Conseil européen et la Commission »;*
– le Conseil des **affaires étrangères**, présidé par le haut représentant de l'Union pour les affaires étrangères et la politique de sécurité, qui *« élabore l'action extérieure de l'Union selon les lignes stratégiques fixées par le Conseil européen et assure la cohérence de l'action de l'Union »*. Le haut représentant peut, en tant que de besoin, se faire remplacer par le membre de cette formation représentant l'État membre qui exerce la présidence semestrielle du Conseil.

Ces deux premières formations ont un statut particulier.

• Concernant le Conseil « Affaires étrangères », Catherine Ashton (vice-président de la Commission et haut représentant), le préside pendant cinq ans, alors que les neuf autres formations du Conseil sont présidées par les présidences tournantes assurées par les États membres (semestrielles).

• Concernant le Conseil « Affaires générales », il a deux missions :
– préparer les travaux du Conseil européen en liaison avec le président dudit Conseil;
– coordonner ce qui se déroule dans les Conseils 2 à 10 (voir liste ci-dessous).

En pratique, il est composé des ministres des Affaires étrangères, dont celui qui représente l'État assurant la présidence tournante de l'Union et qui préside le Conseil affaires générales, de secrétaires d'État aux affaires européennes et de représentants permanents.

S'agissant des autres formations sectorielles du Conseil, elles doivent faire l'objet d'une décision adoptée par le Conseil européen à la majorité qualifiée (article 236 a) du TFUE).

Il y a, en 2011, **dix formations du Conseil :**

1. Affaires générales
2. Affaires étrangères
3. Affaires économiques et financières
4. Justice et affaires intérieures
5. Emploi, politique sociale, santé et consommateur
6. Compétitivité (marché intérieur, industrie, recherche et espace)
7. Transports, télécommunications et énergie
8. Environnement
9. Agriculture et pêche
10. Éducation, jeunesse, culture et sport

L'organisation du Conseil

Le Conseil est formé par un représentant de chaque État membre au niveau ministériel, habilité à engager le gouvernement de cet État membre (article 16 § 2 du TUE). Cette formulation permet aux États fédéraux de se faire représenter par un membre issu de l'exécutif des structures fédérées, lorsque la question abordée au niveau du Conseil concerne un domaine de compétence qui, en droit interne, échappe aux compétences de l'État fédéral, pourtant en charge de la représentation internationale dudit État (c'est le cas de l'Allemagne, de l'Autriche, de la Belgique et de l'Espagne).

46. Il s'agit de l'appellation spécifique d'une coopération renforcée dans le domaine de la PSDC.

47. JOUE, n° L 325 du 11 décembre 2009.

La présidence en exercice du Conseil des ministres

Concernant la rotation des présidences, l'article 16 § 9 du TUE et l'article 236 du TFUE disposent que la « *présidence est exercée à tour de rôle par chaque État membre selon un ordre fixé par le Conseil à l'unanimité* ».

Ordre de la rotation des présidences, 2007-2020

(Décision du Conseil du 1er/12/2009 relative à l'exercice de la présidence du Conseil et concernant la présidence des instances préparatoires du Conseil)[1]

Pays[2]	Semestre	Année	
Allemagne	janvier-juin	2007	*1er trio*
Portugal	juillet-décembre		
Slovénie	janvier-juin	2008	
France	juillet-décembre		*2e trio*
République tchèque	janvier-juin	2009	
Suède	juillet-décembre		
Espagne	janvier-juin	2010	*3e trio*
Belgique	juillet-décembre		
Hongrie	janvier-juin	2011	
Pologne	juillet-décembre		*4e trio*
Danemark	janvier-juin	2012	
Chypre	juillet-décembre		
Irlande	janvier-juin	2013	*5e trio*
Lituanie	juillet-décembre		
Grèce	janvier-juin	2014	
Italie	juillet-décembre		*6e trio*
Lettonie	janvier-juin	2015	
Luxembourg	juillet-décembre		
Pays-Bas	janvier-juin	2016	*7e trio*
Slovaquie	juillet-décembre		
Malte	janvier-juin	2017	
Royaume-Uni	juillet-décembre		*8e trio*
Estonie	janvier-juin	2018	
Bulgarie	juillet-décembre		
Autriche	janvier-juin	2019	*9e trio*
Roumanie	juillet-décembre		
Finlande	janvier-juin	2020	

1. Concernant la référence aux « trios », voir pages 37 et 38.
2. Les États membres sont classés trois par trois. La répartition correspond à la composition du trio de présidences.

Durant le temps d'une présidence, tous les Conseils (à l'exception du Conseil « Affaires étrangères »), mais aussi le COREPER, les groupes de travail et tous les organes intergouvernementaux, sont présidés par le même État.

La présidence est responsable de l'établissement du calendrier et de l'ordre du jour des multiples réunions qui se tiennent pendant la durée de la période de la présidence, non seulement au niveau du Conseil (article 1 § 2 du RIC) mais aussi à celui du COREPER et des nombreux groupes de travail qui fonctionnent sous son égide. Il peut faire procéder au vote à son initiative et il est tenu de le faire si, sur l'initiative d'un membre du Conseil ou de la Commission, la majorité des membres du Conseil se prononce en ce sens (article 11 du RIC). De même, il appartient à la présidence d'établir les procès-verbaux et le relevé des conclusions de ces réunions (article 13 du RIC) ainsi que de préparer les communiqués de presse qui seront, le cas échéant, publiés.

Le programme de la présidence dépendra, pour son succès, de la capacité qu'elle aura eu à articuler les diverses priorités nationales et à dégager les lignes d'un compromis sur les points importants.

La fonction de coordination et d'amélioration de la continuité des travaux du Conseil

Lors de l'adoption d'une nouvelle version du RIC, en septembre 2006, il a été décidé de rationaliser la programmation des activités du Conseil. Un nouveau système fondé sur un programme de dix-huit mois devant être soumis à l'approbation du Conseil par les trois présidences (le « trio ») qui seront en exercice pendant la période concernée, a remplacé le système précédent (article 2 du RIC). Cette solution a été reprise en 2009, après l'entrée en vigueur du traité de Lisbonne.

- **Article 2 du RIC**

Formations du Conseil, rôle de la formation des Affaires générales et de la formation des Affaires étrangères et programmation

1. Le Conseil siège en différentes formations, en fonction des matières traitées. La liste des formations du Conseil autres que celles des affaires générales et des affaires étrangères est adoptée par le Conseil européen statuant à la majorité qualifiée. La liste des formations du Conseil figure à l'annexe I.

2. Le Conseil des affaires générales assure la cohérence des travaux des différentes formations du Conseil. Il prépare les réunions du Conseil européen et en assure le suivi en liaison avec le président du Conseil européen et la Commission. Il est responsable de la coordination générale des politiques, des questions institutionnelles et administratives, des dossiers horizontaux affectant plusieurs politiques de l'Union européenne, tels que le cadre financier pluriannuel et l'élargissement, ainsi que de tout dossier transmis par le Conseil européen, en tenant compte des règles de fonctionnement de l'Union économique et monétaire.

3. Les modalités de préparation des réunions du Conseil européen sont prévues par l'article 3 du règlement intérieur du Conseil européen, comme suit :

a) Aux fins de la préparation prévue à l'article 2, paragraphe 2, du règlement intérieur du Conseil européen, au moins quatre semaines avant chaque réunion ordinaire du Conseil européen visée à l'article 1, paragraphe 1, du règlement intérieur du Conseil européen, son président, en coopération étroite avec le membre du Conseil européen représentant l'État membre qui exerce la présidence semestrielle du Conseil et le président de la Commission, soumet au Conseil des affaires générales un projet d'ordre du jour annoté.
Les contributions des autres formations du Conseil aux travaux du Conseil européen sont transmises au Conseil des affaires générales, au plus tard deux semaines avant la réunion du Conseil européen.
Le président du Conseil européen, en coopération étroite telle que visée au premier alinéa, prépare un projet d'orientations pour les conclusions du Conseil européen et, le cas échéant, les projets de conclusions et les projets de décisions du Conseil européen, lesquels font l'objet d'un débat au Conseil des affaires générales.
Une dernière session du Conseil des affaires générales se tient dans les cinq jours qui précèdent la réunion du Conseil européen. À la lumière de ce dernier débat, le président du Conseil européen établit l'ordre du jour provisoire.
b) Excepté pour des raisons impératives et imprévisibles liées, par exemple, à l'actualité internationale, aucune autre formation du Conseil ou instance préparatoire ne peut débattre un sujet soumis au Conseil européen entre la session du Conseil des affaires générales à l'issue de laquelle l'ordre du jour provisoire du Conseil européen est établi et la réunion du Conseil européen.
c) Le Conseil européen arrête son ordre du jour au début de sa réunion.
En règle générale, les sujets inscrits à l'ordre du jour devraient avoir été examinés auparavant, conformément aux dispositions du présent paragraphe.

4. Le Conseil des affaires générales assure, en coopération avec la Commission, la cohérence et la continuité des travaux des différentes formations du Conseil dans le cadre d'une programmation pluriannuelle conformément au paragraphe 6.

5. Le Conseil des affaires étrangères élabore l'action extérieure de l'Union selon les lignes stratégiques fixées par le Conseil européen et assure la cohérence de l'action de l'Union. Il est responsable de la conduite de l'ensemble de l'action extérieure de l'Union européenne, à savoir la politique étrangère et de sécurité commune, la politique de sécurité et de défense commune, la politique commerciale commune, ainsi que la coopération au développement et l'aide humanitaire.

Le Conseil des affaires étrangères est présidé par le haut représentant de l'Union pour les affaires étrangères et la politique de sécurité, qui peut, en tant que de besoin, se faire remplacer par le membre de cette formation représentant l'État membre qui exerce la présidence semestrielle du Conseil.

6. Pour chaque période de 18 mois, le groupe prédéterminé de trois États membres qui assurent la présidence du Conseil pendant cette période, conformément à l'article 1er, paragraphe 4, élabore un projet de programme des activités du Conseil pour ladite période. Ce projet est élaboré avec le président du Conseil des affaires étrangères, pour ce qui concerne les activités de ladite formation pendant cette période. Ce projet de programme est élaboré en étroite coopération avec la Commission et le président du Conseil européen et après avoir procédé aux consultations appropriées. Il est présenté en un document unique au plus tard un mois avant la période concernée, afin que celui-ci puisse être approuvé par le Conseil des affaires générales.

7. La présidence qui sera en exercice pendant la période concernée établit, pour chaque formation du Conseil et après avoir procédé aux consultations appropriées, des projets d'ordre du jour des sessions du Conseil prévues pour le semestre suivant, mentionnant à titre indicatif les travaux législatifs et les décisions opérationnelles envisagés. Ces projets sont établis au plus tard une semaine avant le début du semestre concerné, sur la base du programme de 18 mois du Conseil et après consultation de la Commission. Ils sont repris dans un document unique s'appliquant à toutes les formations du Conseil. En fonction des nécessités, des sessions supplémentaires du Conseil peuvent être prévues, par rapport à celles envisagées antérieurement.

S'il s'avère, durant un semestre, que l'une des sessions prévues durant cette période ne se justifie plus, la présidence ne la convoque pas.

Pour la première fois, un programme commun pour dix-huit mois a été rédigé pour la période allant de janvier 2007 à juin 2008 pour les trois présidences qui se suivaient (le « trio »), à savoir l'Allemagne, le Portugal et la Slovénie.

Le **système du « trio »** n'a pas fait disparaître un système plus ancien, celui de la **« troïka »,** qui prévoit qu'un pays reste associé à la conduite de la présidence de l'Union durant dix-huit mois : pendant le semestre qui précède sa présidence, pendant son semestre de présidence et durant le semestre qui suit sa présidence. Les deux mécanismes (« trio » et « troïka ») ne regroupent pas toujours les mêmes États (voir le tableau ci-dessus d'ordre de rotation des présidences)[48].

En revanche, depuis le traité de Lisbonne, l'arrivée du président stable du Conseil européen et du haut représentant de l'Union pour les affaires étrangères, combinée au maintien du président de la Commission, ont réduit à rien le rôle du président de l'UE (présidence tournante) dans la représentation extérieure de l'Union.

	Trio	Troïka
Composition	Trois États membres se succédant à la présidence de l'Union.	
Principe	Les trois États du trio élaborent un *programme commun* de 18 mois des activités du Conseil, préalablement à l'entrée en fonction du premier État du trio à assurer la présidence de l'Union.	Un pays reste associé à la conduite de la présidence pendant les 6 mois précédant, durant et suivant sa présidence, soit pendant une période de 18 mois.
Schéma	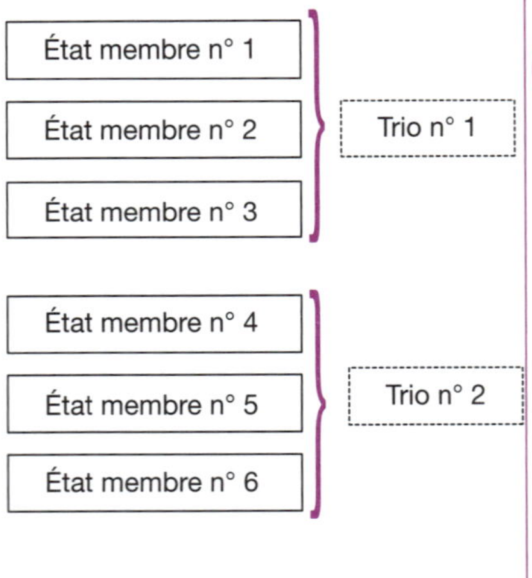 Et ainsi de suite...	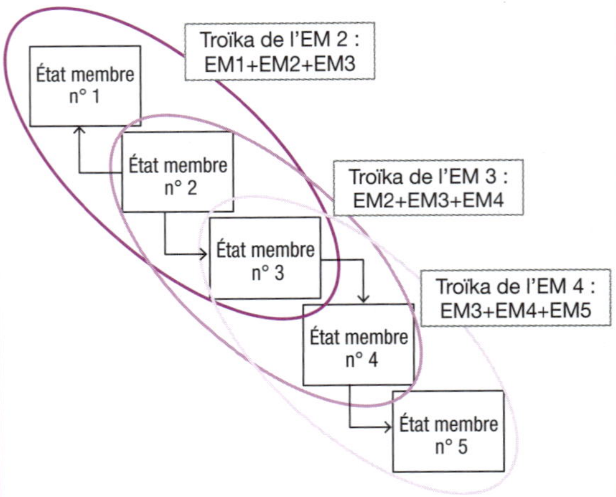 Et ainsi de suite...
Objectif	Rationaliser la programmation des activités du Conseil.	Assurer la cohérence et la continuité des activités menées.
Remarque	*Les deux mécanismes ne regroupent pas toujours les mêmes États. Les États sont les mêmes lorsqu'un État est le deuxième à prendre la présidence dans son « trio ».*	

48. Ne pas confondre avec la « troïka PESC » qui comprenait, avant le traité de Lisbonne, la présidence en exercice, le secrétariat général du Conseil, la Commission européenne et la présidence de l'Union suivante. Cette « troïka PESC » a disparu du fait de l'institution du haut représentant et du SEAE.

Les charges de la présidence de l'Union européenne peuvent se résumer à deux grands domaines : la gestion du calendrier d'adoption d'une proposition de la Commission en accord avec les prévisions adoptées dans le programme du « trio » ; les relations (questions écrites et orales, « trilogue », réunion du comité de conciliation, procédure d'adoption du budget, etc.) avec le Parlement européen.

Les réunions informelles du Conseil des ministres ont essentiellement pour but de permettre une réflexion en commun et un échange, aussi libres que possible, sur des thèmes de portée générale ; elles ne constituent pas des sessions du Conseil et, à ce titre, ne peuvent se substituer à ses activités normales.

La préparation des travaux du Conseil par le COREPER

La préparation des travaux du Conseil est à la charge du COREPER, qui est composé des ambassadeurs (représentants permanents) de chaque État membre auprès de l'Union européenne à Bruxelles.

« Le COREPER a pour tâche de préparer les travaux du Conseil et d'exécuter les mandats qui lui sont confiés par celui-ci. Il veille, en tout état de cause, à la cohérence des politiques et des actions de l'Union et au respect des principes et règles suivants : a) principe de légalité, de subsidiarité, de proportionnalité et de motivation des actes ; b) règles fixant les attributions des institutions et organes de l'Union ; c) dispositions budgétaires ; d) règles de procédure, de transparence et de qualité rédactionnelle » (article 19 du RIC).

Les orientations dégagées par le COREPER peuvent toujours être mises en cause par le Conseil qui, seul, dispose d'un pouvoir de décision. Le COREPER joue un **rôle central** dans le processus décisionnel de l'Union européenne. Ainsi, tous les points inscrits à l'ordre du jour du Conseil des ministres doivent obligatoirement être examinés au préalable par le COREPER, à moins qu'en cas d'urgence, le Conseil ne décide à l'unanimité de délibérer sans que cet examen préalable ait eu lieu ou encore que le COREPER lui-même ait décidé (à l'unanimité) de renoncer à cet examen préalable (§ 2 de l'article 19 du RIC).

Le COREPER est divisé en deux parties :
– le COREPER « première partie » **(COREPER I)** réunit les représentants permanents adjoints le mercredi et le vendredi. Il prépare les conseils « Emploi, politique sociale, santé et consommateur », « Compétitivité », « Transports, télécommunications et énergie », « Agriculture et pêche », « Environnement », « Éducation, jeunesse, culture et sport » ;
– le COREPER « deuxième partie » **(COREPER II)** réunit les représentants permanents le mercredi matin et le jeudi matin et prépare les conseils « Affaires générales », « Affaires étrangères », « Affaires économiques et financières », « Justice et affaires intérieures ».

Afin d'aider à la préparation des travaux du Conseil, le COREPER peut instituer, par le biais d'un mandat, des comités ou groupes de travail (article 19 § 3 du RIC). Ces groupes sont composés de délégués de chaque État membre. Ils peuvent avoir un caractère plus ou moins permanent en fonction des besoins. On pouvait en dénombrer près de 250 en 2010. Les groupes permanents se répartissent les matières classiquement traitées par le droit de l'Union, et les groupes *ad hoc* sont créés, en tant que de besoin, pour l'étude préliminaire de problèmes spécifiques ou dépassant le cadre d'un ou plusieurs groupes permanents.

Le groupe de travail fonctionne d'une façon similaire au Conseil et au COREPER (sauf au niveau du vote). Son objectif est de permettre aux délégués des États membres de confronter leurs positions respectives. Cette confrontation doit permettre d'aplanir les difficultés que soulève la proposition en discussion, pour autant qu'il ne s'agisse pas de problèmes de fond ou à caractère horizontal ou institutionnel et justifiant un débat au COREPER.

Le groupe procède généralement à un examen article par article de la proposition et il ne fait un rapport au COREPER que lorsqu'il estime que le dossier est suffisamment étudié. Dès qu'un président d'un groupe de travail estime opportun d'inscrire un dossier à l'ordre du jour du COREPER, il doit en informer le coordinateur de la présidence du Conseil afin d'inscrire le point à l'avant-projet d'ordre du jour du COREPER compétent.

Le COREPER distribue les points proposés par la présidence pour inscription (éventuellement complétés par les autres délégations) à l'ordre du jour des Conseils des ministres en trois catégories (article 3 § 6 du RIC : *« L'ordre du jour provisoire est divisé en deux parties, consacrées respectivement aux délibérations sur des actes législatifs et aux activités non législatives. La première partie est intitulée « Délibérations législatives » et la seconde « Activités non législatives ».*
Les points inscrits dans chacune de ces deux parties de l'ordre du jour provisoire sont divisés en points A et points B. Sont inscrits comme points A, les points pour lesquels une approbation par le Conseil est possible sans débat, ce qui n'exclut pas la possibilité pour chacun des membres du Conseil et pour la Commission d'exprimer leur opinion à l'occasion de l'approbation de ces points et de faire inscrire des déclarations au procès-verbal. »).

Trois cas se présentent donc.

– Point A : les représentants permanents ont constaté la réunion de la majorité nécessaire à l'adoption du texte. La présidence, en commençant une session d'un Conseil des ministres, demande à ses partenaires s'il y a une difficulté sur un texte figurant en « point A ». Si aucune voix ne se fait entendre, les textes placés en « point A » sont considérés comme **adoptés sans débat ni vote**. Si une délégation conteste le classement d'un point, ce dernier est renvoyé à l'examen d'un futur COREPER.

– Point B : il s'agit des textes du droit de l'Union où les difficultés techniques ou politiques sont telles que seul le Conseil des ministres peut trancher les différends.

Il y aura **débat, et vote** si la discussion a pu aboutir. Sinon le texte sera renvoyé en groupe d'experts pour reprendre les discussions ;

– Faux point B : il s'agit de textes où les représentants permanents ont constaté la réunion de la majorité nécessaire pour l'adoption du texte. Mais une délégation (ou la Commission) souhaite faire une déclaration au sein du Conseil sur le texte adopté. Il s'agit essentiellement d'une déclaration à destination de l'opinion publique de l'État membre (ou de celle des États membres de l'Union). Il n'y aura, une fois la déclaration faite, **ni débat, ni vote** sur ladite déclaration. Le texte sera, dès lors, considéré comme adopté.

Le **secrétaire général** du Conseil et le secrétaire général-adjoint sont nommés à l'unanimité par le Conseil. Participant à tous les travaux préparatoires de négociation dans les diverses instances du Conseil, les fonctionnaires du secrétariat général rédigent les comptes rendus des réunions de travail des différents groupes, les rapports des groupes au COREPER puis au Conseil des ministres. Ils assistent la présidence et lui apportent leurs expériences. Ils sont environ 3500, en 2010.

Les fonctions du Conseil

L'article 16 § 1 du TUE précise : « *Le Conseil exerce, conjointement avec le Parlement européen, les fonctions législatives et budgétaires. Il exerce les fonctions de définition des politiques et de coordination conformément aux conditions prévues par les traités.* »

Les modes de vote

Les modalités de vote au sein du Conseil des ministres sont fixées par l'article 205 du TCE et explicitées aux articles 9, 11 et 12 du RIC. Il existe trois modalités de vote : le vote à la majorité simple, le vote à la majorité qualifiée et le vote à l'unanimité. Il conviendra ici, en outre, de présenter le cas particulier des coopérations renforcées.

- **Le vote à la majorité simple**

Prévu au § 1er de l'article 238 du TFUE, il s'applique à l'organisation du secrétariat du Conseil, à l'adoption du règlement intérieur du Conseil (article 240 § 2 du TFUE) et dans les cas suivants : stimulation du pouvoir d'initiative de la Commission (article 241 du TFUE), fixation du statut des comités du traité (article 242 du TFUE), encadrement par le Conseil du droit pour la Commission de recueillir des informations (article 337 du TFUE), ou encore ouverture de la procédure de vote par le président, à l'initiative d'un membre ou de la Commission, procédure de vote qui intervient pour autant que la majorité des membres qui compose le Conseil se prononce en ce sens (article 1 § 1 du RIC).

- **Le vote à la majorité qualifiée**

Le régime du vote à la majorité qualifiée, prévu par le traité de Lisbonne, comprend trois périodes :
– jusqu'au 31 octobre 2014, les règles de calcul de la majorité telles qu'elles résultent du traité de Nice continuent à s'appliquer ;
– puis une phase de transition doit durer du 1er novembre 2014 au 31 mars 2017 ;
– enfin seront appliquées pleinement les règles posées par le traité de Lisbonne pour le calcul de la majorité qualifiée, telles qu'elles figurent dans les articles du traité sur l'Union européenne et du traité sur le fonctionnement de l'Union européenne.

Démographie de l'UE à 27

(en 2010, en millions d'habitants, pour le calcul des % de population dans l'application de la majorité qualifiée)[49]

Pays	Population
Allemagne	81,80
France	64,71
Royaume-Uni	62,00
Italie	60,34
Espagne	49,98
Pologne	38,16
Roumanie	21,46
Pays-Bas	16,57
Grèce	11,30
Belgique	10,82
Portugal	10,63
République tchèque	10,50
Hongrie	10,01
Suède	9,34
Autriche	8,37
Bulgarie	7,56
Danemark	5,53
Slovaquie	5,42
Finlande	5,35
Irlande	4,46
Lituanie	3,32
Lettonie	2,24
Slovénie	2,04
Estonie	1,34
Chypre	0,80
Luxembourg	0,50
Malte	0,41
Total	**501,09**

- ***1ère période : de la date d'entrée en vigueur du traité de Lisbonne jusqu'au 1er novembre 2014***

Pour les délibérations du Conseil européen et du Conseil qui requièrent une majorité qualifiée, les voix des membres sont affectées de la pondération suivante : Belgique (12), Bulgarie (10), République tchèque (12), Danemark (7), Allemagne (29), Estonie (4), Irlande (7), Grèce (12), Espagne (27), France (29), Italie (29), Chypre (4), Lettonie (4), Lituanie (7), Luxembourg (4), Hongrie (12), Malte (3), Pays-Bas (13), Autriche (10), Pologne (27), Portugal (12), Roumanie (14), Slovénie (4), Slovaquie (7), Finlande (7), Suède (10), Royaume-Uni (29).

Les délibérations sont acquises si elles ont recueilli au moins 255 voix exprimant le vote favorable de la majorité des membres (« filet d'États », soit 14 États dans une

49. Décision du Conseil du 14 décembre 2010 portant modification de son règlement intérieur (2010/795/UE), JOUE n° L. 338 du 22 décembre 2010, pages 47 et 48.

Union européenne à 27 États membres) lorsque, en vertu des traités, elles doivent être prises sur proposition de la Commission. Dans les autres cas, les délibérations sont acquises si elles ont recueilli au moins 255 voix exprimant le vote favorable d'au moins deux tiers des États membres[50].

Un membre du Conseil européen ou du Conseil peut demander que, lorsqu'un acte est adopté par le Conseil européen ou par le Conseil à la majorité qualifiée, il soit vérifié que les États membres constituant cette majorité qualifiée représentent au moins 62 % de la population totale de l'Union («filet démographique»). S'il s'avère que cette dernière condition n'est pas remplie, l'acte en cause n'est pas adopté.

- ***2e période : du 1er novembre 2014 jusqu'au 31 mars 2017***

Les décisions doivent être prises par au moins 55 % des États, représentant au moins 65 % de la population de l'UE (article 16 § 4 du TUE). Mais, avec la combinaison 55-65, il suffirait de trois grands États réunissant plus de 35 % de la population pour bloquer une décision.

Pour éviter ce «directoire sur les votations» des grands États, six conditions ont été ajoutées dans le TFUE :
– **1ère condition :** il faut au moins quatre pays pour constituer une minorité de blocage;
– **2e condition :** il faut un minimum de quinze pays pour adopter une décision;
– **3e condition :** il ne sera pas tenu compte des abstentions lorsqu'on comptabilisera États et population : les pourcentages sont calculés par rapport au nombre d'États et non par rapport aux votes positifs exprimés;
– **4e condition** (article 238 § 2 du TFUE) : quand le Conseil aura à se prononcer sur une proposition n'émanant pas de la Commission ou du haut représentant de l'Union, la majorité qualifiée sera portée à 72 % des États, représentant au moins 65 % de la population;
– **5e condition :** si une décision est rejetée par un groupe de pays représentant plus de 30 % de la population ou plus de 40 % de ses États membres (c'est-à-dire représentant au moins les ¾ de la population ou des États membres nécessaires à la constitution de la minorité de blocage), le Conseil mettra tout en œuvre pour parvenir à un accord avant le vote. Cette disposition (dite *«clause de Ioannina»*) a été introduite pour que la Pologne accepte l'ensemble du dispositif. Elle figure à la déclaration nº 4, «Déclaration ad. articles 16, paragraphe 4, du traité sur l'Union européenne et 238, paragraphe 2, du traité sur le fonctionnement de l'Union européenne», qui prévoit qu'elle entre en vigueur le 1er novembre 2009 et le reste au moins jusqu'en 2017;
– **6e condition :** lors de réunions du Conseil où tous les États n'ont pas le droit de vote (notamment les Conseils des ministres de la zone euro), les combinaisons 55-65 et 72-65 seront adaptées (article 238 § 3 du TFUE), c'est-à-dire que la majorité qualifiée se définira comme étant la même proportion des voix pondérées et la même proportion des États membres concernés que celles prévues au deuxième paragraphe de l'article 16 du TUE.

Toutes ces dispositions s'appliquent au Conseil européen lorsqu'il statue à la majorité qualifiée (article 235 § 1 du TFUE), son président et le président de la Commission ne prenant pas part au vote.

Du 1er novembre 2014 au 31 mars 2017, tout État membre pourra demander qu'une décision soit prise selon le système actuel de la majorité qualifiée tel que défini par le traité de Nice (voir ci-dessus, système s'appliquant jusqu'au 1er novembre 2014).

- ***3e période : à partir du 31 mars 2017***

Le système de la majorité qualifiée tel que défini par le traité de Nice ne trouvera plus à s'appliquer, au bénéfice des seules dispositions rappelées ci-dessus (au moins 55 % des États représentant au moins 65 % de la population de l'UE, avec jeu possible de la «clause de Ioannina»).

Enfin, le traité de Lisbonne a prévu un mécanisme novateur pour faire évoluer les modalités de votation hors révision globale des traités : la «clause passerelle». Cette clause permet l'extension de la majorité qualifiée là où est prévu le vote à l'unanimité ou de la procédure législative ordinaire là où est prévue l'application de la procédure législative spéciale. Ces différentes modalités sont prévues aux trois alinéas de l'article 48 du TUE.
«La décision du Conseil européen qui, ayant statué à l'unanimité après approbation du Parlement européen, autorise le Conseil à statuer suivant les nouvelles modalités (à la majorité qualifiée ou dans le cadre d'une procédure législative ordinaire) est transmise aux parlements nationaux. En cas d'opposition d'un parlement national notifiée dans un délai de six mois après cette transmission, la décision du Conseil européen mentionnée ci-dessus n'entre pas en vigueur.»

- **Le vote à l'unanimité**

Cela signifie, non pas que les 27 États membres soient favorables à un texte, mais qu'aucun ne s'y oppose. L'abstention n'empêche pas une unanimité au sein du Conseil.

- **Le cas particulier des «coopérations renforcées»**

Les conditions de mise en œuvre de cette «Europe à géométrie variable» sont définies aux articles 20 du TUE et 326 à 334 du TFUE. Elle ne peut être utilisée que dans le cadre de compétences non exclusives de l'Union, doit favoriser l'intégration et n'intervenir qu'après le constat qu'une action ne peut être atteinte à 27 dans un délai raisonnable.

Les **différentes étapes** sont les suivantes :
– constat au sein du Conseil de l'impossibilité de l'adoption d'une mesure dans le cadre des traités, c'est-à-dire lorsqu'il établit que les objectifs recherchés par cette coopération ne peuvent pas être atteints dans un délai

50. Voir, pour une simulation des votes au Conseil : http://www.consilium.europa.eu/App/calculette/default.aspx?lang=fr&cmsid=1690.

raisonnable par l'Union dans son ensemble (« dernier ressort »)[51] ;
– demande présentée par les États membres volontaires à la Commission ;
– examen de cette demande par la Commission qui, soit estime qu'elle n'est pas fondée, soit transmet au Conseil une proposition d'autorisation de ladite coopération renforcée ;
– autorisation accordée par le Conseil, à la majorité qualifiée, après approbation du Parlement européen et constat de la participation d'au moins neuf États membres à la coopération renforcée objet de l'autorisation (article 20 § 2 du TUE) ;
– les délibérations relatives à la coopération renforcée autorisée sont ouvertes à tous les États membres mais seuls les États qui participent à ladite coopération renforcée ont le droit de vote ;
– les autres États membres peuvent rejoindre la coopération renforcée après que la Commission ait confirmé qu'ils remplissaient les conditions pour y prendre part.

Une première coopération renforcée a vu le jour à l'automne 2010, entre quatorze États membres, et est relative au *divorce entre époux* originaires d'États membres différents[52]. Une deuxième a été lancée en décembre 2010 sur le brevet de l'Union européenne.

Le Conseil européen

Le traité de Lisbonne attribue au Conseil européen la qualité d'**institution européenne** (article 13 du TUE). Le Conseil européen adopte des décisions, qui sont susceptibles d'un contrôle par la Cour de justice. Un président à plein temps (il ne peut exercer de mandat national) est élu par les membres du Conseil européen, à la majorité qualifiée, pour deux ans et demi, mandat renouvelable une fois. Le 1er décembre 2009, le Conseil européen s'est doté, pour la première fois, d'un règlement intérieur (ou RICE)[53].

Lors de la réunion informelle tenue à Bruxelles, le 19 novembre 2009, dans la perspective de l'entrée en vigueur du traité de Lisbonne le 1er décembre 2009, les chefs d'État ou de gouvernement de l'UE ont élu Herman Van Rompuy à la fonction de président stable du Conseil européen.

51. La réalisation de cette condition peut faire l'objet de contestations. Ainsi en décembre 2010, l'Espagne et l'Italie ont contesté que tous les efforts nécessaires aient été faits pour parvenir à un accord à 27 et, par suite, ont contesté la proposition de coopération renforcée en matière de brevet de l'UE (« L'Espagne et l'Italie entendent bloquer la coopération renforcée », *Europolitique* du 13 décembre 2010, nº 4102, Sophie Mosca).

52. Règlement (UE) nº 1259/2010 du Conseil du 20 décembre 2010 mettant en œuvre une coopération renforcée dans le domaine de la loi applicable au divorce et à la séparation de corps, JOUE nº L 343 du 29 décembre 2010, pages 10 et suivantes.

53. Décision du Conseil européen du 1er décembre 2009 portant adoption de son règlement intérieur (2009/882/UE), JOUE nº L 315 du 2 décembre 2009, pages 51 et suivantes.

Le Conseil européen après Lisbonne

- **Article 15 du TUE**

1. Le Conseil européen donne à l'Union les impulsions nécessaires à son développement et en définit les orientations et les priorités politiques générales. ***Il n'exerce pas de fonction législative.***

2. Le Conseil européen est composé des chefs d'État ou de gouvernement des États membres, ainsi que de son président et du président de la Commission. Le haut représentant de l'Union pour les affaires étrangères et la politique de sécurité participe à ses travaux.

3. Le Conseil européen se réunit deux fois par semestre sur convocation de son président. Lorsque l'ordre du jour l'exige, les membres du Conseil européen peuvent décider d'être assistés chacun par un ministre et, en ce qui concerne le président de la Commission, par un membre de la Commission. Lorsque la situation l'exige, le président convoque une réunion extraordinaire du Conseil européen.

4. Le Conseil européen se prononce par consensus, sauf dans les cas où les traités en disposent autrement.

5. Le Conseil européen élit son président à la majorité qualifiée pour une durée de deux ans et demi, renouvelable une fois. En cas d'empêchement ou de faute grave, le Conseil européen peut mettre fin à son mandat selon la même procédure.

6. Le président du Conseil européen :
a) préside et anime les travaux du Conseil européen ;
b) assure la préparation et la continuité des travaux du Conseil européen, en coopération avec le président de la Commission et sur la base des travaux du Conseil des affaires générales ;
c) œuvre pour faciliter la cohésion et le consensus au sein du Conseil européen ;
d) présente au Parlement européen un rapport à la suite de chacune des réunions du Conseil européen.

Le président du Conseil européen assure, à son niveau et en sa qualité, la représentation extérieure de l'Union pour les matières relevant de la politique étrangère et de sécurité commune, sans préjudice des attributions du haut représentant de l'Union pour les affaires étrangères et la politique de sécurité.
Le président du Conseil européen ne peut pas exercer de mandat national.

Les réunions du Conseil européen se tiennent sur deux jours à Bruxelles (article 1er § 2 du RICE). Le président du Parlement européen est entendu par le Conseil européen, comme en dispose le TUE, au début des travaux du Conseil européen. Il n'assiste pas à la suite du Conseil. Le président stable du Conseil européen ira, à son tour, présenter les conclusions du Conseil européen devant le Parlement européen.

La disposition de l'article 15-2 du TUE a conduit le président stable du Conseil européen, Herman Van Rompuy, à écarter les ministres des Affaires étrangères du Conseil européen, contrairement à la pratique antérieure.

Le président stable du Conseil européen le prépare en coordination avec la présidence tournante de l'Union européenne qui préside le Conseil « Affaires générales » (ou

CAG), lequel est chargé des travaux du Conseil européen. Herman Van Rompuy a imposé un rythme mensuel aux réunions du Conseil européen. Il lui est également arrivé d'organiser, en marge du Conseil européen «plénier», un Conseil européen des pays de l'Eurogroupe.

L'article 4 § 1, second alinéa, du RICE précise que le membre du Conseil européen du pays exerçant la présidence tournante fera rapport lors de la réunion du Conseil européen sur les travaux du Conseil.

Le président du Conseil européen (article 15 § 5 et 6 du TUE) assure, à son niveau et dans sa qualité, la représentation extérieure de l'Union pour les matières relevant de la politique étrangère et de sécurité commune, sans préjudice des compétences du haut représentant de l'Union pour les affaires étrangères et la politique de sécurité. Il préside et anime les travaux du Conseil européen, comme le fait actuellement le chef d'État ou de gouvernement qui assure la présidence semestrielle de l'Union. Il œuvre en faveur de la recherche du consensus entre les États membres et assure le dialogue avec les autres institutions : il est chargé de remettre le rapport du Conseil européen devant le Parlement européen après chacune de ses réunions.

• Les conditions de votation au sein du Conseil européen (article 6 du RICE)

• ***Article 6. Prises de position, décisions et quorum***

1. Le Conseil européen se prononce par consensus, sauf dans les cas où les traités en disposent autrement.

2. Dans les cas où, conformément aux traités, le Conseil européen adopte une décision et procède à un vote, celui-ci a lieu à l'initiative de son président.
Le président est, par ailleurs, tenu d'ouvrir une procédure de vote à l'initiative d'un membre du Conseil européen, pour autant que la majorité de ses membres se prononce en ce sens.

3. La présence des deux tiers des membres du Conseil européen est requise pour que le Conseil européen puisse procéder à un vote. Au moment du vote, le président vérifie que le quorum est atteint. Le président du Conseil européen et le président de la Commission n'entrent pas dans le calcul du quorum.

4. En cas de vote, chaque membre du Conseil européen peut recevoir délégation d'un seul des autres membres. Lorsque le Conseil européen se prononce par un vote, son président et le président de la Commission n'y prennent pas part.

5. Les décisions de procédure adoptées par le Conseil européen en vertu du présent règlement intérieur sont adoptées à la majorité simple.

Les compétences du Conseil européen

Il n'exerce pas de fonction législative (article 15 § 1 du TUE).

• Les compétences du Conseil européen dans le TUE

Il intervient :
– dans la procédure prévue à l'article 7[54] en cas de violation grave par un État membre des valeurs visées à l'article 2 ;
– dans la procédure de nomination du président et des membres de la Commission (article 17 § 7) ;
– dans la nomination du haut représentant de l'Union pour les affaires étrangères et la politique de sécurité (article 18) ;
– dans le pilotage de la politique étrangère et de sécurité commune (article 26) ;
– dans la procédure de révision des traités (article 48) ;
– dans la fixation des critères d'éligibilité de l'adhésion d'un État candidat à son adhésion à l'Union européenne (article 49) ;
– dans la procédure de retrait d'un État membre de l'Union européenne (article 50).

• Les compétences du Conseil européen dans le TFUE

Il intervient :
– dans les matières de la clause d'appel dans le domaine de mesures prises en matière de sécurité sociale des travailleurs migrants (article 48[55]) ;
– en matière d'espace de liberté, de sécurité et de justice (article 68) et notamment en matière de coopération judiciaire en matière pénale (articles 82, 83, 86 et 87) ;
– dans les domaines économique (article 121) et d'emploi (article 148) ;
– dans la mise en œuvre de la clause de solidarité (article 222) ;
– en matière de contentieux (articles 265, 269) ;
– dans la nomination du président, du vice-président et des autres membres du directoire de la BCE (Banque centrale européenne, article 283) ;
– concernant l'autorisation donnée au Conseil d'adopter à la majorité qualifiée le cadre financier annuel (article 312, clause passerelle de l'unanimité à la majorité qualifiée) ;
– dans la modification du statut vis-à-vis de l'UE d'un pays et territoire d'outre-mer (article 355).

54. Les articles cités dans ce paragraphe concernent le TUE.

55. Les articles cités dans ce paragraphe concernent le TFUE.

Le Parlement européen

Les articles 14 du TUE, et 223 à 234 du TFUE, ainsi que son règlement intérieur (ou RIP) fixent les modalités de la composition du Parlement européen, de l'élection des parlementaires, de son organisation et de son fonctionnement ainsi que des diverses compétences dont il dispose.

La composition du Parlement européen

Le paragraphe 2 de l'article 14 du TUE dispose : « *Le Parlement européen est composé de représentants des citoyens de l'Union. Leur nombre ne dépasse pas sept cent cinquante, plus le président. La représentation des citoyens est assurée de façon dégressivement proportionnelle, avec un seuil minimum de six membres par État membre. Aucun État membre ne se voit attribuer plus de quatre-vingt-seize sièges.* »

Le Parlement européen comporte, en 2011, 736 députés (comme prévu par le traité de Nice puisque l'élection de juin 2009 s'est encore déroulée sous son régime juridique). Il comportera, après ratification par les 27 États membres d'un protocole adopté le 23 juin 2010, 754 députés jusqu'en 2014, date à laquelle il comportera, comme prévu par le TUE, 751 parlementaires.

Nombre de députés par État membre en 2014

Pays	Nombre de députés
Allemagne	92
Italie, France, Royaume-Uni	72
Espagne, Pologne	50
Roumanie	33
Pays-Bas	25
Belgique, Grèce, Hongrie, Portugal, République tchèque	22
Suède	18
Autriche, Bulgarie	17
Danemark, Finlande, Slovaquie	13
Irlande, Lituanie	12
Lettonie	8
Slovénie	7
Chypre, Estonie, Luxembourg	6
Malte	5

L'élection des parlementaires européens

Il a fallu attendre l'adoption de la décision du Conseil 76/787/CECA, CEE, Euratom du 20 septembre 1976, intitulée « Acte portant élection des membres de l'Assemblée au suffrage universel direct » (dit « Acte fondamental ») pour que le système d'élection au suffrage universel s'applique pour la première fois, en juin 1979.

Une décision du Conseil du 25 juin et du 23 septembre 2002 « *modifiant l'acte portant élection des représentants au Parlement européen au suffrage universel direct, annexé à la décision 76/787/CECA, CEE, Euratom* » a prévu que les « *membres du Parlement européen sont élus au scrutin, de liste ou de vote unique transférable, de type proportionnel* ». Les États ont ainsi constitué des circonscriptions, prévu des subdivisions électorales et fixé un seuil minimal pour l'attribution de sièges, ce seuil ne devant pas atteindre, au niveau national, plus de 5 % des suffrages exprimés. Cette décision prévoit la possibilité, laissée à chaque État membre, de fixer un plafond pour les dépenses de la campagne électorale des candidats. Le reste de la procédure électorale est régi par des dispositions nationales.

L'élection se déroule dans l'ensemble des vingt-sept États membres durant une même période de quelques jours, dont les dates sont définies au niveau européen (entre le jeudi 4 et le dimanche 7 juin, pour le scrutin de 2009). Les États membres sont libres de fixer la date de tenue du scrutin au sein de cette période électorale, les résultats ne pouvant être rendus publics qu'à l'issue de cette période. Le taux de participation aux élections du Parlement européen est en baisse constante depuis 1979 (première élection au suffrage universel du Parlement européen) : de 63 % à 43,1 % en 2009.

En **France**, la loi n° 2003-327 du 11 avril 2003 crée huit circonscriptions électorales : le mode de scrutin choisi est la représentation proportionnelle sans panachage et sans vote préférentiel. Les sièges sont répartis entre les listes ayant obtenu au moins 5 % des suffrages exprimés suivant la règle de la plus forte moyenne.

La durée du mandat est de cinq ans (article 14 § 3 du TUE). Depuis le statut des députés européens adopté par le Parlement européen le 28 septembre 2005 (décision 2005/684/CE, Euratom), leur rémunération est financée par le budget de l'Union.

Un véritable **statut** des députés européens a été adopté en septembre 2005. Il garantit l'indépendance des parlementaires européens et leur entière liberté de vote (interdiction des instructions ou du mandat impératif).

L'organisation et le fonctionnement du Parlement européen

L'organisation et le fonctionnement du Parlement résultent principalement du TFUE, qui détermine un certain nombre de principes quant à la tenue des sessions (article 229 du TFUE), à l'aménagement de la présidence, du bureau (article 14 § 4 du TUE) et des commissions d'enquête (article 226 du TFUE), aux techniques de votation (article 231 du TFUE) et quant au règlement intérieur (article 232 du

TFUE), que le Parlement arrête à la majorité des membres qui le composent (dernière version entrée en vigueur en décembre 2009).

Le règlement intérieur du Parlement européen (ou RIP) en vigueur (version de novembre 2010) est divisé en 13 titres et 21 annexes. Il régit les modalités de **fonctionnement politique et administratif** du Parlement.

Le président, les vice-présidents, le bureau, le collège des questeurs et la conférence des présidents assurent la direction du Parlement. Le *bureau* se compose du président et des quatorze vice-présidents du Parlement. La *conférence des présidents* est composée du président et des présidents des groupes politiques. Le président, les vice-présidents et les questeurs sont élus au scrutin secret, sur proposition d'un groupe politique ou d'au moins quarante députés (article 13 § 1 du RIP). Depuis juin 2009, le président du Parlement européen est Jerzy Buzek (PPE, Polonais). Son mandat est de deux ans et demi.

Il convient de présenter ici les différents types de commissions du Parlement et les partis politiques européens avant d'aborder le fonctionnement du Parlement et la tenue des sessions parlementaires.

Députés par État membre et par groupe politique durant la septième législature (2009-2014)

	PPE [1]	S&D [2]	Alde [3]	Vert/ Alliance Libre européenne	ECR [4]	GUE/ GVN [5]	EFD [6]	Non inscrits	Total
Belgique	5	5	5	4	1			2	22
Bulgarie	6	4	5					2	17
Rép. tchèque	2	7			9	4			22
Danemark	1	4	3	2	1	1	1		13
Allemagne	42	23	12	14		8			99
Estonie	1	1	3	1					6
Irlande	4	2	4			1			11
Grèce	8	8		1		3	2		22
Espagne	23	21	2	2		1		1	50
France	29	14	6	14		5	1	3	72
Italie	35	22	6				9		72
Chypre	2	2				2			6
Lettonie	3	1	1	1	1	1			8
Lituanie	4	3	2		1		2		12
Luxembourg	3	1	1	1					6
Hongrie	14	4			1			3	22
Malte	2	3							5
Pays-Bas	5	3	6	3	1	2	1	4	25
Autriche	6	4		2				5	17
Pologne	28	7			15				50
Portugal	10	7				5			22
Roumanie	14	11	5					3	33
Slovénie	3	1	2						6
Slovaquie	6	5	1				1		13
Finlande	4	2	4	2			1		13
Suède	5	5	4	3		1			18
Grande-Bretagne		13	12	5	25	1	10	6	72

1. Parti populaire européen.
2. Alliance progressiste des socialistes et démocrates au Parlement européen.
3. Alliance des démocrates et des libéraux pour l'Europe.
4. Conservateurs et réformistes européens.
5. Groupe confédéral de la gauche unitaire européenne/Gauche verte nordique.
6. Groupe Europe libertés démocratie.

Les différents types de commissions du Parlement

Les **commissions parlementaires permanentes** constituent les formations de travail du Parlement. Un texte en cours de négociation est toujours examiné par une ou plusieurs commissions, avant d'être discuté en plénière. Elles comprennent de 25 à 78 députés. Les attributions des vingt commissions permanentes sont fixées en annexe au règlement (annexe VII du RIP). L'élection des membres des commissions a lieu par le Parlement, sur proposition de la conférence des présidents. La conférence décide, sur présentation des candidats par les groupes politiques ou par les députés non inscrits.

Le Parlement peut, à tout moment, constituer des **commissions spéciales** dont les attributions, la composition et le mandat sont fixés en même temps que la décision de leur constitution (article 184 du RIP). Elles ne peuvent être créées pour une période supérieure à douze mois, sauf prolongation (par exemple, en 2000, s'agissant du réseau d'écoute Échelon).

Enfin, dans le cadre du droit d'enquête qui lui est conféré (article 226 du TFUE), le Parlement peut, à la demande d'un quart de ses membres effectifs, constituer une **commission d'enquête** pour examiner les allégations d'infraction au droit de l'Union ou de mauvaise administration dans l'application de celui-ci qui seraient le fait, soit d'une institution ou d'un organe de l'Union, soit d'une administration publique d'un État membre, soit de personnes mandatées par le droit de l'Union pour appliquer celui-ci (article 185 du RIP), sauf si les faits allégués sont en cause devant une juridiction et aussi longtemps que la procédure juridictionnelle n'est pas achevée (annexe IX du RIP).

Les partis politiques européens

L'article 10 § 4 du TUE dispose que « *les* ***partis politiques*** *au niveau européen contribuent à la formation d'une conscience politique européenne et à l'expression de la volonté des citoyens de l'Union* ».

Les groupes politiques sont les acteurs les plus importants du Parlement. Un rôle particulier leur est dévolu : leurs présidents dirigent, avec le président du Parlement en tant que « conférence des présidents », les activités politiques du Parlement. Ils sont associés à la préparation de l'ordre du jour comme à la procédure des questions orales. En outre, ils déterminent la répartition du temps de parole. Les non-inscrits délèguent un des leurs aux réunions de la conférence des présidents, sans toutefois disposer du droit de vote.

L'article 30 du RIP dispose : « *Tout groupe politique est composé de députés élus dans au moins un quart des États membres* [soit sept États dans l'Union à vingt-sept]. *Le nombre minimum de députés nécessaires pour constituer un groupe politique est fixé à vingt-cinq.* »

En 2010, les groupes politiques et leurs effectifs sont les suivants (les deux groupes les plus importants numériquement, PPE et S&D, représentent 448 parlementaires, soit 61 % du nombre total des députés qui est de 734 : Groupe confédéral de la Gauche unitaire européenne/Gauche verte nordique (35), Alliance progressiste des Socialistes et Démocrates au Parlement européen (183), Groupe des Verts/Alliance libre européenne (55), Groupe Europe libertés démocratie (28), Alliance des Démocrates et des Libéraux pour l'Europe (84), Parti populaire européen (265), Conservateurs et Réformistes européens (55), non inscrits (29).

Les différentes sessions du Parlement européen

Le Parlement tient une session annuelle. Il se réunit de plein droit le deuxième mardi de mars (article 229 du TFUE), ainsi que le deuxième mardi qui suit l'expiration du délai d'un mois à compter de la période fixée pour les élections au suffrage universel direct (article 134 du RIP).

Les périodes de session sont au nombre d'une douzaine environ par an, chacune comportant cinq jours. Le Parlement européen ne se réunit qu'une semaine par mois en session. Les réunions des commissions occupent d'autres parties du mois (il peut s'agir de commissions permanentes ou temporaires).

Le protocole sur la fixation des sièges des institutions et de certains organismes et services des Communautés européennes ainsi que d'Europol précise : « *Le Parlement européen a son siège à Strasbourg, où se tiennent les douze périodes de sessions plénières mensuelles* [une semaine par mois pendant quatre jours, du lundi au jeudi], *y compris la session budgétaire* [il n'y a pas de session au mois d'août]. *Les périodes de sessions plénières additionnelles se tiennent à Bruxelles. Les commissions du Parlement européen siègent à Bruxelles* [une à deux fois par mois]. *Le Secrétariat général du Parlement européen et ses services restent installés à Luxembourg.* »

Les débats sont publics (article 103 du RIP). L'article 231 du TFUE dispose que « *sauf dispositions contraires des traités, le Parlement européen statue à la majorité des suffrages exprimés. Le règlement intérieur fixe le quorum* ». En pratique, le Parlement européen vote à la majorité simple si rien n'est indiqué, les cas d'usage de la majorité des membres qui le composent étant systématiquement précisés : accord d'adhésion (article 49 du TUE) ou certaines phases de la procédure législative ordinaire (article 294 du TFUE).

Les pouvoirs du Parlement européen

Le Parlement européen dispose de différents types de pouvoirs. Il s'agit des pouvoirs de délibération, d'information, de sanction, législatifs et de participation aux nominations.

Le pouvoir de délibération

Le pouvoir de délibération concerne le droit du Parlement européen de débattre d'une question et de faire connaître son avis. Dans ce cadre, le Parlement européen termine ses délibérations par l'adoption de résolutions ou de recommandations.

Le pouvoir d'information

Par le biais de son pouvoir d'information, le Parlement européen opère un contrôle politique par les informations rendues ainsi publiques sur l'activité des différentes institutions de l'Union et par les résolutions parlementaires adoptées sur lesdites informations. Ce pouvoir d'information s'exerce par l'intermédiaire des *questions écrites et orales* (avec ou sans débats) adressées à la Commission, au Conseil ou à la Banque centrale européenne ; des questions orales déposées pour l'heure des questions ; des questions à la Banque centrale européenne avec demande de réponse écrite ; mais aussi des *discussions* des rapports du Conseil et de la Commission, de la réception des *pétitions,* de la création de commissions temporaires d'enquête ou de l'activité du médiateur européen (voir ci-dessous).

Le pouvoir de sanction

Le pouvoir de sanction du Parlement européen comporte deux volets : la motion de censure et le refus de décharge.

- **La motion de censure (article 234 du TFUE)**

Le Parlement européen peut contraindre la *Commission* à la démission collective en votant une motion de censure à son encontre. Elle ne peut être déposée que par un groupe ou, au moins, par un dixième des membres de l'Assemblée. Le débat ne peut avoir lieu que vingt-quatre heures après le dépôt de la motion et le vote doit intervenir trois jours au moins après ce dépôt. La motion doit recueillir au moins les deux tiers des suffrages exprimés représentant au moins la majorité des membres du Parlement. Si la motion est votée, les membres de la Commission doivent abandonner collectivement leurs fonctions. Ils expédient les affaires courantes jusqu'à la nomination du nouveau collège. Sept motions de censure ont été présentées depuis 1979, sans succès.

- **Le refus de décharge**

Le refus de décharge consiste, pour le Parlement européen, à refuser de valider l'exécution du budget européen par la Commission. Ce refus peut ouvrir une crise politique sans conduire à la démission de la Commission.

Les pouvoirs législatifs

Les pouvoirs législatifs du Parlement européen connaissent deux expressions : la procédure législative *spéciale* et la procédure législative *ordinaire*.

« Le traité de Lisbonne connaît cinq cas de figures d'association du Parlement européen au processus décisionnel de l'UE, en ordre décroissant en termes de pouvoirs du Parlement européen :
1. Le Parlement européen décide seul ;
2. Le Parlement européen décide avec l'approbation du Conseil (= droit de veto du Conseil sans pouvoir d'amendement) ;
3. Le Parlement européen et le Conseil décident à égalité (procédure législative ordinaire, ex-*codécision*) ;
4. Le Conseil décide avec l'approbation du Parlement européen (= droit de veto du Parlement européen sans pouvoir d'amendement, ex-*avis conforme)* ;
5. Le Conseil décide après consultation du Parlement européen (la position du Parlement n'engage pas le Conseil mais le manquement à l'obligation de consulter le PE entraîne la nullité de l'acte adopté par le Conseil).
Les cas 1, 2, 4 et 5 correspondent à la **procédure législative spéciale.** »[56]

La procédure législative ordinaire (ancienne codécision) concerne près de 85 % des procédures législatives. Une « accélération » de la procédure d'adoption législative se réalise. Ainsi, lors de la législature 2004-2009, « 72 % des dossiers ont été conclus en première lecture, 22,9 % en deuxième lecture et 5,1 % en conciliation »[57]. Durant cette même législature, la durée moyenne totale des procédures de codécision (devenue procédure législative ordinaire) est de 20,7 mois.

Le traité de Lisbonne a accru la participation du Parlement européen à la procédure d'adoption d'un accord international. Celle-ci, profondément modifiée par le traité de Lisbonne, suit les modalités prévues à l'article 218 § 6 du TFUE.

- **Article 218 § 6 du TFUE**

Le Conseil, sur proposition du négociateur, adopte une décision portant conclusion de l'accord.

Sauf lorsque l'accord porte exclusivement sur la politique étrangère et de sécurité commune, le Conseil adopte la décision de conclusion de l'accord :
a) ***après approbation du Parlement européen*** *dans les cas suivants :*
i) accords d'association ;
ii) accords portant adhésion de l'Union à la Convention européenne de sauvegarde des droits de l'Homme et des libertés fondamentales ;
iii) accords créant un cadre institutionnel spécifique en organisant des procédures de coopération ;
iv) accords ayant des implications budgétaires notables pour l'Union ;
v) accords couvrant des domaines auxquels s'applique la procédure législative ordinaire ou la procédure législative spéciale lorsque l'approbation du Parlement européen est requise.

Le Parlement européen et le Conseil peuvent, en cas d'urgence, convenir d'un délai pour l'approbation ;
b) ***après consultation du Parlement européen****, dans les autres cas. Le Parlement européen émet son avis dans un délai que le Conseil peut fixer en fonction de l'urgence. En l'absence d'avis dans ce délai, le Conseil peut statuer.*

Mais ce renforcement du rôle du Parlement européen dans le domaine des accords internationaux a encore été consolidé par la menace exercée par ce dernier sur le blocage du financement de telle ou telle opération pour obliger le Conseil à prendre en compte la position du Parlement européen.

56. Voir Jean-Luc Sauron, *Le puzzle des institutions européennes*, Gualino-Lextenso éd., 4e éd., 2010, no 1085.

57. Parlement européen, délégations au comité de conciliation, Rapport d'activités 1er mai 2004-13 juillet 2009.

Schéma de la procédure législative ordinaire

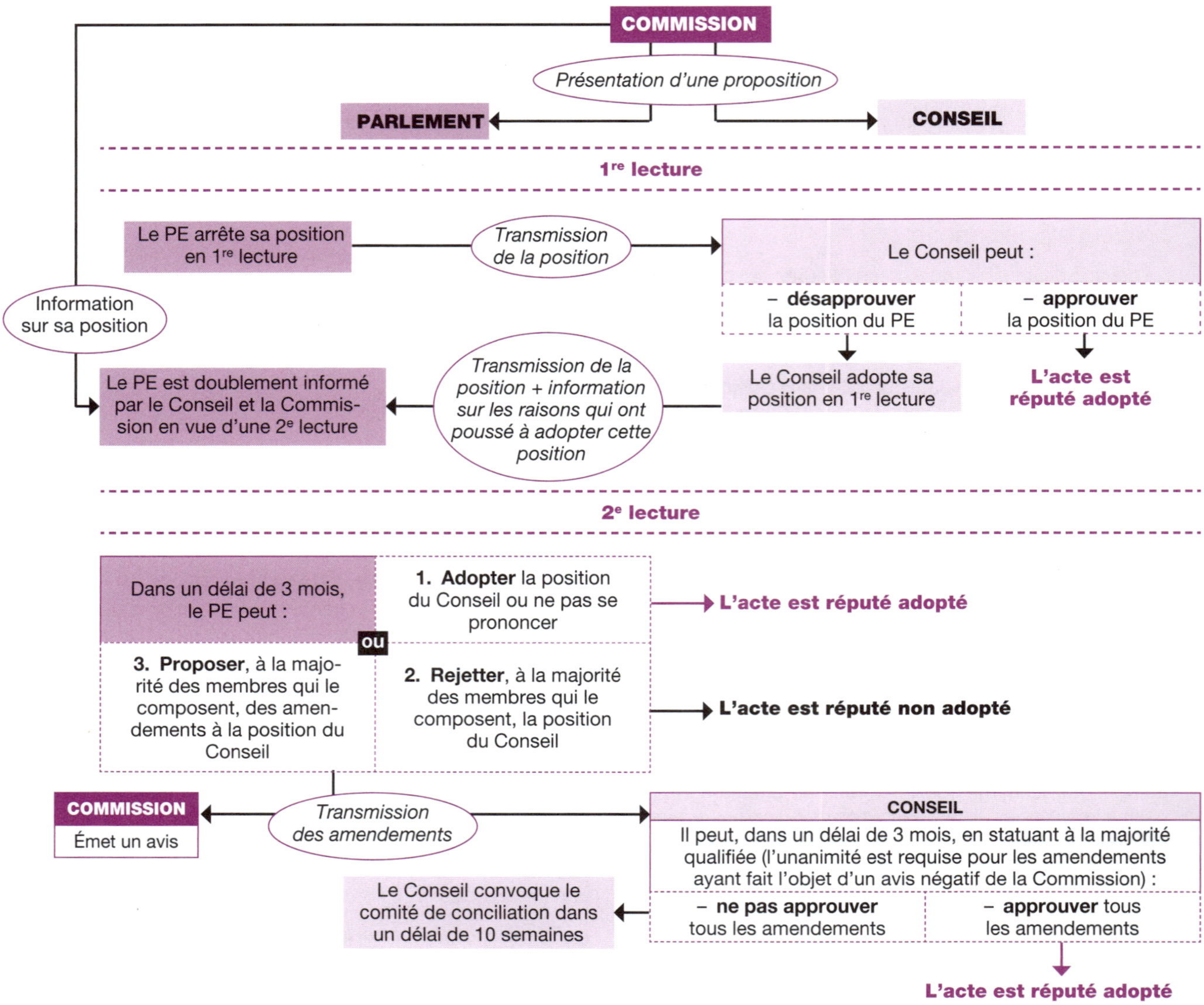

Conciliation

Composition	Le **comité de conciliation** réunit les membres du Conseil et leurs représentants et autant de membres du Parlement.
Mission	Aboutir à un accord sur un projet commun à la majorité qualifiée des membres du Conseil ou de leurs représentants et à la majorité des membres représentant le Parlement, dans un délai de 6 semaines, à partir de sa convocation, sur la base des positions du Parlement et du Conseil en 2e lecture.

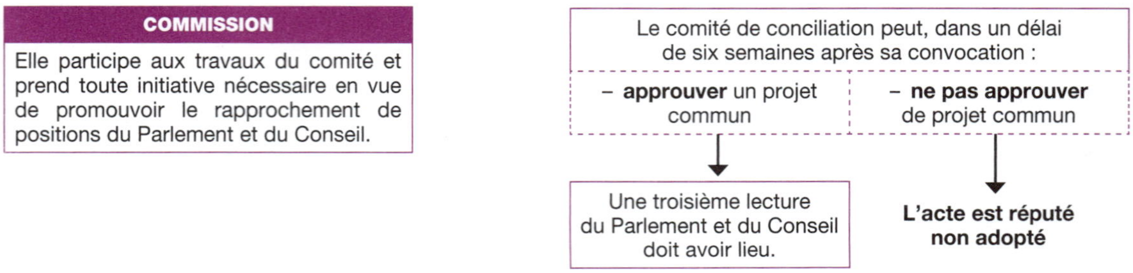

3e lecture

PARLEMENT	CONSEIL

Les deux institutions disposent chacune d'un ***délai de 6 semaines*** *à compter de leur approbation du projet commun, pour adopter l'acte concerné conformément à ce projet.*

Le Parlement statue à la majorité des suffrages exprimés.	Le Conseil statue à la majorité qualifiée.

→ **L'acte est alors réputé adopté** ←

A défaut : → **L'acte est réputé non adopté**

Pouvoir de participation aux nominations

Le Parlement européen participe aux nominations en donnant son **approbation** pour la nomination du président de la Commission (article 105 du RIP et article 17 § 7 du TUE) et de la Commission en tant que collège (article 106 du RIP et article 17 § 7 du TUE); et en étant **consulté** pour la nomination des membres de la Cour des comptes (article 108 du RIP et article 286 § 2 du TFUE) et du président, du vice-président et des membres du directoire de la Banque centrale européenne (article 109 du RIP et article 283 § 2 du TFUE).

Par ailleurs, le Parlement a obtenu le droit de **désigner** un des sept membres du comité de sélection des juges et des avocats généraux à la Cour de justice et au Tribunal (article 255 du TFUE) : « *Sur proposition de sa commission compétente, le Parlement désigne son candidat au comité de sept personnalités chargé d'examiner l'adéquation des candidats aux postes de juge et d'avocat général de la Cour de justice et du Tribunal* » (article 107 *bis* du RIP).

Enfin, par le biais d'un **accord-cadre** sur les relations entre le Parlement européen et la Commission européenne[58], le Parlement européen renforce considérablement sa position au sein du processus décisionnel de l'Union. Le Conseil des ministres a contesté cet accord-cadre, le jugeant contraire au principe de coopération loyale entre les institutions. Cependant, il ne semble pas devoir être valablement contesté devant la juridiction de l'Union.

• Accord-cadre sur les relations entre le Parlement européen et la Commission européenne

Principe d'égalité de traitement *entre le Parlement et le Conseil des ministres*
[...] La Commission applique le principe de base d'une égalité de traitement entre le Parlement et le Conseil des ministres, en particulier en ce qui concerne l'accès aux réunions et la fourniture de contributions ou d'autres informations, en particulier sur les questions législatives et budgétaires.

Demandes d'initiative législative
[...] La Commission s'engage à faire un rapport sur la suite concrète donnée à toute demande d'initiative législative dans les trois mois suivant l'adoption d'un rapport d'initiative législative du Parlement. La Commission présentera une proposition législative au plus tard un an plus tard ou inclura la proposition dans le programme de travail de l'année suivante. Si la Commission ne soumet pas de proposition, elle devra fournir au Parlement des explications détaillées sur ses motivations.

Examen détaillé de l'accord interinstitutionnel *du programme « Mieux légiférer »*
[...] La Commission met à la disposition du Parlement des renseignements sommaires sur l'ensemble des procédures d'infraction, y compris la lettre de mise en demeure, si elle est demandée par le Parlement, au cas par cas et en toute confidentialité et dans le respect des règles relatives à cette procédure.

Renforcement de la responsabilité de l'exécutif
[...] Une heure des questions avec les commissaires, notamment avec le vice-président chargé des relations extérieures/haut représentant pour les affaires étrangères et la politique de sécurité, suivant le modèle de l'heure des questions existante avec le président de la Commission, sera introduite.
De plus, si le Parlement demande au président de la Commission de retirer sa confiance à un membre de la Commission, il examinera sérieusement l'opportunité de demander à ce commissaire de démissionner ou expliquera son refus de le faire devant le Parlement lors de la session suivante.

Pleine participation du Parlement aux négociations internationales
[...] La Commission s'est engagée à associer plus fortement le Parlement via une information immédiate et complète, à chaque étape des négociations des accords internationaux et en particulier ceux qui touchent aux

58. JOUE nº L. 304 du 20 novembre 2010, pages 47 et suivantes, http://eur-lex.europa.eu/LexUriServ/LexUriServ.do?uri=OJ:L:2010:304:0047:0062:FR:PDF.

questions commerciales et sur d'autres négociations concernant la procédure de consentement.
Lors des conférences internationales, la Commission, compte tenu des pouvoirs étendus du Parlement dans le cadre du traité de Lisbonne et pour garantir une circulation efficace de l'information à la demande du PE, agira comme médiateur afin de permettre au président de la délégation parlementaire de bénéficier du statut d'observateur lors des réunions pertinentes et, à cette fin, de garantir l'accès aux installations de l'UE aux délégations du Parlement.

Amélioration des modalités de la programmation
Enfin, la demande du Parlement européen d'améliorer la programmation a également été satisfaite, étant donné qu'il a été convenu que le Collège se réunira sur une base annuelle avec la conférence des présidents des groupes et la conférence des présidents des commissions avant l'adoption du programme de travail annuel. Cette procédure s'appliquera notamment aux propositions de simplification à venir, aux principales initiatives juridiques non contraignantes et aux retraits, afin de se préparer au débat et de rechercher un consensus entre la Commission et le Parlement. [59]

Les organes et les institutions de contrôle

Il convient de présenter ici successivement la Cour de justice de l'Union européenne, la Cour de comptes, le contrôleur européen de la protection des données et le médiateur européen.

La Cour de justice de l'Union européenne

La Cour de justice de l'Union européenne (ou **CJUE**) regroupe trois juridictions : la Cour de justice, le Tribunal et le Tribunal de la fonction publique (ou TFP). Ces trois juridictions sont situées à Luxembourg.

La **Cour de justice** (ou CJ) dispose de compétences exclusives ou non. La compétence exclusive de la CJ porte sur les recours en manquement (articles 258, 259 et 260 du TFUE) ; les renvois préjudiciels (article 267 du TFUE) ; les demandes d'avis (article 218 du TFUE) ; les pourvois et réexamens à l'encontre des décisions du Tribunal.

La compétence de la CJ en matière de contentieux de la légalité est régie selon les modalités suivantes. Selon l'article 51 du statut de la Cour de justice de l'Union européenne : « *Par dérogation à la règle énoncée à l'article 256, paragraphe 1, du TFUE,* ***sont réservés à la Cour de justice les recours*** *visés aux articles 263* [recours en annulation] *et 265 du TFUE* [recours en carence]... »

59. Communiqué de presse du Parlement européen.

– Certains recours sont **formés par un État membre :**
. contre un acte ou une abstention de statuer du Parlement européen ou du Conseil, ou de ces deux institutions statuant conjointement, à l'exclusion : des décisions prises par le Conseil au titre de l'article 108, paragraphe 2, troisième alinéa, du TFUE [aide d'État] ; des actes du Conseil adoptés en vertu d'un règlement du Conseil relatif aux mesures de défense commerciale au sens de l'article 207 du TFUE [antidumping] ; des actes du Conseil par lesquels ce dernier exerce des compétences d'exécution conformément à l'article 291, paragraphe 2 du TFUE [comitologie] ;
. contre un acte ou une abstention de statuer de la Commission au titre de l'article 331 du TFUE [coopérations renforcées] ;
. contre l'acte adopté par le Conseil ou le Conseil européen dans le cadre de l'article 7 du TUE [sanctions en cas de violation grave des valeurs de l'UE par un État membre]. Ce recours ne peut être formé qu'à l'initiative de l'État membre objet de la procédure de « suspension de ses droits de vote » et qu'en ce qui concerne le respect du TUE (article 269 du TFUE).

– Certains recours sont **formés par une institution de l'Union** [60] **:**
. contre un acte ou une abstention de statuer du Parlement européen, du Conseil, de ces deux institutions statuant conjointement ou de la Commission ;
. contre un acte ou une abstention de statuer de la Banque centrale européenne.

Le reste des compétences est attribué au Tribunal (à l'exception des affaires relevant du TFP) dont la vocation de juridiction de droit commun de l'Union a été clairement réaffirmée par l'article 256 § 1 du TFUE.

Le Tribunal est compétent pour connaître :
– des **recours directs introduits par les personnes physiques ou morales** et dirigés contre les actes des institutions et des organes et organismes de l'Union (dont elles sont les destinataires ou qui les concernent directement et individuellement) ainsi que contre les actes réglementaires (qui les concernent directement et qui ne comportent pas de mesures d'exécution) ou encore contre une abstention de statuer de ces institutions. Il s'agit, par exemple, du recours formé par une entreprise contre une décision de la Commission lui infligeant une amende ;
– des **recours formés par les États membres** contre la Commission et contre le Conseil concernant les actes pris dans le domaine des aides d'État, les mesures de défense commerciale (« dumping ») et les actes par lesquels des compétences d'exécution sont exercées (comitologie) **;**
– des **recours visant à obtenir réparation** des dommages causés par les institutions de l'Union ou leurs agents ;

60. Selon l'article 13 du TUE, les institutions de l'Union sont le Parlement européen, le Conseil européen, le Conseil, la Commission européenne, la Cour de justice de l'Union européenne, la Banque centrale européenne et la Cour des Comptes.

– des **recours se fondant sur des contrats** passés par l'Union européenne qui prévoient expressément la compétence du Tribunal ;
– des **recours en matière de marque communautaire** (pouvoir de réformation donné au Tribunal par le règlement n° 207/2009 du Conseil du 26 février 2009 sur la marque communautaire) et de dessins ou modèles communautaires (pouvoir de réformation donné au Tribunal par le règlement (CE) n° 6/2002 du Conseil, du 12 décembre 2001, sur les dessins ou modèles communautaires)[61] ;
– des **pourvois à l'encontre de certains jugements**. Les jugements du TFP et, à l'avenir, ceux de toute nouvelle chambre juridictionnelle, peuvent être contestés devant le Tribunal (article 256 § 2, alinéa 1 du TFUE). Celui-ci est saisi par la voie d'un *« pourvoi limité aux questions de droit »*, voire, si l'acte créant la chambre le prévoit (ce qui n'est pas le cas pour le TFP), *« d'un appel portant également sur des questions de fait »* (article 257, alinéa 3 du TFUE) ;
– des **recours formés contre les décisions** de l'Office communautaire des variétés végétales ainsi que contre celles de l'Agence européenne des produits chimiques.

Enfin, l'article 1 de l'annexe I du statut de la Cour de justice de l'Union européenne attribue au TFP la compétence *« de statuer sur les litiges entre l'Union et ses agents en vertu de l'article 270 du TFUE »*, c'est-à-dire qu'il devient le juge du contentieux de la fonction publique en lieu et place du Tribunal.

La Cour des comptes

La Cour des comptes a été instaurée par le traité du 22 juillet 1975. Elle siège à Luxembourg. Elle assure le contrôle de la gestion des fonds publics de l'Union. C'est une **institution** de l'Union (article 13 du TUE).

Le contrôleur européen de la protection des données

Le contrôleur européen de la protection des données (CEPD) est une autorité de contrôle **indépendante**, chargée de surveiller le traitement des données à caractère personnel par les institutions et les organes de l'Union. En ce qui concerne le traitement des données à caractère personnel, le contrôleur et son adjoint sont chargés de veiller à ce que les *libertés et droits fondamentaux* des personnes physiques, notamment leur vie privée, soient respectés par les institutions et organes de l'Union.

Le médiateur européen

Le médiateur européen est nommé par le Parlement, après chaque élection et pour la durée de la « législature ». Il peut recevoir les plaintes émanant de tout citoyen de l'Union ou de toute personne physique ou morale résidant ou ayant son siège statutaire dans un État membre. Ces plaintes doivent concerner des cas de mauvaise administration dans l'action des organes de l'Union.

Le médiateur peut procéder aux enquêtes qu'il estime nécessaires, y compris de sa propre initiative. Lorsqu'il a constaté un cas de mauvaise administration, le médiateur saisit l'institution concernée, qui dispose d'un délai de trois mois pour répondre. Le médiateur transmet ensuite un rapport au Parlement et à l'institution concernée. Il informe également le plaignant des résultats de son enquête. Il transmet enfin un rapport annuel au Parlement européen.

Les organes consultatifs

Il convient de présenter ici successivement le Comité économique et social européen puis le Comité des régions.

Le Comité économique et social européen

Le Comité économique et social européen (ou CESE) assure la représentation des milieux socio-économiques européens : employeurs, travailleurs, agriculteurs, transporteurs, commerçants, artisans, professions libérales, mais aussi consommateurs, défenseurs de l'environnement et secteur associatif. Son siège est à Bruxelles. Il est composé de 344 membres (conseillers), issus des organisations nationales les plus représentatives et désignés par le Conseil, à la majorité qualifiée, qui adopte la liste des membres établie conformément aux propositions faites par chaque État membre, pour une durée de cinq ans renouvelable. L'article 301 du TFUE a prévu un maximum de 350 membres.

La **répartition des sièges** au sein du CESE est la suivante :
Allemagne, France, Italie, Royaume-Uni : 24
Espagne et Pologne : 21
Roumanie : 15
Belgique, Grèce, Pays-Bas, Portugal, Autriche, Suède, République tchèque, Hongrie, Bulgarie : 12
Danemark, Irlande, Finlande, Lituanie, Slovaquie : 9
Estonie, Lettonie, Slovénie : 7
Luxembourg et Chypre : 6
Malte : 5

Le TFUE prévoit que *« le CESE doit être obligatoirement consulté par le Parlement européen, le Conseil ou par la Commission dans les cas prévus par les traités ou lorsque ces institutions le jugent opportun* [cela correspond à 90 % des avis rendus]. Mais *le CESE peut aussi rendre des avis de sa propre initiative »*. Le CESE a constitué des observatoires sur le marché unique, sur le développement durable, sur le marché du travail et sur la stratégie de Lisbonne.

Le Comité des régions

Le Comité des régions, organe à caractère **consultatif**, est composé de 344 membres désignés par le Conseil, à la majorité qualifiée, qui adopte la liste des membres et suppléants établie conformément aux propositions faites par

61. Tribunal, 18 mars 2010, *Grupo Promer Mon Graphic/OHMI*, affaire T9/07, *JO* 2002, L 3, p. 1.

chaque État membre pour une durée de cinq ans renouvelable (même composition nationale que le CESE). Les membres du Comité des régions sont des représentants des collectivités régionales et locales et sont, soit titulaires d'un mandat électoral au sein d'une collectivité régionale ou locale, soit politiquement responsables devant une assemblée élue (article 300 du TFUE).

Il est consulté par le Parlement européen, par le Conseil ou par la Commission dans les cas prévus par les traités et dans tous les autres cas où l'une de ces institutions le juge opportun. Le Comité des régions peut aussi émettre des avis de sa propre initiative.

Le traité de Lisbonne attribue **deux nouveaux pouvoirs** au Comité des régions :
1) il peut saisir la Cour de justice en cas de violation du principe de subsidiarité en ce qui concerne les textes pour lesquels il est obligatoirement consulté;
2) il peut saisir la Cour de justice pour défendre ses propres prérogatives (article 263 du TFUE).

L'essentiel

Les principales institutions de l'Union sont les suivantes.

– La **Commission** européenne a le monopole de l'initiative des textes législatifs débattus et adoptés par le Parlement européen et/ ou le Conseil de l'Union européenne dans le cadre de la procédure législative. La Commission prépare et exécute le budget de l'Union que le Parlement européen et le Conseil de l'Union européenne adopte dans le cadre de la procédure budgétaire. Le Parlement européen et le Conseil de l'Union consultent le Comité économique et social européen et/ou le Comité des régions lors de la procédure législative.

– Le **Parlement** européen exerce le contrôle démocratique à l'encontre de la Commission européenne par le biais des motions de censure et de la décharge budgétaire.

– Le **Conseil des ministres** de l'UE partage avec le Parlement européen le pouvoir législatif et le pouvoir budgétaire.

Ces trois institutions représentent des intérêts différents : ceux des États membres (le Conseil des ministres de l'Union européenne), celui des peuples de l'Union (le Parlement européen) et ceux de l'Union (la Commission européenne).

Le traité de Lisbonne a complété cette organisation en donnant au **Conseil européen**, qui rassemble les chefs d'État et de gouvernement, un président stable pour un mandat de deux ans et demi et à la Commission européenne un vice-président assurant les fonctions de haut représentant de l'Union pour les affaires de défense et la politique de sécurité.

Ces institutions sont aidées par des organes et des **institutions de contrôle** (Cour de justice de l'Union européenne, Cour des comptes, contrôleur européen de la protection des données et médiateur européen).

Titre 4
La procédure budgétaire

Le budget de l'Union européenne est financé par des **ressources propres.** L'article 311 du TFUE prévoit : *« Le budget est, sans préjudice des autres recettes, intégralement financé par des ressources propres. Le Conseil, statuant conformément à une procédure législative spéciale, à l'unanimité et après consultation du Parlement européen, adopte une décision fixant les dispositions applicables au système des ressources propres de l'Union. Il est possible, dans ce cadre, d'établir de nouvelles catégories de ressources propres ou d'abroger une catégorie existante. Cette décision n'entre en vigueur qu'après son approbation par les États membres, conformément à leurs règles constitutionnelles respectives. »*

Les différents types de ressources propres

Il est traditionnel de présenter les ressources propres selon qu'elles appartiennent aux ressources propres « traditionnelles » ou aux autres ressources propres (Taxe sur la valeur ajoutée ou TVA, et Revenu national brut, ou RNB).

Les ressources propres « traditionnelles »

Il existe deux grandes catégories de ressources propres « traditionnelles » :
- les prélèvements agricoles sur les échanges avec les pays tiers à l'Union dans le cadre de la politique agricole commune ;
- les droits de douane définis par le tarif douanier commun.

Les ressources TVA et RNB

Les ressources TVA et RNB sont celles qui assurent la majeure partie du financement du budget de l'Union : 11 % pour la TVA et 76 % pour la contribution RNB[62].

– La **ressource TVA** est constituée par un taux uniforme, valable pour tous les États membres à l'assiette de la TVA (0,30 %), c'est-à-dire que 0,30 % de la TVA collectée dans un État membre est reversé au budget de l'Union. Jusqu'en 2013, quatre États auront un prélèvement TVA moindre pour atténuer leur participation au budget de l'Union.

– La **ressource RNB** est déterminée en complément des trois autres ressources (TVA et ressources propres traditionnelles) de façon à ce que le budget de l'Union soit en équilibre. De plus, les dépenses ne peuvent pas dépasser 1,23 % du RNB des États membres. Il est même fréquent que le montant soit inférieur à ce taux maximal (par exemple, en 2011, il a atteint 1,03 %). C'est sur cette dernière ressource (ressource « RNB ») qu'est appliqué le mécanisme du *« chèque britannique »*. Cette procédure, adoptée en 1984, permet à la Grande-Bretagne de se voir reverser les deux tiers du solde constaté entre les dépenses de l'Union faites à son profit et le montant de ce qu'elle verse au titre de la ressource RNB[63]. Ce solde est réparti entre les autres États membres. Toutefois l'Allemagne, l'Autriche, les Pays-Bas et la Suède ont obtenu de ne payer qu'une faible part de ce « chèque britannique ».

Pour le **budget 2011**[64], la répartition par type de recettes donne le résultat suivant :
- droits de douane et prélèvements agricoles : 12 % ;
- ressource TVA : 11 % ;
- ressource RNB : 76 % ;
- montants non dépensés des années précédentes : 1 %.

Comme le tableau ci-dessous le montre, la France est le deuxième contributeur au budget de l'UE, derrière l'Allemagne.

62. Les chiffres sont ceux du budget 2010.

63. En 2010, la correction de déséquilibre budgétaire dont bénéficie la Grande-Bretagne est de 3,9 milliards d'euros.

64. Pour 2011, la contribution française au budget de l'UE sera de 18,235 milliards d'euros (« Rapport d'information fait au nom de la Commission des finances du Sénat par le sénateur Denis Badré sur « la participation de la France au budget de l'Union européenne en 2011 »).

Part relative de chaque État membre dans le financement du budget communautaire (en %)

Pays	2004 exécuté	2005 exécuté	2006 exécuté	2007 exécuté	2008 exécuté	2009 modifié	2010 modifié	2011 APB
Allemagne	21,3	20,9	20,3	19,7	19,9	18,3	20,0	19,7
Autriche	2,2	2,2	2,2	2	2,1	2,2	2,2	2,1
Belgique	4	4	4	4	4,1	4,4	3,9	3,9
Bulgarie			0,3	0,3	0,4		0,3	0,3
Chypre	0,1	0,2	0,2	0,2	0,2	0,2	0,2	0,2
Danemark	2	2	2,1	2,0	2,1	2,3	2,1	2,1
Espagne	8,8	8,7	9,4	8,9	9,3	10,2	8,8	8,5
Estonie	0,1	0,1	0,1	0,2	0,2	0,2	0,1	0,1
Finlande	1,5	1,5	1,5	1,5	1,5	1,7	1,5	1,5
France	16,8	16,6	16,3	15,4	16,2	18,2	16,6	16,4
Grèce	1,8	1,8	1,8	2,0	2,0	2,3	2,0	1,9
Hongrie	0,6	0,9	0,8	0,8	0,8	0,9	0,8	0,8
Irlande	1,3	1,3	1,5	1,4	1,5	1,4	1,2	1,2
Italie	14,5	13,7	13,1	12,8	13,0	14,5	13,2	13,0
Lettonie	0,1	0,1	0,1	0,2	0,2	0,2	0,2	0,1
Lituanie	0,1	0,2	0,2	0,2	0,3	0,3	0,2	0,2
Luxembourg	0,2	0,2	0,2	0,3	0,2	0,3	0,2	0,2
Malte	0	0	0,1	0,1	0,1	0,1	0,1	0,1
Pays-Bas	5,5	5,3	5,6	5,7	5,7	3,2	5,0	5,0
Pologne	1,4	2,3	2,4	2,6	3,0	3,0	3,0	3,1
Portugal	1,4	1,4	1,4	1,4	1,4	1,5	1,4	1,3
Rép. tchèque	0,6	1	1	1,1	1,2	1,3	1,2	1,2
Roumanie				1,0	1,1	1,2	1,1	1,0
Royaume-Uni	12,3	12,1	12,5	12,2	9,9	9,2	11,8	12,6
Slovaquie	0,2	0,4	0,4	0,5	0,5	0,7	0,3	0,3
Slovénie	0,2	0,3	0,3	0,3	0,3	0,4	0,6	0,6
Suède	2,8	2,8	2,7	2,7	2,7	1,6	2,4	2,5

Source : Annexe « Relations financières avec l'Union européenne » au projet de loi de finances 2011.

Les principes du droit budgétaire de l'Union

Les principes du droit budgétaire de l'Union sont ceux qui régissent les budgets nationaux : principes d'unité et de vérité budgétaire, d'annualité, d'équilibre, d'unité de compte, d'universalité, de spécialité, de bonne gestion financière et de transparence.

La procédure d'adoption et d'exécution du budget

Le traité de Lisbonne a profondément remanié la procédure budgétaire qui se déroule du 1er septembre au 31 décembre. Cette procédure s'est appliquée pour la première fois au budget 2011. Comme le souligne le sénateur Badré dans son rapport d'information :
«*Le budget est donc voté à l'issue d'une seule lecture par le Conseil et le Parlement européen et d'une phase de conciliation en cas de désaccord entre les deux institutions. Bien que le nouveau traité ait mis un terme à la distinction entre dépenses obligatoires et dépenses non obligatoires*[65]*, plaçant sous cet angle Parlement et Conseil sur un pied d'égalité, il a introduit des dispositions pouvant permettre au Parlement européen d'imposer,* in fine, *son point de vue.*

La procédure budgétaire annuelle est aujourd'hui précisée par les articles 313 et 314 du TFUE. […] La Commission présente […] au Conseil et au Parlement […] un avant-projet de budget.

Au terme d'une seule lecture du projet de budget par le Conseil puis par le Parlement, plusieurs options sont possibles :
– si le Parlement approuve la position du Conseil, le budget est adopté;
– s'il ne statue pas, le budget est réputé adopté;
– si le Parlement adopte des amendements que le Conseil approuve, le budget est adopté;
– si le Parlement adopte des amendements que le Conseil n'approuve pas, le projet est transmis au Conseil et à la Commission dans le cadre du comité de conciliation.

Ce nouvel organe a pour objectif d'aboutir, dans un délai de 21 jours à partir de sa convocation, comme le précise le TFUE, à un accord sur un projet commun à la majorité qualifiée des membres du Conseil ou de leurs représentants et à la majorité des membres représentant le Parlement. Durant cette procédure, la Commission cherche à rapprocher les positions des parties. […]

En cas d'accord du comité de conciliation, le Parlement et le Conseil disposent de 14 jours pour approuver le projet afin qu'il soit définitivement adopté. Si le Conseil et le Parlement approuvent ce projet commun, le budget est adopté sur cette base.

Si le Conseil rejette le projet commun mais que le Parlement l'approuve, le Parlement peut décider de confirmer ses amendements – par un vote à la majorité des membres qui le composent et des 3/5e des suffrages exprimés. Le budget est alors adopté sur la base du projet commun et des amendements du Parlement : Conseil et Parlement n'apparaissent donc pas sur un pied d'égalité, le Parlement étant en mesure d'imposer son point de vue au Conseil si ce dernier ne suit pas l'accord obtenu par ses représentants au sein du comité de conciliation, ce qui n'est pas le cas si c'est le Parlement qui devait rejeter le projet commun. En effet, si le Conseil approuve le projet commun mais que le Parlement le rejette, une nouvelle procédure doit être entamée sur la base d'un nouveau projet de la Commission. Une nouvelle procédure s'engage également dans l'hypothèse où Conseil et Parlement rejettent le projet ou si l'un des deux rejette le projet commun tandis que l'autre ne statue pas. […] L'échec de la conciliation conduirait la Commission à établir un nouveau projet de budget.

Le projet commun est par ailleurs réputé adopté si les deux institutions ne parviennent pas à statuer, ou si l'une des deux ne parvient pas à statuer tandis que l'autre approuve le projet commun. En cas de conflit persistant conduisant à l'absence de budget voté en début d'exercice, les premiers mois de l'exercice budgétaire sont assurés par le système des douzièmes provisoires[66]. »[67]

65. Trois innovations majeures peuvent être relevées dans le traité de Lisbonne : la suppression de la distinction entre dépenses obligatoires, sur lesquelles le Conseil avait le dernier mot, et non obligatoires, sur lesquelles le Parlement européen avait le dernier mot; la suppression du principe de deux lectures du projet de budget par le Parlement et le Conseil au profit d'une seule lecture par chacune des institutions; et, enfin, la création d'un comité de conciliation, chargé en cas de désaccord entre le Conseil et le Parlement d'élaborer un projet commun.

66. Chaque mois, sont ouverts des crédits correspondant à un douzième des montants prévus par le budget précédent. Cette situation s'est produite en 1985, 1986 et 1988.

67. Tiré du « Rapport d'information fait au nom de la Commission des finances du Sénat par le sénateur Denis Badré sur la participation de la France au budget de l'Union européenne en 2011 », y compris les notes de bas de page comprises dans cette citation.

Schéma de la procédure d'adoption du budget de l'UE

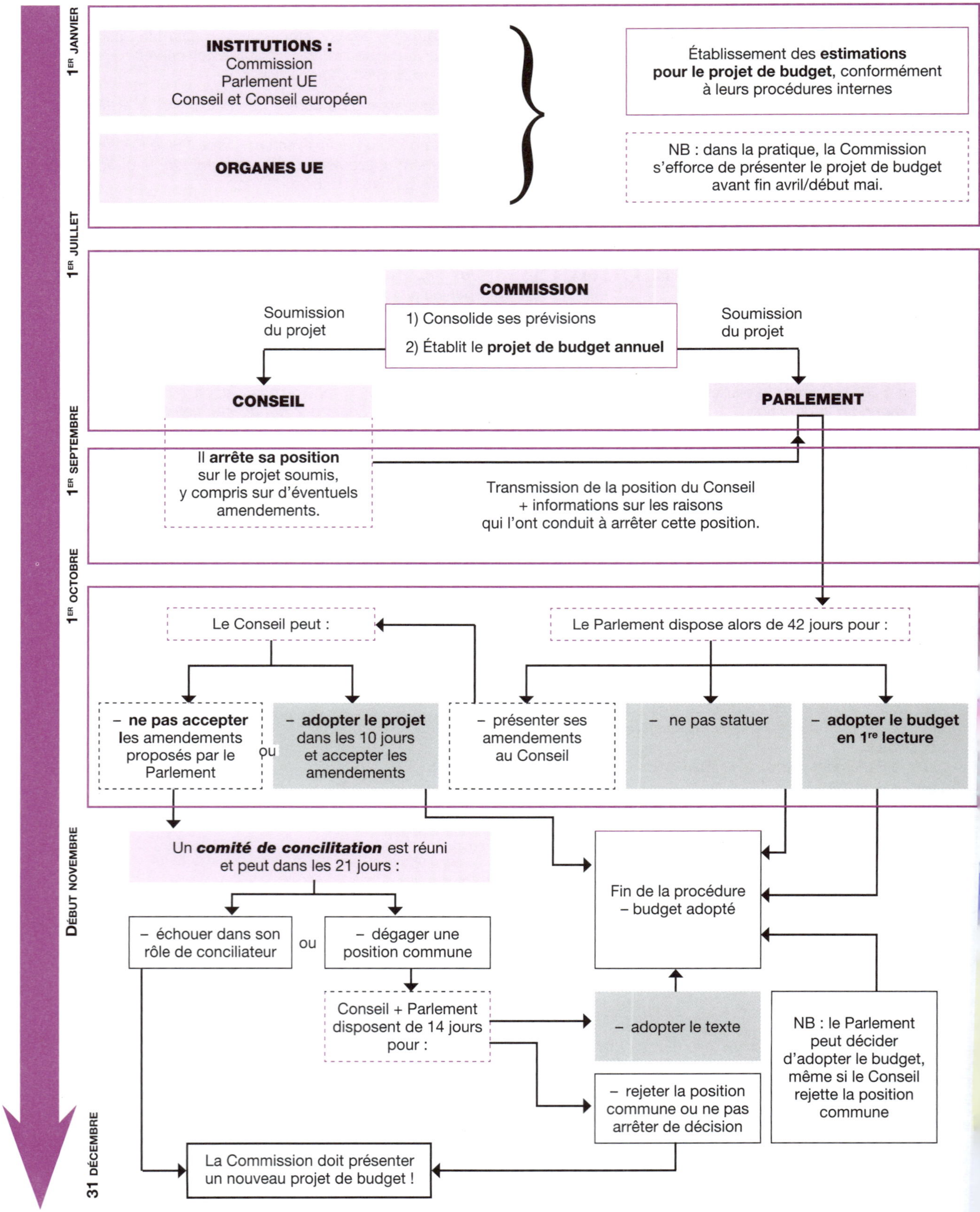

« Le Conseil, statuant conformément à une procédure législative spéciale, adopte un règlement fixant le ***cadre financier pluriannuel****. Il statue à l'unanimité, après approbation du Parlement européen qui se prononce à la majorité des membres qui le composent »* (article 312 § 2, 1er alinéa du TFUE). Ce cadre financier *« fixe les montants des plafonds annuels des crédits pour engagements par catégorie de dépenses et du plafond annuel des crédits pour paiements »* (article 312 § 3, 1er alinéa du TFUE), établissant ainsi les bases de la discipline budgétaire. Ce cadre financier pluriannuel, auparavant appelé **« perspectives financières »**[68], couvre une période de sept années.

Les dépenses de l'Union sont regroupées sous **cinq rubriques**[69] :

- « Croissance durable » (46 %),
- « Conservation et gestion des ressources naturelles » (41 %),
- « Liberté, sécurité, justice » (1 %),
- « L'Union européenne, acteur mondial » (6 %),
- « Administration » (6 %).

L'accord interinstitutionnel du 17 mai 2006, qui reprend les « perspectives financières », concerne la période 2007-2013.

« L'encadrement des dépenses de l'Union s'opère au moyen de plafonds annuels de dépenses en crédits d'engagement fixés par rubrique et sous-rubrique budgétaires, de plafonds globaux annuels en crédits d'engagement et en crédits de paiement[70], ainsi que d'un plafond des ressources propres fixé annuellement à 1,23 % du revenu national brut (RNB) de l'Union européenne. »[71]

En 2011, le budget de l'Union représente 1,01 % du RIB de l'UE.

68. Les premières perspectives financières étaient de cinq ans (1988-1992), puis elles sont passées à sept ans (1993-1999, 2000-2006, 2007-2013).

69. Le pourcentage qui figure représente la part de la rubrique concernée dans le budget 2011, pour un montant de 141,9 milliards d'euros.

70. « Les crédits d'engagements correspondent aux montants que l'Union peut engager (..). Le montant des crédits de paiement correspond aux paiements effectifs réalisés cette année » voir site Internet du Parlement européen.

71. Tiré, comme le tableau des perspectives financières 2007-2013, du « Rapport d'information fait au nom de la Commission des fiances du Sénat par le sénateur Denis Badré sur la participation de la France au budget de l'Union européenne en 2011 ».

Les perspectives financières 2007-2013 (actualisées au 3 mai 2010)

(en millions d'euros courants)

Crédits d'engagement	2007	2008	2009	2010	2011	2012	2013	Total 2007-2013
1. Croissance durable	53 979	57 653	61 700	63 555	63 974	66 964	69 957	437 779
1a Compétitivité pour la croissance et l'emploi	8 918	10 386	13 272	14 197	12 987	14 204	15 433	89 364
1b Cohésion pour la croissance et l'emploi	45 061	47 267	48 428	49 388	50987	52761	54 524	348 415
2. Conservation et gestion des ressources naturelles	55 143	59 193	58 239	59 955	60 338	60 810	61 289	413 061
dont : dépenses de marché et paiements directs	*45 759*	*46 217*	*44 679*	*47 146*	*47 617*	*48 093*	*48 574*	*330 085*
3. Citoyenneté, liberté, sécurité et justice	1 273	1 362	1 523	1 693	1 889	2 105	2 376	12 216
3a Liberté, sécurité et justice	637	747	872	1 025	1 206	1 406	1 661	7 529
3b Citoyenneté	636	615	651	668	683	699	715	4667
4. L'UE acteur mondial	6 578	7 002	7 440	7 893	8 430	8 997	9 595	55 935
5. Administration	7 039	7 380	7 699	7 882	8 334	8 670	9 095	55 925
6. Compensations	445	207	210					962
Total crédits d'engagement	124 457	132 797	136 811	140 978	142 965	147 546	152 312	975 777
en % du RNB	*1,04 %*	*1,06 %*	*1,05 %*	*1,18 %*	*1,16 %*	*1,15 %*	*1,14 %*	*1,13 %*
Total crédits de paiement	122 190	129 681	123 858	134 289	134 280	141 360	143 331	925 576
en % du RNB	*1,02 %*	*1,03 %*	*0,94 %*	*1,12 %*	*1,09 %*	*1,10 %*	*1,07 %*	*1,07 %*
Marge sous plafond	0,22 %	0,21 %	0,25 %	0,11 %	0,14 %	0,13 %	0,16 %	0,16 %
Plafond des ressources propres en pourcentage du RNB	*1,24 %*	*1,24 %*	*1,24 %*	*1,23 %*	*1,23 %*	*1,23 %*	*1,23 %*	*1,23 %*

NB : Ces plafonds devraient être actualisés au terme de la procédure budgétaire 2011.

Source : Commission des Finances d'après l'annexe « Relations financières avec l'Union européenne » au projet de loi de finances pour 2011.

Un accord a été trouvé entre le Conseil et le Parlement européen pour le budget 2011, sous réserve d'un accord sur les ressources propres et sur l'association du Parlement européen à la négociation du cadre financier pluriannuel :

« ***Revendications politiques – ressources propres : résultats obtenus par les députés.*** *[…]*

Le Parlement a défini sept revendications politiques dans une résolution sur le budget adoptée lors de la session plénière d'octobre à Strasbourg. Les principales revendications concernent l'implication du Parlement dans les négociations sur le prochain budget à long terme et dans un nouveau système de ressources propres. Sur les ressources propres, la Commission européenne présentera une proposition formelle avant la fin de juin 2011, en assurant que les propositions concernant les ressources propres seront discutées en même temps que les futures perspectives financières. La participation du Parlement à ces questions est prévue dans le traité (articles 312 § 5, 324 et 311), mais elle doit encore faire l'objet d'un arrangement dans la pratique.

Implication du Parlement dans les négociations futures sur le cadre financier pluriannuel (CFP). *Après presque deux mois de négociations, les négociateurs du PE sont arrivés à un accord avec la présidence du Conseil, qui est soutenu par les autres États membres. Il contient un engagement des quatre prochaines présidences de l'UE (gouvernements de la Hongrie, de la Pologne, du Danemark et de Chypre), concernant l'implication du Parlement, qui a fourni des garanties suffisantes pour les députés. Le Parlement a également obtenu qu'il y ait à l'avenir des évaluations systématiques de la valeur ajoutée européenne des nouvelles législations et de leur financement, un rapport sur le coût de la « non-Europe » ainsi qu'une évaluation des avantages des synergies entre les budgets de l'UE et les budgets nationaux. De cette manière, le Parlement a voulu s'assurer que les contribuables de l'UE obtiennent le meilleur résultat pour leur argent.* »[72].

Mais la question budgétaire risque d'empoisonner la fin de la 7e législature (2009-2014). Si le Parlement européen a obtenu les « avancées » ci-dessus, cinq États membres (France, Allemagne, Grande-Bretagne, Pays-Bas, et Finlande) ont écrit au président de la Commission pour demander le gel ou la stabilisation des dépenses budgétaires jusqu'à la fin de l'actuel cadre financier pluriannuel (2013), en pensant sans doute peser sur les propositions présentées par la Commission en juin 2011.

L'essentiel

La procédure budgétaire, après le traité de Lisbonne, est organisée selon un mécanisme qui place le Parlement européen dans une position plus favorable que le Conseil de l'Union.

La détermination des **ressources** de l'Union (prélèvements agricoles et douaniers, ressources TVA et ressources RNB) sont, pour l'instant, de la seule responsabilité du Conseil de l'Union qui veille à les maintenir à un niveau faible (1,23 % du RNB au maximum), plafond de ressources qui détermine le plafond des dépenses dans le cadre d'un budget de l'Union toujours en équilibre. Les **dépenses** sont déployées dans le cadre financier pluriannuel voté par le Conseil de l'Union et qui couvre un cycle budgétaire de sept années.

72. Site Internet du Parlement européen.

Partie II
Les politiques de l'Union

L'Union économique et monétaire

Le marché intérieur

La politique de la concurrence

La fiscalité

La politique commune des transports

L'énergie

L'environnement

La politique de recherche et développement

L'espace

Les télécommunications

La politique sociale

La protection des consommateurs

Éducation, formation professionnelle, jeunesse et sport

La culture

La politique agricole commune (PAC)

La politique commune de la pêche

La politique de cohésion

L'espace de liberté, de sécurité et de justice

La politique commerciale commune

La politique de développement

La politique étrangère et de sécurité commune (PESC)

L'Europe de la défense

Titre 1
L'Union économique et monétaire

L'Union économique et monétaire (UEM), qui constitue l'un des objectifs du traité (article 3 § 4 TUE), s'est mise en place dans le cadre de la création de l'euro. L'établissement d'une monnaie unique est un projet qui avait été envisagé dès les années 1970[1] et qui a connu plusieurs étapes (« serpent monétaire » en 1972, mécanisme du « système monétaire européen » en 1979).

La création de l'euro a répondu à plusieurs objectifs : parachèvement du marché unique, volonté de se prémunir contre les risques de change intra-européens et de mettre un terme aux dévaluations compétitives, volonté de se doter d'une monnaie plus forte et moins attaquable que les monnaies nationales (voir les attaques spéculatives contre le franc ou la livre sterling, dans les années 1980 et 1990), enfin volonté de faire avancer l'Europe politique en complétant l'intégration économique.

C'est le traité de Maastricht qui a donné le véritable point de départ à l'UEM, en prévoyant plusieurs phases : de 1991 à 1994, renforcement de la coopération monétaire, de 1994 à 1999, création de l'Institut monétaire européen et, à compter de 1999, troisième phase qui se caractérise notamment par la fixation irrévocable des parités des monnaies des États qui participent à l'euro. Ce dernier a ainsi vu le jour le 1er janvier 1999, et les pièces et les billets ont été introduits le 1er janvier 2002. La zone euro compte aujourd'hui 17 États membres.

L'UEM se caractérise par l'existence, d'une part, d'une politique monétaire unique qui relève de la Banque centrale européenne (BCE) et d'autre part, de politiques budgétaires nationales. Cette situation asymétrique a justifié, dès le départ, la mise en place d'une coordination des politiques économiques et du pacte de stabilité et de croissance (en 1997).

Le niveau élevé de l'euro et les récentes attaques contre les membres les plus endettés dans le cadre de la crise économique et financière ont relancé le débat sur les bienfaits de la monnaie unique et d'importantes réformes sont aujourd'hui en cours. En outre, le déficit de croissance de l'Union est souvent imputé à l'échec de la coordination des politiques économiques. La résorption des divergences internes à la zone euro apparaît aujourd'hui comme une condition nécessaire tant à la stabilité de l'euro qu'à la dynamisation de la croissance.

1. Voir le rapport Werner de 1970 (du nom du Premier ministre du Luxembourg de l'époque).

Fonctionnement et réalisations

L'UEM repose sur l'euro, sur la politique monétaire et sur la coordination des politiques économiques

L'euro et la politique monétaire

L'*euro* était nécessaire pour parachever le marché intérieur. La fluidité des échanges suppose en effet de supprimer les opérations et les commissions de change, d'écarter l'usage de la monnaie nationale comme instrument de compétitivité et de permettre une meilleure comparaison entre les prix.

Les **conditions** pour mettre en place la monnaie unique étaient **très exigeantes**. En effet, le respect des critères de convergence déterminés dans le traité de Maastricht a demandé d'importants efforts : déficit public inférieur à 3 % du PIB, dette publique inférieure à 60 % du PIB, taux d'inflation ne dépassant pas de plus de 1,5 % celui des trois États membres ayant la plus faible inflation, taux d'intérêt à long terme n'excédant pas de plus de 2 % celui des États ayant l'inflation la plus basse et participation au mécanisme de change européen (MCE II) depuis deux ans au moins.

Dix-sept États membres sont aujourd'hui dans la zone euro, depuis l'entrée de l'Estonie le 1er janvier 2011[2]. Le traité prévoit les règles pour y être admis (critères de convergence de Maastricht codifiés dans le traité, voir ci-dessus). Une fois que les critères sont remplis, l'entrée dans l'euro est obligatoire. Tous les États membres ont donc vocation à rejoindre l'euro. Le Conseil décide quels États membres remplissent les conditions. Certains États bénéficient néanmoins d'un

2. Allemagne, Autriche, Belgique, Chypre, Espagne, Estonie, Finlande, France, Grèce, Italie, Irlande, Luxembourg, Malte, Pays-Bas, Portugal, Slovénie et Slovaquie. L'euro circule également en Andorre, à San Marin, à Monaco, au Vatican, au Monténégro et au Kosovo.

«*opting out*»[3], comme le Royaume-Uni et le Danemark. La Suède ne bénéficie pas d'un *opting out* mais, à la suite d'un référendum négatif en 2002, «s'emploie» à ne pas respecter tous les critères de Maastricht.

La *politique monétaire* est une compétence exclusive de l'Union pour les États dont la monnaie est l'euro (article 3 TFUE). La BCE, qui devient avec le traité de Lisbonne une institution, conduit, avec les banques centrales nationales des pays membres de l'euro (système européen de banques centrales – SEBC), la politique monétaire de la zone euro, mène la politique de change définie par le Conseil, gère les réserves de change des États membres et promeut le bon fonctionnement des systèmes de paiement. Le SEBC doit assurer en priorité la stabilité des prix (article 127 TFUE), ce que la BCE a défini à des niveaux proches de 2 %. C'est là une différence avec la Réserve fédérale américaine, qui poursuit également un objectif de plein-emploi et dispose d'une marge de manœuvre plus importante sur le plan économique. Toutefois, le TFUE précise que le SEBC apporte son soutien aux politiques économiques générales de l'Union en vue de contribuer à la réalisation des objectifs de celle-ci (niveau d'emploi élevé, croissance durable, etc.). Pour conduire la politique monétaire, la BCE autorise l'émission de billets en euros et le volume des pièces émises par les États membres, fixe les taux directeurs, principal outil pour stabiliser les prix, et contrôle les banques centrales nationales.

La **BCE**, située à Francfort, est indépendante et structurée autour de deux organes principaux : un *directoire* de six membres (le président est nommé par le Conseil européen[4], voir article 283 TFUE[5]) qui joue le rôle d'organe exécutif de la banque et un *conseil des gouverneurs*, composé des membres du directoire et des gouverneurs des banques centrales des États membres de la zone euro, qui définit la politique monétaire.[6]

Le traité de Lisbonne renforce la gouvernance de la zone euro en donnant aux États de cette zone une **capacité décisionnelle autonome** : ainsi peuvent-ils adopter seuls les mesures qui les intéressent directement, comme les orientations de politique économiques propres à la zone euro (voir article 136 TFUE). De même, à côté du Conseil *ECOFIN*, formation du Conseil compétente en matière économique et financière, une enceinte de discussion, *l'Eurogroupe*[7], réunit, depuis fin 1997, les ministres des Finances des États membres de la zone euro. Son rôle est désormais consacré par le traité de Lisbonne (article 137 TFUE et protocole nº 14). L'entrée dans l'euro requiert toujours l'approbation de tous les États membres, mais désormais sur recommandation des seuls États de la zone euro. Enfin, le traité prévoit que, afin d'assurer la place de l'euro dans le système monétaire international, le Conseil adopte une décision établissant les positions communes concernant les questions qui revêtent un intérêt particulier pour l'UEM au sein des institutions et des conférences financières internationales compétentes.

La coordination des politiques économiques

A côté de la politique monétaire fédérale, l'UEM repose sur la coordination des politiques économiques des États. L'article 119 TFUE mentionne «*l'instauration d'une politique économique fondée sur l'étroite coordination des politiques économiques des États membres, sur le marché intérieur et sur la définition d'objectifs communs...*».

Les **grandes orientations des politiques économiques** (GOPE) sont, depuis le traité de Maastricht, le principal outil de cette coordination et fixent les priorités fondamentales macroéconomiques. Le Conseil, sur recommandation de la Commission et après approbation du Conseil européen, les adopte sous forme de recommandations (article 121 § 2 TFUE) et les politiques économiques des États membres doivent s'y conformer. Le Conseil vérifie cette conformité sur la base des rapports de la Commission et peut adresser des recommandations. Depuis le traité de Lisbonne, la Commission, lorsqu'il est constaté que cette conformité n'est pas assurée ou lorsque les politiques économiques des États risquent de compromettre le bon fonctionnement de l'UEM, peut adresser directement à l'État membre concerné un avertissement (jusqu'à présent, elle ne pouvait adresser qu'une recommandation au Conseil). Cette disposition devrait renforcer l'efficacité de la surveillance multilatérale. Les GOPE forment, avec les lignes directrices pour l'emploi (LDE, voir article 148 TFUE[8]), les *lignes directrices intégrées* (LDI), qui représentent l'outil politique principal pour l'élaboration des programmes nationaux de réforme (PNR).

Cette coordination se fait dans le cadre de la *méthode ouverte de coordination* (MOC), qui constitue l'outil principal de coordination des politiques de réformes structurelles conduites par les États membres. Dans cette méthode intergouvernementale, les États membres s'évaluent mutuellement. La MOC s'applique aux domaines de compétence nationale (emploi, protection sociale, éducation, formation, etc.).

La coordination des politiques économiques repose également sur *la procédure de contrôle budgétaire*. Ainsi, les États membres ont à éviter les déficits publics qui ne doivent pas dépasser 3 % de leur PIB. De même, la dette publique ne doit pas dépasser 60 % du PIB (article 126 TFUE et protocole nº 12). La Commission surveille l'évolution de la situation budgétaire des États et élabore des rapports en cas de dépassement des exigences précitées. Elle vérifie si le déficit public excède les dépenses

3. *Opting out :* possibilité pour un État membre de ne pas se voir appliquer ou de ne pas participer à une politique de l'Union.

4. Le président s'exprime au nom de la zone euro sur la scène internationale.

5. Jean-Claude Trichet est le président depuis 2003, son mandat expire le 1er novembre 2011.

6. La BCE comporte aussi un conseil général, qui rassemble le président, le vice-président et les gouverneurs des vingt-sept banques centrales des États membres et associe ainsi les États membres qui ne font pas partie de la zone euro.

7. Il est présidé par le Premier ministre luxembourgeois, Jean-Claude Juncker.

8. La coordination des politiques de l'emploi est désormais reconnue comme une compétence spécifique de l'Union, qui doit contribuer à la réalisation d'un niveau d'emploi élevé (art. 147 TFUE).

publiques d'investissement et tient compte des autres facteurs pertinents, comme la position économique et budgétaire à moyen terme de l'État membre. Elle évalue s'il y a un risque de déficit excessif et en informe le Conseil. Depuis le traité de Lisbonne, son avis est directement adressé à l'État membre concerné alors qu'elle ne pouvait jusqu'à présent adresser cet avis qu'au Conseil (article 126 § 5 TFUE). Le Conseil décide s'il y a déficit public et adresse une recommandation à l'État membre, qui peut être rendue publique si elle n'est pas suivie d'effets. Il peut ensuite mettre l'État membre en demeure d'agir et, si ce dernier ne donne pas suite, lui imposer des amendes. Le Conseil statue sur recommandation de la Commission.

Ces règles sont complétées par le *pacte de stabilité et de croissance*. Créé en 1997 (résolution du Conseil européen), il fait suite à une demande de l'Allemagne qui souhaitait définir une discipline commune[9]. Le pacte repose sur deux règlements de 1997 (révisés en 2005), qui en déclinent les deux volets préventif et répressif[10]. Le premier règlement permet de surveiller les positions budgétaires des États membres et de coordonner les politiques économiques. Il prévoit des programmes de stabilité et de convergence que les États membres soumettent à la Commission chaque année et dans lesquels ils présentent leurs objectifs budgétaires à l'horizon de trois ans. La Commission puis le Conseil les évaluent et formulent des recommandations. Le second règlement clarifie la mise en œuvre de la procédure de déficits excessifs, définit les cas dans lesquels le dépassement du chiffre de 3 % est considéré comme exceptionnel (par exemple, une grave récession économique) et précise les sanctions applicables.

Réalisations

La stratégie Europe 2020

La stratégie de Lisbonne prévue sur la période 2000-2010 aspirait à faire de l'Europe *« l'économie de la connaissance la plus compétitive et la plus dynamique du monde »*, ce qui s'est traduit par la définition de nombreux objectifs difficilement tenables. En outre, le recentrage de la stratégie sur la croissance et l'emploi opéré en 2005, après les conclusions du rapport Kok, s'est révélé insuffisant. Enfin, cette stratégie s'est caractérisée par une gouvernance défectueuse : manque d'appropriation, processus trop complexe et insuffisante identification de ce qui doit être fait au niveau européen et au niveau national. L'Union s'est ainsi retrouvée comptable d'un processus qu'on lui reprochait de mettre insuffisamment en œuvre alors que la plupart des instruments, de niveau national, lui échappaient. La stratégie de Lisbonne a toutefois été utile pour souligner l'importance des réformes structurelles.

La nouvelle stratégie économique et sociale, « Europe 2020 », a été lancée par le Conseil européen de juin 2010 et vise à corriger les erreurs de la stratégie de Lisbonne. Elle porte sur quatre principaux domaines : *la connaissance et l'innovation*, *une économie plus durable*, *l'amélioration des niveaux d'emploi* et *l'inclusion sociale*. Le Conseil européen a ainsi fixé des **objectifs européens** qui doivent guider l'action des États membres et de l'Union :
– porter à 75 % le taux d'emploi des femmes et des hommes âgés de 20 à 64 ans ;
– porter à 3 % du PIB le niveau cumulé des investissements publics et privés en matière de R&D ;
– réduire d'ici 2020 les émissions de gaz à effet de serre de 20 % par rapport aux niveaux de 1990, faire passer à 20 % la part des sources d'énergie renouvelable dans la consommation finale d'énergie ; et s'acheminer vers une augmentation de 20 % de l'efficacité énergétique ;
– réduire le taux de décrochage scolaire à moins de 10 % et porter à 40 % au moins la proportion de personnes âgées de 30 à 34 ans ayant obtenu un diplôme de l'enseignement supérieur ou atteint un niveau d'études équivalent ;
– réduire la pauvreté (de 20 millions de personnes, sur un total de 120 dans l'Union).

Le Conseil européen a également approuvé de nouvelles LDI :
– **six GOPE** qui concernent les États membres et l'Union : garantir la qualité et la viabilité des finances publiques ; résorber les déséquilibres macroéconomiques ; réduire les déséquilibres dans la zone euro ; optimiser le soutien à la R&D et à l'innovation, renforcer le triangle de la connaissance et libérer le potentiel de l'économie numérique ; favoriser une utilisation plus efficace des ressources et réduire les émissions de gaz à effet de serre ; améliorer l'environnement des entreprises et des consommateurs et moderniser la base industrielle afin d'assurer le plein fonctionnement du marché intérieur ;
– **quatre LDE** qui concernent les États membres : accroître la participation au marché du travail et diminuer le chômage structurel ; développer une main-d'œuvre qualifiée répondant aux besoins du marché du travail, promouvoir des emplois de qualité, l'éducation et la formation tout au long de la vie ; rendre les systèmes d'éducation et de formation plus performants à tous les niveaux et augmenter la participation à l'enseignement supérieur ; promouvoir l'inclusion sociale et lutter contre la pauvreté.

Ces différents objectifs devront être atteints au niveau national et au niveau européen :
– au **niveau national**, les États membres doivent arrêter leurs objectifs nationaux qui déclinent les objectifs européens précités, chacun tenant compte de sa position de départ. Ils ont remis, le 12 novembre 2010, un projet de PNR qui expose les réformes structurelles que les États membres entendent conduire pour atteindre à leur niveau les objectifs de la stratégie. Les PNR définitifs doivent être transmis en avril 2011 ;
– la **contribution européenne**, qui doit être renforcée par rapport à la précédente stratégie, est prévue à travers les sept « initiatives phares » adoptées par la Commission en 2010 et 2011 et relatives à l'*agenda numérique* (voir Titre 10, Les télécommunications), la *politique industrielle*, *« la jeunesse en mouvement »* (voir Titre 14 sur éducation, formation, jeunesse et sport), *« une stratégie pour*

9. Le terme « croissance » a été ajouté à la demande de la France.

10. Voir règlement (CE) n° 1466/97 du Conseil, du 7 juillet 1997, relatif au renforcement de la surveillance des positions budgétaires ainsi que de la surveillance et de la coordination des politiques économiques et règlement (CE) n° 1467/97 du Conseil, du 7 juillet 1997, visant à accélérer et à clarifier la mise en œuvre de la procédure concernant les déficits excessifs.

les nouvelles compétences et les nouveaux emplois» (voir Titre 11, La politique sociale), une *«plateforme européenne contre la pauvreté»* (voir aussi Titre 11), enfin *«une Europe économe en ressources»* (voir Titre 7 sur l'environnement). En outre, toutes les politiques (politique agricole commune, politique de cohésion, marché intérieur, dimension externe, notamment *via* la politique commerciale commune) devront appuyer la stratégie[11].

Par ailleurs, la stratégie est fondée sur une gouvernance plus robuste autour d'**un cycle politique annuel :**
– les six premiers mois de l'année sont consacrés au *«semestre européen»*[12], nouveau cycle de coordination des politiques économiques destiné à mieux articuler les différents exercices de surveillance budgétaire et de réformes structurelles : ainsi, les États membres devront remettre en avril de chaque année, simultanément, leurs programmes de stabilité et de convergence et leur PNR. Le 1er semestre européen a été lancé par l'adoption par la Commission de son premier rapport annuel sur la croissance, le 12 janvier 2011, qui recommande douze actions en matière de consolidation budgétaire, de réformes structurelles et de croissance économique. Le Conseil européen de mars 2011 a arrêté sur cette base les principales orientations politiques à suivre (voir plus loin). Ensuite, la Commission et le Conseil évalueront les PNR et les programmes de stabilité et de convergence des États membres et leur adresseront, en juin, des recommandations spécifiques;
– au cours du second semestre de l'année, les États membres pourront, sur la base des orientations arrêtées au niveau européen, élaborer et adopter leurs budgets nationaux.

La réforme du pacte de stabilité et de croissance

Le pacte a connu des difficultés qui ont atteint leur paroxysme lors du lancement de procédures de déficit excessif contre l'Allemagne et la France, en 2003. Ces procédures ont été suspendues par le Conseil, ce qui a amené la Commission à porter l'affaire devant la CJCE (Cour de justice), qui a reconnu que le Conseil pouvait décider de suspendre l'application du pacte, en n'adoptant pas les recommandations de la Commission[13]. Cela a conduit à un assouplissement du pacte, en 2005, destiné à mieux prendre en compte les cycles économiques et les réformes d'avenir (efforts de R&D, réformes structurelles, etc.). En outre, un État traversant une période de croissance négative ou une période prolongée de croissance ralentie ne pouvait plus être visé par une procédure de déficit excessif. Le volet préventif du Pacte avait également précisé les conditions dans lesquelles les États membres doivent définir et atteindre un objectif de moyen terme compatible avec un assainissement durable des finances publiques (tant que cet objectif n'est pas atteint, chaque État doit présenter un programme de stabilité permettant une réduction d'au moins 0,5 % du PIB par an de son déficit structurel). Cette réforme est toutefois apparue insuffisante, comme la crise financière l'a montré : fin 2009, vingt États membres faisaient ainsi l'objet d'une procédure de déficits excessifs (le déficit moyen dans la zone euro a été de 6,9 % en 2010[14]).

La politique monétaire

Au regard de l'objectif de stabilité des prix, le bilan de la politique menée par la BCE est positif : le taux d'inflation est contenu[15]. En revanche, le taux de change externe fluctue fortement au gré des mouvements spéculatifs. L'euro est ainsi souvent accusé d'être trop élevé en comparaison d'autres monnaies et d'affecter la compétitivité des économies de la zone euro.

Perspectives

Une des leçons de la crise économique et financière qui a débuté en 2008 aura été de montrer que l'asymétrie sur laquelle l'UEM repose, avec une politique monétaire fédérale et des politiques économiques nationales, est un obstacle pour la zone euro. La priorité est dès lors, aujourd'hui, au renforcement de la coordination des politiques économiques. L'Union est mobilisée en ce sens et a défini plusieurs axes.

Doter l'Union d'outils pour répondre immédiatement aux crises

L'action des États et le Fonds européen de stabilisation financière (FESF)

La crise économique et financière a conduit les États à apporter des milliards d'euros de garanties pour leurs banques (ainsi, la Belgique l'a fait à hauteur de 90 milliards d'euros pour la seule banque Dexia). Un plan de relance sans précédent a été décidé lors du Conseil européen de décembre 2008 (200 milliards d'euros, soit 1,5 % du PIB sur la période 2009-2010, avec un volet européen de 30 milliards d'euros, les États apportant donc 170 milliards d'euros). Ont également été mis en place un assouplissement des règles des marchés publics et un relèvement temporaire des seuils des aides d'État *de minimis*. En tenant compte des stabilisateurs fiscaux et sociaux, l'effort global de l'UE s'est élevé à 2,8 % du PIB.

Ensuite, en raison de la crise grecque de dette souveraine, l'UE a mis en place en mai 2010, avec le FMI, un plan de soutien provisoire aux pays en difficulté de 750 milliards

11. Voir paragraphe 5 des conclusions du Conseil européen du 17 juin 2010.

12. C'est une initiative émanant d'un groupe de travail dirigé par le président du Conseil européen et qui a été approuvée par le Conseil ECOFIN en septembre 2010.

13. Voir CJCE, Commission/Conseil, C-27/04.

14. Source : Eurostat.

15. Cela étant, en février 2011, le chiffre de 2,4 % a été enregistré, ce qui pourrait conduire la BCE à relever ses taux.

d'euros[16]. La contribution européenne repose principalement sur le FESF, qui a un caractère intergouvernemental[17] et peut emprunter jusqu'à 440 milliards d'euros. Le dispositif offre des garanties publiques des différents États de la zone euro pour emprunter de l'argent sur les marchés, afin de prêter ensuite aux États en difficulté. Après la Grèce, l'Irlande, du fait de son déficit public et de son secteur bancaire en crise, a été le 2e pays à bénéficier d'un programme de prêts de 85 milliards d'euros. Lors du sommet de la zone euro du 11 mars 2011, les chefs d'État ou de gouvernement ont décidé que le FESF verrait sa capacité de prêt effectif portée à 440 milliards d'euros (elle était jusqu'alors limitée à 250 milliards, le différentiel étant constitué par les garanties des États). Ils ont également décidé que le FESF pourrait, à titre exceptionnel, acheter directement de la dette émise par des États en difficulté sur le marché primaire.

L'action de la BCE

La BCE a eu un rôle essentiel au cours de la crise. Afin de soutenir l'activité et d'assurer la liquidité sur les marchés, elle a conjugué mesures de baisse des taux d'intérêt (passés de 4,25 à 1 % entre octobre 2008 et mai 2009), mesures de refinancement non conventionnelles des banques et achat massif d'obligations souveraines des pays fragiles de la zone euro. Elle a décidé fin 2010 d'augmenter son capital de 5 milliards d'euros (le portant ainsi à 10,76 milliards), pour faire face à la volatilité des taux de change, des taux d'intérêts et des risques de crédit.

Le mécanisme européen de stabilité (MES)

L'Allemagne, principal contributeur au FESF, a demandé une révision du traité mettant en place un mécanisme permanent de gestion de crises destiné à préserver la stabilité financière de l'ensemble de la zone euro. A défaut, elle craignait que sa Cour constitutionnelle ne mette en avant la clause de « non-renflouement » du traité (article 125 TFUE) qui fait obstacle en principe à ce qu'un État membre réponde des engagements financiers pris par un autre. Le Conseil européen a ainsi décidé, en décembre 2010, de remplacer à la mi-2013 le FESF par un mécanisme permanent de gestion de crise. Les contours de ce mécanisme intergouvernemental ont été définis par ce même Conseil européen : il sera activé d'un commun accord entre les États membres de la zone euro, si cela s'avère indispensable en cas de risque pesant sur la stabilité de la zone euro dans son ensemble[18]. L'octroi de toute assistance financière nécessaire sera subordonné à une stricte conditionnalité et fondé sur un programme rigoureux d'ajustement économique et budgétaire. Il pourra mettre à contribution les banques et les fonds privés qui détiennent de la dette publique (les investisseurs ne bénéficieront donc plus d'une garantie de remboursement intégral). Le sommet de la zone euro du 11 mars 2011 complété par le Conseil européen des 24 et 25 mars a, en outre, décidé que le mécanisme européen de stabilité (MES) serait doté d'une capacité de prêt de 500 milliards d'euros. Il prendra la forme d'une organisation internationale et pourra, comme le FESF, intervenir, à titre exceptionnel, sur le marché primaire de la dette. Le Conseil européen a décidé, sur cette base, d'ajouter à l'article 136 TFUE le paragraphe suivant : « *Les États membres dont la monnaie est l'euro peuvent instituer un mécanisme de stabilité qui sera activé si cela est indispensable pour préserver la stabilité de la zone euro dans son ensemble. L'octroi, au titre du mécanisme, de toute assistance financière nécessaire, sera subordonné à une stricte conditionnalité.* » Cette modification doit à présent être ratifiée par tous les États membres.

16. Les 750 milliards se répartissent en 440 milliards mis à disposition par les Européens (FESF), 60 milliards de prêts de la Commission (Mécanisme européen de stabilité) et 250 milliards du FMI.

17. Il s'agit d'une entité *ad hoc* de droit luxembourgeois établie jusqu'au 30 juin 2013.

18. Voir paragraphe 3 des conclusions du Conseil européen des 16 et 17 décembre 2010.

Réformer la gouvernance économique et renforcer le cadre du pacte de stabilité et de croissance

Le Conseil européen a également décidé qu'il fallait réformer en profondeur la gouvernance économique[19] et renforcer le pacte de stabilité et de croissance. Il a ainsi demandé, en mars 2010, au président du Conseil européen de mettre en place un groupe de travail dont il a approuvé les conclusions fin octobre. Cette réforme est articulée autour de **six textes législatifs,** proposés en septembre 2010 en vue d'accroître la discipline budgétaire, d'élargir la surveillance macroéconomique, de renforcer la coordination et de mettre en place un cadre solide de gestion des crises.

– Le premier texte, qui modifie le règlement 1466/97 (volet préventif), repose sur la notion de *sentier d'ajustement* qui doit permettre aux États de se rapprocher de leur objectif de moyen terme, soit d'une situation leur permettant de rester sous les 3 % de déficit public, y compris en cas de mauvaise conjoncture, et d'assurer une diminution de la dette. La Commission peut adresser des avertissements aux États membres.

– Le deuxième texte, qui modifie le règlement 1467/97 (volet correctif), souhaite prendre davantage en compte l'évolution de la *dette* : ainsi les États membres dont la dette dépasse 60 % du PIB devront prendre des mesures pour la réduire à un rythme satisfaisant.

– Le troisième texte porte sur la mise en œuvre efficace de la *surveillance budgétaire dans la zone euro* et prévoit des sanctions financières : ainsi, au titre du volet préventif, est prévue l'obligation de constituer un dépôt portant intérêt si un écart important par rapport au sentier d'ajustement est constaté ; au titre du volet correctif, est prévue l'obligation de constituer un dépôt de 0,2 % du PIB ne portant pas intérêt, qui sera effective dès lors qu'un pays sera considéré comme étant en situation de déficit excessif. Ce dépôt peut être transformé en amende en cas de non-respect des recommandations. L'imposition des sanctions sera décidée par la Commission, sauf si une majorité qualifiée au Conseil s'y oppose.

19. Voir paragraphes 9 et suivants des conclusions du Conseil européen du 17 juin 2010.

– Le quatrième texte veille à ce que les *objectifs du pacte* soient pris en considération dans les cadres budgétaires nationaux et définit des exigences minimales que les États doivent respecter (notamment l'obligation de se doter d'un cadre budgétaire pluriannuel et d'une règle budgétaire chiffrée).

– Le cinquième texte institue une procédure destinée à prévenir et à *corriger les déséquilibres* macroéconomiques. Est prévue une évaluation régulière des risques de déséquilibres, fondée sur un tableau de bord d'indicateurs économiques. La Commission lancera des analyses approfondies et le Conseil pourra adopter des recommandations et lancer une procédure concernant les déséquilibres excessifs, ce qui obligera l'État concerné à lui soumettre un plan de mesures correctives.

– Un dernier texte prévoit des *sanctions* si un État membre ne donne pas suite à ces recommandations (amende de 0,1 % du PIB, à laquelle seule une majorité qualifiée du Conseil peut s'opposer ; seuls les États membres de la zone euro votent).

Le Conseil, lors de sa session de mars 2011, est parvenu à dégager un accord sur l'ensemble du paquet. Cet accord renforce nettement la discipline budgétaire (interdiction d'une augmentation des dépenses d'un pays plus rapide que son taux de croissance à moyen terme ; meilleure prise en compte de la dette ; sanctions financières applicables plus tôt dans la procédure et plus automatiques, même si, comme le souhaitaient la France et l'Allemagne, le rôle d'appréciation politique du Conseil dans la procédure de sanctions est reconnu ; affectation du produit des amendes aux mécanismes de crise). L'accord prévoit également une nouvelle procédure de contrôle et de sanctions des déséquilibres excessifs. La négociation avec le Parlement européen est à présent en cours.

Mettre l'accent sur la croissance et l'emploi

La mise en place de règles efficaces pour répondre aux crises et d'une discipline commune sur le plan budgétaire ne saurait suffire. La sortie durable de la crise passe par l'établissement de stratégies de croissance efficaces et créatrices d'emploi. La croissance en Europe était de 2,4 % durant les années 1980, s'est établie à 1,6 % dans les années 2000 et devrait être à 1,7 % en 2010 pour la zone euro et à 1,8 % pour l'Union à 27[20]. En outre, la croissance potentielle est faible (croissance potentielle de la zone euro à 0,7 % en 2009, contre 1,8 % en 2006). Beaucoup de facteurs expliquent cela : un taux de chômage élevé (en janvier 2011, le taux de chômage dans la zone euro est à 10 %, et à 9,6 % pour l'UE à 27[21]), des gains de productivité peu élevés, des réformes structurelles insuffisantes.

La stratégie « Europe 2020 » doit répondre à cette situation. Dans ce cadre, la poursuite des réformes structurelles est indispensable. Elle passe par la suppression des freins à la croissance en matière de marchés du travail, dont les rigidités restent importantes et entraînent un chômage structurellement élevé. Autre sujet majeur, le vieillissement démographique que connaît l'Europe entière et qui se traduit par d'importantes difficultés pour maintenir les régimes de retraite existants. Le volet européen de cette stratégie est également crucial, car une partie de la croissance viendra de la mobilisation des politiques de l'Union (notamment pour bâtir une nouvelle politique industrielle européenne fondée sur les nouvelles technologies et les nouvelles sources de croissance).

Le Conseil européen des 24 et 25 mars 2011 a validé l'approche de la Commission figurant dans son rapport annuel de croissance et a arrêté plusieurs priorités en matière de réformes structurelles (notamment l'accroissement de l'attrait du travail, l'équilibre entre sécurité et flexibilité, la stimulation de la recherche et de l'innovation, etc.) et en matière d'assainissement de finances publiques.

Aller plus loin ?

Peut-on aller plus loin sur le plan monétaire et budgétaire ?

Si l'euro s'est déjà montré efficace en termes de protection[22], force est de reconnaître qu'il reste fragile. Les limites de la politique monétaire sont bien connues : elle ne peut faire face seule aux chocs asymétriques au sein de la zone euro qui n'est pas une *zone monétaire optimale* (faible mobilité au sein de la zone, du facteur travail, barrières linguistiques, etc.). L'absence de *policy mix*[23] européen est également un handicap.

Les déclarations n'ont ainsi pas manqué ces derniers mois pour souligner l'urgence d'intégrer davantage la zone euro. Jean-Claude Trichet a récemment souligné la nécessité de créer une fédération budgétaire. Il a dit aussi regretter que le MES ne puisse pas intervenir sur le marché secondaire. Le prix Nobel d'économie, Paul Krugman, a plaidé en faveur d'une union fiscale qui permettrait des transferts financiers d'une zone à l'autre[24]. En théorie, on pourrait imaginer la mise en place d'une politique budgétaire jouant le rôle d'instrument de stabilisation économique. Cela supposerait toutefois que le budget européen puisse être un outil d'intervention face aux fluctuations conjoncturelles et soit donc un véritable budget fédéral (avec l'implication fiscale que cela suppose). Or ceci est irréaliste, compte tenu de sa limitation à 1 % du PIB[25] (aux États-Unis, le budget fédéral représente 18 % du PIB). En outre, la mise en place d'une union budgétaire a été rejetée par

20. Source : Eurostat.

21. Voir chiffres Eurostat au 1er février 2011.

22. Il ne peut plus y avoir, au sein de la zone euro, de dévaluation compétitive des monnaies, ni de dépréciation brutale d'une monnaie nationale (avantage pour éviter le renchérissement des produits importés) ; les taux d'intérêt sont structurellement bas, etc.

23. *Policy mix* : combinaison optimale de la politique économique et de la politique budgétaire par une autorité politique unique.

24. Voir article du journal *Les Échos* du 23 février 2011.

25. Voir lettre de décembre 2010 de l'Allemagne, la France, le Royaume-Uni, les Pays-Bas et la Finlande demandant une limitation stricte de la dépense publique européenne.

certains États[26]. Les politiques budgétaires ont donc vocation à rester nationales, même si elles sont de plus en plus encadrées. C'est pourquoi la voie qui a été choisie (mécanisme européen permanent de gestion des crises et renforcement de la gouvernance économique, voir ci-dessus) paraît aujourd'hui la plus efficace.

Parmi les idées évoquées pour aller plus loin, a également été mentionnée ces derniers mois l'idée d'emprunts européens ou *« euro-obligations »* pour mutualiser la dette des pays et les risques qui aujourd'hui se traduisent par d'importants écarts de taux d'intérêt entre les pays (les *spreads*)[27]. Plusieurs États membres lanceraient ainsi des emprunts obligataires en commun pour mutualiser les risques avec un taux d'intérêt moyen, ce qui aiderait les pays les plus fragiles à s'endetter à moindre coût. Toutefois cette idée divise les États membres et a été rejetée par l'Allemagne et par la France qui y voient un risque de déresponsabilisation des États. En outre, une telle socialisation de la dette entraînerait nécessairement une augmentation des coûts de financement de la dette des pays qui aujourd'hui bénéficient de taux avantageux pour emprunter. D'autres rétorquent que seule une partie de la dette pourrait être mutualisée, le reste continuant de relever d'émissions nationales et que grâce à ces euro-obligations, il serait possible de drainer du capital non européen en Europe et d'améliorer la liquidité du marché obligataire. Quoi qu'il en soit, cette idée ne paraît pas, à ce stade, avoir de chances de prospérer.

Renforcer la convergence des économies

En revanche, il est possible d'aller plus loin sur le volet « coordination des politiques économiques », dans le respect de mais aussi au-delà de la nouvelle stratégie économique et sociale, Europe 2020. On se rappellera le mot de l'ancien président de la Commission, Jacques Delors, qui dès 2004 déplorait que l'UEM n'ait *« qu'une jambe, la jambe monétaire »*.

C'est ce dont est convenu le Conseil européen du 4 février 2011, qui a demandé une « nouvelle qualité de coordination des politiques économiques dans la zone euro »[28] en vue d'améliorer la compétitivité, ce qui doit conduire à *« un degré de convergence plus élevé sans porter atteinte au marché unique »*. Ceci trouve son origine dans la démarche franco-allemande qui vise à mettre en place un pacte de convergence pour la compétitivité pour approfondir l'intégration économique de la zone euro, en complément de la réforme du pacte de stabilité et de croissance. La France appelle depuis déjà plusieurs années la mise en place d'un véritable *« gouvernement économique de la zone euro »*. Ce nouveau pacte a été adopté par les chefs d'État ou de gouvernement lors du sommet de la zone euro du 11 mars 2011 et consolidé lors du Conseil européen des 24 et 25 mars 2011, dans le cadre d'un paquet comprenant la révision du FESF et la finalisation du MES. Destiné à réduire les écarts de compétitivité entre les États membres de l'euro et à renforcer les mécanismes de surveillance et d'intervention rapide au sein de la zone euro, ce pacte, qui met surtout l'accent sur des domaines de compétence nationale, poursuivra les quatre objectifs suivants : (1) favoriser la compétitivité (attention portée à l'évolution des salaires en lien avec la productivité et levée des restrictions indues qui pèsent sur les services professionnels) ; (2) favoriser l'emploi (développement de la flexisécurité, réduction de la fiscalité pesant sur le travail) ; (3) mieux contribuer à la viabilité des finances publiques (viabilité des retraites à adapter à la situation démographique nationale, discipline budgétaire inscrite dans les constitutions nationales ou des législations-cadres) ; (4) renforcer la stabilité financière (mise en place de législations nationales en matière de résolution des défaillances bancaires, coordination des politiques fiscales, notamment en matière d'impôt sur les sociétés).

Ce pacte doit se traduire par des engagements concrets de la part des États qui doivent les refléter dans leur PNR. Lors du Conseil européen de mars 2011, la Bulgarie, le Danemark, la Lettonie, la Lituanie, la Pologne et la Roumanie ont fait part de leur souhait de participer au pacte, qui en conséquence s'intitule désormais : « Pacte pour l'euro plus ».

L'essentiel

L'Union économique et monétaire est un projet qui a pris son vrai départ avec la création de l'euro, rendue nécessaire pour parachever le marché unique. Elle se caractérise par l'existence d'une politique monétaire fédérale et le maintien de politiques économiques, et notamment budgétaires, qui restent nationales. Cette asymétrie, voulue pour des raisons politiques, a fait sentir ses effets négatifs lors de la crise économique et financière qui a débuté en 2008. Les États membres ont ainsi décidé de renforcer considérablement le volet « coordination des politiques économiques » *via* la mise en place d'une nouvelle stratégie économique « Europe 2020 », des règles renforcées en matière de gouvernance économique qui sont encore en cours de définition, de nouveaux mécanismes destinés à répondre immédiatement aux crises ou encore, à l'initiative de la France et de l'Allemagne, la mise en place d'un Pacte pour l'euro fondé sur une plus grande convergence des économies européennes qui ont en partage la même monnaie et des économies de six autres États qui, bien que ne faisant pas partie de la zone euro, ont souhaité participer à ce pacte.

26. Voir les déclarations de la Chancelière allemande, en décembre 2010.

27. Voir, en décembre 2010, les propos du président de l'Eurogroupe et du ministre italien des Finances dans le *Financial Times* du 6 décembre 2010.

28. Voir déclaration des chefs d'État ou de gouvernement de la zone euro et des institutions de l'UE annexée aux conclusions du Conseil européen du 4 février 2011.

Titre 2
Le marché intérieur

Qu'on l'appelle marché intérieur ou marché unique (on parlait auparavant de marché commun), il peut être défini comme un espace partagé par 27 pays, fort de 500 millions d'habitants. *Stricto sensu*, il regroupe l'union douanière et les « grandes libertés » de circulation (marchandises, capitaux, services et personnes). *Lato sensu*, il couvre aussi l'UEM ou certaines politiques de l'Union (on parle ainsi d'un marché intérieur des transports ou de l'énergie).

Le marché intérieur constitue le cœur de la construction européenne :
- il a représenté, depuis le début, la priorité à bâtir, l'Union apparaissant comme une communauté de droit fondée sur la mise en place des grandes libertés de circulation. Le marché intérieur, c'est ainsi ce qui donne le droit de vivre, de faire ses études, de faire des affaires ou de prendre sa retraite dans un autre pays de l'Union ; c'est aussi ce qui permet de bénéficier, grâce à la concurrence, de produits à moindre coût et plus diversifiés ;
- en outre, l'histoire de l'Union montre que la plupart des politiques de l'Union se sont développées sur son fondement ;
- enfin, le marché intérieur reste aujourd'hui un élément fondamental du projet européen, comme si les progrès de celui-ci continuaient de passer, près de soixante ans après le début, par l'approfondissement de celui-là. C'est une des leçons de l'Acte unique que d'avoir su que, au-delà de l'enjeu économique, la relance du marché intérieur était un puissant vecteur d'intégration politique et c'est sur cette base que la Commission avait proposé à l'époque plus de 300 textes pour abolir les obstacles au marché intérieur. C'est également l'un des messages de la communication du 27 octobre 2010 de la Commission, « Vers un Acte pour le marché unique – Pour une économie sociale de marché hautement compétitive – 50 propositions pour mieux travailler, entreprendre et échanger ensemble », qui invite à procéder à une relance du marché intérieur.

Le marché intérieur fait toutefois aujourd'hui l'objet d'une perception paradoxale : d'un côté, il apparaît comme un des acquis les plus considérables, au-delà de la paix et de la démocratie ; de l'autre, les lacunes restent importantes dans certains domaines, par exemple en raison de la disparité persistante des systèmes nationaux. Le bilan est encore plus contrasté pour le citoyen qui n'a que peu confiance dans le marché intérieur : ainsi, les consommateurs n'ont été que 7 % à effectuer des achats transfrontaliers par Internet, en 2008[29].

Doit-on considérer que l'objectif d'achèvement du marché intérieur, poursuivi depuis le début des années 1990, aurait été manqué ? En réalité, la situation est plus complexe qu'il n'y paraît : au-delà des lacunes qui demeurent, le marché intérieur fait face constamment à de nouveaux défis, qu'ils soient posés par le développement de l'économie numérique ou par la mondialisation.

Fonctionnement et réalisations

Fonctionnement

Place dans le traité

L'établissement du marché intérieur constitue l'un des objets majeurs du traité (article 3 §3 TUE). Il figure au nombre des compétences partagées de l'Union (article 4 TFUE). En revanche, les questions d'union douanière et de concurrence relèvent de la compétence exclusive de l'Union.

Le marché intérieur est défini comme un « *espace sans frontières intérieures dans lequel la libre circulation des marchandises, des personnes, des services et des capitaux est assurée selon les dispositions du traité* » (article 26 TFUE).

Les quatre libertés de circulation

La **libre circulation des marchandises** repose sur l'interdiction des droits de douanes à l'exportation et à l'importation et taxes d'effet équivalent (article 28 TFUE) et sur l'interdiction des restrictions quantitatives aux échanges et mesures d'effet équivalent (article 30 TFUE). Tout produit mis sur le marché d'un État membre peut donc être librement commercialisé dans les autres États membres[30]. Le traité prévoit néanmoins (article 36 TFUE) la possibilité pour les États membres de faire échec à cette liberté de circulation, pour autant que cela soit justifié par des raisons de moralité publique, d'ordre public, de sécurité publique, de protection de la santé et de la vie des personnes et des animaux, de protection de la propriété industrielle et commerciale, etc. L'usage de ces dérogations se fait sous le contrôle étroit de la CJUE.

29. Voir la communication « *Vers un Acte pour le marché unique* » de la Commission, octobre 2010 (COM (2010) 608 final).

30. Voir l'arrêt *Dassonville* de la CJCE qui a interprété largement la notion de « *mesures d'effet équivalent* » (voir 8/74, 1974).

Par ailleurs, cette liberté repose sur deux principes :
– l'*harmonisation technique*, qui vise à rapprocher les législations nationales en élaborant des règles communes. Les domaines peuvent être très divers (produits pharmaceutiques, matériaux de construction, pâtes alimentaires, etc.). Cette méthode permet d'appréhender les risques propres à chaque produit;
– la *reconnaissance mutuelle* : dans les secteurs non harmonisés, les échanges commerciaux reposent sur ce principe, en vertu duquel les produits fabriqués ou commercialisés légalement dans un État membre peuvent circuler librement dans l'Union, sauf exceptions liées à la sécurité publique, à la santé ou à la protection de l'environnement[31] (25 % des secteurs ne sont pas harmonisés en Europe). Ce principe est efficace pour empêcher les États membres de créer des obstacles au commerce intracommunautaire. La Commission s'appuie à ce titre sur la procédure prévue par la directive 98/34/CE qui oblige les États membres à lui notifier tout projet de réglementation technique portant sur des produits ou des services de la société de l'information, principalement dans le domaine non harmonisé.

La **libre circulation des personnes** s'est d'abord développée sous le seul angle économique au profit des travailleurs. Aujourd'hui le traité reconnaît pleinement le principe de libre circulation et de droit de séjour pour tout citoyen européen (article 20 § 2 TFUE). Toute discrimination fondée sur la nationalité entre les travailleurs des États membres est abolie et chacun peut postuler à des emplois offerts et séjourner sur le territoire des autres États membres (article 45 TFUE). Là encore, des restrictions liées à l'ordre public, la sécurité publique et la santé publique sont prévues. En outre, ces principes ne sont pas applicables aux emplois dans l'administration publique (ceux qui supposent l'exercice de la puissance publique, comme la défense). Une différence doit également être rappelée entre les anciens et les nouveaux États membres. Dans les traités d'adhésion du 1er mai 2004 et du 1er janvier 2007, des périodes de transition ont été prévues pour les anciens États membres qui souhaitaient ne pas ouvrir immédiatement leur marché du travail.

La **libre circulation des services**, définis comme des prestations fournies normalement contre rémunération, couvre un large éventail d'activités (de caractère industriel ou commercial, activités artisanales et professions libérales). Les services représentent plus de 70 % de l'économie européenne et une proportion similaire de l'emploi global. Cette liberté garantit la liberté d'établissement (article 49 TFUE) et la liberté de prestation transfrontalière de services (article 56 TFUE). La première permet à un opérateur économique de mener une activité économique de manière stable dans un ou plusieurs États membres. La seconde permet à un prestataire de fournir des services dans un autre État membre que son pays de résidence. Le traité de Lisbonne a étendu la procédure législative ordinaire à l'ensemble des dispositions concernant la libre circulation des services.

Les États membres peuvent uniquement maintenir des restrictions dans des circonstances spécifiques où celles-ci sont justifiées par des raisons impérieuses d'intérêt général (protection des consommateurs, maintien du pluralisme culturel, par exemple), pour des raisons d'ordre public, de sécurité publique ou de santé publique, et quand celles-ci sont proportionnées. En outre, les activités participant dans un État à l'exercice de l'autorité publique ne sont pas concernées (articles 51 et 62 TFUE).

Enfin, la **libre circulation des capitaux** proscrit les restrictions aux mouvements de capitaux (investissements directs et immobiliers, investissements en actions ou obligations, emprunts, etc.) et aux paiements (pour l'acquisition d'un bien ou d'un service). Le traité proscrit de telles restrictions entre États membres, et entre États membres et pays tiers (article 63 TFUE). Le traité prévoit des restrictions possibles, notamment lorsque les mesures concernent des investissements directs. De même, les restrictions en matière de droit d'établissement sont possibles. Enfin, en cas de menace grave à l'encontre du fonctionnement de l'UEM du fait de mouvements de capitaux en provenance ou à destination de pays tiers, des mesures de sauvegarde peuvent être adoptées (article 66 TFUE).

Les autres domaines

Des politiques complémentaires, dans les domaines où les disparités des législations nationales pourraient constituer des obstacles aux échanges au sein de l'UE, sont nécessaires. C'est le cas en matière de :
– *propriété intellectuelle* qui comprend la propriété industrielle (les brevets qui protègent une invention, les marques qui protègent un nom ou un signe graphique, les dessins ou modèles qui protègent l'apparence extérieure d'un produit, ou les indications de provenance) et la propriété littéraire et artistique (les droits d'auteur qui protègent les romans, les films, les compositions musicales et couvrent les prérogatives d'ordre moral ou patrimonial et les droits voisins, prévus pour les auxiliaires de la création, comme les artistes interprètes);
– *marchés publics* : la réglementation européenne définit les règles de passation des marchés publics et vise à renforcer la concurrence dans un secteur qui représente 17 % du PIB[32];
– *droit des sociétés* : il vise les règles destinées à créer un climat favorable au développement des activités transfrontalières des entreprises. Des statuts spécifiquement européens, comme la société européenne, peuvent être définis.

Les bases juridiques du traité

L'article 114 TFUE est la base juridique « marché intérieur », qui permet d'harmoniser les dispositions nationales en vue d'établir le marché intérieur. Elle est soumise, depuis l'Acte unique, à la procédure législative ordinaire. Cette base juridique est d'harmonisation complète : une fois que l'Union a adopté des mesures sur son fondement, les États membres ne sont plus en droit de prendre des mesures nationales. Des clauses de sauvegarde qui permettent de déroger aux règles, sous le contrôle de la Commission et du juge, existent néanmoins.

31. Voir le célèbre arrêt « Cassis de Dijon » de la CJCE (aff. 120/78 du 20 février 1979).

32. Voir communication « *Vers un Acte pour le marché unique* ».

D'autres bases juridiques existent (voir article 56 pour les services, par exemple), qui prévoient le recours à la procédure législative ordinaire. Le traité de Lisbonne a également créé une base juridique pour la création de titres européens de propriété intellectuelle. Ces mesures relèvent de la procédure législative ordinaire, à l'exception de l'adoption des régimes linguistiques de ces titres européens qui relève de l'unanimité du Conseil et de la consultation du Parlement européen (article 118 TFUE).

Réalisations

En 1988, le rapport Cecchini présenté par la Commission avait chiffré les pertes liées à l'insuffisance du marché intérieur entre 4,5 % et 6,5 % du PIB. Depuis, le marché intérieur a produit, selon la Commission, de 1992 à 2009, 1,85 % de croissance et favorisé la création de 2,75 millions d'emplois supplémentaires[33]. L'Union est devenue la première puissance commerciale et la plus vaste économie du monde (elle est la première exportatrice devant les États-Unis et le Japon, et le commerce intra-européen représente 17 % du commerce mondial des biens et 28 % du commerce mondial des services)[34].

Les avantages du marché intérieur sont clairs : en décloisonnant les marchés nationaux, il offre aux entreprises la profondeur nécessaire pour **développer leurs activités** ; il fait baisser les coûts (exemples : baisse du prix des ordinateurs portables – 70 % se vendaient à moins de 800 euros en 2006 contre 38 % en 2004 – ; augmentation du nombre de téléphones portables, passé de 94 à 380 millions entre 1998 et 2005 grâce à la baisse des prix[35]) ; enfin, il offre à l'Union la taille critique pour peser dans la mondialisation, le marché unique constituant une source remarquable de débouchés pour les entreprises européennes.

Progression des quatre libertés

En matière de **libre circulation des marchandises**, la première réalisation a été, en 1968, l'abolition des droits de douane entre les pays de la CEE : entre 1958 et 1972, les échanges intracommunautaires sont multipliés par neuf. Les biens manufacturés échangés au sein du marché unique représentent aujourd'hui 17 % du PIB[36].

Par ailleurs, les progrès se sont traduits par la mise en place de réglementations communes sur les produits. Soit l'harmonisation est maximale, les secteurs concernés faisant alors l'objet de dispositions techniques détaillées, soit l'harmonisation relève de la « *nouvelle approche* » (depuis 1985) et alors les directives ne contiennent plus que les exigences essentielles de sécurité, les détails techniques étant renvoyés à des normes techniques définies par les organismes de normalisation spécialisés. De nombreux textes d'harmonisation ont ainsi été adoptés sur les jouets, les cosmétiques, les produits électriques, les produits chimiques ou les véhicules. Les secteurs réglementés couvrent 75 % des échanges intra-européens.

Le paquet « libre circulation des marchandises » de 2008 a renforcé le cadre global de surveillance du marché et mis en place des mécanismes harmonisés d'accréditation destinés à assurer un bon niveau de compétence des organismes d'évaluation de la conformité et de surveillance du marché. Il a également consolidé les exigences liées au marquage CE, qui est obligatoire pour toute première mise sur le marché (en apposant sur son produit la marque CE, un fabricant déclare, sous sa responsabilité, que le produit est en conformité avec les exigences essentielles des directives). Ce paquet renforce également la reconnaissance mutuelle en encadrant les cas dans lesquels les États peuvent déroger à l'application du principe (charge de la preuve, mise en place de points de contacts dans les États membres pour expliquer les règles applicables).

En matière de **libre circulation des capitaux**, la libéralisation des paiements courants a été rapidement engagée. En revanche, la suppression totale des restrictions aux mouvements de capitaux est seulement intervenue en 1988 (voir directive 88/361). Par ailleurs, le marché des services financiers s'est approfondi *via* le plan d'action pour les services financiers, en 1999. De nombreux textes ont ainsi été adoptés en matière bancaire (voir la directive de 1989 sur la liberté d'établissement et la libre prestation de services des établissements de crédit, qui définit notamment l'agrément communautaire unique), d'assurances ou de marché des valeurs mobilières. On peut également mentionner la définition de règles sur les marchés d'instruments financiers, avec l'élaboration d'un cadre réglementaire régissant l'exécution des transactions sur instruments financiers (2004), de règles concernant les OPA (2004), les abus de marché (2004) ou l'établissement d'obligations en matière de fonds propres (dite CRD) qui transpose dans l'Union les règles du comité de Bâle sur la supervision bancaire (2006).

Par ailleurs, depuis la crise survenue fin 2008, le travail législatif s'est intensifié pour garantir, en ligne avec les sommets des G20 de Londres (avril 2009) et de Pittsburg (septembre 2009), l'existence de marchés financiers stables, sûrs et au service de l'économie réelle. Deux axes ont été suivis :
– **combler les lacunes** de la réglementation du secteur financier : parmi les réalisations les plus récentes, on peut citer les révisions de la *directive bancaire CRD* qui harmonise la définition des fonds propres, encadre mieux la titrisation et la rémunération des acteurs de marché et renforce les fonds propres réglementaires pour les activités de marché ; l'adoption de la *directive Solvabilité II* (2008) qui définit des règles prudentielles renforcées dans le domaine des assurances[37] ; l'adoption (2010) de la directive qui permettra de réguler et de superviser les activités *des fonds alternatifs*, qui géraient environ 2 000 milliards d'euros d'actifs fin 2008 *(« hedge funds »)* ; l'adoption de la directive dite « CRD III » de juillet 2010 qui renforce les exigences en fonds propres des banques

33. Voir communication « *Vers un Acte pour le marché unique* ».

34. Voir communication « *Vers un Acte pour le marché unique* ».

35. Voir *L'Europe n'est pas ce que vous croyez*, Jacques Barrot, Fondation Robert Schuman – Albin Michel.

36. Source : communication « *Vers un Acte pour le marché unique* ».

37. Les contours du nouveau cadre prudentiel (mesures d'application) doivent être précisés en 2011 pour répondre aux inquiétudes des assureurs.

et encadre les bonus des opérateurs de marché en prévoyant qu'ils reçoivent au moins 40 % de leur salaire de manière différée et en obligeant que la moitié des bonus distribués soit versée sous forme d'actions ou d'instruments équivalents; l'adoption (2009) de la directive sur la surveillance et le contrôle des *agences de notation,* qui jouent un rôle majeur sur les marchés et influencent les taux d'intérêt (elles seront désormais placées sous la supervision de l'Autorité européenne des marchés financiers, dotée du pouvoir d'infliger des sanctions et devront être enregistrées auprès des autorités compétentes);
– **renforcer les mécanismes** de surveillance au niveau européen : un nouveau cadre de supervision financière est entré en fonction le 1er janvier 2011. Il repose sur trois autorités européennes chargées du contrôle prudentiel des banques, des sociétés d'assurances et des marchés financiers sous le couvert d'un Comité européen du risque systémique, qui est adossé à la BCE et chargé de la surveillance macroprudentielle. Cette nouvelle architecture permettra de définir les règles communes, de trouver des solutions aux problèmes liés aux entreprises transfrontalières et de prévenir les risques qui peuvent menacer la stabilité du système financier.

En matière de **services**, les progrès étaient d'abord principalement sectoriels (télécommunications, énergie et transports, progressivement ouverts à la fin des années 1990, ou services financiers). Les obstacles restaient ainsi nombreux (régimes d'autorisation à respecter, nécessité de prouver que son activité est économiquement nécessaire), d'autant que l'harmonisation dans ce domaine a peu progressé en raison du nombre très important de professions et de réglementations concernées. Les services transfrontaliers ne représentent ainsi que 5 % du PIB[38]. La Commission a ainsi proposé début 2004, à l'initiative du commissaire Bolkenstein, une proposition de directive, qui a finalement été adoptée en décembre 2006, après deux ans et demi de négociations qui ont conduit, en grande partie sous l'impulsion du Parlement européen, à modifier en profondeur le texte initial. Ce texte vise de nombreux services dont les services aux entreprises, immobilier, construction, distribution, tourisme, en partie les services d'intérêt économique général (SIEG). Sont exclus les soins de santé, les services sociaux, les services financiers, les services audiovisuels, les jeux et loteries, les professions et activités liées à l'exercice de l'autorité publique (notariat, par exemple). La directive facilite la liberté d'établissement (simplification des procédures administratives grâce aux guichets uniques où le prestataire peut accomplir toutes les formalités; allègement des régimes d'autorisation pour s'installer dans un autre État membre; interdiction d'exigences restreignant l'établissement comme la discrimination fondée sur la nationalité), et facilite la libre prestation temporaire de services transfrontaliers (exigences possibles si elles sont non discriminatoires, proportionnées et nécessaires). La directive prévoit des dérogations, comme en matière de détachement des travailleurs ou pour les SIEG. Elle définit aussi les modalités de la coopération administrative effective entre États membres (*via* un système électronique).

La proposition initiale a été fortement critiquée car elle était vue comme un nivellement par le bas des standards sociaux de l'Union. C'est ce qui a conduit à exclure les services sociaux mais aussi à renoncer au principe du pays d'origine, qui constituait le principe cardinal de la proposition de la Commission (un prestataire qui souhaite fournir ses services temporairement dans un autre pays aurait pu le faire sans appliquer d'autres règles que celles de son pays d'origine). Ce principe a été remplacé par le principe de «*libre prestation de services*» selon lequel l'État membre dans lequel le service est fourni doit garantir le libre accès à l'activité de service ainsi que son libre exercice sur son territoire, tout en pouvant imposer des exigences aux prestataires, si elles sont non-discriminatoires et nécessaires. La pleine application de ce texte devrait permettre, selon la Commission, de fournir un potentiel de croissance de 0,6 % à 1,5 % du PIB[39].

Grâce à la **liberté de circulation des personnes**, il est possible de vivre et travailler dans un grand marché, de faire ses études dans un autre pays de l'UE, etc. Cette liberté, qui ne visait que les travailleurs migrants au début, s'est étendue à d'autres catégories, comme les retraités et les étudiants et enfin, tout simplement, aux citoyens à partir du traité de Maastricht (l'espace Schengen couvre désormais 22 pays de l'Union sur 27, voir Titre 18 sur L'espace de liberté, de sécurité et de justice). Le juge a fortement protégé cette liberté jusqu'à ce qu'elle soit codifiée dans la directive 2004/38/CE. La mobilité transfrontalière a également été encouragée par la prise en compte d'obstacles plus spécifiques, comme en matière de reconnaissance des qualifications professionnelles (voir la directive 2005/36 qui prévoit la reconnaissance automatique pour les professions dont les conditions minimales de formation ont été harmonisées – professions médicales, par exemple). Toutefois, la mobilité transfrontalière n'est pas suffisante (en 2010, seulement 5,8 millions de personnes travaillent dans un autre État membre, soit 2,5 % de la population active de l'UE) et la Commission examine la possibilité de réviser en conséquence la directive 2005/36. Par ailleurs, les régimes transitoires prévus par les derniers traités d'adhésion s'achèvent le 1er mai 2011 ou, selon les cas, le 1er janvier 2014.

Les réalisations dans les autres domaines

Même si la protection de la propriété intellectuelle est d'abord assurée au niveau national ou *via* des accords internationaux, les réalisations de l'Union en la matière sont réelles.

En matière de **propriété industrielle**, l'Union a créé des titres européens de propriété intellectuelle, dont :
– la *marque communautaire* : délivrée par l'Office de l'harmonisation dans le marché intérieur (basé à Alicante), elle permet aux entreprises de protéger leur marque dans toute l'UE (règlement 40/94);
– les *dessins et les modèles communautaires* qui permettent d'obtenir une protection hors du pays d'origine (voir directive 98/71, dont la révision en 2007 n'a pas abouti).

38. Source : communication «*Vers un Acte pour le marché unique*».

39. Voir communication «*Vers un Acte pour le marché unique*».

S'agissant de la **propriété littéraire et artistique**, l'Union a adopté des textes en matière de droits d'auteur et de droits voisins pour mettre un terme aux situations d'insécurité juridique dues à la disparité des droits nationaux (voir la directive 93/83 sur la radiodiffusion par satellite et retransmission par câble, la directive 93/98 sur la durée de protection; la directive 2001/84 sur le droit de suite au profit de l'auteur d'une œuvre originale). La directive 2001/29/CE, qui a déterminé les règles en matière de droits d'auteur dans un contexte marqué par les évolutions technologiques, est aujourd'hui le principal texte.

Enfin, des mesures visant à lutter contre la contrefaçon et le piratage ont été adoptées (voir la directive 2004/48 qui harmonise les dispositions civiles des droits nationaux pour assurer le respect des droits de propriété intellectuelle. Des dispositions en matière pénale ont également été mises en place).

En matière de **marchés publics**, les deux principaux textes sont les directives 2004/17/CE et 2004/18/CE. Elles harmonisent, pour les marchés de services et de travaux et les concessions de travaux, les règles d'attribution et les procédures de passation des marchés conclus par les pouvoirs adjudicateurs à partir de seuils définis, en vue de garantir la concurrence équitable et la transparence (la directive 2004/17 traite des secteurs spécifiques de l'eau, de l'énergie, des transports et des services postaux). La *directive recours* (2007/66/CE) oblige les autorités publiques à attendre un certain nombre de jours avant de conclure un marché public, pour permettre aux soumissionnaires écartés d'engager une procédure de recours. Enfin, le rôle du juge est essentiel dans ce domaine : ainsi, la CJUE a jugé (voir C-480/06, *Stadtreinigung Hamburg*) que le droit communautaire ne prescrit aucune forme juridique spécifique aux organismes publics pour l'exercice commun de leurs tâches publiques et en conséquence la coopération public-public n'est normalement pas soumise aux règles de passation des marchés.

En matière de **droit des sociétés**, l'Union a adopté des textes visant à simplifier les règles ou à créer des statuts de société européens. Le bilan n'est cependant pas probant. Ainsi, le rapport de fin 2010 de la Commission montre que 650 entreprises seulement ont opté pour le statut de la société européenne, qui existe depuis 2001, et ce en raison du faible niveau d'harmonisation du texte. De même, la mise en place du statut de la société privée européenne n'avance pas, alors que cette nouvelle forme sociale harmonisée serait utile aux PME (réduction des coûts pour les activités transfrontalières et la création de filiales; possibilité de créer la société sous une forme unique, organisation très flexible, laissée en grande partie aux statuts, exigence de capital social faible). Enfin, plusieurs propositions de simplification ne progressent pas non plus (notamment celle sur les micro-entités, qui vise à donner aux États membres la possibilité d'exempter ces dernières des obligations comptables issues du droit communautaire, certains États souhaitant conserver un socle minimal d'harmonisation des comptes des sociétés commerciales).

De *nouveaux champs* ont été explorés ces dernières années, comme les questions de défense en vue de renforcer la base industrielle et technologique en Europe (définition de règles spécifiques en matière de marchés publics de défense – directive 2009/81/CE – et adoption de mesures pour faciliter les transferts intracommunautaires des produits de défense – directive 2009/43/CE), ou les jeux et paris, sous l'impulsion de la jurisprudence de la CJUE et de la présidence française de 2008 qui a permis de souligner l'existence de problématiques communes aux États membres : autorisation, exigences d'ordre public et social, lutte contre le blanchiment, etc.[40]. La Commission a adopté le 24 mars 2011 un livre vert dans lequel elle expose différents points : définition et organisation des services de jeux d'argent et de hasard en ligne, objectifs d'intérêt public comme la protection des consommateurs, contrôle, etc.

Perspectives

Un marché au service de la croissance et des citoyens

Le constat est largement partagé : le marché intérieur est aujourd'hui essoufflé (le «rapport Monti» de mai 2010[41] évoque une «fatigue») et a besoin d'un *nouveau cap*. La Commission a ainsi adopté, en octobre 2010, sa communication «Vers un Acte pour le marché unique», qui propose 50 actions qui permettraient d'augmenter de quatre points la croissance potentielle de l'Union.[42] Deux objectifs doivent être poursuivis : exploiter le potentiel du marché intérieur au service de la croissance et remettre le citoyen au cœur du marché intérieur.

Marché intérieur et croissance

Le Conseil européen de juin 2010 a souligné que le marché intérieur devait jouer un rôle essentiel au sein de la stratégie «Europe 2020». Dans ce contexte, trois priorités se dégagent.

1) Réduire les sources de fragmentation du marché intérieur : ainsi dans le domaine de la protection de la propriété industrielle, essentielle pour stimuler l'innovation et la recherche, l'absence de *brevet de l'UE* pèse lourdement (coût du brevet dix fois supérieur à son coût aux États-Unis). Un brevet de l'UE permettrait de disposer d'un titre unitaire valable sur le territoire de l'Union, alors qu'aujourd'hui les brevets sont soit nationaux (protection limitée à un État), soit européens au sens de la convention de Munich sur le brevet européen (délivrance au niveau international et ensuite désignation des États dans lesquels le

40. Le Conseil a adopté, en décembre 2010, ses premières conclusions sur ce sujet et a mis en avant le besoin de coopération au niveau européen entre les autorités nationales de régulation et le financement d'œuvres caritatives.

41. En octobre 2009, le président Barroso avait demandé au professeur Monti, ancien commissaire chargé du marché intérieur et de la concurrence, de rédiger un rapport sur la relance du marché intérieur. Ce rapport a été remis en mai 2010 et formule un ensemble de recommandations pour relancer le marché intérieur.

42. La Commission avait dressé un bilan comparable, dès 2007, dans une communication intitulée : «Un marché unique pour l'Europe du XXIe siècle», mais les mesures présentées alors étaient beaucoup moins ambitieuses.

titulaire du brevet veut voir son invention protégée). Sur ce dossier, malgré l'accord politique de 2003, une situation de blocage (en raison du désaccord sur le régime linguistique) a paralysé les travaux jusqu'à fin 2009. A cette date, des progrès concernant la création du brevet ont été enregistrés mais les négociations ont de nouveau achoppé sur la question linguistique, certains États membres refusant la proposition de la Commission fondée sur la reprise du régime trilingue de la convention de Munich (anglais, allemand et français). L'adoption du régime linguistique du brevet exigeant l'unanimité, aucun accord n'a pu être constaté fin 2010, ce qui a conduit certains États à demander une coopération renforcée, qui se met actuellement en place (25 États membres ont demandé à en faire partie, à l'exception de l'Espagne et de l'Italie). En outre, une juridiction unifiée des brevets (compétente sur le brevet européen et le brevet de l'UE) devrait être mise en place à l'échelle européenne, même si l'avis de la CJUE (1/09) complique quelque peu la donne.

Parmi les autres sources de fragmentation, on peut citer notamment :
– la fiscalité (voir Titre 4 sur la fiscalité);
– la réglementation financière : la Commission souhaite ainsi parachever, en 2011, la réforme du secteur financier de l'UE [43] et la France, qui préside le G20, porte ce dossier au plan international. Plusieurs initiatives sont en cours ou prévues : encadrement des marchés de produits dérivés, des ventes à découvert et des contrats d'échange sur défaut (CDS), sur lesquels la réglementation européenne prévoit plus de transparence; amélioration des règles relatives au capital des banques (CRD IV), taxation des établissements financiers; révision de la directive «abus de marché» (2003/6/CE), de la directive sur les marchés d'instruments financiers (2004/39/CE) pour instaurer des sanctions et disposer de plus de transparence et de sécurité sur tous les produits; proposition sur les notations des dettes souveraines; paquet législatif sur la résolution de la crise transfrontalière, incluant les fonds d'assurance bancaire, les prélèvements, l'insolvabilité et les procédures de liquidation, révisions de la directive OPCVM de 2009 pour intensifier la protection des investisseurs, mise en place d'un prêt et d'un emprunt responsables, etc.

2) Il faut aussi exploiter et adapter les outils existants : tel est le cas en matière de *marchés publics,* qui doivent davantage stimuler l'innovation, dans le domaine environnemental (promotion des technologies vertes) ou en matière sociale. La Commission a lancé fin janvier 2011 une consultation en ce sens qui pourrait aboutir à une révision des directives de 2004 [44]. La réforme des règles de *normalisation* est également nécessaire pour permettre aux résultats de la recherche d'être rapidement commercialisés. Ces éléments doivent permettre de bâtir une nouvelle politique industrielle durable au niveau européen (le secteur industriel reste un important vecteur de croissance : il représente 75 % des exportations de l'UE et 80 % des efforts en termes de R&D) [45]. Les outils du marché intérieur doivent aussi être adaptés aux PME qui constituent l'essentiel du tissu des entreprises dans l'Union [46].

Il faut également adapter le marché intérieur au monde d'aujourd'hui. Cela concerne notamment l'*économie numérique* : afin de bâtir un marché unique du numérique, il est nécessaire d'adapter les outils du marché intérieur; en matière de *commerce électronique*, qui ne représente aujourd'hui qu'entre 2 et 4 % du commerce [47] (la Commission devrait lancer en 2011 une consultation sur la révision de la directive 2000/31) ou de *propriété intellectuelle* (voir les initiatives à venir en matière d'œuvres orphelines pour permettre aux bibliothèques de mettre à disposition ces œuvres, et de règles pour le fonctionnement de sociétés de gestion collective qui collectent et répartissent les redevances du droit d'auteur). Une communication sur les droits de propriété intellectuelle devrait être adoptée par la Commission en 2011.

3) Enfin, **la dimension externe du marché intérieur est devenue capitale :** le marché intérieur est inscrit dans une économie mondialisée et doit devenir un atout de compétitivité externe au service de la promotion des intérêts européens. Il est nécessaire pour cela de :
– intégrer la dimension externe dans l'édiction des normes internes : la situation de concurrence mondiale exige de veiller à ne pas infliger aux entreprises européennes de contraintes plus lourdes que celles de nos concurrents. Cette préoccupation doit être respectée dans toutes les politiques communes, y compris la concurrence (voir titre concurrence). De même, en matière de changement climatique, l'asymétrie entre les contraintes européennes pesant sur les entreprises européennes et leurs concurrentes externes doit être prise en compte (voir le sujet des «fuites de carbone», voir Titre 7 sur l'environnement);
– promouvoir le dialogue réglementaire avec les États tiers, pour favoriser la convergence des normes en matière financière (c'est un des enjeux majeurs du G20 pour renforcer la surveillance du secteur financier au niveau global et la gestion des crises – la Commission est notamment membre du tout récent Conseil de stabilité financière); en matière commerciale (protection des investissements, concurrence, propriété intellectuelle mais aussi promotion des valeurs sociales et environnementales);
– s'attaquer aux problèmes d'accès aux marchés publics et de la contrefaçon *:* les entreprises européennes bénéficient d'un accès inégal aux *marchés publics* de certains pays tiers qui restent très fermés en comparaison de l'Union. Le Conseil européen (de septembre 2010) estime que l'ouverture des échanges doit être fondée sur la réciprocité et la Commission examine la possibilité de mettre en place un outil juridique renforçant la symétrie

43. Voir communication de la Commission du 2 juin 2010 : «*La réglementation des services financiers au service d'une croissance durable*».

44. Voir livre vert de la Commission sur la modernisation de la politique de l'UE en matière de marchés publics du 26 janvier 2011 (COM (2011) 15 final).

45. Voir conclusions du Conseil du 10 décembre 2010 (document 17999/10).

46. Voir la révision du «*Small Business Act*» présentée par la Commission fin février 2011 (COM (2011) 78 final).

47. Voir communication «*Vers un Acte pour le marché unique*».

dans l'accès aux marchés publics des pays tiers[48]. En outre, les entreprises sont de plus en plus victimes de la contrefaçon. Ainsi en 2007, les pertes se chiffrent à 188 milliards d'euros[49]. La Commission envisage de renforcer les mécanismes existants (par exemple, en adossant l'Observatoire de la contrefaçon, créé en 2008, à l'OHMI et en révisant la directive 2004/48). De même, l'Union convient de règles communes avec ses partenaires (voir également la mise en place d'un site Internet commun contre la contrefaçon, dans le cadre du Conseil économique transatlantique de fin 2010).

Marché intérieur et citoyens

Le marché intérieur est marqué par une certaine désaffection de la part des Européens. Soit ils le connaissent peu. Soit ils le craignent. Il peut alors être vu comme une menace de nivellement par le bas sur le plan social. La Commission estime qu'il est ainsi devenu essentiel de *restaurer la confiance* en montrant ce qu'offre le marché intérieur et en promouvant une approche équilibrée et fondée sur les aspects économiques et sociaux, comme le propose la Commission dans sa communication « *Vers un Acte pour le marché unique* » et comme l'a accepté le Conseil dans ses conclusions du 10 décembre 2010. Sur cette base, plusieurs éléments apparaissent nécessaires :
– maintenir un équilibre entre approfondissement du marché intérieur et protection des consommateurs; le cas du commerce électronique est emblématique : on y a d'autant plus recours que l'on considère que les moyens de paiement sur Internet sont sécurisés. De même, la vigilance sur les marchés doit être renforcée, comme l'a rappelé l'affaire Mattel de l'été 2007 (rappel des jouets provenant de Chine);
– trouver le point d'équilibre entre la nécessité d'intégrer davantage le marché intérieur, en vue de stimuler la croissance et l'emploi, et la préservation du modèle social européen; cette question est souvent présente dans les négociations européennes, notamment lorsqu'il s'agit d'ouvrir les secteurs à la concurrence. La libéralisation doit nécessairement s'opérer dans un cadre maîtrisé.

Ceci pose aussi la question *des services d'intérêt général* (SIG), qui ne peuvent être satisfaits par le marché mais *via* l'intervention de l'État (pour leur production, organisation ou financement). Ils figuraient dans le traité de Nice de manière dérogatoire par rapport aux règles de concurrence (voir article 86 § 2 CE devenu article 106 § 2 TFUE). Les SIEG de réseau ont ainsi été ouverts à la concurrence depuis les années 1980 (télécommunications, énergie, poste, etc.) mais avec la garantie d'un service universel, soit d'un ensemble de services d'une qualité donnée à un prix abordable. Le sujet s'est ensuite développé (livre blanc de la Commission en 2004, adoption fin 2005 du paquet Altmark sur le financement des services publics, rapport Rapkay au Parlement européen de 2006 demandant une législation sur les SIG), jusqu'à ce que le traité de Lisbonne reconnaisse pleinement les SIG (en permettant de légiférer en matière de SIEG – art. 14 TFUE –, en établissant la distinction entre SIEG et SIG non économiques[50] et en définissant plusieurs principes : pouvoir discrétionnaire des États membres pour fournir, faire exécuter et organiser les SIEG; niveau élevé de qualité, de sécurité et caractère abordable, égalité de traitement et accès universel aux SIG – protocole n° 26).

Toutefois, ce sujet divise beaucoup : pour certains États, il n'y a pas lieu d'agir en la matière au niveau européen; d'autres jugent au contraire indispensable de fournir un cadre juridique de qualité des services publics. C'est dans ce contexte que la communication « *Vers un Acte pour le marché unique* » souligne la nécessité d'améliorer les services publics et annonce :
– une éventuelle révision du paquet « Altmarkt » : à la suite de l'arrêt Altmarkt de la CJCE, en 2003, qui a défini les conditions dans lesquelles les contreparties financières d'obligations de service public ne constituent pas des aides d'État, la Commission a adopté un paquet, notamment la décision de fin 2005 qui définit les conditions dans lesquelles les compensations peuvent être dispensées de notification préalable en raison de leur montant[51] ainsi que les secteurs exclus (hôpitaux, logement social), pour autant que les entités concernées soient mandatées par les pouvoirs publics pour l'exécution de missions de services publics. La révision de ce paquet permettrait de tenir davantage compte des besoins des collectivités locales et de la taille des services publics et d'éviter des contraintes excessives pour les services non économiques. La Commission a adopté, en mars 2011, une communication sur la réforme du paquet relatif au financement des SIEG (paquet Monti-Kroes). Elle préconise une approche plus différenciée et proportionnée selon les SIEG;
– une communication sur les SIG qui offrirait aux administrations publiques une boîte à outils couvrant tous les sujets (financement, commande publique, etc.) et permettrait aux Européens de juger l'évolution de la qualité des services offerts;
– l'examen de l'opportunité d'étendre les obligations de service universel à de nouveaux domaines sur la base de l'article 14 TFUE.

Au-delà, faut-il un instrument-cadre? C'est ce que certains demandent, au motif que le traité de Lisbonne n'écarte

48. Voir la communication « *Vers un Acte pour le marché unique* » et communication de la Commission sur la stratégie commerciale commune du 9 novembre 2010 (COM (2010) 612).

49. Voir communication « *Vers un Acte pour le marché unique* ».

50. Les SIEG sont soumis aux règles du traité dans la mesure où cela ne porte pas atteinte à l'accomplissement de leur mission (par exemple, *les SIEG de réseau* en matière d'énergie, de transports sur longue distance, de courrier, de télécommunications), et dont le cadre réglementaire est le plus souvent défini par l'Union. Les SIG non économiques recouvrent des domaines régaliens ou des fonctions centrales de la cohésion nationale (police, justice, sécurité sociale) et ne sont soumis qu'aux principes généraux du traité (comme le principe de non-discrimination), mais pas à une législation communautaire ni aux règles du marché intérieur et de la concurrence. Enfin, les services sociaux d'intérêt général constituent une catégorie autonome qui comprend la santé (soins de santé et soins de longue durée, régimes de protection sociale de base légaux et complémentaires) et le champ du social au sens restreint (services d'intégration et d'assistance pour les personnes en difficulté, aide aux familles, logement social, placement des travailleurs).

51. Inférieur à 30 millions d'euros pour des entreprises ayant un chiffre d'affaires inférieur à 100 millions d'euros.

pas toute zone d'ombre. La distinction entre SIEG et SIG non économique, qui conditionne les règles applicables, repose ainsi sur des critères définis par la seule jurisprudence, par nature évolutive. En tout état de cause, l'approche sectorielle devra rester pertinente : elle permet en effet de prendre en compte la spécificité de chaque secteur et combine obligations de service public et ouverture à la concurrence (voir, par exemple, le règlement de 2007 sur les obligations de service public en matière de transports).

En vue de renforcer la dimension sociale du marché intérieur, la Commission pourrait également faire des propositions en 2011 sur l'entreprenariat social (textes sur le statut de la fondation européenne, des mutuelles, etc.).

Assurer l'effectivité du marché intérieur

L'instrument législatif, qui permet de remplacer 27 règles par une seule et même pour tous, a vocation à rester un outil structurant du marché intérieur, pour autant qu'il soit justifié au regard du « mieux légiférer » qui vise à garantir la qualité de la réglementation [52] (suppression des charges administratives inutiles – le Conseil européen a prévu en 2007 de réduire de 25 % d'ici 2012 celles qui proviennent des textes communautaires –, simplification des textes et solides études d'impact).

L'efficacité du marché intérieur repose aussi sur la bonne application des règles. La Commission, en sa qualité de gardienne des traités, et la CJUE jouent un rôle essentiel car l'efficacité de la norme repose fondamentalement sur la possibilité d'en sanctionner la méconnaissance. Le tableau d'affichage du marché intérieur, exercice semestriel qui mesure la performance des États en matière de transposition des directives, est à cet égard un outil utile (depuis 2009, l'objectif est de ne pas dépasser 1 % de déficit). Le tableau de bord du 21 mars 2011 montre que le pourcentage de non-transposition se situe à 0,9 %.

La palette d'outils à disposition, de SOLVIT [53] (créé en 2002 pour régler, à l'amiable, les problèmes relevant du marché intérieur : reconnaissance des diplômes, droit de séjour, etc.) aux guichets uniques, est également utile pour garantir l'application du droit.

Enfin, des efforts de communication par tous les acteurs concernés (États, collectivités locales, associations de consommateurs) sont nécessaires pour expliquer les règles du marché intérieur. Des campagnes d'information et de sensibilisation sur des publics ciblés seraient utiles (professionnels, consommateurs, étudiants, enfants, etc.).

L'essentiel

Le marché intérieur, qui regroupe au sens strict l'union douanière et les **grandes libertés de circulation** (marchandises, capitaux, services et personnes), est un des acquis les plus considérables de la construction européenne. En même temps, les lacunes restent aujourd'hui nombreuses : il subsiste d'importantes sources de fragmentation du marché intérieur qui sont autant d'entraves à son bon fonctionnement. Par ailleurs, le marché intérieur fait face à de nouveaux défis, qu'il s'agisse, entre autres, de l'**économie numérique** ou de la **mondialisation**. Dans ce contexte, le marché intérieur doit être réformé et adapté pour permettre à l'Union de gagner en compétitivité et d'accroître son potentiel de croissance. Par ailleurs, à côté de l'enjeu économique, la dimension sociale du marché intérieur doit être développée : aujourd'hui les citoyens soit ne connaissent pas bien le marché intérieur soit en craignent les effets (risque de délocalisations). Créer les conditions de la confiance des citoyens dans le marché intérieur s'impose dès lors comme une nécessité et, plus largement, comme une condition d'adhésion au projet européen.

52. Voir l'accord interinstitutionnel du 31 décembre 2003 (document 2003/C 321/01). Ce programme s'intitule à présent « réglementation intelligente ».

53. Un centre SOLVIT existe dans chaque État membre.

Titre 3
La politique de la concurrence

La mise en place d'une politique de la concurrence a constitué une des priorités de la construction européenne et représente un des éléments fondamentaux pour garantir le bon fonctionnement du marché intérieur. Le traité de Rome disposait déjà que la Communauté devait établir un *« régime assurant que la concurrence n'est pas faussée dans le marché commun »*.

Il s'agit par ailleurs de la politique la plus intégrée de l'Union. Elle relève, comme d'autres politiques (la politique commerciale commune, par exemple) de la compétence exclusive de l'Union (article 3 TFUE) mais surtout, la Commission dispose d'un pouvoir de décision propre, comme le montre la faculté dont elle dispose d'imposer des amendes en cas de comportements anticoncurrentiels (voir les amendes infligées à Microsoft, numéro un mondial des logiciels, de 2004 à 2008, d'un montant de 497 millions d'euros).

Les mérites de cette politique sont réels : en sanctionnant les comportements parfois prédateurs de certaines grandes entreprises, elle protège les opérateurs les plus vulnérables ; en encadrant les aides d'État, elle empêche les comportements protectionnistes. En outre, cette politique a libéré les économies européennes, en ouvrant les marchés nationaux. Le bénéficiaire en est le citoyen qui peut téléphoner moins cher, prendre l'avion plus aisément, etc. Ainsi, loin d'être une politique de laissez-faire, elle structure, par l'établissement de normes précises, le marché intérieur.

Bien que près de soixante ans après, l'importance de cette politique ne se soit pas démentie, elle n'est pourtant pas exempte de critiques. Souvent perçue comme le symbole de l'idéologie bruxelloise, elle apparaît parfois décalée par rapport à la prise en compte de préoccupations telles que les services publics ou se voit reprocher d'empêcher la constitution de grands groupes industriels et la mise en place d'une politique industrielle. Une approche trop juridique et pas assez économique lui est souvent reprochée, critique qui se nourrit de la comparaison avec le reste du monde, avec lequel la concurrence fait rage mais où des règles aussi strictes n'existent pas toujours.

Fonctionnement et règles en vigueur

Une politique au cœur du système européen

Une politique transversale

Non seulement le traité prévoit des règles spécifiques en la matière (voir plus loin) mais les exigences de cette politique s'appliquent largement aux autres domaines d'action de l'Union (transports, énergie, marché intérieur, etc.). Toutefois, depuis le traité de Lisbonne, la concurrence a été supprimée, à la demande de la France, de la liste des objectifs de l'Union (article 3 TFUE), ce qui souligne que cette politique ne saurait être considérée comme une fin en soi, même si elle reste fondamentale (voir protocole n° 27).

Une compétence propre de la Commission

L'établissement des règles de concurrence relève de la compétence exclusive de l'Union (article 3 TFUE). En outre, la Commission dispose en la matière d'un pouvoir décisionnel, alors que, dans les autres domaines, le traité ne lui confère qu'un pouvoir d'initiative. La politique de la concurrence est ainsi majoritairement mise en œuvre par des réglementations de la Commission sur la base des quelques textes adoptés préalablement par le Conseil à la majorité qualifiée, en consultation avec le Parlement (voir plus bas). Par ailleurs, la Commission veille à l'application des articles 101 et 102 TFUE qui interdisent les pratiques anticoncurrentielles et les abus de position dominante : elle agit soit d'office, soit sur plainte[54]. Elle exerce les pouvoirs d'enquête (elle peut adresser des demandes de renseignement, inspecter les locaux des entreprises, saisir des documents[55]) et impose des amendes en cas d'infractions[56]. Le montant des amendes peut être réduit si l'entreprise coopère ou démontre que sa participation au cartel a été faible ou qu'elle a agi par négligence. Lorsqu'une entreprise dénonce un cartel auquel elle a participé, son amende peut être annulée (procédure de clémence). La Commission peut également tenir compte de la capacité contributive

54. A titre d'exemple, elle enquête actuellement sur une position dominante de Google, leader mondial des moteurs de recherche.

55. Voir art. 20 du règlement 1/2003.

56. Elle peut imposer des mesures structurelles (décision modifiant le périmètre d'activité d'un opérateur ou décision de retrait d'une exemption par catégorie), des mesures provisoires (lorsqu'il existe un risque de dommage grave et irréparable à la concurrence) ou des mesures comportementales (amendes pour les infractions ou astreintes).

de l'entreprise pour réduire son amende. Le montant de celle-ci ne peut excéder 10 % du chiffre d'affaires total de l'entreprise au cours de l'exercice social précédent.

En outre, toute aide d'État doit être notifiée à la Commission qui doit l'autoriser (article 108 TFUE). C'est une formalité substantielle dont la méconnaissance suffit à rendre l'aide illégale. La Commission procède à un examen minutieux du projet d'aides d'État et adresse aux États membres des questionnaires détaillés. Elle peut, en outre, demander le remboursement en cas de versement illégal d'une aide. Certes, le Conseil peut se saisir d'un régime d'aide interdit par la Commission et l'autoriser (article 108 § 2 TFUE) mais il le fait rarement. De même, le Conseil peut prendre des règlements en la matière (article 109 TFUE)[57] mais, là encore, c'est rare. C'est ainsi surtout la Commission qui agit *via* l'adoption de lignes directrices et de communications qui fixent le cadre dans lequel certaines aides peuvent être octroyées.

Les règles

Les règles ne trouvent, selon le traité, à s'appliquer que lorsqu'il y a affectation du commerce intra-européen. Cela étant, la CJUE interprète cette condition de manière large et considère que la simple probabilité d'une entrave au commerce entre États membres est suffisante (voir l'affaire *Brasserie de Haecht* de 1967[58]). Par ailleurs, la portée de cette politique est très vaste et couvre tout l'espace économique européen[59].

La répression des pratiques anticoncurrentielles

Le contrôle des pratiques anticoncurrentielles se fait *a posteriori*.

S'agissant des **ententes**, à savoir *« tous accords entre entreprises, toutes décisions d'associations d'entreprises et toutes pratiques concertées »*, le traité ne les proscrit pas en tant que telles, mais seulement *celles « qui sont susceptibles d'affecter le commerce entre États membres et qui ont pour objet ou pour effet d'empêcher, de restreindre ou de fausser le jeu de la concurrence à l'intérieur du marché intérieur »* (article 101 TFUE). Sont ainsi interdites la fixation directe ou indirecte des prix d'achat ou de vente (cartels) ou les répartitions de marchés, car ces comportements faussent le marché au détriment des consommateurs et des producteurs. Sont également concernés les accords horizontaux ou verticaux (accords conclus entre des entreprises qui opèrent à des niveaux commerciaux identiques ou différents).

Le traité interdit également les **abus de position dominante** : les entreprises peuvent avoir une position dominante mais ne doivent pas en abuser, car cela peut contraindre les concurrents à abandonner leur activité ou les empêcher d'émerger (par exemple, en imposant des prix d'achat ou de vente, en limitant la production, les débouchés ou le développement technique au préjudice des consommateurs – voir article 102 TFUE). La Commission apprécie au cas par cas s'il y a abus de position dominante, en fonction de la part de marché détenue par l'entreprise ou de la puissance économique des concurrents.

Le règlement n° 1/2003 du Conseil régit la sanction des pratiques anticoncurrentielles[60]. Il crée un *réseau européen de la concurrence* composé de la Commission et des autorités nationales de la concurrence au sein duquel les enquêtes sont réparties. Une forte décentralisation a en effet été mise en place, les États ayant la responsabilité principale de l'application des règles communautaires de concurrence. La Commission se concentre, pour sa part, sur les affaires les plus importantes (cartels ou abus de position dominante) et dispose de la faculté de dessaisir une autorité nationale de concurrence.

Des dérogations sont possibles lorsque les ententes contribuent à améliorer la production ou la distribution des produits ou à promouvoir le progrès technique ou économique (article 101 § 3 TFUE). La Commission peut aussi adopter des règlements d'exemption (article 105 § 3 TFUE). Elle a ainsi adopté, en avril 2010, un nouveau règlement d'exemption par catégorie pour les accords de fourniture et de distribution portant sur les biens finals et intermédiaires ainsi que sur des services. Elle a également adopté de nouvelles lignes directrices sur les restrictions aux ventes en ligne. Certains accords horizontaux peuvent aussi être exemptés, comme en matière de R&D ainsi que les accords verticaux, pour autant qu'une entreprise ne dispose pas d'un pouvoir de marché de plus de 30 % sur le marché en question. Enfin, elle peut octroyer des exemptions individuelles.

Le contrôle des concentrations

Il y a concentration lorsque plusieurs entreprises fusionnent pour donner naissance à une nouvelle firme (fusion) ou lorsqu'une entreprise en rachète une autre (acquisition). Ce n'est pas interdit en soi, sauf si en résulte une position dominante susceptible de donner lieu à des abus. A l'origine, ce contrôle n'était pas prévu par le traité. L'accroissement des rapprochements d'entreprises (parfois dans le but d'échapper à la législation sur les ententes) l'a toutefois rendu nécessaire. Le règlement n° 139/2004 du Conseil définit aujourd'hui les règles[61].

Le contrôle est *a priori*, quelle que soit la nationalité des entreprises concernées. Les opérations de dimension communautaire[62] doivent être notifiées à la Commission qui vérifie si elles ne sont pas susceptibles d'entraver la concurrence sur le marché intérieur. Le contrôle se veut donc préventif. Le règlement de 2004 organise les seuils

57. Il l'a fait, fin 2010, en adoptant un règlement relatif aux aides d'État pour accompagner la fermeture des mines de charbon.

58. CJCE, aff. 23/67.

59. L'espace économique européen comprend, outre les 27 États membres de l'Union, l'Islande, la Norvège et le Liechtenstein.

60. Il succède au règlement n° 17/62/CE.

61. A la suite du règlement n° 4064/89/CE.

62. Plusieurs seuils sont prévus pour apprécier la dimension communautaire. Tel est notamment le cas lorsque l'ensemble des entreprises concernées représente un chiffre d'affaires supérieur à 5 milliards d'euros ou lorsque le chiffre d'affaires total, réalisé individuellement dans l'Union par au moins deux des entreprises concernées, s'élève à un montant supérieur à 250 millions d'euros.

de compétences respectives de la Commission et des États membres, la procédure et les délais d'examen par la Commission sur la base d'un test de la « réduction significative de concurrence ».

En pratique, bien que beaucoup d'opérations lui soient notifiées, peu sont interdites (la fusion Air France-KLM a ainsi été autorisée, en son temps). En effet, le contrôle en amont permet à la Commission de préciser les conditions à satisfaire. Ainsi, la concentration est souvent déclarée compatible avec le traité, à condition que certaines conditions soient remplies, ce qui incite les opérateurs à s'y conformer. Pourtant, la Commission a pu subir des critiques en la matière. Une affaire célèbre concerne l'opération Schneider-Legrand : la Commission l'avait empêchée et sa décision avait été annulée par le Tribunal de première instance qui avait estimé que son analyse économique était entachée d'erreurs et d'omissions (arrêt d'octobre 2002).

Les aides d'État

L'article 107 § 1 TFUE pose le principe de l'incompatibilité avec le marché intérieur des aides d'État, dans la mesure où elles sont susceptibles d'affecter les échanges entre États membres. Sont concernées les subventions, bonifications d'intérêt, exonérations d'impôt, etc., à partir du moment où elles excèdent 200 000 euros[63] par entreprise et par période de trois ans. En deçà de ce montant, ces aides sont appelées *de minimis* et ne doivent pas être notifiées.

L'article 107 TFUE distingue les aides compatibles avec le marché intérieur (comme les aides à caractère social) et celles qui peuvent être considérées comme compatibles (comme celles qui visent le développement économique des régions pauvres[64], promeuvent la réalisation d'un projet important d'intérêt européen commun ou facilitent le développement de certaines activités ou la culture).

Ainsi, la Commission a défini différentes catégories d'aides : certaines aides *horizontales* sont accordées aux entreprises indépendamment de leur lieu d'implantation ou de leur secteur d'activité (en matière de R&D, d'environnement[65] ou pour les PME). A côté, existent des *aides à finalité régionale*[66]. De même, un règlement de la Commission de 2008 prévoit des *exemptions catégorielles* à la procédure de notification préalable pour des aides dont les montants sont faibles. La Commission réglemente aussi les aides aux entreprises situées dans des zones en difficulté. Enfin, s'est développée la pratique des *aides sectorielles* (agriculture, radiodiffuseurs de services publics, etc.). Ces aides peuvent se développer également en situation de crise économique et du fait des problèmes de restructuration (aides à la fermeture dans les industries sidérurgiques, par exemple).

Réalisations

Les impacts de cette politique se mesurent :
– à l'**ouverture à la concurrence** des secteurs économiques : c'est le cas des grandes industries de réseaux (voir Titres sur télécommunications, transports, énergie), ce qui permet l'émergence de concurrents et se révèle utile aux consommateurs (par exemple, baisse des factures téléphoniques de 13 à 23 % entre août 1998 et août 2003)[67] ;
– à l'**importance des sanctions** qu'impose la Commission : en matière d'ententes et d'abus de position dominante, les sanctions peuvent être d'un montant très élevé. Ainsi, en novembre 2010, onze transporteurs de fret aérien ont été condamnés à payer un montant de 799 millions d'euros, le groupe Air France/KLM se voyant infliger une amende de 310 millions d'euros. De même, en décembre 2010, cinq fabricants d'écrans plats ont reçu une amende de 648 millions d'euros en raison d'un cartel sur les panneaux LCD. On pourra également rappeler l'amende de 850 millions d'euros infligée, en 2001, à huit laboratoires pharmaceutiques (entente sur les prix d'une grande variété de vitamines utilisées dans les céréales, les produits pharmaceutiques et les cosmétiques). Par ailleurs, le montant des amendes est de plus en plus élevé : 539,6 millions d'euros sur la période 1990-1994, 9 761,2 millions sur la période 2005-2009, 2 408 millions en 2010 ;
– à l'importance des décisions en matière d'**aides d'État** : parmi les plus significatives des dix dernières années, on peut citer le cas de l'affaire Alstom, qui a permis à l'État français de procéder à une augmentation de capital de 21 % pour répondre aux difficultés financières de l'entreprise. La Commission l'a acceptée en demandant des compensations destinées à ne pas porter préjudice aux concurrents.

En outre, en 2005, la Commission a adopté un plan d'action qui a réformé les règles pour la période 2005-2009 : les aides doivent être moins nombreuses (les États membres avaient décidé à Barcelone, en 2002, de les réduire) et mieux ciblées sur les domaines porteurs de cohésion sociale et de compétitivité économique. Ceci explique l'importance prise ces dernières années par les aides à l'innovation et à la R&D[68] ou les aides visant à développer le capital-risque, utile au financement des PME. Sur cette base, la Commission a adopté de nombreuses règles (lignes directrices ou communications) pour réglementer les aides dans plusieurs domaines.

Enfin, il convient de citer l'élaboration d'un cadre spécifique temporaire des aides d'État, fin 2008, pour répondre à la crise économique et financière. Ce cadre a notamment permis la mise en place de dispositifs de garanties et d'opérations de recapitalisation au profit des banques,

63. Voir règlement 1998/2006 de la Commission.

64. Sont considérées comme pauvres, depuis le traité de Lisbonne, les régions ultrapériphériques visées à l'article 349 TFUE (comme la Guadeloupe ou la Martinique) en raison de leurs handicaps structurels, sans qu'il soit besoin de le démontrer économiquement.

65. Voir lignes directrices d'avril 2008.

66. Voir lignes directrices de décembre 2005.

67. Voir à ce sujet les lignes directrices de la Commission sur l'appréciation des concentrations horizontales (2004/C31/03) ou les lignes directrices sur l'ex-article 81, § 3, devenu article 101 §3 TFUE.

68. Voir publication en 2005 d'une communication à ce sujet, en complément du Programme-cadre pour la compétitivité et l'innovation, l'objectif étant de prendre en compte les insuffisances du marché là où il existe un certain niveau de risque.

afin d'éviter l'effondrement des économies (ce plan a été prolongé jusqu'à fin 2011, mais ses conditions ont été progressivement durcies). Selon le tableau de bord des aides d'État publié par la Commission en décembre 2010, la crise financière a entraîné une augmentation du volume des aides d'État qui est passé de 2,2 % du PIB de l'Union en 2008 à 3,6 % en 2009.

Perspectives

La politique de la concurrence n'est pas exempte de critiques.

Plusieurs chantiers ouverts

L'évaluation des règles

Les règlements de 2003 et de 2004 ainsi que la réforme des aides d'État de 2005 ont constitué d'importantes réformes qui ont renforcé la dimension économique de la politique de la concurrence. Dans sa communication de février 2009 sur l'abus de position dominante, la Commission souligne ainsi la nécessité de mieux caractériser l'atteinte à la concurrence d'un comportement. De même, en matière de concentrations, la Commission s'efforce d'apprécier de manière plus fine les cas dans lesquels une opération peut entraîner une réduction significative de la concurrence. Quant au contrôle sur les aides d'État, il est, depuis la réforme de 2005, essentiellement guidé par la présence de défaillances de marché auxquelles les aides ont pour objet de répondre (le contrôle est aussi censé prendre en compte l'effectivité de la distorsion de concurrence, réelle ou potentielle, *via* une analyse plus économique). Toutefois, l'annulation de certaines décisions de la Commission par le juge communautaire constitue une incitation pour cette dernière à affiner son analyse économique pour que l'effectivité de l'atteinte à la concurrence soit dûment prise en compte. La dimension économique de l'analyse – qui ne saurait être seulement juridique – gagnerait ainsi à être renforcée. Il convient de relever, à cet égard, que la Commission a procédé à une évaluation des règlements de 2003 et 2004 (en 2008 et en 2009), qui pourrait donner lieu à des propositions de révision.

La réparation des dommages

La Commission souhaite renforcer les *actions civiles en réparation des dommages subis* par les consommateurs en raison d'infractions au droit de la concurrence. Les actions de groupe ont ainsi fait l'objet de plusieurs travaux (livre vert fin 2005, livre blanc sur les actions en réparation civile en matière de concurrence en 2008, livre vert de novembre 2008 sur les actions de groupe pour les consommateurs). Une nouvelle consultation publique a été lancée, début 2011, et ce sujet qui relève de la compétence des commissaires chargés de la concurrence, de la protection des consommateurs et des droits fondamentaux pourrait aboutir à des propositions législatives. S'il crée de fortes attentes de la part des organisations de consommateurs, il suscite également des réticences, notamment de la part du monde des affaires, voire des États qui redoutent des dérives à l'américaine (voir les *class-actions* et voir Titre 12 sur la protection des consommateurs).

Mettre davantage la concurrence au service de la croissance

Il est nécessaire de s'assurer que cette politique est pleinement au service de la croissance et de la compétitivité des entreprises européennes. Comme l'explique la Commission, cette politique doit contribuer aux objectifs de la stratégie Europe 2020[69]. Trois actions peuvent être envisagées dans ce contexte.

1) Soutenir la politique industrielle : certaines voix dénoncent parfois les effets de la politique de la concurrence, qui empêcherait la constitution de champions européens pourtant nécessaires à l'heure de la mondialisation. D'autres rétorquent que la Commission n'a en réalité empêché que très peu de concentrations. En tout état de cause, il importe que la politique de concurrence n'empêche pas de favoriser, dans le respect des règles, l'émergence de champions européens dans les secteurs industriels clés (aéronautique, spatial, banques, etc.) où il est essentiel de disposer d'une taille critique.

2) Une politique industrielle ambitieuse au plan européen exige ainsi de **bien mettre en cohérence la politique de concurrence** avec les autres politiques communautaires au service d'objectifs politiques clairs. Il importe ainsi, à titre d'exemple, que la réglementation relative aux aides d'État soit orientée vers les *secteurs porteurs* qui sont les sources de croissance de demain. C'est ce qu'elle a fait, notamment, en autorisant en 2010 plus de 1,8 milliard d'euros de subventions pour développer les *réseaux haut débit*, qui sont un élément important de l'économie numérique de l'UE[70]. La Commission doit accompagner cette évolution car le marché, par nature adverse au risque, ne permet pas nécessairement de soutenir des projets dont la rentabilité économique n'est pas immédiate. Il est donc essentiel que la politique des aides d'État devienne un instrument communautaire qui permette de soutenir les investissements dans les secteurs d'avenir (voir économie de la connaissance, croissance verte : par exemple, le véhicule électrique). Le Conseil européen du 4 février 2011 a demandé, dans ce contexte, à la Commission d'effectuer en 2011 un examen à mi-parcours des cadres applicables en matière d'aides d'État.

3) Donner une dimension externe à la politique de concurrence. Il est logique que la politique de concurrence veille à garantir une juste compétition entre les entreprises au sein du marché intérieur. Dans le même temps, il paraît aujourd'hui nécessaire d'examiner les cas dans lesquels les entreprises européennes se retrouvent en situation défavorable vis-à-vis d'entreprises de pays tiers qui ne sont pas soumises à des règles comparables. Ainsi, lorsque ces

69. Voir communication de la Commission du 3 mars 2010 sur la « stratégie Europe 2020 » (COM (2010) 2020).

70. Voir rapport de la Commission sur les aides d'État aux réseaux à haut débit, publié le 20 janvier 2011.

dernières bénéficient d'une politique de subventions active[71] de la part de leurs États, les entreprises européennes voient leur capacité à remporter des marchés affaiblie. La défense des intérêts européens exige de prendre en compte ces cas de concurrence inéquitable et d'y réagir en conséquence, afin que la compétitivité de l'Union n'en soit pas affectée. Le Conseil a ainsi souligné, en décembre 2010, la nécessité de réexaminer l'articulation entre politique industrielle et politique de concurrence dans le contexte de la mondialisation[72]. Cette question touche aussi, bien sûr, à la politique commerciale commune (voir Titre 19).

Concurrence et services publics

La question de l'articulation entre règles de concurrence, notamment le régime des aides d'État et les services d'intérêt général, en particulier sous l'angle de leur financement, est également un enjeu appelé à connaître d'importants développements dans les mois à venir (voir Titre 2 sur le marché intérieur, page 74, pour plus de précisions).

L'essentiel

Essentielle au bon fonctionnement du marché intérieur et présente dès le début de la construction européenne, la politique de la concurrence est une des politiques européennes les plus intégrées, si ce n'est la plus intégrée. La Commission européenne dispose ainsi d'un pouvoir de décision propre en la matière. Les mérites de cette politique sont incontestables (répression des pratiques anticoncurrentielles, comme les comportements parfois prédateurs de certaines entreprises ou les comportements protectionnistes). Toutefois, et bien qu'elle ait connu dans un passé proche d'importantes réformes, elle n'en fait pas moins l'objet de certaines critiques : il est ainsi parfois reproché à la Commission d'avoir une approche trop exclusivement juridique et pas assez économique des cas qu'elle est amenée à traiter. De même, la politique de la concurrence, dans son application, peut parfois sembler en décalage par rapport à la prise en compte de préoccupations telles que les services publics. En vue de gommer cette perception, il apparaît important de veiller à ce que cette politique soit pleinement mise au service de la croissance, en contribuant à stimuler l'innovation et en favorisant la mise en place d'une politique industrielle au plan européen. Ceci apparaît nécessaire à l'heure où les entreprises européennes sont exposées sur la scène internationale à une intense compétition avec des entreprises émanant de pays tiers qui, pour certains, n'ont pas mis en place des règles de concurrence aussi strictes que l'Union européenne.

---

71. Voir, par exemple, les 50 milliards d'euros que le Trésor américain a mis à disposition de General Motors ou l'affaire « Draka », survenue aux Pays-Bas fin 2010.

72. Voir conclusions du Conseil du 10 décembre 2010 (document 17838/10).

Titre 4
La fiscalité

Pour les États, la fiscalité reste un enjeu de souveraineté majeur qui s'incarne dans le droit de lever l'impôt. Toutefois, cela ne signifie pas que l'Union ne soit pas juridiquement compétente pour agir dans ce domaine, d'autant que les différents régimes fiscaux existants dans l'Union entraînent une forte fragmentation du marché intérieur. Ce sont en effet une fois de plus les exigences de réalisation du marché intérieur qui ont conduit l'Union à se pencher sur les questions de fiscalité. L'existence de possibles distorsions fiscales voire de dumping fiscal obère à l'évidence le bon fonctionnement du marché intérieur.

Pourtant, même si certaines réalisations ont pu être enregistrées (davantage en matière de fiscalité indirecte que directe), les progrès restent difficiles en la matière, tant les États membres sont réticents à l'idée de renoncer à cet outil de politique économique. Quoi qu'il en soit, le besoin de renforcer les politiques économiques des États membres, pour les besoins de l'UEM en particulier, rend inévitable l'examen des questions fiscales au niveau européen et la mise en place d'une convergence fiscale.

Fonctionnement et réalisations

Le traité de Lisbonne ne change pas la donne

Les objectifs de l'Union en la matière sont directement subordonnés au bon fonctionnement du marché intérieur. Ce n'est ainsi pas un hasard si le rôle de la Communauté dans le domaine fiscal a été reconnu pour la première fois avec le traité qui a relancé le marché intérieur, à savoir l'Acte unique.

Le traité est fondé sur le principe de la neutralité fiscale dans les échanges au sein de l'Union : traitement fiscal identique pour les produits nationaux et ceux d'autres États membres (article 110 TFUE), absence de ristournes fiscales pour les produits exportés (article 111 TFUE), interdiction des exonérations fiscales à l'exportation et des taxes de compensation à l'importation, pour les impôts autres que la taxe sur le chiffre d'affaires, les accises et les autres impôts indirects, sauf autorisation préalable du Conseil (article 112 TFUE).

Le TFUE affirme la compétence de l'UE en matière de fiscalité indirecte : le Conseil arrête les dispositions touchant à l'harmonisation des dispositions relatives aux taxes sur le chiffre d'affaires, aux droits d'accises ou autres impôts indirects dans la mesure où cette harmonisation est nécessaire pour assurer l'établissement et le fonctionnement du marché intérieur et éviter les distorsions de concurrence (article 113 TFUE). Par ailleurs, le silence du traité sur la fiscalité directe ne signifie pas que l'UE soit incompétente en la matière. En effet, l'article 115 TFUE qui prévoit que le Conseil peut prendre des directives pour rapprocher les législations des États membres qui ont une incidence sur le marché intérieur, peut servir de base à l'adoption de mesures concernant la fiscalité directe.

Preuve de la sensibilité du sujet, la règle de vote reste l'unanimité au Conseil et le Parlement européen est seulement consulté. Les travaux préparatoires du traité de Lisbonne avaient pourtant essayé de changer la donne en prévoyant le recours à la majorité qualifiée pour la TVA, les accises et autres impôts indirects. L'opposition de certains États (Irlande, Royaume-Uni et Suède) n'a toutefois pas permis de reprendre cette suggestion.

Réalisations

La fiscalité indirecte

C'est en matière de fiscalité indirecte que l'Union a été la plus active, sans doute parce que cette dernière agit directement sur la libre circulation des marchandises et la libre prestation de services. Ainsi existe-t-il un régime commun en matière de TVA depuis 1967, qui s'est approfondi par l'harmonisation de l'assiette imposable, en 1977, et le rapprochement des taux d'imposition, en 1992. Les taux doivent être compris entre 15 (comme à Chypre) et 25 % (comme en Suède). Le taux normal est supérieur ou égal à 15 % et le taux réduit à 5 %. Les États peuvent appliquer un ou deux taux réduits (d'un minimum de 5 %) à des biens et services choisis dans une liste précise. La France a demandé et obtenu, en 2009, la possibilité d'appliquer au secteur de la restauration le taux réduit. En revanche, le Conseil n'a pas souhaité instaurer de taux réduits de TVA pour les produits verts. Il existe également une multitude de dérogations accordées à certains États. En outre, depuis 1993, le régime de la TVA intracommunautaire est fondé sur l'abolition des frontières fiscales et douanières et la suppression des contrôles aux frontières.

Par ailleurs, il existe des règles en matière de droits d'accises depuis 1992 sur le tabac, l'alcool et les huiles minérales. Les règles européennes ont défini la structure de l'accise et rapproché les taux. De même, une fiscalité sur les produits énergétiques a pu se mettre en place en

2003[73], après de longues négociations (proposition de la Commission en 1997) et le refus des États membres de mettre en place une fiscalité écologique (proposée par la Commission en 1992).

La fiscalité directe

Le bilan est modeste, la sensibilité politique étant plus forte pour la fiscalité directe qui reste un élément de la compétitivité des États. Ainsi, beaucoup de propositions faites par la Commission sont restées lettre morte. On pourra néanmoins citer l'adoption de deux directives en 1990 qui, en vue de faciliter la coopération transfrontalière, ont créé un régime fiscal commun applicable aux sociétés mères et à leurs filiales pour éviter la double imposition des dividendes distribuées par les filiales à leurs sociétés mères situées dans un autre État membre, ainsi qu'un régime fiscal commun applicable aux fusions, scissions et apports d'actifs (la règle prévoit que la plus-value de l'opération est imposée lorsqu'elle est effectivement réalisée). Le premier de ces textes a été révisé en 2003 et le second en 2005. En outre, en juin 2003, le Conseil a adopté la directive 2003/49/CE concernant un régime fiscal commun applicable aux paiements d'intérêts et de redevances effectués entre des sociétés associées d'États membres différents.

Une avancée significative a également été réalisée, en 2003, avec l'adoption d'une directive relative à la fiscalité de l'épargne qui vise à lutter contre l'évasion fiscale et prévoit l'imposition, dans le pays où l'épargnant a sa résidence principale, des intérêts perçus dans un autre État membre. La directive prévoit également un échange d'informations entre l'État où est situé l'établissement financier et celui où réside l'épargnant. Autriche, Belgique et Luxemburg bénéficient toutefois d'un régime dérogatoire fondé sur un mécanisme de retenue à la source. Ce texte est en cours de révision depuis fin 2008, afin de corriger les lacunes de celui de 2003. Ainsi, pour empêcher les personnes physiques d'échapper à l'échange d'informations et donc à la taxation, le nouveau texte vise aussi les personnes morales considérées comme bénéficiaires ; il prévoit une extension du champ des produits financiers (qui ne seraient plus réduits aux produits porteurs d'intérêts). Ce texte est toutefois bloqué par le Luxembourg et l'Autriche, qui souhaitent maintenir leur régime dérogatoire et insistent sur la mise en œuvre d'une conditionnalité externe (subordonner la mise en œuvre de cette réforme à l'acceptation par cinq États tiers, dont la Suisse et le Liechtenstein, de mettre en place des mesures équivalentes). Le Conseil de mars 2011 a confirmé la difficulté d'avancer sur ce sujet.

Enfin, en 1997, un code de conduite en matière de fiscalité des entreprises a été mis en place. Ce code met l'accent sur la nécessaire coordination des politiques fiscales (à défaut de pouvoir harmoniser les règles, ce qu'avait tenté la Commission en vain) et doit permettre d'obtenir des États qu'ils s'engagent à ne pas introduire de mesures fiscales dommageables. Les travaux se poursuivent encore aujourd'hui dans le cadre de ce code.

73. Voir directive 2003/96/CE.

Perspectives

Combler les carences

Les disparités en matière fiscale, qui peuvent se traduire par d'importantes distorsions de concurrence, restent un réel problème au regard du marché intérieur. Ces carences sont particulièrement fortes en matière de fiscalité directe. En effet, en dehors de la révision de la directive sur la fiscalité de l'épargne, les textes actuellement en discussion portent seulement sur la coopération administrative (accord obtenu en décembre 2010) et sur la lutte contre la fraude.

La Commission (voir la communication « Vers un Acte pour le marché unique » d'octobre 2010 et le rapport annuel sur la croissance, de janvier 2011) juge ainsi prioritaire le chantier de l'impôt sur les sociétés (IS) : les écarts de taux entre États membres sont en effet considérables (de 12,5 % en Irlande à plus de 34 % en France[74]). En outre, les entreprises exerçant une activité transfrontalière sont confrontées à des obstacles fiscaux du fait de la coexistence de 27 systèmes différents en matière de détermination de leur résultat imposable. Plus grave, la compensation transfrontalière des profits et des pertes au sein d'un groupe de sociétés établies dans plusieurs États membres n'est presque jamais possible. L'approche de la Commission vise ainsi à mettre en place une assiette commune consolidée de l'IS (corps de règles unique gouvernant les règles d'amortissement, de provisionnement, de rattachement des produits, de déductibilité des charges, de valorisation des stocks, de report des déficits, etc.).[75] La Commission a adopté une proposition en ce sens le 16 mars 2011, qui repose sur un régime optionnel.

En dépit de certains progrès (le Conseil compétitivité de décembre 2010[76] a reconnu qu'il fallait agir en matière de fiscalité si des problèmes transfrontaliers étaient avérés), la sensibilité politique de la question reste entière pour plusieurs États membres (dont Irlande, Royaume-Uni, pays baltes).

Des carences existent également en matière de *fiscalité énergétique*. La Commission a ainsi confirmé sa volonté, début 2011, de proposer une révision de la directive de taxation des produits énergétiques (directive 2003/96) afin de revoir la structure de taxation dans un sens plus conforme à certains objectifs environnementaux. La réforme prévoit que les taux minima seront fondés sur les émissions de CO^2 et sur le contenu énergétique. Elle doit permettre aux consommateurs de réduire leur imposition en modifiant leur comportement. Cet outil fiscal pourrait aider les États membres à tenir leurs engagements de réduction de leurs émissions de GES en matière de transports, d'agriculture et de chauffage urbain, secteurs par nature diffus (voir Titre 7 sur l'environnement).

74. Source : Eurostat.

75. Une proposition devrait être adoptée par la Commission au 1er semestre 2011.

76. Voir document 17999/10.

En matière de *fiscalité indirecte*, la Commission veut conduire une réforme du régime de TVA. Ainsi, elle a adopté fin 2010 un livre vert[77] dans lequel elle juge le régime actuel compliqué, obsolète au regard des évolutions du marché (existence d'une économie de services moderne fondée sur la technologie) et vulnérable à la fraude et à l'évasion fiscale (il y aurait un manque à gagner de 100 milliards d'euros par an). En particulier, le régime qui combine règles d'imposition à l'origine et à destination est source de complexité, selon la Commission.

La convergence fiscale, un enjeu de bonne gouvernance économique

La mise en place du semestre européen, qui doit se traduire par une convergence budgétaire accrue et un pacte de stabilité renforcée, suppose également de progresser sur la voie de la convergence fiscale. La France et l'Allemagne ont estimé que c'était une nécessité en vue de mettre en œuvre une Union économique et monétaire efficace et crédible (voir Titre 1 sur l'UEM). A l'occasion du Conseil européen du 4 février 2011, elles ont souligné l'importance d'instaurer un pacte de compétitivité et de convergence (Pacte pour l'euro plus) dans lequel figure notamment l'importance de la convergence fiscale. Toutefois, certains États membres restent hostiles à cette idée au motif que, selon eux, la fiscalité doit relever de la seule compétence nationale.

L'essentiel

Les réalisations en la matière restent limitées, en particulier en ce qui concerne la fiscalité directe. Cela tient, au premier chef, au fait que les États perçoivent la fiscalité comme un enjeu majeur de souveraineté nationale. Ainsi cette matière reste-t-elle régie par la règle de l'unanimité du Conseil. Pourtant, le besoin d'agir en la matière au plan européen est évident car la disparité des systèmes nationaux représente une entrave majeure au bon fonctionnement du marché intérieur. La convergence fiscale apparaît, en outre, de plus en plus indispensable au renforcement de la coordination des économies européennes, en particulier au sein de la zone euro.

77. Voir COM (2010) 695 final.

Titre 5

La politique commune des transports

Cette politique commune, inscrite dans le traité depuis l'origine, est aujourd'hui une politique fortement intégrée, tout mode de transport confondu : aérien, maritime, routier, ferroviaire, fluvial.

Outre son poids économique (7 % du PIB européen et 8,9 millions d'emplois[78]), la mise en place d'un espace sans frontières intérieures impliquait que le rôle de la politique des transports soit reconnu dès le départ. Elle est en effet un élément essentiel au bon fonctionnement du marché intérieur (fluidité des échanges) ainsi qu'un élément de cohésion intra-européen (rôle des infrastructures).

Pourtant, cette politique n'a progressé que lentement et seulement à partir des années 1980, notamment grâce à l'Acte unique qui a prévu qu'elle relèverait de la codécision[79]. Le livre blanc de Jacques Delors de 1993 fondant la relance de la croissance sur les infrastructures, notamment de transports, y a concouru avec le lancement des réseaux transeuropéens (RTE) en 1993-1994.

La législation est aujourd'hui abondante dans ce domaine[80]. Elle a été guidée par les principes suivants : ouverture progressive des marchés (ce qui pose la question des services publics), exigences de sécurité et de sûreté, droits des passagers et reconnaissance croissante des préoccupations environnementales (la « décarbonisation des transports »).

La politique des transports repose également sur la conduite de grands projets industriels et technologiques (comme Galileo ou Airbus, premier constructeur mondial d'avions civils, même si ce projet s'est développé dans un cadre intergouvernemental).

La croissance continue de ce secteur est un défi, notamment au regard de l'objectif de mobilité durable (depuis 1970, les transports ont plus que doublé). Le livre blanc de la Commission de mars 2011 a défini de nouvelles orientations à ce sujet.

78. Voir François Decoster et Frédéric Versini, *UE : la politique des transports - Vers une mobilité durable,* La Documentation française, coll. « Réflexes Europe », 2009.

79. Le rôle du juge a également été important : voir en particulier CJCE, arrêt Parlement/Conseil du 22 mai 1985 (affaire C-13/83).

80. Seul le secteur portuaire ne fait l'objet d'aucune législation spécifique.

Fonctionnement et réalisations

Le traité

Les objectifs sont l'établissement de règles communes, l'admission des transporteurs dans l'espace européen, l'amélioration de la sécurité. Quant au développement durable, il n'a cessé de gagner en importance depuis 1992 (voir le livre blanc de la Commission, adopté en septembre 2001).

Cette politique, qui couvre l'ensemble des modes de transports, est depuis l'Acte unique soumise à la *codécision*. Le traité de Lisbonne a apporté peu de modifications.[81]

Enfin, depuis l'entrée en fonction du nouveau collège, cette politique relève à la Commission d'une seule direction générale, la DG transports (DG MOVE), qui auparavant était également chargée des questions d'énergie.

Réalisations

L'ouverture des marchés

La libéralisation du **secteur aérien** n'a commencé qu'à la fin des années 1980. L'ouverture à la concurrence s'est faite par l'intermédiaire de trois paquets, entre 1987 et 1992 : en 1987, un 1er paquet a défini de premières règles en matière de fixation des tarifs ; un 2e paquet a ensuite donné une plus grande liberté en la matière, ainsi qu'en ce qui concerne la répartition des capacités (voir 2e paquet en 1990) ; enfin un 3e paquet a reconnu le principe de la *libre prestation* de services dans ce domaine. Depuis 1997, le droit pour une compagnie d'un État membre d'exploiter une ligne au sein d'un autre État membre est reconnu. Le marché aérien de l'UE est ainsi ouvert à toutes les compagnies, pour autant qu'elles possèdent une licence de transporteur européen. Les compagnies aériennes de l'Union ont accès de manière inconditionnelle à l'ensemble des marchés domestiques. Cette évolution a notamment permis le considérable développement des compagnies à bas coût. Cela étant, les États membres gardent la faculté de prévoir certaines obligations de service public.

81. Il supprime l'exception à l'application de la codécision qui existait pour les dispositions dont l'application était susceptible d'affecter gravement le niveau de vie et l'emploi dans certaines régions, ainsi que l'exploitation des équipements de transport, compte tenu de la nécessité d'une adaptation au développement économique résultant de l'établissement du marché commun.

Cette libéralisation a été suivie par la constitution d'un *ciel unique européen* destiné à optimiser la gestion de cet espace et à éviter la saturation. C'est ainsi qu'un 1er paquet de quatre règlements a été adopté, en 2004, pour traiter les questions d'organisation et de gestion de l'espace aérien, de fourniture de services de navigation dans le ciel unique européen et d'interopérabilité du réseau européen. Un 2nd paquet, adopté en juillet 2009, a ensuite permis de lancer un ambitieux programme de restructuration de services de navigation aérienne et d'amélioration de la gestion du trafic en Europe. Il prévoit, notamment, la mise en place de *blocs d'espace aérien fonctionnels* (FAB), qui regroupent les espaces aériens de plusieurs États membres, afin de résorber la fragmentation du ciel européen [82]. Le projet SESAR [83] constitue le volet technologique du ciel unique européen : il vise à améliorer la gestion du trafic aérien, en intégrant au sol et à bord des avions des technologies et des modes d'organisation capables d'assurer en 2020 la sécurité et la fluidité du transport aérien malgré la forte croissance attendue du trafic. Il est rendu possible par la mise en commun des efforts de R&D des États membres, des industriels et d'Eurocontrol, dans le cadre d'un partenariat public-privé.

Sur cette base, l'Union a également commencé à développer son action sur la scène internationale (notamment grâce à la décision de la CJUE « ciel unique » de 2002, qui a jugé contraires au traité certaines dispositions des accords bilatéraux que les États membres continuaient d'avoir avec des pays tiers). L'Union a ainsi conclu en 2007 avec les États-Unis un accord sur la libéralisation du trafic aérien transatlantique, qui représente plus de 50 % des flux mondiaux, ou en a conclu ou en recherche avec de nombreux autres pays (Canada, Brésil, pays du pourtour méditerranéen, etc.). Un accord « ciel ouvert II » avec les États-Unis, destiné à compléter le précédent, a également été signé en juin 2010.

Dans le **domaine ferroviaire**, plusieurs textes ont été adoptés depuis le début des années 1990. Ainsi, la directive 91/440/CE a distingué les rôles entre organismes de gestion des réseaux et opérateurs ferroviaires, défini le principe d'une séparation comptable entre eux et créé une *Agence ferroviaire européenne*, installée à Valenciennes, qui est chargée des questions de sécurité et d'interopérabilité. Ensuite, un 1er paquet en 2001 a notamment mis l'accent sur l'harmonisation des licences des entreprises ferroviaires, la répartition des capacités de circulation et leur tarification, et l'ouverture à la concurrence du fret international. Un 2e paquet, en 2004, a complété le dispositif en faisant de l'amélioration de la sécurité une priorité (création obligatoire d'une autorité nationale de sécurité et d'un organisme chargé des enquêtes sur les accidents) et en prévoyant des règles en matière d'interopérabilité.

82. En marge du Conseil transports du 2 décembre 2010, la France, l'Allemagne, la Belgique, le Luxembourg, les Pays-Bas et la Suisse ont signé l'accord international qui officialise la création du bloc d'espace aérien qui permet la gestion intégrée de la circulation aérienne entre eux (FABEC).

83. « *Single European Sky ATM Research* » : il s'agit d'une entreprise commune dont les membres fondateurs sont la Commission, l'AESA et Eurocontrol. Ce projet est en phase de développement jusqu'en 2013, date à laquelle il passera en phase de déploiement. Il est le concurrent du programme américain NextGen.

Ce 2e paquet a également prévu l'extension de la libéralisation au fret domestique, à compter du 1er janvier 2007. Quant au 3e paquet de fin 2007, il a, pour l'essentiel, posé le principe de l'ouverture à la concurrence du transport international de voyageurs à partir du 1er janvier 2010 et prévu la possibilité de cabotage. Dans ce contexte, il faut également relever l'adoption d'un règlement relatif aux obligations de service public dans le transport de voyageurs, par chemin de fer et par route (1270/2007/CE), qui organise les conditions d'exercice du service public dans ce secteur (recours à l'appel d'offre pour l'attribution des lignes). Enfin, pour *développer le fret* et faire progresser l'intégration des transports européens, un règlement de fin 2010 a défini le principe de corridors ferroviaires « verts » dédiés au fret et organisés au sein d'un vaste réseau européen ainsi plus intégré.

Dans le domaine du **transport routier**, depuis 1993 (règlement 881/92), un transporteur établi dans un pays de l'Union peut librement transporter des marchandises entre États membres. Un important paquet routier, adopté en 2009, organise les transports routiers et a prévu, dans des conditions strictement encadrées, des possibilités de cabotage. Par ailleurs, la législation sociale et le temps de travail ont fait l'objet de réglementations européennes portant plus particulièrement sur la composition des équipages, le temps de conduite et de repos et l'harmonisation de diplômes (voir directive 2002/15 et règlement 561/2006).

Dans le **domaine maritime**, le mouvement de libéralisation des services de transport maritime a débuté dans les années 1980 (voir règlement 4055/86) et s'est poursuivi dans les années 1990 (voir, en particulier, le règlement 3577/92 qui a libéralisé le cabotage en matière de transport maritime, tout en prévoyant d'importantes périodes de transition). Dans ce domaine, des règles ont également été adoptées sur le plan social, et notamment en ce qui concerne la formation des gens de mer (directive 2001/25 modifiée ensuite à plusieurs reprises) ou le temps de travail (directive 1999/65). Une directive a par ailleurs été adoptée, en juillet 2010, en vue de simplifier et de réduire les charges administratives imposées aux entreprises de transport maritime, en particulier en harmonisant les délais de transmission des données à l'entrée et à la sortie des ports et la dématérialisation des données et leur transmission unique *via* un guichet unique.

Dans le domaine du **transport fluvial**, on relèvera également que des règles européennes ont été définies, que ce soit en matière d'autorisation d'activités de cabotage dans les voies d'eau intérieures de l'Union (règlement 3921/91), de libre prestation de services (règlement 1356/96) ou d'accès à la profession de transporteur de marchandises.

La sécurité et la sûreté

Ces sujets constituent la contrepartie nécessaire à la libéralisation du secteur. Ainsi, il existe plusieurs dispositifs destinés à garantir *la sécurité et la sûreté aérienne*. Une Agence européenne de la sécurité aérienne a été créée en 2002, à Cologne, et vise à garantir un niveau élevé et harmonisé de sécurité : elle peut imposer depuis 2008 des *amendes* aux compagnies qui n'appliquent pas les normes de sécurité. En outre, une directive de 2004 organise les contrôles des avions de pays tiers empruntant les aéroports européens. On citera également la « liste noire » européenne établie au titre d'un règlement de décembre 2005, et révisée plusieurs fois par an par la Commission sur la base d'un avis du comité de la sécurité aérienne : les compagnies qui figurent sur cette liste ne peuvent survoler l'espace aérien européen[84]. Enfin, un règlement, révisé en octobre 2010, prévoit que tout incident ou accident dans le domaine de l'aviation civile doit notamment faire l'objet d'une enquête par un organisme de sécurité indépendant. En matière de sûreté (lutte contre le terrorisme), l'Union a également adopté de nombreuses règles (voir notamment le règlement 300/2008, qui définit des règles sur l'emport des liquides que la Commission veut à présent assouplir).

Dans le domaine *maritime*, les sujets liés à la sécurité sont montés en puissance au début des années 2000, avec plusieurs marées noires survenues (affaires Erika en 1999 et Prestige en 2002), ont souligné le besoin de mesures en matière de sécurité maritime. Trois paquets dits « Erika » ont ainsi été adoptés : le 1er de 2001 a mis l'accent sur le contrôle dans les ports (lutte contre les ports de complaisance) et la surveillance des sociétés de classification. Le 2e, en 2002, a fait de l'élimination des pétroliers à simple coque une priorité et a institué une Agence européenne de sécurité maritime, située à Lisbonne. Enfin le 3e, en 2009, sans doute le plus ambitieux, a été adopté après trois ans de négociation et à l'issue d'une procédure de conciliation : il renforce les obligations de contrôle de l'État du port, définit celles de l'État du pavillon, crée un nouveau système de suivi et de surveillance des navires, précise les règles d'indemnisation des passagers, de gestion des systèmes d'information du trafic maritime et renforce les règles en matière d'enquêtes sur les accidents maritimes et en matière de responsabilité civile.

Dans le domaine *routier*, on peut citer le port obligatoire de la ceinture de sécurité qui a d'abord été décidé au niveau européen ou la nouvelle règle qui impose que tous les nouveaux modèles de voitures et de camionnettes vendus dans l'Union soient équipés de phares de jour[85]. Cela étant, l'harmonisation des exigences en matière de sécurité routière progresse lentement (or on a compté 35 000 morts en 2009 sur les routes européennes) : ainsi, une proposition législative concernant l'échange d'informations sur les infractions routières commises par un automobiliste européen dans un autre État membre que le sien (excès de vitesse ou conduite en état d'ivresse, par exemple) est restée bloquée pendant deux ans. Après un accord au Conseil, fin 2010, ce texte doit désormais être négocié avec le Parlement européen[86].

Les droits des passagers

Intervenue plus récemment, la législation prévoit désormais dans tous les modes de transport l'établissement de droits pour les passagers, parmi lesquels l'obligation pour les opérateurs de les *rembourser* en cas d'annulation ou de les *prendre en charge* en cas de retard (ce qui peut comprendre un hébergement et des repas). Ces textes prévoient des règles particulières pour les personnes handicapées (règlement 261/2004 pour le secteur aérien, règlement 1371/2007 pour le ferroviaire, règlement de juillet 2010 pour le maritime et règlement adopté fin 2010 pour les transporteurs par autobus et autocar). La Commission devrait adopter, en 2011, une communication horizontale sur les droits des passagers pour faire le point, étant donné l'hétérogénéité des droits établis selon les modes de transport. De même, un paquet « aéroportuaire » prévoyant notamment des exigences minimales en matière de qualité de services, est prévu pour 2011.

La préoccupation environnementale

Le secteur des transports engendre des nuisances environnementales (23,8 % des émissions de GES[87], pollution de l'eau, l'air, nuisances sonores).

Le *transport routier* étant une source importante de pollution, l'Union souhaite encourager un certain rééquilibrage vers des modes de transport moins polluants (rail, navigation fluviale, transport maritime). Ainsi, au nom du principe pollueur-payeur, la révision de la directive Eurovignette (directive 1999/62/CE), doit permettre d'internaliser les externalités négatives (congestion, bruit et pollution locale) du transport routier de marchandises dans sa tarification. Ce texte fait cependant l'objet de négociations difficiles au Conseil compte tenu des préoccupations différentes des États (selon qu'ils sont au centre de l'Europe et donc traversés ou à la périphérie et donc plus dépendants de leurs transporteurs). Il a fait l'objet d'un accord au Conseil fin 2010 et doit encore être négocié avec le Parlement. Des textes ont également été adoptés pour réduire les émissions de CO^2 des véhicules (voir titre environnement). Enfin, la directive 2010/40/UE sur les systèmes de transport intelligents (application des technologies de l'information et de la communication et déploiement de services interopérables) dans le domaine du transport routier devrait favoriser l'émergence de transport de marchandises et de passagers plus efficace, plus sûr et plus respectueux de l'environnement.

En matière *aérienne*, l'Union lutte contre les émissions de CO^2 du secteur : elle a ainsi intégré le transport aérien dans le système européen de quotas d'émissions de CO^2 (voir directive 2008/101). De même, l'UE a enregistré des résultats encourageants au sein de l'Organisation de l'aviation civile internationale (voir la résolution adoptée, lors de l'Assemblée générale de 2010, sur les objectifs globaux de réduction des émissions de l'aviation civile internationale).

Dans le domaine *maritime*, l'UE œuvre au sein de l'Organisation maritime internationale. Toutefois il n'existe pas encore de mesures spécifiques pour lutter contre les émissions de CO^2. L'Union s'est engagée, en cas d'absence d'accord international d'ici fin 2011, à prendre des mesures à son niveau pour inclure d'ici 2013 le mode maritime dans l'objectif européen de réduction des émissions. Par ailleurs, l'Union a mis en place le système européen Safeseanet qui assure le suivi du trafic des navires et a pour tâche de prévenir les accidents et les pollutions en mer.

84. La 16e révision a été opérée en novembre 2010.

85. Voir directive 2008/89/CE.

86. Il existe également un programme d'action européenne (2011-2020) qui définit une politique européenne de sécurité routière fondée sur l'éducation et la formation des usagers à la route, le développement d'un système de contrôle/sanction, des infrastructures plus sûres, etc.

87. Source : Agence européenne pour l'environnement (2006).

En outre, le programme « Civitas » aide les villes à mettre en œuvre des solutions innovantes pour une mobilité urbaine plus équilibrée et plus propre.

Enfin, l'Union encourage le développement des transports par voies navigables qui offre d'intéressants avantages, notamment en termes environnementaux (voir le programme « Naïades » sur le transport fluvial de 2006). Les « autoroutes de la mer » sont pour leur part destinées à résorber les goulets d'étranglement terrestres.

Les RTE

Afin de renforcer les échanges entre États membres, l'Union favorise le développement d'un **réseau transeuropéen de transport** (RTE-T), qui identifie des orientations communes fondées sur des projets concrets destinés à améliorer l'interconnexion et à renforcer la cohésion économique, sociale et territoriale de l'Union. Le RTE-T s'appuie également sur de grands programmes industriels, destinés à mettre en place des systèmes de transport intelligents et interopérables : radionavigation par satellite (Galileo, voir Titre 9 sur l'espace), circulations ferroviaires (ERTMS) et modernisation de la gestion du trafic aérien (SESAR, voir plus haut).

Dans la perspective des élargissements de l'Union à douze nouveaux États membres, la Commission a retenu, en 2004, trente projets prioritaires d'infrastructures de transport à réaliser d'ici 2020, appelés à recevoir un soutien communautaire (le gain de croissance a été chiffré entre 0,2 et 0,3 %)[88]. La France est concernée par 10 des trente projets prioritaires. Sur le plan financier, le RTE-T se voit allouer, avec l'énergie, 7 milliards d'euros sur la période 2007-2013[89].

Perspectives

D'importants chantiers législatifs encore ouverts

Cela concerne d'abord le domaine **ferroviaire**. La Commission, estimant que l'ouverture à la concurrence dans ce domaine est insuffisante, a engagé des procédures d'infraction contre treize États membres pour insuffisante mise en œuvre du 1er paquet (séparation insuffisante entre les opérateurs et les gestionnaires d'infrastructure, problème sur le calcul des péages d'accès à l'infrastructure et absence d'une autorité de régulation indépendante). La Commission a ainsi proposé une refonte du 1er paquet, en cours de négociation. Elle suggère des mesures sur l'amélioration de l'accès au réseau des États membres de l'UE, leur indépendance de gestion et leur financement.

L'agenda législatif restera par ailleurs intense dans les années à venir. Sont ainsi attendues des propositions en matière de sûreté, en 2011, pour renforcer la sûreté du **fret aérien** (conséquence des tentatives d'attentat par colis piégés en provenance du Yémen, en octobre 2010). De même, les incidents survenus lors de l'irruption du volcan islandais, en 2010, conduisent la Commission à s'interroger sur de nouvelles mesures en vue d'optimiser les réactions européennes à ce type d'événement, notamment pour améliorer l'information et l'assistance portée aux passagers[90]. La Commission devrait en outre présenter, en 2011, un agenda social dans le domaine du transport maritime et des propositions pour la poursuite de la libéralisation des services au sol aéroportuaires. Enfin, en matière ferroviaire, la Commission présentera en 2012 une proposition de directive sur l'ouverture du transport domestique de voyageurs.

Enfin, l'Union doit encore parvenir à mettre au point des mécanismes de gouvernance et de financement adaptés pour assurer une gestion plus prévisible de grands programmes de type Galileo ou Sesar, dont le coût, la mise en place sur plusieurs années et la vocation rendent nécessaire d'y associer étroitement les industriels et les utilisateurs. C'est un défi essentiel, à la fois pour leur bonne mise en œuvre à l'échelle européenne et pour leur compétitivité à l'échelle mondiale, face aux programmes de même type développés aux États-Unis ou bientôt en Chine, notamment.

Vers une nouvelle politique des transports

L'objectif est désormais de mettre en place un système de transport durable qui réponde aux besoins économiques, sociaux et environnementaux de la société.

– **Besoins économiques :** le Conseil européen de juin 2010 a rappelé l'importance des infrastructures pour la croissance, ce qui passe par une politique efficace du RTE-T qui doit devenir un réel réseau européen, au lieu d'une addition de réseaux nationaux[91] (la Commission doit faire de nouvelles propositions en 2011 : le RTE-T comportera un niveau central, qui a vocation à recevoir l'essentiel des financements, et un niveau principal qui devrait moins en bénéficier et devrait voir sa dimension européenne renforcée), par des méthodes de gestion des trafics harmonisées (voir système ERTMS ou projet Sesar), l'apport des nouvelles technologies et des programmes structurants comme GNSS ; quant à l'ouverture des marchés, si elle doit se poursuivre, il faudra prendre en compte les questions de sécurité, de conditions de travail des personnels et les droits des consommateurs.

88. En 1994, au moment du lancement des RTE, 14 projets avaient été identifiés.

89. Les sommes prévues pour les programmes Galileo (900 millions d'euros) et Marco Polo II (400 millions d'euros), programme qui subventionne des actions de report modal au sein de la chaîne logistique (recherche d'alternatives au transport routier, du fret routier vers le transport maritime, le rail ou le transport fluvial), ainsi que les fonds structurels, le PCRDT ou la BEI, ne doivent toutefois pas être oubliés.

90. Voir proposition nº 43 de la communication « Vers un Acte pour le marché unique ».

91. Le « network » plutôt que le « patchwork ».

– **Besoins sociaux :** les transports resteront un instrument majeur de cohésion et d'aménagement du territoire européen et l'équilibre entre ouverture à la concurrence et préservation des services publics devra être préservé. En outre, les questions de plus grande harmonisation des conditions de travail, de formation obligatoire et de reconnaissance des compétences professionnelles resteront des enjeux à l'avenir.

– **Besoins environnementaux :** la croissance du secteur engendre de plus en plus de congestion et par conséquent de pollutions, notamment en milieu urbain. Y répondre sera d'autant plus important que les États membres ont pris des engagements de réduction de leurs émissions de GES dans ce domaine (voir Titre 7 sur l'environnement). Mais les autres impacts environnementaux ne devront pas être oubliés et l'internalisation des coûts externes (qui doit conduire à en payer le juste prix) ou le report modal seront à développer pour tous les modes de transport (le transport routier représente plus de 45 % du transport de fret et 80 % du transport passager).

Ces différents éléments devront être combinés de façon cohérente, étant entendu que les États membres n'accordent pas la même importance à ces divers aspects (pour certains, la priorité est de développer les infrastructures, afin de réduire les disparités en Europe ; pour d'autres, les défis environnementaux doivent s'imposer ; pour d'autres encore, c'est l'impact des mesures sur le coût des transports qui est avant tout pris en considération). Le livre blanc, adopté par la Commission en mars 2011, appelle de ses vœux un espace unique européen du transport et insiste sur les défis suivants : la compétitivité européenne des transports (achèvement du marché unique, en particulier pour le routier et le ferroviaire) ; la décarbonisation des transports (un objectif de réduction de 60 % des émissions de CO^2 d'ici 2050 par rapport à 1990 est prévu, notamment sur la base de dix actions prioritaires à mener, dont le report modal, le déploiement des nouvelles technologies et la diminution des voitures conventionnelles) ; une interopérabilité accrue entre les modes (la Commission veut accroître la part du ferroviaire et internaliser tous les coûts du transport routier). Les questions de financement devraient également jouer un rôle important, dans un contexte de finances publiques tendues. La Commission a dans ce cadre proposé, fin 2010, d'examiner la possibilité de recourir à des emprunts obligataires privés (« *project bonds* ») pour financer les infrastructures, notamment de transports.

L'essentiel

Inscrite dans le traité depuis l'origine, cette politique commune est aujourd'hui l'une des plus intégrées et couvre tous les modes de transport : aérien, maritime, routier, ferroviaire, fluvial. Si les enjeux la concernant ont d'abord porté principalement sur l'ouverture des marchés nationaux et si dans certains domaines, comme le ferroviaire, ce sujet reste d'actualité, d'autres préoccupations sont montées en puissance progressivement, que ce soit la sécurité/sûreté ou l'environnement. Les concepts de mobilité durable ou de transports « décarbonés » font ainsi aujourd'hui clairement partie du vocabulaire européen. Les transports sont ainsi à la croisée de plusieurs problématiques : économique et territoriale (enjeu de cohésion), sociale (conditions de travail mais aussi protection des consommateurs), environnementale (les défis restent nombreux), ce qui en fait une des politiques les plus complètes au plan européen.

Titre 6
L'énergie

La question de l'énergie a été l'une des premières préoccupations des pères fondateurs de l'Union européenne En témoignent le premier traité consacré au charbon et à l'acier (expiré en juillet 2002) et ensuite le traité Euratom de 1957, toujours en vigueur.

Pourtant, la politique européenne de l'énergie a fait l'objet d'une structuration récente. C'est à l'occasion de la réunion informelle des chefs d'État ou de gouvernement d'octobre 2005, à Hampton Court, que la volonté de développer une politique européenne de l'énergie cohérente et ambitieuse a été scellée. Sur cette base, la Commission a adopté en 2006 un livre vert, puis en 2007 une première Analyse stratégique de l'énergie. Cette évolution a abouti au Conseil européen de mars 2007 qui, outre la fixation d'objectifs (voir Titre 7 sur l'environnement), a défini un premier plan d'action pour la politique de l'énergie fondé sur l'exigence de compétitivité, de durabilité et de sécurité d'approvisionnement. Ce plan d'action (2007-2009) a fixé les orientations suivantes : l'achèvement du marché intérieur du gaz et de l'électricité, la politique énergétique internationale, l'efficacité énergétique, les énergies renouvelables et les technologies énergétiques.

Depuis 2005, cette politique a fait l'objet d'une structuration en profondeur : des objectifs ont été fixés pour 2010 et le cadre législatif a été entièrement remanié et complété. De nombreux défis restent cependant à relever, d'une part pour garantir la mise en œuvre concrète des textes adoptés et l'atteinte des objectifs définis et d'autre part pour créer les conditions d'une perspective à plus long terme (de 2020 à 2050). Ce n'est pas un hasard si le premier des Conseils européens thématiques du 4 février 2011 a été consacré, à côté de la question de l'innovation, à ce sujet.

Fonctionnement et réalisations

Fonctionnement

La consécration par le traité

Le traité de Lisbonne a introduit une base juridique sur l'énergie (article 194 TFUE). Jusqu'alors, le législateur se fondait sur l'article 114 TFUE pour les mesures liées au marché intérieur (voir les trois paquets de libéralisation du marché intérieur de l'énergie), l'article 191 TFUE pour les mesures environnementales (voir directive sur les énergies renouvelables[92]) ou l'article 122 TFUE pour les mesures sur la sécurité d'approvisionnement[93].

Les *objectifs* de la politique de l'énergie (compétence partagée entre l'Union et les États membres) sont d'assurer le fonctionnement du marché de l'énergie et la sécurité d'approvisionnement dans l'Union, de promouvoir l'efficacité énergétique et l'interconnexion des réseaux énergétiques. Ces objectifs doivent être atteints dans un esprit de solidarité. En outre, l'Union ne peut affecter le choix des États entre différentes sources d'énergie et la structure générale de leur approvisionnement énergétique.

Le traité de Lisbonne n'a par ailleurs pas modifié le traité Euratom (la Communauté Euratom continue d'avoir sa personnalité juridique propre).

Les RTE

Le traité de Maastricht a prévu l'interconnexion et l'interopérabilité des réseaux de distribution de l'énergie sur tout le territoire de l'UE. Cette politique bénéficie de cofinancements mais aussi de prêts BEI. Toutefois, ces cofinancements restent jusqu'ici limités (études de faisabilité) et le principe de base reste l'autofinancement : les opérateurs se rémunèrent par le système du prix correspondant à un service rendu.

Réalisations

Le cadre réglementaire

Dans le domaine du *marché intérieur*, l'Union a adopté plusieurs textes qui ont organisé les conditions d'ouverture à la concurrence du marché du gaz et de l'électricité. Ainsi, le 2e paquet de 2003 a prévu l'ouverture à la concurrence

92. Voir directive 2009/28/CE.

93. Qui relève désormais de la procédure législative ordinaire.

au 1er juillet 2004 pour les professionnels (industriels, PME, collectivités locales, etc.) et au 1er juillet 2007 pour les particuliers. Le 3e paquet (deux directives[94] et trois règlements), adopté en 2009, vise à : garantir l'indépendance des gestionnaires de réseau (assurer une séparation effective entre les activités de production et de fourniture et les activités de transport d'énergie), accroître les compétences des régulateurs nationaux, permettre leur coopération au sein d'une agence dotée de réels pouvoirs[95], assurer la réalisation de plans de développement des réseaux à dix ans, intensifier les coopérations régionales pour accélérer les couplages de marché et améliorer la protection des consommateurs.

Dans le domaine de la *lutte contre le changement climatique*, la directive sur les renouvelables comprend des objectifs nationaux contraignants (voir Titre 7 sur l'environnement).

En matière de *sécurité d'approvisionnement,* une deuxième analyse stratégique a été adoptée par la Commission fin 2008 : elle met l'accent sur la sécurité énergétique et la maîtrise de la demande à travers la promotion de l'efficacité énergétique. Par ailleurs, dès janvier 2009, la crise d'approvisionnement gazière russo-ukrainienne a souligné l'urgence des progrès à réaliser en la matière.

Les **propositions législatives** découlant de la deuxième analyse stratégique ont été adoptées entre le début de 2009 et la mi-2010 :
- révision de la directive sur les stocks pétroliers (obligation de maintenir des stocks minimum en produits raffinés) ;
- règlement sur la notification des investissements (qui permet de disposer à l'échelle européenne d'une vision prospective de l'équilibre offre/demande) ;
- refonte de la directive sur la performance énergétique des bâtiments avec la fixation d'objectifs pour 2020 en termes de bâtiments à consommation quasi-nulle ;
- refonte des directives sur l'éco-conception et l'étiquetage énergétique des produits (champ d'application élargi à tous les produits ayant une influence sur la consommation d'énergie) ;
- règlement sur la sécurité d'approvisionnement en gaz (qui renforce la sécurité de l'Union face aux risques de crises).

Enfin, pour pallier les effets de la crise économique, un programme de relance (de 5 milliards euros) a été adopté en 2009, pour soutenir les investissements dans des projets d'infrastructures énergétiques avant la fin 2010, dont les interconnexions électriques et gazières et les projets éoliens *offshore*.

Les réalisations non législatives

Les *aspects technologiques* ont fait l'objet, en 2007, d'une communication de la Commission qui a abouti à la création du *Plan pour les technologies énergétiques stratégiques*. Sur cette base, a été décidé le lancement de six initiatives industrielles conjointes et consacrées au solaire, à l'éolien, aux réseaux du futur, à la fission nucléaire et aux bioénergies, et au captage et séquestration du carbone. Une communication complémentaire a été présentée, en 2009, sur les aspects de financement.

La *dimension externe* est aussi un élément essentiel de la politique européenne de l'énergie. Des avancées ont eu lieu entre 2007 et 2010 (approfondissement de la Communauté de l'énergie, dialogue énergétique dans le cadre du partenariat oriental, structuration des dialogues avec les pays fournisseurs – Russie, OPEP, pays d'Asie centrale –, les pays consommateurs – États-Unis, Chine, etc. – et les pays de transit – Ukraine – ou la promotion de la création de l'agence IRENA[96]). Cependant, cette période a aussi été marquée par le retrait de la Russie de la Charte de l'énergie.

Perspectives

Un important travail de mise en œuvre

La plupart des textes adoptés impliquent un important travail de mise en œuvre. Par exemple, la refonte des directives « éco-conception » et « étiquetage énergétique de produits » devrait permettre l'adoption de nouvelles mesures d'application sur d'importantes familles de produits (comme les climatiseurs, chaudières, chauffe-eau, etc.). La mise en œuvre de la directive sur les renouvelables nécessite également un important travail de mise en œuvre (voir les deux communications de la Commission de 2010 sur les critères de durabilité des biocarburants et le rapport sur les changements indirects d'affectation des sols).

Les orientations arrêtées par le Conseil européen

Le Conseil européen du 4 février 2011, consacré pour partie à l'énergie, s'est fondé sur deux communications de la Commission.

– La *communication « Énergie 2020 : une stratégie pour une énergie compétitive, durable et sûre »* adoptée en novembre 2010, qui identifie cinq priorités : marché intérieur et infrastructures, sécurité et consommateurs, efficacité énergétique, innovation technologique, dimension extérieure. Elle prévoit que dans le domaine de la génération d'électricité, des investissements devront être facilités en vue d'assurer que presque les deux tiers de l'électricité soient *sobres en carbone* au début des années 2020 et que, dans ce contexte, la priorité soit donnée aux énergies « nouvelles et renouvelables ».

– La *communication sur les priorités en matière d'infrastructures énergétiques pour 2020 et au-delà*, adoptée fin 2010 : c'est la priorité dans les prochaines années pour la Commission, qui souligne le besoin de moderniser et remplacer les infrastructures vieillissantes et adapter les réseaux aux nouvelles exigences du marché intérieur, de la sécurité d'approvisionnement collective et de la part croissante des énergies renouvelables. Les besoins en investissements seraient de plus de 1 000 milliards d'euros d'ici 2020, dont une partie pourrait ne pas être financée par le marché. Des propositions législatives sont attendues pour

94. Voir directives 2009/72 et directive 2009/73.

95. Agence européenne de coopération des régulateurs de l'énergie, située à Ljubljana en Slovénie.

96. Agence internationale pour les énergies renouvelables.

le mois de juin 2011, notamment la création d'un nouvel instrument financier qui succédera au règlement RTE-énergie. Une proposition pour développer les réseaux intelligents est également possible.

Sur cette base, le Conseil européen du 4 février 2011 a décidé les éléments suivants : besoin d'un marché intérieur de l'énergie intégré, interconnecté et pleinement opérationnel (qui doit être achevé d'ici 2014), modernisation et développement des infrastructures énergétiques de l'Europe (pour rendre la solidarité entre les États membres effective, pour qu'aucun État membre ne reste à l'écart des réseaux européens du gaz et de l'électricité au-delà de 2015 et sachant que les coûts des investissements devront être en principe pris en charge par le marché), nécessité d'avancer en matière d'efficacité énergétique et de tenir l'objectif d'une augmentation de 20 % d'ici 2020 (notamment en intégrant, d'ici 2012, dans les procédures de marchés publics pour les services et bâtiments des normes en matière d'efficacité énergétique), nécessité d'investissements dans les énergies renouvelables et les technologies à faibles émissions de CO^2, nécessité de garantir la cohérence des relations extérieures de l'UE avec les principaux pays producteurs, consommateurs et de transit (développer les partenariats, diversifier les voies et sources d'approvisionnement), enfin appel à une révolution des systèmes énergétiques pour tenir l'objectif de réduction des émissions de GES de 80 à 95 %, d'ici 2050, par rapport au niveau de 1990.

Autres initiatives

D'autres exercices [97] ont vu le jour ou sont prévus en 2011 :
– la révision du *plan d'action pour l'efficacité énergétique* : ce plan d'action a été adopté le 8 mars 2011 [98] et révise celui de 2006. Il identifie les mesures-clés pour tenir l'objectif d'économies d'énergie de 20 % d'ici 2020 (objectif défini par le Conseil européen de mars 2007), dans les domaines du bâtiment, de l'industrie et des transports. L'idée d'inclure des objectifs contraignants en la matière n'est pas retenue à ce stade et le plan indique que de tels objectifs pourraient être proposés en 2012 « si nécessaire ». Ce nouveau plan devrait être suivi d'une proposition législative (directive sur l'efficacité énergétique et les économies d'énergie) ;
– la *communication sur la sécurité de l'approvisionnement énergétique et la coopération internationale :* prévue en juin 2011, elle devrait porter sur les partenariats stratégiques et les actions prioritaires à conduire vis-à-vis de pays tiers (extension de la Communauté de l'énergie vers la zone Méditerranée, corridor sud gazier, etc.) ;
– en matière de *fiscalité*, la Commission devrait présenter une révision de la directive sur la taxation de l'énergie (voir Titre 4 sur la fiscalité) ;
– un important volet *financement* sera également développé : création d'un instrument qui succèdera au RTE-E qui ne pouvait financer que des études de faisabilité, utilisation de l'instrument innovant pour l'efficacité énergétique et les renouvelables, etc. ;
– la *feuille de route pour 2050* : prévoit la « décarbonisation » du secteur en vue d'atteindre les objectifs définis par le Conseil européen (réduction des émissions de GES de 80 à 95 % d'ici 2050) et pourrait servir à l'identification de cibles intermédiaires à l'horizon 2030.

Initiatives dans le domaine nucléaire

A l'occasion du Conseil du 28 février 2011, l'importance du nucléaire, qui fournit 30 % de l'électricité dans l'Union, a été rappelée. Toutefois, la catastrophe survenue dans la centrale japonaise de Fukushima, en mars 2011, a relancé en Europe le débat sur la place du nucléaire dans le bouquet énergétique (l'Union compte 143 réacteurs, dont 58 sont en France). L'Allemagne a ainsi décidé de procéder à l'arrêt provisoire de sept réacteurs nucléaires. L'Italie a, pour sa part, décrété un moratoire d'un an des dispositions relatives à la relance de cette énergie.

Le Conseil puis le Conseil européen se sont saisis de la question en mars 2011, pour réitérer que la sûreté des centrales nucléaires est une priorité absolue et décider que serait vérifiée la sûreté de toutes les installations nucléaires de l'Union, avec évaluation globale et transparente des risques et de la sûreté. Le Conseil européen a également demandé à la Commission, d'une part d'examiner le cadre législatif et réglementaire existant en matière de sûreté et d'autre part que la proposition de directive sur la gestion du combustible usé et des déchets radioactifs soit rapidement adoptée.

Le *projet ITER* reste par ailleurs un projet majeur sur le plan scientifique et technologique. Il pose la question délicate de la mobilisation de financements additionnels et substantiels dans le cadre financier existant. L'Europe devra travailler à son aboutissement dans les années à venir (voir Titre 8 sur Recherche et développement).

L'essentiel

Bien que l'énergie ait été l'une des premières préoccupations des pères fondateurs de l'Union européenne (voir le traité sur le charbon et l'acier de 1951), la politique européenne de l'énergie est une politique récente. Elle fait l'objet d'une structuration en profondeur, depuis 2005, et repose sur trois priorités : achèvement du marché intérieur de l'énergie, sécurité d'approvisionnement (avec un volet externe de plus en plus important), préoccupation environnementale (réduction des émissions de gaz à effet de serre). Ce dernier enjeu a connu un développement remarquable ces dernières années et s'est traduit par l'adoption de règles contraignantes pour promouvoir au sein de l'Union les énergies renouvelables. La problématique de l'efficacité énergétique est également au cœur des travaux européens, même s'il n'existe pas d'objectifs contraignants en la matière. S'agissant de l'énergie nucléaire, son importance a été rappelée par le Conseil européen de février 2011. L'accident survenu au sein d'une centrale japonaise, en mars 2011, rend toutefois nécessaire le renforcement des normes de sûreté nucléaire, au plan interne à l'Union comme sur la scène internationale.

97. Ces autres exercices se fondent pour la plupart sur les deux communications de la Communication de novembre 2010.

98. Voir COM (2011) 109/4.

Titre 7
L'environnement

On a coutume de dire que 80 % des lois françaises dans ce domaine sont la traduction d'obligations communautaires. Cette politique a pourtant dû attendre l'Acte unique européen pour être reconnue dans les traités. Des mesures avaient toutefois été prises dans ce domaine auparavant (voir la célèbre directive « oiseaux sauvages » de 1979, qui régit la chasse dans l'Union) et le premier programme d'action communautaire remonte à 1972. Le traité de Maastricht a ensuite normalisé cette politique, en la soumettant à la majorité qualifiée du Conseil et à la codécision. Le traité d'Amsterdam a apporté sa pierre à l'édifice en faisant de la protection de l'environnement une exigence à laquelle sont soumises toutes les politiques et actions de l'Union.

Cette évolution a donné lieu à une abondante législation qui couvre la plupart des questions environnementales. Il s'agit, par ailleurs, d'une des politiques les plus exigeantes au monde (lutte contre les pollutions de l'air et de l'eau, protection de la biodiversité, lutte contre le changement climatique, etc.). En outre, la montée en puissance de certaines questions de société s'est traduite par une intervention du niveau européen. C'est en particulier le cas pour les organismes génétiquement modifiées (OGM).

Cette intense activité législative a également donné lieu, avec la jurisprudence dite AETR (alignement des compétences internes et externes)[99], à une reconnaissance du rôle politique de l'Union sur la scène internationale. L'Union est ainsi aujourd'hui partie à de nombreux accords internationaux et est un acteur majeur dans le domaine environnemental. En dépit des difficultés rencontrées lors de la conférence de Copenhague, fin 2009, il faut se souvenir que c'est grâce à l'action politique de l'Union que le protocole de Kyoto est entré en vigueur en 2005, alors qu'un émetteur de gaz à effet de serre (GES) aussi important que les États-Unis avait fait savoir qu'il ne le ratifierait pas.

Aujourd'hui, l'importance prise par l'environnement au sein de l'Union est telle qu'elle implique une réforme des modèles économiques et sociaux, en appelant par exemple d'importantes transformations de la politique industrielle et en générant des perspectives de nouveaux métiers dans le cadre de ce que l'on appelle une économie décarbonée.

99. Voir CJCE, Commission/Conseil, aff. 22/70.

Fonctionnement et réalisations

Fonctionnement

Le traité de Lisbonne n'a pas apporté de réels changements aux règles de cette politique déjà bien stabilisées. L'amélioration de l'environnement figure au nombre des objectifs de l'Union. Cette politique relève des compétences partagées. Il en résulte au plan externe que les accords internationaux sont dits « mixtes », ce qui donne parfois lieu à des tensions entre la Commission et les États membres, *a fortiori* dans le contexte du traité de Lisbonne qui reconnaît désormais que la Commission assure la représentation extérieure de l'Union (en dehors du domaine de la politique étrangère et de sécurité commune)[100]. En outre, les mesures qui sont arrêtées par l'Union n'empêchent pas les États membres de prendre des mesures de protection renforcée (article 193 TFUE).

Sur le plan matériel, les *objectifs* de la politique de l'environnement sont : préservation, protection et amélioration de la qualité de l'environnement ; protection de la santé des personnes, utilisation prudente et rationnelle des ressources naturelles, promotion, sur le plan international, de mesures destinées à faire face aux problèmes régionaux ou planétaires de l'environnement. Le traité de Lisbonne a ajouté la lutte contre le changement climatique.

Quant aux *principes*, ils comprennent le principe de précaution, d'action préventive, la correction des atteintes à l'environnement et le principe « pollueur-payeur ». On relèvera également que l'article 11 TFUE soumet la définition et la mise en œuvre des politiques de l'Union aux exigences de la protection de l'environnement.

Cette politique relève par ailleurs de la *procédure législative ordinaire*. Certains aspects relèvent toutefois de la règle de l'unanimité du Conseil et de la consultation du Parlement européen, comme les dispositions de nature fiscale et les mesures affectant l'aménagement du territoire. Avec le traité de Lisbonne, le Conseil dispose de la faculté de décider à l'unanimité que ces mesures pourront être soumises à la procédure législative ordinaire.

Les *instruments* de cette politique sont avant tout législatifs mais il existe également des outils financiers, comme Life +, seul instrument spécifiquement consacré à l'environnement (2 milliards d'euros sur la période 2007-2013)[101].

100. Voir art. 17 TUE.

101. Ce programme reste cependant sous-utilisé selon la Commission.

Le fonds de cohésion et les fonds structurels peuvent aussi soutenir cette politique. La BEI apporte également beaucoup de prêts, en particulier pour soutenir les énergies renouvelables.[102]

En outre, des programmes communautaires d'action pour l'environnement définissent des priorités et les projets éligibles aux instruments financiers (le 6e couvre, sur la période 2001-2010, quatre domaines : changement climatique, nature et biodiversité, environnement et santé, gestion des ressources naturelles et déchets). Par ailleurs, des stratégies sont définies : ainsi, en 2001, le Conseil européen de Göteborg a adopté une stratégie de développement durable, qui est régulièrement mise à jour et impose l'exigence d'une prise en compte transversale de l'environnement dans l'ensemble des politiques de l'Union.

Enfin, a été créée en 1993 une *Agence européenne de l'environnement* : située à Copenhague, elle a essentiellement un rôle d'information.

Réalisations

La législation concerne l'ensemble des domaines de l'environnement.

La préservation des milieux naturels

Plusieurs sujets peuvent être cités :
- la *lutte contre la pollution de l'air*, qui s'est notamment traduite par des règles pour préserver la qualité de l'air (émissions autorisées d'ozone ou de particules polluantes, directive NEC sur les plafonds d'émissions de 2001, etc.) ainsi que par des normes pour les véhicules (par exemple, les normes EURO[103]);
- de même, l'Union a adopté des mesures pour prévenir la *pollution des eaux* (normes de qualité pour l'eau potable, les eaux d'élevage, etc.; établissement de valeurs limites, par exemple pour les nitrates ou la qualité des eaux résiduaires urbaines); la directive-cadre 2000/60 constitue le cœur de l'action de l'Union en la matière (elle pourrait être révisée en 2012).

Deux autres sujets qui concourent à la protection des milieux naturels doivent être cités :
- la *gestion des déchets* qui a fait l'objet d'une politique développée depuis les années 1970 et repose sur la prévention, le recyclage, la réutilisation des déchets et l'amélioration des conditions de leur élimination finale[104]. La question est également abordée parfois de façon plus spécifique (voir la directive de 2003 sur les déchets d'équipements électriques et électroniques en révision);
- la *préservation de la biodiversité*, qui s'est notamment traduite par la mise en place d'un réseau écologique européen, le réseau Natura 2000 (voir la directive habitats naturels de 1992), qui assure la préservation des espèces et des habitats. Cette action de l'Union en faveur de la biodiversité se prolonge au plan externe : ainsi, l'Union a fortement contribué au succès de la conférence de Nagoya (octobre 2010[105]) qui a défini des priorités d'action en la matière. On pourrait également citer la réglementation visant à interdire le commerce illégal du bois (voir règlement 995/2010/UE).

On rappellera également qu'une proposition de directive sur *la protection des sols* est toujours pendante devant les institutions mais ne progresse plus depuis qu'une minorité de blocage, qui estime que ce texte est contraire au principe de subsidiarité, a été constatée fin 2007.

Le cas particulier des **OGM** doit enfin être cité (voir également le Titre 12 sur la protection des consommateurs) : l'Union a adopté des règles de confinement des OGM en vue d'empêcher leur propagation dans l'environnement (voir directive de 1990, révisée en 1998), des règles de mise sur le marché en vue de la culture, l'importation ou la transformation d'OGM en produits industriels (directive 2001/18/CE), enfin des règles qui définissent les modalités de mise sur le marché d'OGM destinés à l'alimentation humaine ou animale, instaurent une procédure d'évaluation transparente et mettent en place une traçabilité tout au long de la chaîne alimentaire, un étiquetage exhaustif et l'imposition de seuils maximum de présence fortuite (règlement de 2003). Avant l'adoption de ce dernier texte, un moratoire avait été instauré en Europe en 1997. Qu'il s'agisse de la culture ou de l'alimentation, les procédures d'autorisation sont fondées sur l'expertise de l'Agence européenne pour la sécurité des aliments. Par ailleurs, les États membres peuvent mettre en place des clauses de sauvegarde pour interdire la mise sur le marché d'OGM sur leur territoire. Ces clauses de sauvegarde sont régulièrement examinées par la Commission. Ainsi, en mars 2009, la Commission a estimé que les clauses de sauvegarde autrichienne et hongroise n'étaient plus justifiées et devaient être levées. Elle s'est alors heurtée à l'opposition du Conseil.

La prévention des risques industriels et technologiques

L'Union a pris de nombreuses mesures pour lutter contre les substances dangereuses, dont :
- la directive de 2003, dite RoHs, révisée en 2010, qui encadre les substances dangereuses utilisées dans les équipements électriques et électroniques;
- le règlement REACH de 2005 qui établit les contrôles sur l'ensemble des substances chimiques (enregistrement, évaluation et autorisation) et crée une Agence européenne des produits chimiques (ECHA);
- les textes qui luttent contre l'utilisation du mercure (l'Union négocie depuis 2010 un instrument international juridiquement contraignant sur le mercure);
- l'encadrement de l'utilisation de substances comme les biocides;
- les directives Seveso (la dernière date de 1996, directive 96/82; une nouvelle est en discussion), qui définissent des exigences dans la gestion de la sécurité, des plans d'urgence, des inspections, assurent l'information du public liée à l'utilisation de substances dangereuses et classe les établissements (l'Europe compte près de 1 000 établissements Seveso).

102. Voir rapport d'activité de la BEI publié en février 2011.

103. Les dernières normes, adoptées en 2008, sont les normes EURO VI.

104. La dernière grande législation en la matière est la directive 2008/98/CE.

105. Cette conférence était la 10e conférence des parties à la Convention sur la diversité biologique.

Mérite également d'être citée la directive sur la *lutte contre les pollutions industrielles* de 1996, révisée en 2010[106] : elle vise à réduire les émissions dans l'air, l'eau et les sols de polluants nocifs à l'environnement et à la santé (composés soufrés et azotés, métaux lourds et amiante). Elle concerne plus de 50000 installations industrielles en Europe. La nouvelle directive (2010/75/UE) renforce l'harmonisation en rendant contraignantes les « meilleures techniques disponibles » (limites d'émissions associées à la technologie disponible la plus propre), sauf en cas de caractéristiques techniques ou de conditions locales qui les rendent inapplicables à un coût proportionné.

La lutte contre le changement climatique

C'est dans ce secteur que l'action de l'Union a pris l'ampleur la plus importante ces dernières années avec le *« paquet énergie-climat »* (PEC), adopté fin 2008. Avant cette date, l'action de l'Union dans ce domaine avait déjà été significative, que ce soit à travers la négociation et l'adoption du protocole de Kyoto ou la mise en place d'un premier système d'échange de droits d'émission en 2005 (directive 2003/87). Cela étant, le PEC marque une rupture dans l'importance des engagements souscrits par l'Union, qui s'est d'ailleurs traduite par la création d'une nouvelle direction générale de la Commission, la « DG climat », placée sous l'autorité du commissaire chargé spécifiquement de ce sujet (aujourd'hui Connie Hedegaard).

Avec ce paquet, adopté par 27 États membres aux caractéristiques différentes et par le Parlement européen, l'Union a pris des engagements juridiquement contraignants d'une ampleur sans précédent et sans équivalent dans le monde. Elle s'impose unilatéralement une réduction de 20 % de ses émissions de GES en 2020 (par rapport à 1990) et s'engage à porter cette réduction à 30 % en cas d'accord juridiquement contraignant, mondial et ambitieux. Cet engagement se décompose en deux volets.

1) Réduction de 21 % en 2020, par rapport à 2005, des émissions de GES pour les secteurs de l'industrie et de l'énergie : le système d'échange de droits d'émission est défini au niveau européen à partir de 2013 (suppression des allocations nationales). Les installations peuvent acheter les droits d'émission aux États via un système d'enchères ou à d'autres entreprises, ce qui donne un prix au carbone, et incite les entreprises à l'intégrer dans leurs calculs économiques et à choisir les investissements les moins polluants. Le niveau d'enchères est pour les installations énergétiques de 100 %, dès 2013, et sur toute la période (certains nouveaux États membres, compte tenu de leur bouquet énergétique, pourront commencer à 30 % dans certaines conditions) et pour les installations industrielles de 20 % en 2013, avec une augmentation linéaire sur la période aboutissant à 70 % en 2020, en vue d'atteindre 100 % en 2027 (la part de quotas gratuits qui continuera d'être allouée jusqu'en 2027 sera déterminée en fonction des meilleures performances technologiques existantes). Pour certains secteurs industriels exposés à un *« risque de fuites de carbone »* (donc de risques de délocalisation vers des pays extérieurs à l'Union qui n'ont pas pris d'engagements comparables), les installations respectant les meilleures performances technologiques dans leur branche (prise en compte des 10 % des installations les meilleures dans chaque secteur) pourront se voir octroyer 100 % de quotas gratuits. Les autres devront acheter les droits d'émission correspondant au dépassement par rapport aux meilleures performances technologiques. Enfin, une pénalité de 100 euros la tonne est prévue en cas de non-respect de ces dispositions.

2) L'Union s'engage à réduire de 10 % en 2020, par rapport à 2005, ses émissions de GES dans tous les autres secteurs (transport, agriculture, chauffage, appelés à croître d'ici 2020). Cet engagement est réparti entre États en fonction de leur revenu/habitant (cette réduction est de – 14 % pour la France). Des objectifs annuels permettant d'assurer les réductions entre 2013 et 2020 s'imposent à chaque État membre. Un système de surveillance et de correction est prévu. Des mécanismes d'échange entre États sont prévus afin de garantir le meilleur rapport coût-efficacité.

L'Union s'impose également un objectif de **20 % d'énergies renouvelables** dans la production d'énergie totale, en 2020, réparti entre les États en fonction de leur situation de départ et du PIB/habitant (l'objectif de la France est de 23 %). Une trajectoire de référence pour atteindre les objectifs nationaux est définie au niveau européen. Une obligation spécifique est également prévue pour assurer que 10 % de l'énergie consommée dans les transports sera réalisée sur la base d'énergies renouvelables en 2020, en particulier par le développement de véhicules électriques et l'incorporation de biocarburants. Le développement de ces derniers est conditionné à des critères de durabilité : réduction d'au moins 35 % des émissions de GES pour chaque filière (50 % à partir de 2017 et 60 % pour les nouvelles installations), protection des zones de stocks de carbone et de la biodiversité, critères environnementaux et sociaux, mesures correctives en cas d'impact sur les denrées alimentaires.

Afin d'assurer le développement des technologies de captage et de stockage du carbone, une directive définit les conditions juridiques et techniques du déploiement de ces technologies.

Enfin, des accords ont été obtenus sur un objectif d'émissions de 130 grammes de CO^2/km pour les voitures mises sur le marché en 2015 et un objectif de long terme de 95 grammes/km en 2020 (pénalités de 95 euros par gramme prévues en cas de dépassement de l'objectif) et une réduction des émissions de GES liées à la production et à la consommation de carburants de 10 % entre 2010 et 2020 (dont 6 % obligatoires et 4 % sujets à un examen de faisabilité par la Commission). De même, la directive « qualité des carburants » prévoit une réduction de 6 % des émissions de GES pour les carburants destinés au transport d'ici 2020.

Les États membres se sont engagés à utiliser au moins la moitié des recettes des enchères pour la lutte contre le changement climatique (estimations de financement entre 25 et 30 milliards d'euros par an). L'Union consacrera, en outre, jusqu'à 300 millions de tonnes de droits d'émissions au financement des premiers démonstrateurs de séquestration géologique du carbone et des démonstrateurs d'énergie renouvelable.

106. Directive dite « IPPC ».

Encore récemment, fin 2010, l'Union a adopté un règlement sur les véhicules utilitaires légers afin de réduire leurs émissions de GES : l'accord prévoit que la moyenne des émissions de ces véhicules devra passer de 200 à 175 grammes de CO^2 par kilomètres entre 2014 et 2017, et être réduite à 147g/km en 2020. Des pénalités identiques aux véhicules particuliers sont prévues en cas de dépassement.

Perspectives

L'heure est à la mise en œuvre

L'exemple de la mise en œuvre du PEC

La mise en œuvre du PEC a supposé et suppose encore l'adoption de nombreuses mesures en comitologie : détermination des secteurs exposés aux fuites de carbone (voir décision 2010/2/UE), décision sur les référentiels pour l'allocation de quotas gratuits (vote intervenu fin 2010), mise en place d'un système centralisé d'adjudication des quotas fondé sur une plate-forme unique, publication des installations qui recevront des quotas gratuits et de la quantité de quotas alloués prévue pour 2011. En outre, au titre de la directive sur les énergies renouvelables, on peut citer les travaux concernant la mise en œuvre des critères de durabilité des biocarburants, qui a amené la Commission à présenter de nombreux documents en juin 2010.

Une nouvelle orientation politique ?

La Commission estime qu'après une phase d'intense activité législative, la priorité est désormais à la mise en œuvre. Cette dernière ne se résume pas à la transposition des directives ou à l'adoption des mesures en comitologie. Elle repose également sur un travail de surveillance de la bonne application des textes afin d'assurer leur effectivité sur le territoire de l'Union. La Commission insiste sur une application correcte des règles et sur la prise en compte de l'environnement dans les autres politiques de l'Union [107]. Il faut également savoir que les manquements devant la CJUE concernent souvent l'environnement (20 % des infractions sont liées à la législation environnementale) [108]. Des dispositifs ont également été adoptés pour renforcer l'application des règles communautaires (voir la directive de 2008 assurant la protection de l'environnement par le droit pénal : elle prévoit cinq ans d'emprisonnement et des amendes d'au moins 750000 euros pour les infractions les plus graves). En outre, le nombre d'acteurs impliqués pour assurer l'effectivité du droit (États, collectivités locales, opérateurs économiques, etc.) est une difficulté supplémentaire. Enfin, l'intégration de l'environnement dans d'autres politiques reste un sujet majeur (exemple de la pêche et de la PAC).

107. Voir COM (2008) 773 final.

108. A titre d'exemple, la France a été condamnée en 2005 à payer, dans l'affaire dite des « poissons sous taille », une somme forfaitaire de 20 millions d'euros et une astreinte journalière de 316000 euros par jour (voir CJCE, Commission/France, C-304/02).

Les sujets d'avenir

Les OGM

Depuis plusieurs années, la situation se caractérise par un blocage, aucune majorité qualifiée ne se dégageant au Conseil pour ou contre les OGM, ce qui aboutit à faire peser la responsabilité sur la Commission. Ainsi actuellement, seuls deux OGM sont cultivés dans l'UE : le maïs MON 810 du groupe Monsanto [109] et la pomme de terre Amflora du groupe BASF. Il existe 15 autres plantes génétiquement modifiées, essentiellement des semences de maïs, qui attendent une autorisation de culture [110].

Pour débloquer cette situation, la Commission a proposé en 2010 de réviser la directive 2001/18/CE en mettant en place un nouveau système « à la carte » : chaque État pourrait autoriser ou non la culture d'un OGM sur son territoire, pour des motifs d'intérêt public autres que ceux liés à l'évaluation environnementale et sanitaire des OGM qui sont pris en compte au niveau européen. En contrepartie, les États membres donneraient plus aisément leur accord pour les homologations réclamées, dans les pays qui le souhaitent. Les États membres ont exprimé des doutes sur cette approche. Ils veulent pouvoir autoriser des OGM en toute connaissance de cause et être certains que leur décision d'interdire des OGM sur leur territoire ne risquerait pas d'être jugée contraire aux règles de l'OMC. A la demande du Conseil, la Commission a fourni en février 2011 une liste non exhaustive des motifs que les États membres pourraient invoquer pour interdire ou restreindre la culture des OGM, dont l'ordre public, la moralité publique ou bien les aspects religieux et éthiques. Un des enjeux importants est de veiller à ce que les mesures nationales d'interdiction de la culture n'entraînent pas de fragmentation du marché intérieur ni des distorsions de concurrence entre les États membres. En outre, préalablement à la poursuite des travaux sur cette proposition, plusieurs États membres ont demandé l'application des conclusions du Conseil environnement de décembre 2008, qui a plaidé en faveur d'une meilleure mise en œuvre de la réglementation européenne sur les OGM (demande d'un recours à des experts indépendants et reconnus pour leurs compétences environnementales, définition au niveau européen d'un ou plusieurs seuils d'étiquetage de la présence fortuite d'OGM autorisés dans les semences conventionnelles, et prise en compte des aspects socio-économiques). Ce dossier reste donc très sensible politiquement, comme le montre aussi le fait que Greenpeace ait remis, fin 2010, plus d'un million de signatures de citoyens européens à la Commission, l'exhortant à proposer un moratoire sur toute nouvelle autorisation d'OGM.

La biodiversité et le climat

S'agissant de la biodiversité, la Commission doit à présent proposer une stratégie européenne pour 2020, destinée à intégrer les résultats de Nagoya. S'agissant du climat, un des sujets ouverts concerne la mise en place d'un

109. Interdit par sept États membres, dont la France et l'Allemagne.

110. Les États-Unis sont les premiers en termes de surfaces plantées de cultures génétiquement modifiées (66 millions d'hectares sur 148 millions dans le monde ; voir *International Service for the acquisition of Agri-biotech Applications*, chiffres de février 2011).

accord international juridiquement contraignant. Certes, la conférence de Cancun fin 2010 a apporté, après celle de Copenhague, certains espoirs. Elle a permis un accord sur la création d'un Fonds vert de 75 milliards euros en 2020 pour soutenir dans les pays en développement des projets d'adaptation au changement climatique [111], le lancement d'un mécanisme pour lutter contre la déforestation à l'origine de 15 à 20 % des émissions globales de GES – mécanisme REDD+ –, une transparence accrue sur les émissions et une consolidation de l'accord politique de Copenhague [112]. Toutefois, la question de l'avenir du protocole de Kyoto (qui prend fin le 31 déc. 2012) et d'une seconde période d'engagement reste posée, certains pays ayant indiqué qu'ils ne l'approuveraient pas (le Japon, par exemple). Cette question devrait être au cœur de la prochaine conférence à Durban, fin 2011, en Afrique du Sud.

Cette question est un enjeu de *leadership* pour l'UE qui, par son exemplarité, s'est positionnée en chef de file de la lutte contre le changement climatique. L'Union devra dans ce contexte, le cas échéant, décider de porter son effort de réduction au-delà de 20 %, sachant que ce sujet divise les Européens. Elle a jusqu'à présent simplement rappelé que son offre en la matière était conditionnelle (voir plus haut). La Commission a ainsi suggéré 25 % de réduction des émissions de GES pour 2020, dans sa feuille de route pour 2050 adoptée le 8 mars 2011. Ce sujet est étroitement lié à la question des fuites de carbone que l'Union ne doit pas négliger, sous peine d'affecter la compétitivité de son industrie. Dans sa communication de mai 2010 et dans sa feuille de route précitée, la Commission a ainsi reconnu que la mise en place d'un « mécanisme d'inclusion carbone » était une option possible [113].

Au-delà, la question de la gouvernance internationale de l'environnement est également posée et devrait être un des enjeux de la conférence Rio+ 20 qui doit se tenir en 2012.

Réussir la révolution verte

La prise en compte croissante de l'environnement devrait amener l'Union à réaliser une révolution verte, qui devrait dégager de nouvelles sources de croissance et créer de nouveaux emplois. C'est un des messages fondamentaux qui ressort de la stratégie Europe 2020 et de la feuille de route pour une économie compétitive et décarbonée en 2050, adoptée par la Commission le 8 mars 2011 [114] : cette dernière fixe les scenarii pour permettre une réduction de 80 à 95 % des émissions d'ici 2050 (par rapport à 1990). Ainsi la Commission évoque une réduction des émissions de GES de 25 % en 2020 (au lieu des 20 % prévus par le PEC), de 40 % en 2030 et de 60 % en 2040. En outre, tous les secteurs (énergie, transports, agriculture, construction, et services) doivent contribuer, selon la Commission, à l'effort de réduction.

Si cette feuille de route suppose de rester vigilant sur les difficultés en termes de fuite de carbone qui peuvent en résulter, ces exigences peuvent aussi devenir un moyen de développer de nouveaux avantages compétitifs pour l'industrie européenne, en termes d'innovation en particulier. La communication de la Commission sur l'utilisation efficace des ressources, adoptée fin janvier 2011, va dans le même sens et montre qu'une utilisation plus pertinente des ressources (eau, air, sols, matières premières et produits alimentaires) contribuera à la conversion à une économie plus efficace et plus sobre en carbone, tout en assurant la sécurité économique et écologique de l'Union. Ceci est d'autant plus important que l'on observe que des pays tiers ont eux-mêmes saisi cette dimension : la Chine met ainsi en place des stratégies d'investissement et commence à émerger comme leader pour l'installation d'éoliennes et de panneaux photovoltaïques.

Certes, toute tension n'a pas disparu entre environnement et industrie : ainsi, pour prendre un exemple, l'exploitation des terres rares dans l'Union, sujet de plus en plus stratégique, n'est pas aisée en raison des obligations résultant de Natura 2000, qui aboutit à restreindre l'activité minière dans l'Union. Toutefois, le développement des technologies vertes apparaît de plus en plus comme la matrice d'une politique industrielle renouvelée et d'une transformation profonde de l'économie européenne.

L'essentiel

Alors que cette politique n'a fait officiellement son apparition dans les traités qu'en 1986, il s'agit d'une des politiques qui a connu les développements les plus importants au sein de l'Union au cours des dernières décennies. L'environnement ne connaissant par définition pas de frontières, la pertinence de l'échelon européen pour en traiter apparaît évidente. Ainsi, la plupart des règles auxquelles les États doivent se conformer dans ce domaine reposent très largement sur des normes édictées au plan européen, ce qui n'empêche pas les États membres qui le souhaitent de prévoir, au plan national, des règles plus strictes. Sur le plan matériel, rares sont les sujets qui aujourd'hui n'ont pas été appréhendés au plan européen. Le sujet climatique s'est, au cours des dernières années, incontestablement imposé comme l'un des plus importants. L'Union a non seulement joué un rôle majeur pour permettre au protocole de Kyoto d'entrer en vigueur, mais a également pris pour elle-même des engagements très ambitieux en matière de réduction de ses émissions de CO^2. Loin d'être une « simple » politique sectorielle, l'environnement est aujourd'hui devenu un moteur de transformation profonde des économies européennes, qui offre à l'Union et à ses États membres de nouvelles sources de croissance.

---

111. En 2009, la Commission a adopté un livre blanc sur l'adaptation au changement climatique (COM (2009) 147/4).

112. Cet accord confirme l'objectif de limitation de hausse de la température mondiale sous 2 degrés C°, l'engagement des pays industrialisés à mettre en œuvre des engagements quantifiés de réductions d'émissions de GES, prévoit le principe d'un financement international, qui atteindra les 100 milliards d'euros par an en 2020 avec un financement précoce de 30 milliards d'euros dès 2010-2012 pour l'atténuation et l'adaptation au changement climatique dans les pays en développement ou encore la mise en place d'un registre pour mesurer les émissions, y compris des pays en développement.

113. Ce mécanisme consisterait, comme la législation ETS révisée le prévoit, à inclure les importateurs dans le système ETS (voir la communication de la Commission de mai 2010 : « *Analyse des mesures permettant de réduire de plus de 20 % les émissions de gaz à effet de serre et évaluation du risque de fuite de carbone* » (COM (2010) 265 final).

114. Voir COM (2011) 112.

Titre 8
La politique de recherche et développement

La politique de la recherche est une politique récente qui a peu à peu gagné ses lettres de noblesse. C'est à l'Acte unique que la Communauté se voit reconnaître une compétence en la matière et ce n'est qu'avec le traité d'Amsterdam que les objectifs de l'Union mentionnent la recherche comme étant au service de la compétitivité industrielle de l'Union.

Elle est aujourd'hui un enjeu majeur pour l'Union dans un contexte marqué par une concurrence internationale exacerbée. La recherche et l'innovation se présentent comme les atouts de la compétitivité de l'Union et comme les nouvelles sources de croissance.

Pourtant, le bilan reste mitigé. L'ambition de la stratégie de Lisbonne (objectif de 3 % de PIB consacré à la R&D en 2010) contraste avec la modestie des résultats : aujourd'hui, l'Union atteint 2 % alors que le Japon est à 3,4 % et les États-Unis à 2,6 %[115]. Ce décalage a été mis en exergue depuis plusieurs années (voir rapport Sapir de 2003).

Certes, certaines réalisations doivent être notées. Ainsi, le tiers des connaissances scientifiques de la planète est produit par l'Union qui occupe le premier rang mondial dans beaucoup de domaines de recherche. Le système mondial de communications mobiles (norme GSM) fait partie des inventions réalisées grâce à l'imagination des Européens. En outre, un espace européen de la recherche (EER) se met en place mais le compte n'y est pas. Outre les enjeux financiers, un grand nombre de carences subsiste encore (absence de brevet de l'UE, dispersion des efforts, faible mobilité des chercheurs au sein de l'Union, etc.).

Ce contexte explique que le Conseil européen, lorsqu'il a lancé la stratégie Europe 2020 en juin 2010, ait réaffirmé l'importance de la recherche et de l'innovation et y ait consacré sa session du 4 février 2011.

115. Voir communication du 3 mars 2010 de la Commission, *« Europe 2020, Une stratégie pour une croissance intelligente, durable et inclusive »*.

Fonctionnement et réalisations

Le traité Euratom

La recherche n'était pas absente des traités fondateurs. En effet, elle figurait dans le traité Euratom qui avait notamment pour objectif de développer la recherche et d'assurer la diffusion des connaissances techniques, ce qui s'est traduit notamment par la création du Centre commun de recherche nucléaire en Europe.

L'approche intergouvernementale

La recherche (hors nucléaire) a d'abord fait l'objet d'une approche intergouvernementale. Ainsi, le programme Eurêka, lancé en 1985 et qui rassemble aujourd'hui 38 membres, vise à faciliter la coopération européenne pour renforcer la productivité et la compétitivité de l'Europe dans les technologies de pointe. Au titre de ces réalisations, on peut notamment citer les *« clusters »*[116], qui permettent de concentrer l'essentiel des financements d'Eurêka sur quelques domaines stratégiques : micro-nanoélectronique, microsystèmes, logiciels ou télécommunications. Depuis ses débuts, Eurêka a conduit près de 700 projets.

Le traité de Lisbonne

Une compétence limitée

Le traité prévoit que dans ce domaine l'Union dispose d'une compétence pour mener des actions, notamment pour définir et mettre en œuvre des programmes. L'exercice de cette compétence ne peut toutefois pas avoir pour effet d'empêcher les États membres d'exercer la leur (article 4 TFUE).

Les objectifs de cette politique

Cette politique vise à renforcer les bases scientifiques et technologiques de l'Union par la réalisation de l'EER, qui est mentionné pour la première fois dans le traité (article 179

116. Les *clusters* sont des initiatives à long terme visant à développer des outils génériques stratégiques pour la compétitivité européenne dans des secteurs clés comme l'énergie, la biotechnologie ou les nouvelles technologies.

TFUE). Dans cet EER, les chercheurs, les connaissances scientifiques et les technologies ont vocation à circuler librement.

Dans ce cadre, l'action de l'Union « complète » celle des États membres à travers des programmes de recherche avec et entre les entreprises, les centres de recherche et les universités, la promotion de la coopération en matière de recherche avec les pays tiers et les organisations internationales, la diffusion et la valorisation des résultats de la recherche et la formation et la mobilité des chercheurs (article 180 TFUE).

Le Conseil peut créer des entreprises communes ou toute autre entité qu'il juge opportune pour la bonne exécution des programmes de recherche.

Le PCRDT (programme-cadre de recherche et développement technologique)

La politique de la recherche se développe au sein du PCRDT, qui fixe les objectifs scientifiques et technologiques en matière de recherche et est arrêté en codécision depuis le traité de Maastricht (volet Euratom excepté). Il représente le principal instrument en matière de *financement* de la recherche à l'échelle européenne. Il comprend deux éléments distincts, l'un CE, pour la Communauté européenne, l'autre « Euratom ». Le premier a été lancé en 1984. L'actuel, le septième, couvre la période 2007-2013[117].

Les structures

Les seules structures de recherche appartenant à l'UE sont celles du *Centre commun de recherche*. Réparti en sept unités dans toute l'Union, ce réseau fournit des avis et un soutien technique indépendants pour la Commission européenne. Il effectue également ses propres recherches scientifiques.

Réalisations

Les réalisations institutionnelles

Décidé dans le cadre du 7e PCRDT, le *Conseil européen de la recherche* (CER) a vu le jour en 2007. La création de cette entité autonome des États et dotée de 7,5 milliards d'euros répondait à une demande de la communauté scientifique : le CER accorde des financements à des projets de recherche individuels, jugés sur leur seule excellence scientifique. Il repose sur un conseil scientifique, composé d'une vingtaine de personnalités indépendantes et sur une structure chargée de la mise en œuvre. Ses premières années de fonctionnement constituent un succès indéniable et tous les États membres (voir le Conseil de mars 2010) louent l'esprit du CER fondé sur la recherche de l'excellence, même si certaines interrogations sur son mode de gouvernance ont vu le jour.

En outre, un *Institut européen de technologie* (IET), nouveau pôle d'excellence en matière d'enseignement supérieur, de recherche et d'innovation, a été créé en 2008. Il est fondé sur un comité directeur (composé de 18 personnalités indépendantes) et repose sur des *communautés de la connaissance et de l'innovation* (CCI), qui constituent la base opérationnelle de l'IET. Leur fonctionnement repose sur des partenariats pérennes destinés à intégrer, dans un domaine donné, les activités des acteurs du « triangle de la connaissance » : universités, établissements de recherche et industriels. Trois premières CCI ont été sélectionnées fin 2009 sur les domaines préétablis (changement climatique, énergie et technologies de l'information et de la communication)[118]. Ces CCI ont été lancées sur le plan opérationnel au cours de l'année 2010.

Les réalisations sur le fond

Le 7e PCRDT est doté de 53 milliards d'euros et articulé autour de cinq programmes spécifiques : la *coopération* (promouvoir la collaboration à la fois entre les États membres et entre les différents partenaires de la recherche que sont, par exemple, les universités, les organismes de recherche et les entreprises privées) ; les *idées* (soutenir la recherche fondamentale à travers le CER, voir plus haut) ; les *personnes* (favoriser la mobilité et le développement des carrières des chercheurs en Europe et dans le monde, en particulier grâce aux bourses Marie Curie) ; les *capacités* (contribuer au développement des capacités de R&D dont a besoin l'Europe, notamment dans le domaine des infrastructures de recherche de classe mondiale) et la *recherche nucléaire* (développer les capacités de fission et de fusion nucléaire ; financer le projet de réacteur de fusion thermonucléaire ITER, qui réunit la Communauté Euratom, les États-Unis, la Corée du Sud, le Japon, la Russie, l'Inde et la Chine et dont le site d'implantation se trouve en France, à Cadarache[119]).

Le 7e PCRDT a également prévu un mécanisme de financement avec partage des risques (RSFF) destiné à couvrir une partie du risque pris par la BEI dans ses opérations de prêts à des projets de R&D[120], la création d'initiatives technologiques conjointes (ITC), fondées sur le dialogue avec les milieux industriels, ainsi que l'identification de domaines où l'Union pourra participer à des programmes de recherche nationaux. Le programme « *compétitivité et innovation* » apporte également des financements (3,3 milliards d'euros). Certains de ces éléments ont bien progressé. Ainsi, cinq ITC ont été lancées fin 2007 (notamment dans le domaine des médicaments innovants et des transports aériens propres, « *Clean Sky* »). De même, un nombre significatif de prêts (63, sur la période 2007-2009) a été octroyé par la BEI dans le cadre du RSFF. Enfin, quatre nouvelles initiatives relevant de l'article 185 (comme Eurostars, programme pour les PME de haute technologie) ont été récemment lancées.

Autre réalisation des dernières années : la *programmation conjointe des activités de recherche*, créée dans le cadre du « processus de Ljubljana » engagé en mai 2008. Il s'agit d'une nouvelle forme de coopération intergouvernementale qui vise à réduire la fragmentation des politiques et des programmes nationaux de recherche, en les coordonnant davantage et en les concentrant sur de grands défis

117. Voir décision 1982/2006/CE. A noter que le programme-cadre Euratom couvre uniquement la période 2007-2011.

118. "Climate", "InnoEnergy", "EIT ICT Labs".

119. L'accord international a été signé à Paris en novembre 2006.

120. Le budget de RSFF s'élève à 1 milliard d'euros sur la période 2007-2013.

sociétaux. Le Conseil a ainsi lancé, en décembre 2008, une initiative pilote consacrée à la lutte contre les maladies neurodégénératives, en particulier la maladie d'Alzheimer. Trois nouveaux thèmes ont depuis été validés dans le domaine de l'agriculture, sécurité alimentaire et changement climatique, de la santé et de l'alimentation et enfin de la protection du patrimoine culturel.

Enfin, la politique de la recherche s'illustre dans la conduite de grands projets structurants, comme ITER, l'A380 ou Galileo, qui soulignent la capacité d'innovation de l'UE.

Perspectives

Réussir l'EER

Au-delà de l'enjeu institutionnel[121], la mise en place de l'EER, qui devrait être achevée en 2014, est essentielle pour réduire la fragmentation des efforts de recherche en Europe, qui reste importante en dépit des progrès enregistrés. Cela suppose de :

– *poursuivre le travail de programmation conjointe* : ceci devra être clairement articulé avec les partenariats européens d'innovation (dont la création a été décidée fin 2010, le premier portant sur le vieillissement actif et en bonne santé[122]) ;

– *développer la mobilité des chercheurs en Europe* : les travaux des dernières années ont montré que la levée des obstacles et des difficultés rencontrées en la matière relevait largement de décisions qui se trouvent en dehors du champ de la recherche et concernent les politiques sociales (couverture sociale des chercheurs mobiles, retraites complémentaires, etc.). La portabilité des retraites complémentaires appliquée aux chercheurs est un enjeu majeur en raison de la diversité des régimes nationaux. Dans ce contexte, la promotion du doctorat, au-delà des perspectives de carrière académique, est également importante. Dans l'EER, un contrat de travail à rémunération adéquate pour tous les chercheurs, ainsi qu'une couverture sociale tout au long de la carrière, sont des éléments importants. L'absence d'un véritable contrat de travail est en effet un message négatif envoyé à ceux qui souhaitent effectuer une carrière scientifique. La Commission devrait présenter de nouvelles propositions afin de développer leur mobilité géographique et sectorielle, ainsi qu'en faveur du développement des carrières. Le Conseil européen du 4 février 2011 a réaffirmé l'importance de ces éléments[123] ;

– *approfondir le volet externe de l'EER* via le développement de la coopération internationale dans le domaine scientifique et technique est également à encourager.

Simplifier les procédures

Le constat est aujourd'hui partagé par les entreprises, les universités et les centres de recherche : les règles de mise en œuvre du PCRDT sont de plus en plus complexes. En outre, depuis la chute de la Commission Santer, la surveillance de la gestion du PCRDT a été constamment renforcée (voir vague d'audits sans précédent en 2008-2009, avec l'objectif de ramener le risque d'erreur tolérable à 2 % ; ces audits ont donné lieu à des procédures de recouvrements de fonds indûment perçus). En réaction, les acteurs, même les plus convaincus de la nécessité d'inscrire leur action dans une logique européenne, sont aujourd'hui plus hésitants et risquent de privilégier les programmes nationaux.

Comme l'a souligné le Conseil européen dans ses conclusions du 4 février 2011[124], la simplification est ainsi devenue un enjeu essentiel (non seulement technique, mais également politique) pour instaurer le climat de stabilité et de confiance nécessaire à la production de nouvelles connaissances. La Commission a publié en avril 2010 une communication à ce sujet et le Conseil en a longuement débattu, jusqu'en octobre 2010. Il a demandé des mesures rapides pour procéder à une première vague de simplification. Ces questions sont importantes pour la révision à mi-parcours du 7e PCRDT, en 2011, mais ce n'est qu'avec le lancement du 8e PCRDT (2014) que les mesures de simplification les plus radicales avancées dans la communication de la Commission pourraient être mises en œuvre. Les principales demandes adressées à la Commission sont les suivantes :

– *assurer la cohérence de la mise en œuvre du programme*, les participants étant régulièrement confrontés à des différences d'interprétation des règles de la part des services chargés de leur application ;

– *réduire la durée de passation des contrats*, le délai moyen entre la clôture d'un appel à proposition et la signature d'une convention de financement dans le 7e PCRDT s'élevant encore à 333 jours ;

– *alléger les coûts de gestion* : le coût de certaines exigences de la Commission apparaît parfois disproportionné au regard des objectifs de saine gestion et de protection des intérêts financiers de l'UE (comme l'exigence d'identification, pour chaque projet, des intérêts générés par le préfinancement versé aux coordinateurs). L'allègement des procédures suppose aussi une modification du règlement financier (que le Conseil européen souhaite voir adoptée d'ici fin 2011[125]) ou des règles de participation du PCRDT ;

– *définir « un nouvel équilibre entre confiance et contrôle et entre prise de risque et refus des risques »*[126] : afin de concentrer les efforts des chercheurs sur les questions scientifiques, la Commission pourrait reconnaître

121. Le Conseil « Compétitivité » de mai 2008 a adopté le « processus de Ljubljana », qui fixe le cadre dans lequel s'inscrit l'action des ministres de la Recherche de l'UE en vue de la réalisation d'un véritable EER. Ce processus a ainsi conduit, dans une première phase, à définir, sous la présidence française de 2008, une « vision » de l'EER à l'horizon 2020.

122. Voir l'initiative-phare « Union de l'innovation » de fin octobre 2010 (COM (2010) 546 final).

123. Voir le paragraphe 19 des conclusions de ce Conseil européen.

124. Voir paragraphe 25 des conclusions du Conseil européen de février 2011.

125. Voir paragraphe 25 des conclusions du Conseil européen de février 2011.

126. Voir paragraphe 25 des conclusions du Conseil européen du 4 février 2011.

les méthodes comptables des participants (problème des coûts réels éligibles), notamment sur la base d'une validation préalable par un certificateur national et étudier les avantages et inconvénients d'un recours accru aux subventions de nature forfaitaire. En retour, les institutions, notamment la Cour des comptes, pourraient renoncer à exiger de la Commission un risque d'erreur tolérable à 2 % dans la gestion des crédits consacrés à la recherche, qui ne peut être atteint sans un coût prohibitif de la politique de contrôle.

Mettre la recherche au service de la croissance

Chacun reconnaît désormais que le cœur de la croissance européenne réside dans la capacité à innover. C'est en effet la clé de la compétitivité et la croissance. Or il ne saurait y avoir beaucoup d'innovation sans recherche. Ceci explique que cette politique soit inscrite au cœur de la stratégie Europe 2020 et que le Conseil européen du 4 février 2011 ait à nouveau confirmé l'importance de cette politique.

Mieux définir la place de la recherche dans la chaîne de l'innovation

La Commission a souligné l'importance de ce lien dans l'initiative-phare *Union de l'innovation* de fin octobre 2010. De même, dans la feuille de route adoptée en novembre 2010, le Conseil a insisté sur ce lien indispensable entre recherche et innovation. Ceci est vrai pour la recherche fondamentale et appliquée (il n'y a pas de bonne recherche appliquée sans bonne recherche fondamentale, d'où l'importance de l'excellence scientifique). En outre, ceci doit s'inscrire dans une totale cohérence avec toutes les politiques de l'UE pertinentes (normalisation, aides d'État, marchés publics, propriété intellectuelle, y compris le brevet de l'UE), afin de pouvoir exploiter les résultats de la recherche et d'agir sur toute la chaîne de l'innovation. Cela suppose aussi de favoriser l'accès au financement pour les PME innovantes et le transfert de connaissances vers ces dernières (via notamment un fonds européen de capital risque et un fonds européen de valorisation des droits de propriété intellectuelle). Le Conseil européen du 4 février 2011 a insisté sur l'importance de ces différents éléments.[127]

Doter la recherche des moyens financiers nécessaires

Ces moyens restent insuffisants : l'Union consacre seulement 2 % de son PIB à la R&D. Cette stagnation des dépenses est en grande partie due à la faiblesse des dépenses privées. C'est pourquoi, en validant la stratégie Europe 2020, le Conseil européen de juin 2010 a réaffirmé l'objectif de 3 % du PIB pour 2020. Au sein des États, les disparités sont fortes (0,6 % en Grèce et 3,7 % en Suède).[128]

127. Voir paragraphe 20 et suivants des conclusions.

128. Il est à noter qu'en Europe, 93 % des dépenses pour la R&D proviennent des États membres et seulement 7 % sont financées au travers du budget de l'UE (chiffres cités par la commissaire chargée de la recherche devant le PE en février 2011).

Renforcer le capital humain

Outre la question de la mobilité, l'Union doit disposer de personnels qualifiés pour stimuler la recherche. C'est pourquoi le Conseil européen a défini des objectifs pour renforcer le nombre de diplômés de l'enseignement supérieur dans le cadre de la stratégie Europe 2020. Cette démarche est également indispensable pour renforcer l'attractivité européenne et faire venir des chercheurs du monde entier.

Poursuivre la conduite de grands projets structurants

La valeur ajoutée de l'Union ne saurait se résumer à la définition des conditions-cadre propices à la recherche et à l'innovation. Elle s'illustre aussi dans sa capacité à être présente dans les secteurs de pointe à forte valeur ajoutée technologique dans lesquels elle dispose d'avantages compétitifs. C'est pourquoi la réussite de grands projets technologiques comme ITER ou Galileo revêt une grande importance.

Ces différents éléments se retrouvent dans le livre vert de la Commission de février 2011 qui insiste sur le besoin d'une meilleure intégration des instruments de soutien à la recherche et l'innovation. Il souligne également que les moyens de financement apportés par l'UE recèlent un grand potentiel de croissance et d'emplois. La Commission propose ainsi, à la suite du Conseil européen du 4 février, un *cadre commun* fondé sur trois aspects : la nécessité de doter l'UE d'une base scientifique du meilleur niveau mondial, de stimuler la compétitivité dans tous les domaines et de s'attaquer à de grands défis sociétaux (changement climatique, utilisation rationnelle des ressources, sécurité énergétique et alimentaire, vieillissement de la population); ensuite rendre le financement plus attractif et plus accessible pour les chercheurs; enfin simplifier le financement en couvrant toute la chaîne d'innovation.

L'essentiel

La recherche et développement est une politique récente de l'Union européenne puisqu'il faut attendre le traité d'Amsterdam pour qu'elle figure parmi les objectifs de l'Union. La compétence qu'exerce l'Union en la matière reste limitée sur le plan juridique, l'essentiel des actions restant du niveau des États. Pourtant, le rôle capital de la recherche pour stimuler l'innovation et renforcer la compétitivité de l'Union exige de la part de cette dernière une action résolue. C'est ce que les chefs d'État ou de gouvernement ont réaffirmé, en juin 2010, en lançant la stratégie « Europe 2020 ». Si certains progrès ont été enregistrés dans ce domaine (mise en place d'un Conseil européen de la recherche, plus grande coordination des efforts nationaux de recherche, etc.), cette politique doit encore faire l'objet d'un vrai développement, que ce soit à travers des efforts accrus de financement, la promotion de la mobilité des chercheurs en Europe ou la poursuite de grands projets à forte valeur ajoutée technologique, comme ITER ou Galileo.

Titre 9
L'espace

L'espace est longtemps resté une politique intergouvernementale en Europe, qui s'est développée dans le cade de l'Agence spatiale européenne (ESA)[129]. Les réalisations telles qu'Arianespace et Eumetsat se sont ainsi produites dans un cadre non communautaire.

Les institutions européennes traitent toutefois de ce sujet depuis plusieurs années. Ainsi après le livre blanc de 2003[130], la Communauté européenne et l'ESA ont signé, en novembre 2003, un accord-cadre qui vise la définition harmonieuse et progressive d'une politique européenne globale de l'espace pour permettre à l'Europe d'avoir un accès indépendant à l'espace et de développer des technologies spatiales. L'accord-cadre prévoit la création du « Conseil espace » au niveau ministériel. Il s'est réuni à sept reprises et a adopté d'importantes résolutions qui affirment le caractère stratégique de l'espace pour l'Union (notamment en mai 2007 et en septembre 2008[131]).

Par ailleurs, le traité de Lisbonne a introduit une vraie rupture en faisant entrer l'espace dans le champ des compétences de l'UE. Il est encore trop tôt pour mesurer les effets de ce changement. Toutefois, il s'agit d'une opportunité réelle pour aider l'Europe à conquérir davantage d'autonomie dans ce domaine en bâtissant notamment une politique industrielle spatiale ambitieuse. La crédibilité de l'Union suppose également de poursuivre les grands projets que sont Galileo et GMES.

Fonctionnement et réalisations

Fonctionnement

L'espace est une compétence partagée de l'Union, qui ne peut toutefois avoir pour effet d'empêcher les États membres d'exercer la leur (article 4 § 3 TFUE).

L'article 189 TFUE prévoit que, afin de favoriser le progrès scientifique et technique, la compétitivité industrielle et la mise en œuvre de ses politiques, l'Union élabore une politique spatiale européenne et peut promouvoir des initiatives communes, soutenir la recherche et le développement technologique et coordonner les efforts nécessaires pour l'exploration et l'utilisation de l'espace. La procédure législative ordinaire permet l'adoption des mesures nécessaires qui peuvent prendre la forme d'un « programme spatial européen ». Toutefois, toute harmonisation est exclue. En outre, obligation est faite à l'Union d'établir toute liaison utile avec l'ESA.

Réalisations

Il existe d'ores et déjà un corpus d'orientations et d'objectifs politiques constitués par les résolutions du Conseil « espace » (voir ci-dessus) ou la résolution du Parlement de novembre 2008 (« Politique spatiale européenne : l'Europe et l'espace »). Les principales orientations sont les suivantes.

Les projets concrets

L'ensemble des activités déjà en œuvre telles que Galileo, GMES[132] ou la R&D spatiale (PCRDT), peuvent être considérées comme le socle de cette politique. L'Europe est par ailleurs chef de file en matière de lanceurs (voir Ariane 5).

Le *Programme européen de radionavigation par satellite* (Galileo et EGNOS), qui a débuté en 1999, est dans ce contexte un projet majeur. Il doit doter les Européens de leur système de radionavigation par satellite pour déterminer, avec une plus grande précision que le GPS américain (qui détient aujourd'hui le monopole), une position dans l'espace grâce à une technologie de pointe fondée sur des récepteurs qui reçoivent les signaux émis depuis différents satellites (trente satellites couvriront la totalité du globe). Galileo sera notamment utilisé pour les transports (contrôle du trafic aérien, des réseaux routiers, etc.), les réseaux énergétiques ou bancaires (grâce à la datation extrêmement précise qu'offrira Galileo), les services sociaux (aide aux handicapés ou aux personnes âgées), les douanes et la justice (localisation des suspects, contrôles aux frontières), les travaux publics (systèmes d'information géographique) et les systèmes de recherche et de sauvetage. Le futur système représente un enjeu économique majeur pour le développement de l'industrie des transports, de la technologie et de la politique environnementale. Les

129. Organisation internationale créée en 1973 et qui regroupe 19 États membres de l'Union et des États tiers.

130. Voir COM (2003) 673 final.

131. Voir document 13569/08.

132. Le programme GMES *(« Global Monitoring for Environment and Security »)* est le programme européen de surveillance de la terre qui vise à donner à l'Europe des informations sur l'environnement et pour la sécurité des personnes et des biens.

industries de hautes technologies européennes devraient bénéficier pleinement du développement de ce programme qui pourrait générer, à terme, de nombreux emplois. Le programme Galileo est actuellement en phase de déploiement. Toutefois, du retard a été pris. Ainsi, en 2010, la Commission a indiqué que le service commercial destiné au grand public, initialement prévu pour 2010, ne sera disponible qu'en 2014.

Le programme GMES, qui vise à permettre la surveillance et l'observation de la terre, est également un projet européen important. Il sera utile à la gestion de l'environnement et à la sécurité civile (suivi des incendies de forêts, prévision de catastrophes naturelles, etc.).

L'organisation institutionnelle

A la Commission, le président Barroso a tiré les conséquences de l'entrée en vigueur du traité en concentrant les services chargés de l'espace au sein de la DG « Entreprises et industrie ». De même, le Conseil européen a doté, en septembre 2010, le Conseil compétitivité d'un nouveau segment « espace », à la suite de quoi le COREPER a créé, en octobre 2010, un nouveau groupe de travail « espace ».

Perspectives

Le caractère indispensable des infrastructures spatiales pour l'économie européenne et pour la plupart des politiques de l'Union est indéniable. Les institutions de l'UE, en premier lieu la Commission, devraient se saisir du nouveau contexte juridique du traité de Lisbonne. C'est d'autant plus important que l'Union prend du retard dans ce domaine (elle investit beaucoup moins dans la politique spatiale civile que les États-Unis et la concurrence avec la Chine s'amplifie). Deux priorités semblent s'imposer.

Exploiter les possibilités offertes par le traité de Lisbonne

Bâtir une politique industrielle

L'heure est venue de définir un programme spatial européen ambitieux. L'objectif devrait être de bâtir une politique industrielle spatiale, comme le 5e Conseil espace de septembre 2008 l'avait demandé en souhaitant l'élaboration d'instruments de financement de l'UE adaptés. La Commission a souligné le rôle de l'espace dans son initiative-phare sur la politique industrielle européenne, en octobre 2010. Elle l'a de nouveau mis en exergue dans sa communication de mars 2011 qui présente des priorités de programme. Le renforcement de la base industrielle et technologique, en particulier pour faciliter l'accès des entreprises aux marchés internationaux publics et commerciaux, est ainsi primordial. La politique d'approvisionnement de l'Union jouera un rôle important. Elle doit toutefois être complétée par le renforcement des efforts R&D, la définition d'un cadre réglementaire favorable à l'innovation et à la compétitivité et la mobilisation des leviers des différentes politiques de l'Union. Plus largement, cette politique industrielle devra aborder les différents segments de l'industrie spatiale en tenant compte de l'existence ou non d'un marché international concurrentiel. Le secteur des lanceurs en constitue un exemple certain.

Établir des structures de gouvernance idoines

Les changements juridiques et institutionnels impliqueront de redéfinir les modalités de coopération avec l'ESA et de modifier en conséquence l'accord-cadre, prorogé pour quatre ans en mai 2008. Par ailleurs, les États membres sont détenteurs de capacités spatiales propres et de capteurs *in situ* (par exemple GMES) utiles pour les politiques de l'UE, ainsi que de capacités de recherche et de maîtrise d'ouvrage. Ceci devrait les faire participer au développement de programmes communs, la compétence spatiale étant partagée.

Concrétiser les grandes orientations de la politique spatiale européenne

La résolution du cinquième Conseil espace demandait *« des investissements communautaires appropriés à long terme en faveur d'activités de recherche spatiale et de la mise en œuvre d'applications spatiales pérennes au service de l'Europe et de ses citoyens, en particulier en examinant toutes les conséquences s'agissant des politiques liées à l'espace dans le cadre des prochaines perspectives financières »*. Dans ce cadre, les priorités paraissent être les suivantes.

Réussir Galileo et GMES

La pérennité financière de Galileo et de GMES, qui entreront dans leur phase opérationnelle de manière concomitante (à l'horizon 2014), doit rester une priorité, non seulement parce que ces projets apporteront beaucoup à l'Europe (voir plus haut) mais aussi parce qu'il y va de la crédibilité de l'Union. Or ces projets connaissent des difficultés de financement (le projet coûte 3,4 milliards d'euros et il a fallu modifier les perspectives financières en 2007 pour financer Galileo, du fait de l'échec du partenariat public-privé ; de nouveaux surcoûts ont été identifiés en 2010, de 1,9 milliard d'euros [133]). Les États membres ont insisté sur l'importance de la maîtrise des coûts lors du Conseil transports de mars 2011. Une gestion optimisée des programmes sera donc indispensable pour permettre d'aboutir rapidement à la délivrance des premiers services opérationnels. Il devrait également s'agir d'un enjeu important dans les prochaines perspectives financières. Le cadre réglementaire entourant Galileo doit également progresser, notamment avec la définition des règles d'accès au service public réglementé, service crypté qui sera réservé aux utilisateurs autorisés par les gouvernements pour les applications sensibles.

133. Voir communication de la Commission de janvier 2011 sur la revue à mi-parcours des programmes GNSS qui fait état d'un besoin de financement supplémentaire, entre 2014 et 2020, de 1,9 milliard d'euros.

Mettre l'espace au service d'enjeux concrets

Quatre domaines dans lesquels la politique spatiale peut apporter une valeur ajoutée concrète sont à citer en particulier : le *changement climatique* (le président Barroso a souhaité le développement d'outils spatiaux répondant à cet enjeu), la *sécurité* (au-delà du programme SSA [134], premier programme spatial dual impliquant l'Union, la politique spatiale pourrait être mise au service de la PESC), l'*exploration* (l'Europe pourrait investir dans la préparation des futurs programmes d'exploration robotique et habitée, par exemple grâce à des programmes de développements technologiques et de démonstrations en orbite), l'*accès à l'espace* (ce qui pourrait se décliner dans le cadre d'une plus forte implication de l'UE dans les activités du port spatial européen, ainsi que par une politique d'achat des services de lancement européen dans le cadre de Galileo et GMES).

L'essentiel

L'espace n'est devenu une politique de l'Union que depuis l'entrée en vigueur du traité de Lisbonne. Il fut donc, pendant plusieurs décennies, appréhendé dans un cadre avant tout intergouvernemental (voir l'agence spatiale européenne). Même si la compétence dont dispose l'Union est partagée et ne peut avoir pour effet d'empêcher les États membres d'exercer la leur, le potentiel de cette politique est considérable, comme le soulignent des projets aussi importants que le programme GMES ou Galileo. La définition d'un véritable programme spatial européen devrait être l'occasion de bâtir une politique industrielle ambitieuse au service de projets concrets, permettant à l'Union d'être compétitive dans un secteur de plus en plus concurrentiel et stratégique au plan externe.

134. « *Situational space awareness* », qui porte sur la surveillance des débris spatiaux et la météorologie spatiale.

Titre 10
Les télécommunications

Absente au début de la construction européenne, cette thématique est apparue au cours des années 1980 et a été appréhendée à travers la question des réseaux transeuropéens (RTE). C'est ensuite essentiellement sous l'angle de la libéralisation qu'elle s'est développée au sein de l'UE : ouverture à la concurrence en 1988 pour les marchés de terminaux de télécommunications, libéralisation des services de télécommunications en 1990; décision en 1993 de procéder à une libéralisation complète des services en 1998 avec, en accompagnement, la mise en place d'un cadre réglementaire (finalement établi une première fois en 1998), ouverture étendue en 1994 aux services par satellite, aux mobiles et câbles en 1996. Le cadre réglementaire s'est consolidé en 2002 afin d'assurer la régulation du secteur.

Mais ce secteur ne se réduit pas à un enjeu de libéralisation et de régulation. Il est aussi un secteur au service des consommateurs (problématique de l'itinérance internationale), un secteur à forte croissance qui influence l'évolution du marché unique (voir thème de l'économie numérique) et invite à examiner les enjeux de régulation d'Internet (la neutralité du Net, la gouvernance, etc.).

Fonctionnement et réalisations

Fonctionnement

Cette politique ne comporte pas de titre propre au sein du traité. La seule mention du terme « télécommunications » figure à l'article 170 inscrit dans le titre XVI du traité sur les RTE. En effet, les télécommunications sont avant tout vues par le traité comme des réseaux dont l'Union doit favoriser l'interconnexion et l'interopérabilité.

Pour le reste, la plupart des mesures en matière de télécommunications ont été adoptées sur la base « marché intérieur » (article 114 TFUE), parce qu'elles sont destinées à décloisonner les marchés en rapprochant les règles nationales, à assurer la régulation des réseaux ou bien à fixer les tarifs d'itinérance.

En termes de procédure, au titre des RTE, les orientations qui identifient des projets d'intérêt commun et les autres mesures visées à l'article 171 TFUE sont arrêtées conformément à la procédure législative ordinaire. Il en va de même bien sûr pour les textes fondés sur l'article 114 TFUE.

Réalisations

La libéralisation et le cadre réglementaire

Les processus se sont développés conjointement. Au moment de l'ouverture à la concurrence, des règles sur l'accès des citoyens à un minimum de services à un prix abordable ont été définies. Le compromis de Nice, défini sous présidence française en 2000, qui prévoit que toute avancée en matière de libéralisation doit être accompagnée d'un progrès équivalent en matière d'harmonisation a été respecté. Un cadre réglementaire des communications électroniques a ainsi été défini en 1998. Il a beaucoup occupé les travaux au cours des années 2000, puisqu'il a été révisé une première fois en 2002 puis une seconde en 2009.

Composé de sept textes, ce cadre est aujourd'hui organisé autour des principes suivants : harmonisation des pratiques de régulation dans l'Union (notamment grâce au pouvoir de recommandation de la Commission dans la procédure d'analyse des marchés); création de l'Organe des régulateurs européens des communications électroniques, entité européenne qui formalise l'existence du Groupe des régulateurs européens et qui conseille la Commission; définition de principes pour la régulation des réseaux de nouvelle génération; nouvelle politique de gestion du spectre, fondée sur le recours en priorité au régime d'autorisation générale, la neutralité technologique et de services et le développement du marché secondaire; enfin, protection renforcée du consommateur (souplesse contractuelle et transparence).

La protection du consommateur

Plusieurs mesures ont été adoptées ces dernières années visant à réduire fortement les tarifs d'itinérance. Ainsi, le règlement dit «*Roaming II*» étend, depuis juillet 2009, le plafonnement des prix pour qu'il s'applique non seulement aux appels vocaux mais aussi aux services de SMS et, pour partie, aux données. Les tarifs des appels en itinérance étant encore plus élevés que les prix nationaux, la Commission pourrait faire de nouvelles propositions dans un avenir proche.

Par ailleurs, la libéralisation du secteur, à la fin des années 1990, s'est accompagnée de règles sur *le service universel* qui constitue un filet de protection au cas où le seul marché ne parviendrait pas à fournir les services de base. L'objectif est de prévenir l'exclusion sociale en permettant que les habitants des zones rurales et isolées ou les ménages à faible revenu aient accès, à un prix abordable, aux services de télécommunications de base. Les États membres doivent ainsi veiller à ce qu'il soit possible de se raccorder au réseau téléphonique public en un lieu déterminé et d'accéder à des services téléphoniques publics permettant les communications vocales et la transmission de données avec un accès fonctionnel à l'Internet. Les consommateurs doivent également bénéficier de services de renseignements et d'annuaires, de téléphones publics payants et de mesures spécifiques s'ils sont handicapés.

Les projets technologiques

De nombreux projets technologiques ont vu le jour afin de promouvoir la société de l'information. Ainsi, l'initiative « e-Europe », lancée lors du sommet de Lisbonne en 2000, se déclinait-elle notamment en réseaux à haut débit. Par ailleurs, le PCRDT comporte un volet « technologies de l'information et de la communication (TIC) » substantiel.

Perspectives

La mise en œuvre de l'agenda numérique

Le numérique est devenu l'une des priorités européennes car cette économie est un facteur de croissance majeur. L'initiative-phare *« Une stratégie numérique pour l'Europe »*, adoptée en mai 2010 dans le cadre de la stratégie Europe 2020, est très ambitieuse à ce sujet. La Commission propose de :
– *créer un marché unique du numérique* : pour faciliter les échanges paneuropéens de contenus numériques, elle propose de simplifier la gestion paneuropéenne des droits d'auteur avec l'adoption de directives sur la gestion collective des droits et sur les œuvres orphelines ; le Conseil européen a approuvé le principe de la création, d'ici 2015, d'un marché unique numérique pleinement opérationnel[135] ;
– *revoir les règles sur la mise en œuvre des normes TIC en Europe* et *adopter une stratégie encourageant l'utilisation des TIC* pour répondre aux défis sociétaux (efficacité énergétique ou assistance à domicile) ;
– *renforcer la politique de sécurité des réseaux et de l'information* (révision du mandat de l'Agence européenne chargée de la sécurité des réseaux et de l'information, créée en 2004, mesures permettant une réaction rapide en cas de cyber-attaques, comme celle qu'a connue l'Estonie en 2007) ;
– *développer l'accès aux réseaux haut et très haut débit*, en particulier dans les zones où l'initiative privée est insuffisante : la Commission a ainsi adopté un paquet haut/très haut débit, en septembre 2010, qui comprend une recommandation sur les réseaux d'accès de nouvelle génération, une proposition de décision qui établit un premier programme pour le spectre radioélectronique, qui vise à dégager des fréquences supplémentaires pour le haut débit sans fil (notamment dans la bande de fréquences libérée par le passage à la télévision numérique), ainsi qu'une communication incitant les États membres à développer des plans nationaux de déploiement de réseaux à haut et à très haut débit et annonçant des initiatives de la Commission en vue de diffuser les bonnes pratiques en la matière ;
– *investir dans la R&D et l'innovation* avec l'objectif, en 2020, de doubler les sommes consacrées à la R&D (recours à la commande publique de produits ou services qui ne sont pas encore commercialisés) ;
– *faire des compétences dans le numérique une priorité*, ce qui peut aider la mobilité professionnelle ;
– *mettre en place une stratégie* en faisant la promotion de l'internationalisation de la gouvernance de l'Internet et en améliorant les conditions commerciales pour les biens et services TIC, en particulier en ce qui concerne les droits de propriété intellectuelle et les accords commerciaux multilatéraux.

Ce programme est assorti d'*objectifs chiffrés* portant à la fois sur les réseaux et les usages, notamment en matière de déploiement des réseaux de nouvelle génération à horizon 2020, et un objectif d'itinérance dans lequel la différence entre les tarifs nationaux et ceux de l'itinérance devrait tendre vers zéro en 2015.

Autres sujets d'actualité

D'autres sujets feront sous peu l'objet de travaux de la part de la Commission :
– *le service universel des télécommunications* : la question est de savoir si les règles en la matière qui ont été définies en 2002 pour les services traditionnels de télécommunications vocales, doivent être actualisées dans un contexte d'évolution rapide des marchés et de la technologie. L'inclusion du haut débit dans le service universel est ainsi en question en vue de réduire la « fracture numérique » (23 % de la population en zone rurale n'a pas accès au haut débit sur réseau fixe). La question du financement est également posée (la couverture universelle en haut débit doit-elle être financée par le secteur des télécommunications ou par l'argent public ?) ;
– *la neutralité du net* est également un sujet d'actualité, à la suite du paquet télécoms de 2009 qui établit la responsabilité des opérateurs en matière de gestion de trafic et de qualité de service et prévoit le renforcement des obligations de transparence vis-à-vis des utilisateurs finals (ainsi, les contrats entre opérateurs et abonnés doivent comporter de l'information sur les conditions limitant l'accès à certains services et applications). L'objectif est de déterminer si les fournisseurs peuvent être autorisés à adopter certaines pratiques en matière de gestion du trafic Internet (en privilégiant un certain type de trafic par rapport à un autre) et s'il peut en résulter des problèmes pour les utilisateurs.

L'essentiel

A bien des égards, l'histoire de cette politique européenne est celle de son ouverture progressive à la concurrence et de sa nécessaire régulation. Toutefois, la prise en compte des intérêts du consommateur a gagné en importance depuis plusieurs années, que ce soit à travers la forte réduction intervenue des tarifs d'itinérance ou par la définition dans ce domaine de règles sur le service universel. Au regard de l'important potentiel de croissance de ce secteur, la mise en place d'un marché du numérique est devenue un objectif à atteindre d'ici 2015, comme en sont convenus les chefs d'État ou de gouvernement, en juin 2010. Cela passe notamment par le développement de l'accès aux réseaux haut et très haut débit et par l'investissement dans la R&D. La problématique de la sécurité des réseaux est également devenue un enjeu européen de première importance.

135. Voir conclusions du Conseil européen du 4 février 2011.

Titre 11
La politique sociale

La construction d'une Europe sociale est un thème récurrent dans l'histoire de l'Union souvent présentée comme trop libérale. Pendant longtemps, les dispositions du traité en la matière visaient seulement la libre circulation des travailleurs dans une logique de marché intérieur. Avec l'Acte unique, la Commission s'est vu confier le soin de promouvoir le dialogue social européen et le champ des décisions à la majorité qualifiée s'est étendu. Avec les traités de Maastricht et d'Amsterdam, l'emploi a été reconnu comme une question d'intérêt commun, un protocole sur la politique sociale a été adopté, la santé est devenue une compétence de la Communauté et des dispositions sur la lutte contre les discriminations et l'exclusion sociale ont été ajoutées. Ensuite le Conseil européen de Nice, en 2000, a adopté un agenda social autour de six orientations principales : emploi, équilibre entre flexibilité et sécurité, lutte contre l'exclusion, protection sociale, égalité entre les hommes et les femmes, volet social de l'élargissement. Quant au traité de Lisbonne, il fait de la non-discrimination et de la solidarité des valeurs de l'Union, souligne le rôle des partenaires sociaux, établit une clause sociale horizontale, consacre juridiquement la Charte des droits fondamentaux (qui contient d'importants droits sociaux) et crée une base juridique pour légiférer en matière de SIEG.

En dépit de ces avancées, le sentiment reste qu'il y a encore beaucoup à bâtir et que les différences entre les États membres demeurent significatives en la matière. Pourtant, au-delà des clivages idéologiques, force est de reconnaître que sur de nombreux points les Européens partagent les mêmes valeurs : lutte contre les aléas de la vie, nécessité d'une certaine protection sociale et de la cohésion, rôle des partenaires sociaux, lutte contre l'exclusion sociale et les discriminations, égalité entre les femmes et les hommes, solidarité entre les générations, etc. Aussi, et bien que cela soit contesté par certains, il semble possible d'affirmer qu'il existe un modèle social européen.

Fonctionnement et réalisations

Fonctionnement

Les objectifs sociaux du traité

L'Union œuvre en faveur d'une *« économie sociale de marché hautement compétitive »* (article 3 TUE). Plein emploi, progrès social, lutte contre l'exclusion sociale et les discriminations, justice et protection sociales, égalité entre les femmes et les hommes et la solidarité entre les États membres sont autant de principes affirmés par le traité. Ce dernier prévoit également une clause sociale horizontale selon laquelle *« dans la définition et la mise en œuvre de ses politiques et actions, l'Union prend en compte les exigences liées à la promotion d'un niveau élevé de l'emploi, à la garantie d'une protection sociale adéquate, à la lutte contre l'exclusion sociale… »* (article 9 TFUE).

Une compétence encadrée

La politique sociale relève de la compétence partagée entre l'Union et les États membres mais seulement pour les aspects définis par le traité (article 4 TFUE). S'agissant des autres aspects, *« l'Union peut prendre des initiatives pour assurer la coordination des politiques sociales des États membres »* (article 5 TFUE). L'article 153 TFUE prévoit ainsi que *« l'Union complète et soutient l'action des États membres »*, ce qui exclut toute harmonisation. Les prescriptions de l'Union sont donc **minimales**. De même, les mesures européennes ne peuvent porter atteinte à la faculté des États membres de définir les principes fondamentaux de leur système de sécurité sociale et ne doivent pas en affecter sensiblement l'équilibre financier (art. 153 § 4 TFUE).

Parmi les bases juridiques, il faut également citer l'article 48 TFUE qui permet désormais à l'Union de légiférer en matière de sécurité sociale des travailleurs migrants selon la procédure législative ordinaire, ou bien encore l'article 19 TFUE qui permet de prendre, à l'unanimité du Conseil, des mesures pour lutter contre les discriminations.

La *santé publique* relève des actions d'appui qui complètent celle des États (article 168 § 1 TFUE) et la définition des politiques de santé reste de la compétence des États membres. L'action de l'Union porte sur l'amélioration de la santé publique et la prévention des maladies. Sont notamment concernées la lutte contre les grands fléaux et, depuis le traité de Lisbonne, la surveillance de menaces transfrontières graves sur la santé : l'Union peut ainsi prendre des mesures pour lutter contre les risques liés à une crise sanitaire (voir épidémie de SRAS en 2003). En outre, l'Union adopte, en codécision, des mesures d'harmonisation fixant des normes élevées de qualité et de sécurité des organes et substances d'origine humaine, du sang, des mesures dans les domaines vétérinaire et phytosanitaire (voir Titre 12 sur la protection des consommateurs) ainsi que des mesures sur des normes élevées de qualité et de sécurité des médicaments. Le traité favorise la coordination des politiques nationales en matière de santé.

En matière d'*emploi*, le caractère partagé de la compétence est également affirmé mais les États ont la priorité (article 146 TFUE). L'Union participe à la coordination des politiques de l'emploi.

Enfin, les rémunérations, le droit d'association, le droit de grève et le droit de lock-out sont totalement exclus de la compétence de l'Union (article 153 § 5 TFUE).

Les règles de procédure

La procédure législative ordinaire s'applique normalement. Toutefois, restent soumises à l'unanimité et à la consultation du Parlement la sécurité sociale et la protection sociale des travailleurs, la protection des travailleurs en cas de résiliation du contrat de travail, la représentation et la défense collective des travailleurs et des employeurs, les conditions d'emploi des ressortissants des pays tiers se trouvant en séjour régulier sur le territoire de l'Union. La majorité qualifiée est étendue avec le traité de Lisbonne aux mesures relatives aux prestations sociales des travailleurs migrants. Une clause passerelle permet de passer à la procédure législative ordinaire sur certains sujets (voir article 153 § 2 TFUE).

Réalisations

Un acquis communautaire non négligeable

Le traité comporte plusieurs éléments *en matière de lutte contre les discriminations* : article 8 TFUE qui prévoit l'élimination des inégalités, article 10 TFUE qui prévoit une clause de non-discrimination à prendre en compte dans la définition et la mise en œuvre des politiques de l'Union, etc. En outre, l'Union a adopté depuis les années 1970 des textes pour promouvoir l'égalité entre les hommes et les femmes (pour la rémunération du travail, la protection des femmes enceintes, l'accès à l'emploi, la lutte contre le harcèlement sexuel, l'égalité de traitement en matière d'emploi, la lutte contre les discriminations raciales, etc.). Ces différents éléments ont été réunis dans la directive 2006/54/CE.

Il existe également des prescriptions en matière de *droit du travail*, en particulier en matière de pénibilité et de durée du travail. Ce dernier sujet a fait l'objet de plusieurs textes, en 1993 puis en 2000, portant sur la durée de travail hebdomadaire plafonnée à 48 heures. Une nouvelle proposition prévoyant un encadrement plus strict de cette durée a été négociée pendant plusieurs années et n'a pu aboutir en 2009. En revanche, une directive sur le temps de travail intérimaire a été adoptée fin 2008. L'Union a également adopté des mesures pour renforcer l'information et la consultation des travailleurs (création du comité d'entreprise européen en 1994 et adapté en 2009, règles sur les licenciements économiques en 1975, sur l'information des représentants des salariés dans l'entreprise en 2002). Par ailleurs, en matière de sécurité, la directive-cadre de 1989 prévoit des règles en matière de santé et de sécurité sur le lieu de travail et précise les responsabilités respectives des employeurs et des salariés.

Les *exigences du marché intérieur* ont également rendu indispensable la définition de règles de coordination des régimes de sécurité sociale. Ainsi, dès 1971, un règlement (1408/71) a posé la règle selon laquelle les prestations sociales versées aux travailleurs frontaliers sont prises en charge par l'État de résidence. Cette coordination repose sur l'égalité de traitement entre les nationaux et les ressortissants communautaires, le maintien des droits acquis grâce à la portabilité des prestations sociales (c'est-à-dire la possibilité de les voir prises en compte dans un autre État que celui dans lequel les droits ont été acquis), la totalisation des périodes et le caractère unique de la législation applicable, celle du pays d'emploi. Ce règlement a été étendu à d'autres catégories (salariés, indépendants, etc.) et modifié en 2004 (règlement 883/2004).

En matière de *santé*, la Commission a émis des recommandations (comme en 2005 sur la grippe aviaire) et adopté des programmes d'action sur l'amélioration de la formation des personnels de santé ou des campagnes d'information du public (sur le sida, le cancer). Un Centre européen de prévention et de contrôle des maladies a été également mis en place, en 2005. De nombreux travaux ont été conduits sur la grippe A/H1N1 pour renforcer l'approche coordonnée (notamment en vue d'une meilleure concertation, en cas d'achats de vaccins). L'Union a aussi adopté des textes contraignants, comme en matière de tabac (réglementation sur la teneur en goudron et nicotine, interdiction de la publicité en faveur du tabac dans les émissions radio et à la télévision), ou de qualité et de sécurité pour le don, l'obtention, le contrôle, la transformation, le stockage et la distribution de tissus et de cellules humains (2004). La Commission devrait proposer, en 2011, une refonte de la législation sur la sécurité sanitaire et une recommandation sur la révision des plans de préparation pandémique.

Des législations importantes ont également été adoptées récemment :
– une directive sur les droits des patients en matière de soins de santé transfrontaliers, qui sera applicable en 2013 : elle fixe les principes communs pour tous les systèmes de santé de l'Union et précise les droits des patients à bénéficier de soins de santé dans un État membre autre que celui où ils sont affiliés tout en se faisant rembourser à due concurrence de ce qu'ils auraient perçu dans leur pays d'origine. Elle définit également les restrictions que les États membres peuvent imposer en matière de soins à l'étranger. Ainsi, afin de ne pas mettre en danger l'équilibre financier des régimes de sécurité sociale, le législateur a introduit le principe de l'autorisation préalable dans des cas limitativement énumérés et pour autant que cela soit objectivement fondé (critère lié à l'impossibilité, par exemple, d'obtenir dans un délai raisonnable dans son État d'affiliation des soins de santé); cette directive met également en place une coopération européenne renforcée entre les États membres et vise à promouvoir les activités de santé en ligne;
– le paquet « pharmacie » : voir le Titre 12 sur la protection des consommateurs.

Enfin des stratégies européennes pour la santé, qui présentent de grandes orientations, peuvent être adoptées (voir celle pour la période 2008-2013).

Des fonds financiers importants

Le Fonds social européen (FSE) représente l'outil financier majeur en matière sociale (article 162 TFUE). Créé dès 1957 et doté pour la période 2007-2013 de 77 milliards d'euros, il vise le plein emploi, l'augmentation de la qualité et la productivité du travail, la promotion de l'inclusion sociale et la réduction des disparités économiques au sein de l'Union.

Entré en vigueur en 2007, le Fonds d'ajustement à la mondialisation (FEM) apporte un soutien aux salariés en cas de chocs structurels liés à la mondialisation. Il aide les travailleurs à se réinsérer sur le marché du travail. Il a été doté initialement de 500 millions d'euros par an. La première évaluation de la Commission fin 2008 a mis en exergue une sous-utilisation du FEM du fait de la complexité des règles juridiques (en 2008, 49 millions d'euros seulement ont été accordés). Il a ainsi été élargi, en 2009, à tous les salariés victimes de la crise économique, et le nombre minimal de licenciements a été ramené de 1 000 à 500 salariés.

Le rôle du juge

La CJUE a développé une importante jurisprudence dans le domaine social. On peut penser à l'arrêt Barber de 1991 sur l'égalité hommes/femmes en matière de retraites [136], ou à l'arrêt Watts de 2006 sur les droits des patients à se faire soigner dans un autre État membre [137]. On peut également citer les jurisprudences Laval, Rüffert et Viking des années 2007 et 2008 en matière de détachement des travailleurs [138] (question de l'articulation entre libre prestation de services et respect des exigences de la directive 96/71).

Le dialogue social et la concertation

Les différents acteurs sociaux disposent d'organismes représentatifs au niveau européen : confédération européenne des syndicats pour les travailleurs ; Business Europe ou UEAPME pour les employeurs. Le traité reconnaît et promeut le rôle des partenaires sociaux et facilite le dialogue entre eux (article 152 TFUE). Par ailleurs, la Commission doit les consulter avant de présenter des propositions (article 154). Enfin, le sommet social tripartite (art. 152 TFUE) conduit, depuis 1997, la présidence du Conseil à rencontrer les partenaires sociaux avant les Conseils européens de printemps, consacrés aux questions économiques et sociales. De ce dialogue social sont nés certains accords-cadres repris ensuite dans des textes juridiques (congé parental [139], par exemple). La coopération entre les États *via* la méthode ouverte de coordination est également importante : en matière d'emploi, de retraites ou de lutte contre les exclusions.

136. CJCE, C-262/88.

137. CJCE, C-372/04.

138. Ces arrêts posent la question de l'articulation entre droits fondamentaux et libre prestation de services (voir arrêt Laval : C-341/05 ; arrêt Viking : C-438/05 ; arrêt Rüffert : C-346/06).

139. Accord formalisé par la directive 2010/18/UE.

Perspectives

De nombreux chantiers ouverts

Reprendre les sujets les plus difficiles

La feuille de route en matière sociale est fixée depuis 2000 dans un Agenda social européen, révisé d'abord en 2005 (pour recentrer la stratégie de Lisbonne sur l'emploi) puis en juillet 2008 où sept domaines prioritaires ont été définis : enfants et jeunes, investissement dans le capital humain, création d'emplois de meilleure qualité, acquisition de nouvelles compétences, mobilité, vie plus longue et en meilleure santé, lutte contre la pauvreté et l'exclusion sociale, lutte contre la discrimination et la promotion de l'égalité des sexes, opportunités, accès et solidarité au niveau mondial.

Or plusieurs sujets n'avancent pas et doivent être repris :
– *la durée du travail :* la révision de la directive 2003/88, engagée entre 2004 et 2009, a échoué. Elle portait sur trois points : introduction d'une nouvelle définition du temps de garde pour contrer les effets de la jurisprudence *Simap/Jaeger* de la CJUE obligeant à intégrer la totalité des périodes inactives de garde dans le calcul des durées maximales du travail ; assouplissement, avec l'annualisation, du mode de calcul de la durée maximale du travail de 48 heures prévue par la directive ; et encadrement de l'*opt-out*, qui autorise les États membres à permettre à certains secteurs d'activité de ne pas appliquer les prescriptions de la directive. C'est ce dernier sujet qui a cristallisé l'opposition entre le Parlement européen (qui souhaitait l'abrogation de l'*opt-out*) et une minorité de blocage au Conseil (qui en souhaitait le maintien). La révision de ce texte est néanmoins indispensable pour résoudre les problèmes jurisprudentiels (modalités de décompte des durées du travail dans les secteurs qui prévoient des temps de garde et prise des repos compensateurs dans le secteur hospitalier ou la sécurité civile). A défaut de négociations des partenaires sociaux européens, la Commission devrait faire une proposition au second semestre 2011 ;
– *le détachement des travailleurs* : c'est un autre sujet de préoccupation, à la suite des différents arrêts de la Cour des dernières années (voir plus haut). La Commission pourrait faire une proposition pour mieux mettre en œuvre la directive 96/71 ;
– *la mobilité professionnelle* : seuls 2,3 % des citoyens de l'Union résident aujourd'hui dans un autre État membre [140]. La négociation de la directive sur la portabilité des droits à pensions complémentaires, présenté en 2005, qui vise à instaurer des normes minimales d'acquisition des droits à pensions supplémentaires, de préservation et de transférabilité des droits et traite de tous les régimes autres ceux qui sont couverts par le règlement de coordination de sécurité sociale (règlement 883/2004), pourrait être reprise, d'autant que la nouvelle base juridique (article 48 TFUE) prévoit désormais la procédure législative ordinaire [141].

140. Voir source : communication « *Vers un Acte pour le marché unique* ».

141. Le principal point d'achoppement a concerné les durées exigibles pour l'acquisition des droits à pension.

On citera deux autres textes qui soulèvent des difficultés : un texte sur l'égalité de traitement sans distinction de religion ou de conviction, de handicap, d'âge ou d'orientation sexuelle ; et la modification de la directive de 1992 sur l'amélioration de la sécurité et de la santé des travailleuses enceintes, accouchées ou allaitantes au travail (le Parlement européen propose un congé de 20 semaines indemnisé à 100 % du dernier salaire mensuel).

Simplifier l'accès aux fonds

Une réflexion est à mener pour simplifier le fonctionnement actuel du FSE. Cela passe par la consolidation des moyens qui sont alloués (un article spécifique FSE pourrait être identifié au sein du budget), une meilleure prise en compte des spécificités des acteurs de l'emploi (à cet égard, il faut relever que les règles de gestion et de contrôles sont les mêmes pour les fonds, alors que les logiques sont différentes, le FSE traitant de publics et le FEDER de territoires), et par le renforcement de la cohérence de l'action de l'Union en faveur des politiques de l'emploi. En outre, une visibilité plus forte du FSE au sein de la politique de cohésion accroîtrait l'efficacité de l'Union. La nouvelle évaluation du FEM, prévue pour 2012, pourrait aussi être l'occasion d'examiner la manière de simplifier l'accès à ce fonds.

De nouveaux défis

Les retraites

La Commission a adopté un livre vert sur les pensions en 2010. Il comprend des propositions sur l'évolution des règles de solvabilité des régimes de retraite professionnelle (révision de la directive 2003/41), des développements sur les réformes dans les États membres, les modalités d'un pilotage renforcé de la durée de vie professionnelle dans le cadre de la nouvelle « gouvernance économique » et des propositions pour renforcer la mobilité des travailleurs. La Commission prône un meilleur équilibre entre temps passé en emploi et temps passé en retraite : l'espérance de vie ayant gagné cinq ans dans l'Union en cinquante ans et le ratio de dépendance devant doubler d'ici 2060, la Commission juge nécessaire d'accroître l'âge effectif de départ en retraite (qui est de 61 ans, en moyenne, dans l'Union) en accroissant le taux d'emploi des séniors, en faisant évoluer les dispositifs d'âge légal, tout en tenant mieux compte de la pénibilité. Un livre blanc est attendu de la part de la Commission, en septembre 2011.

Lutter contre la pauvreté

En 2010, « année européenne de la lutte contre la pauvreté », l'Union s'est dotée, pour la première fois, d'un objectif de lutte contre la pauvreté (voir Titre 1 sur l'UEM). Elle a adopté une initiative-phare qui appréhende la pauvreté de manière différenciée : pauvreté monétaire, pauvreté en conditions de vie, pauvreté à travers les ménages sans emploi. La Commission identifie trois défis principaux : l'aspect multidimensionnel de la pauvreté et de l'exclusion, la lutte contre la pauvreté tout au long du cycle de vie et l'exclusion grave, les nouvelles vulnérabilités et les désavantages spécifiques. La situation des personnes marginalisées, comme les Roms, fait également l'objet de travaux. La Commission a adopté, le 5 avril 2011, une communication sur le cadre européen pour les stratégies nationales d'intégration des Roms.

Le marché du travail

Le besoin de dynamiser les marchés du travail fait partie des réformes structurelles nécessaires. Un équilibre doit être trouvé entre flexibilité du marché et maintien d'une certaine protection. C'est sur cette base que des travaux se sont développés depuis plusieurs années sur la notion de « flexicurité », perçue comme un outil de modernisation des marchés du travail[142]. Dans « *Une stratégie pour de nouvelles compétences et de nouveaux emplois* », de novembre 2010, la Commission juge ainsi primordial de donner un nouvel élan à la flexicurité et de mettre en particulier l'accent sur la lutte contre la segmentation du marché du travail. Elle suggère à cette fin la mise en place d'un *contrat de travail unique*, option qui ne manquera pas d'être discutée voire critiquée[143] (voir également le « Rapport annuel sur la croissance » du 12 janvier 2011). Elle insiste dans ce même document sur la nécessité de développer les compétences tout au long de la vie, d'accroître l'adéquation entre offre et demande de travail et de renforcer la qualité de l'emploi, élément nécessaire à la revalorisation du travail.

« Faire vivre le traité »

Outre l'utilisation de la clause sociale horizontale, l'article 14 TFUE pourrait être activé pour répondre à des besoins concrets des citoyens en matière de SIEG (voir Titre 2 sur le marché intérieur). Par ailleurs, le dialogue social européen renforcé par le traité de Lisbonne pourrait aider à la poursuite de l'œuvre d'harmonisation.

L'essentiel

Les préoccupations sociales ont vu le jour à partir de la dynamique du marché intérieur *via* la question de la libre circulation des travailleurs. Aujourd'hui, le traité comporte clairement des objectifs sociaux et l'Union doit œuvrer en faveur d'une *« économie sociale de marché hautement compétitive »*. En outre, il existe un acquis communautaire en matière sociale qui n'est pas négligeable, qu'il s'agisse des mesures pour lutter contre les discriminations, des prescriptions en matière de droit du travail, de la promotion de la santé publique ou des soutiens financiers qu'apporte l'Union. Pourtant, force est de reconnaître que les règles qu'édicte l'Union dans ce domaine sont le plus souvent minimales et que l'Europe sociale reste en partie une réalité à bâtir. Cet objectif est primordial pour gommer l'image d'une Union perçue parfois comme trop orientée sur les seuls enjeux du marché et pour renforcer l'adhésion des citoyens au projet européen.

142. La flexicurité repose sur quatre composantes : des dispositions contractuelles flexibles et fiables, des politiques actives du marché du travail, une éducation et une formation tout au long de la vie et des systèmes de sécurité sociale modernes (voir conclusions du Conseil de décembre 2007, doc. 16201/07).

143. Ces critiques ont déjà été formulées lors de la réunion informelle des ministres de l'Emploi en Hongrie, les 17 et 18 janvier 2011.

Titre 12
La protection des consommateurs

Il s'agit d'une politique majeure, comme le confirme l'article 12 TFUE qui prévoit que « *les exigences de la protection des consommateurs sont prises en considération dans la définition et la mise en œuvre des autres politiques et actions de l'Union.* »

Pourtant, cette politique ne s'est pas imposée d'entrée de jeu. Certes, la sécurité de l'alimentation est apparue très vite comme une priorité et, dès les années 1960, de premières mesures dénommées « vétérinaires et phytosanitaires » ont été adoptées. Toutefois, il a fallu attendre 1972 pour que le premier programme d'action dans ce domaine voie le jour. Ce fut ensuite l'Acte unique qui fit « entrer » le consommateur dans les traités. Puis le traité de Maastricht a fait de la protection des consommateurs une politique européenne avec une base juridique propre (article 153 CE). Le traité d'Amsterdam a, pour sa part, renforcé les politiques relatives à la santé publique et la sécurité des consommateurs, en prévoyant qu'un niveau élevé de protection de la santé humaine devait être assuré dans la définition et la mise en œuvre de toutes les politiques et actions de l'Union.

Cette politique, à l'instar de beaucoup d'autres, s'est par ailleurs développée dans le cadre de la mise en place du marché intérieur pour accroître la confiance du consommateur. La multiplicité des règles nationales dans ce domaine est en effet apparue comme un obstacle aux échanges. Même si aujourd'hui l'articulation de cette politique avec le marché intérieur reste une question essentielle, cette politique est devenue pleinement autonome et concerne beaucoup de domaines (sécurité alimentaire, protection de l'environnement, sécurité dans les transports, concurrence, etc.).

Fonctionnement et réalisations

Fonctionnement

La protection des consommateurs est d'abord une exigence horizontale, que toutes les politiques européennes sectorielles doivent respecter (article 12 TFUE et article 38 de la Charte des droits fondamentaux). De même, au nom de la protection des consommateurs, des dérogations aux règles du traité sont possibles, par exemple lorsqu'il s'agit de ne pas appliquer le principe de reconnaissance mutuelle (voir titre marché intérieur).

Ensuite, l'Union adopte des mesures fondées sur l'article 114 TFUE, en vue de remédier à la disparité des régimes nationaux existants (voir directive sur les jouets en 1988 et révisée en 2008, directive sur les clauses abusives dans les contrats en 1993, directive sur la multipropriété en temps partagé en 1994 et révisée en 2008, etc.).

Cette politique fait aussi l'objet du titre XV du traité qui prévoit que l'Union doit contribuer à la protection de la santé, de la sécurité et des intérêts économiques des consommateurs ainsi qu'à la promotion de leur droit à l'information, à l'éducation. L'Union peut adopter, selon la procédure législative ordinaire, des mesures qui complètent les politiques nationales. Toutefois, ces mesures ne peuvent empêcher un État membre de maintenir ou d'établir des mesures de protection plus strictes.

S'agissant des outils de cette politique, outre les législations, des stratégies et programmes sont définis : ainsi, le programme d'action communautaire pour la santé et la protection des consommateurs pour 2007-2013 a pour objectif l'information des citoyens (campagnes de communication, intégration d'objectifs de santé et de protection des consommateurs dans les autres politiques, évaluation des risques, amélioration de l'application de la législation, suivi et voies de recours, etc.). Depuis 2007, la Commission établit également des tableaux d'affichage qui mesurent, sur la base d'indicateurs (nombre de plaintes, prix, etc.), la performance de cette politique au regard des citoyens.

Réalisations

La sécurité des consommateurs

La libre circulation des marchandises a supposé l'édiction de normes et mécanismes afin d'assurer un niveau élevé de protection des consommateurs. Outre les directives dites d'harmonisation technique qui concernent les produits (jouets, cosmétiques, produits chimiques, pesticides, etc.) et les mécanismes européens destinés à détecter les produits défectueux (voir le dispositif RAPEX[144]), l'Union a adopté des textes horizontaux, comme la directive sur la sécurité générale des produits (2001/95) qui définit des exigences de sécurité pour les produits non soumis à des dispositions sectorielles spécifiques et crée un cadre juridique de référence pour apprécier l'équivalence des niveaux de protection dans l'Union. Cette réglementation est com-

144. Il s'agit du système européen d'alerte rapide sur les produits de consommation dangereux.

plétée par un régime de responsabilité sans faute du producteur, dans les cas où un dommage a été causé par un produit défectueux (directive 85/34/CEE).

Dans le domaine de la santé, des textes importants ont aussi été adoptés récemment. Ainsi, en décembre 2010 a été adopté le *paquet pharmaceutique* destiné à améliorer la qualité et la sécurité des produits pharmaceutiques : il concerne notamment les médicaments falsifiés (renforcement des mesures d'inspections pour les fabricants de médicaments et de substances actives, extension de la responsabilité juridique de tous les acteurs de la chaîne de distribution qui devront systématiquement être enregistrés, et mise en place d'un système d'identification et d'authentification des boîtes) et la pharmacovigilance (transparence accrue, renforcement des obligations de l'industrie, renforcement de la détection des effets indésirables via la mise en place d'une base de données unique centralisée à l'Agence européenne du médicament, ce qui facilitera les retraits du marché). Un dernier texte sur l'information des patients est toujours en discussion.

Les intérêts économiques des consommateurs

Plusieurs textes visent à lutter contre les pratiques commerciales déloyales comme la vente forcée, les pratiques commerciales trompeuses et la publicité déloyale (2005/29/CE). Certaines réglementations visent la bonne information des consommateurs sur les prix (voir directive 1998/6/CE sur les prix unitaires, en vue de favoriser les comparaisons) et les produits.

La protection des consommateurs concerne également le cadre des relations contractuelles : directive sur les clauses abusives (93/13/CEE), sur les contrats négociés (85/377/CEE), sur les voyages à forfait (90/314/CEE), les contrats de crédits à la consommation (l'essor considérable de ce secteur ayant notamment entraîné le surendettement des consommateurs ; la dernière révision date de début 2008).

Enfin, le droit des consommateurs s'adapte au développement des prestations de services transfrontaliers à distance, en particulier sur Internet (voir la directive 2000/31/CE sur le commerce électronique qui concerne les communications commerciales : ce texte précise les informations à fournir, la responsabilité des intermédiaires, les procédures en cas de litige et prévoit une clause de marché intérieur selon laquelle le prestataire applique le droit du pays où il est établi ; il existe toutefois des dérogations, quand c'est nécessaire à la protection des consommateurs).

La sécurité de la chaîne alimentaire

Elle est assurée par un grand nombre de normes qui s'imposent aux opérateurs et font l'objet de contrôles officiels par les autorités compétentes des États membres. Ces normes couvrent l'ensemble des mesures qui visent à prévenir ou limiter la contamination de la chaîne alimentaire par des agents biologiques ou chimiques pouvant présenter un danger pour la santé publique, la santé animale ou la santé végétale, à tous les stades de la chaîne alimentaire. Elles concourent à un haut niveau d'harmonisation, indispensable au bon fonctionnement du marché intérieur.

A l'issue de plusieurs décennies de rapprochement des législations nationales, et à la suite de plusieurs crises sanitaires telles que celles liées à la dioxine ou à l'ESB, l'UE s'est dotée d'une législation cadre en matière d'alimentation (règlement 178/2002/CE). Celle-ci a fixé les grands principes sur lesquels se fonde la sécurité de la chaîne alimentaire, notamment la responsabilité des opérateurs, l'approche holistique *« de la fourche à la fourchette »*, la traçabilité tout au long de la chaîne alimentaire, le principe de précaution et la prééminence de l'approche fondée sur l'analyse des risques ; elle a également instauré une Autorité européenne de sécurité des aliments (EFSA) chargée de l'évaluation scientifique des risques.

Autour de cette législation-cadre se sont organisées, au fur et à mesure de la modernisation des règlementations existantes ou de l'extension du champ communautaire, des législations sectorielles dans le domaine de la sécurité des aliments, par exemple le règlement 999/2001 relatif aux encéphalopathies spongiformes transmissibles, les règlements 1829/2003 et 1830/2003 sur les OGM destinés à l'alimentation qui prévoient l'autorisation préalable à la mise sur le marché, les quatre règlements du « paquet hygiène » en 2004 ou encore le « paquet des améliorants alimentaires » (additifs, arômes et enzymes alimentaires) en 2008.

Un accent particulier a été mis sur l'importance des contrôles de conformité, avec le règlement 882/2004 sur les contrôles officiels qui a poursuivi l'harmonisation et renforcé les obligations de moyens qui s'imposent aux États membres afin d'assurer la bonne mise en œuvre de la législation européenne dans le domaine de l'alimentation humaine et animale.

L'information des consommateurs est une préoccupation ancienne, puisque le rapprochement des législations nationales en matière d'étiquetage et de présentation des denrées alimentaires a déjà fait l'objet d'une directive en 1979 (directive 79/112/CEE). L'exercice s'est poursuivi avec la directive 2000/13 concernant l'étiquetage et la présentation des denrées alimentaires ainsi que la publicité faite à leur égard, qui a elle-même vocation à être remplacée en 2012 par un règlement relatif à l'information des consommateurs sur les denrées alimentaires, au champ encore élargi.

Enfin, le bon fonctionnement du marché intérieur repose sur un certain nombre d'outils communautaires à vocation sanitaire, tels que le système TR@CES qui est un réseau informatique permettant de dématérialiser certaines procédures de notification, de certification et contrôle des importations, exportations et échanges communautaires d'animaux et de produits animaux, ou encore le RASFF *(« Rapid Alert System for Food and Feed »)* qui permet aux États membres et à la Commission d'échanger des informations lorsque certains risques pour la santé humaine sont détectés dans la chaîne alimentaire humaine et animale.

Perspectives

L'efficacité de la politique de santé et de protection des consommateurs repose sur trois piliers : la définition d'un juste équilibre avec les enjeux du marché intérieur, la prise en compte des questions de santé publique, qui passe par une information exhaustive du consommateur et l'adaptation aux nouvelles réalités ; enfin, l'application effective des règles en la matière.

La définition d'un juste équilibre avec les enjeux du marché intérieur

Les règles de protection des consommateurs ne doivent pas constituer une entrave au fonctionnement du marché intérieur. En même temps, un niveau approprié de protection des consommateurs est une condition de la confiance nécessaire pour utiliser effectivement le marché intérieur.

Cette problématique est au cœur de la proposition de directive sur les droits des consommateurs, actuellement en discussion : elle vise à réglementer toutes les étapes nécessaires à la conclusion d'un contrat de vente de biens et de services des entreprises au consommateur et à unifier le droit en la matière alors qu'aujourd'hui les droits contractuels des consommateurs sont régis par différentes directives et que le droit reste très différent selon les pays. Elle concerne ainsi notamment l'information précontractuelle (informations à fournir au consommateur avant tout contrat de consommation), les obligations des parties pendant le délai de rétractation, une liste des clauses réputées abusives en toutes circonstances et présumées abusives, les règles de livraison, les garanties, etc. En proposant un corps de règles totalement harmonisées, la Commission a voulu ainsi faciliter le marché intérieur et encourager les entreprises à vendre des produits à l'étranger et à renforcer la confiance des consommateurs dans les achats transfrontaliers. Certains États membres n'acceptaient pas l'harmonisation maximale généralisée qui aurait remis en cause les régimes nationaux plus protecteurs (la France, par exemple). Le Conseil est toutefois parvenu à dégager une orientation générale en janvier 2011 fondée sur l'harmonisation maximale ciblée sur la vente à distance et la vente hors établissement, en supprimant les chapitres sur les garanties et les clauses contractuelles abusives. La négociation doit se poursuivre avec le Parlement européen.

En outre, constatant que la divergence entre les droits nationaux dissuade les entreprises de s'engager pleinement dans le commerce transfrontalier, la Commission a décidé d'engager le débat sur la possibilité de mettre en place un cadre commun de référence pour le droit européen des contrats pour les consommateurs et les entreprises (voir le livre vert de juillet 2010).

L'information du consommateur

Une politique de protection des consommateurs crédible exige la mise en place d'une information fiable permettant de faire des choix éclairés. Ce sujet est actuellement au cœur de plusieurs négociations (voir la révision du règlement sur les denrées alimentaires qui vise à permettre que les étiquettes présentent les informations essentielles au consommateur d'une manière claire et lisible, lui permettant ainsi de faire un choix diététique en connaissance de cause ; voir également la révision du règlement « nouveaux aliments » qui a échoué, en mars 2011, à l'issue d'une procédure de conciliation et posait notamment la question du traitement à réserver aux denrées alimentaires contenant des nanomatériaux ou issues de descendants d'animaux clonés : interdiction pure et simple, autorisation de mise sur le marché, traçabilité ?). Ceci pose également la question du niveau souhaitable d'information des consommateurs, au regard des enjeux de marché intérieur et des coûts induits pour les filières de production.

L'effectivité des règles de protection des consommateurs

Des règles existent pour garantir aux consommateurs un accès facilité à la justice (voir directive 1998/27/CE). La Commission a également mis en place un réseau extrajudiciaire européen pour promouvoir des modes alternatifs de résolution des litiges. En outre, les États membres doivent coopérer pour assurer la bonne application de la législation en la matière (voir règlement 2006/2004), ce qui s'est traduit par la création d'un réseau de coopération entre les administrations nationales. Par ailleurs, le mécanisme SOLVIT aide les consommateurs à faire valoir leurs droits (voir titre marché intérieur). Enfin, la Commission étudie la possibilité de mettre en place au niveau européen des mécanismes de recours collectifs (voir nouvelle consultation lancée par la Commission en février 2011 ; voir Titre 3 sur la politique de la concurrence).

L'essentiel

Loin d'être une politique sectorielle parmi d'autres, la protection des consommateurs est une exigence qui doit être prise en considération dans la définition et la mise en œuvre de toutes les autres politiques et actions de l'Union. Ainsi, les secteurs qu'elle touche sont très nombreux : sécurité de la chaîne alimentaire, qui se traduit par un grand nombre de normes et de contrôles officiels, sécurité générale des produits, intérêts économiques des consommateurs, santé publique, etc. Elle est à ce titre une des politiques qui concerne très concrètement le quotidien des citoyens. Cette politique doit constamment savoir s'adapter pour faire face à l'émergence de nouveaux risques, faute de quoi elle perdrait en crédibilité. En outre, elle doit être correctement définie pour se concilier harmonieusement avec les enjeux du marché intérieur. Pour ces raisons, il s'agit d'une des politiques européennes les plus innovantes et dynamiques, qui joue un rôle essentiel quant à l'image que les Européens ont de l'Union.

Titre 13
Éducation, formation professionnelle, jeunesse et sport

Le traité de Rome ne prévoyait nulle compétence de l'Union dans ces domaines, qui ne sont apparus qu'avec le traité de Maastricht. Il s'agit de domaines de compétence limitée de l'Union, dans lesquels elle complète l'action des États membres. L'Union légifère donc rarement en la matière.

Pourtant, l'importance politique de ces domaines est indéniable. L'éducation et la formation professionnelle sont des secteurs majeurs pour renforcer la compétitivité de l'Union, ce qui passe par l'existence sur le territoire de l'Union d'un enseignement supérieur de qualité. L'objectif de ces politiques est ainsi pour partie lié à la mise en œuvre de la stratégie Europe 2020. S'agissant de la jeunesse et de l'éducation, l'action de l'Union est également nécessaire pour renforcer la mobilité (le programme Erasmus est une réussite reconnue). Il s'agit donc de politiques qui jouent également un rôle pour renforcer l'identité européenne et la citoyenneté européenne.

Fonctionnement et réalisations

Fonctionnement

L'essentiel de la compétence dans ces matières relève des États membres. L'Union intervient ainsi pour mener des actions destinées à appuyer, coordonner ou compléter les actions nationales. Ceci se fait essentiellement à travers la méthode ouverte de coordination (MOC).

Éducation et formation professionnelle

Aux termes des articles 165 (éducation) et 166 (formation professionnelle) du TFUE, l'Union favorise la diffusion et l'apprentissage des langues, la mobilité des jeunes et des enseignants, la reconnaissance académique des diplômes, la coopération entre établissements d'enseignement, le développement de l'éducation à distance, la coopération éducative internationale. L'UE n'intervient ni dans les contenus des programmes d'enseignement, ni dans l'organisation du système éducatif, mais cherche à créer un espace européen de l'éducation en développant la mobilité et en encourageant les échanges. En matière de formation professionnelle, l'Union contribue à faciliter l'adaptation aux mutations industrielles, l'insertion et la réinsertion professionnelles, la mobilité des formateurs, etc.

Jeunesse

L'article 165 TFUE dispose que l'Union doit favoriser le développement des échanges de jeunes et d'animateurs socio-éducatifs et encourager leur participation à la vie démocratique.

Sport

Le traité de Lisbonne reconnaît, pour la première fois, une compétence explicite de l'Union dans ce domaine. Ainsi, *«l'Union contribue à la promotion des enjeux européens du sport, tout en tenant compte de ses spécificités, de ses structures fondées sur le volontariat ainsi que sa fonction sociale et éducative»* (article 165 TFUE). L'Union doit développer la dimension européenne du sport, en promouvant l'équité et l'ouverture dans les compétitions sportives et la coopération entre les organisations responsables du sport, ainsi qu'en protégeant l'intégrité physique et morale des sportifs, notamment des plus jeunes (article 165 TFUE).

Cela étant, le sport était déjà soumis auparavant aux dispositions du traité, via, par exemple, la libre circulation des personnes (voir l'arrêt «Bosman» de la CJCE de 1995 qui a estimé que la libre circulation des travailleurs s'appliquait aux footballeurs[145]), la libre prestation de services avec la question des paris sportifs en ligne ou la question du dopage en lien avec la politique de la santé. La Commission a, par ailleurs, adopté un livre blanc en juillet 2007 qui vise à donner une orientation stratégique au sport dans l'UE.

Réalisations

Éducation et formation professionnelle

En mai 2009, le Conseil a adopté le cadre stratégique *«éducation et formation 2020»,* qui succède au premier programme adopté en 2001. Il vise à :
- permettre qu'éducation et formation tout au long de la vie et mobilité deviennent des réalités;
- améliorer la qualité et l'efficacité des systèmes d'éducation et de formation;

145. CJCE, C-415/93.

– promouvoir l'égalité et la cohésion sociale ainsi que la citoyenneté active ;
– mettre en valeur créativité et innovation, notamment l'entreprenariat, à tous les niveaux d'enseignement.

Sous le premier objectif mentionné figurent notamment les lignes directrices européennes de validation des apprentissages formels et informels, le cadre européen des certifications, le système européen ECVET de transfert des crédits pour l'enseignement et la formation professionnels. Dans ce cadre, les États membres ont adopté des critères de référence chiffrés, en matière de lutte contre l'illettrisme (d'ici 2020, la proportion de personnes âgées de 15 ans ayant une maîtrise insuffisante de la lecture, des mathématiques et des sciences devrait être inférieure à 15 %) ou d'accès à l'enseignement supérieur. Les États membres se sont aussi engagés à mettre de plus en plus l'accent sur l'acquisition des compétences de base (en insistant sur les milieux défavorisés).

A côté de ce cadre, il existe le programme budgétaire « *formation tout au long de la vie* ». Adopté dans le cadre des perspectives financières 2007-2013, il porte sur toutes les actions européennes en matière d'éducation et de formation. Avec 6 milliards euros, il comprend en particulier les programmes *Comenius* (enseignement scolaire), *Erasmus* (enseignement supérieur), *Leonardo da Vinci* (formation professionnelle), *Grundtvig* (éducation des adultes). Il est complété par le programme *Erasmus Mundus* dont l'objet est d'attirer en Europe les meilleurs étudiants étrangers (dans le cadre du programme *Erasmus Mundus II*, adopté en 2008, 950 millions euros ont été alloués).

Deux autres processus doivent être mentionnés :
– le processus de Copenhague : lancé en 2002 pour atteindre l'objectif de Lisbonne en matière de formation professionnelle et créer un espace commun européen pour l'enseignement professionnel, il est fondé sur une stratégie de valorisation de la formation professionnelle orientée vers le marché du travail, un soutien à la mobilité et le développement de nouveaux instruments ou dispositifs de transparence ou de comparabilité des divers systèmes nationaux d'éducation et de qualification, dont plusieurs ont été adoptés en 2008 : les cadres nationaux de certification, le cadre européen des certifications, le dispositif de crédits transférables d'apprentissage (voir supra), le cadre d'assurances qualité, les instruments *Europass* (cadre communautaire destiné à rendre plus compréhensibles les qualifications et les compétences des citoyens, à travers le CV européen par exemple). Les États membres se sont engagés, au 2nd semestre 2010, à faire une liste des réalisations concrètes dans ce domaine d'ici 2014 ;
– le processus de Bologne qui a vu le jour en 1999 et a instauré l'espace européen de l'enseignement supérieur : il vise à moderniser les établissements d'enseignement supérieur dans toutes leurs dimensions (gouvernance, qualité, mobilité étudiante et enseignante, accessibilité, classement) et à favoriser, dans un cadre intergouvernemental, la reconnaissance partout en Europe du système Licence, Master, doctorat. C'est en septembre 2003 que les ministres de l'Education européens ont décidé de généraliser le système LMD.

Jeunesse

Après le *pacte européen pour la jeunesse* adopté en 2005, un nouveau cadre (2010-2018) a été adopté. Il vise à instaurer l'égalité des chances pour tous les jeunes dans l'enseignement et sur le marché du travail et à favoriser la citoyenneté active, l'inclusion sociale et la solidarité de tous les jeunes. Huit domaines d'action prioritaires sont retenus en matière d'éducation, d'emploi et d'esprit d'entreprise, de santé et de bien-être, de participation, d'activités de volontariat, d'inclusion sociale, de place des jeunes dans le monde, de créativité et de culture.

Pour souligner l'importance de la jeunesse, le Conseil a également adopté en 2005 une résolution invitant tant la Commission que les États membres à développer un dialogue structuré avec les jeunes, leurs organisations, les chercheurs dans le domaine de la jeunesse et les responsables politiques. Le premier cycle de ce dialogue structuré a vu le jour en 2010 et a été consacré au thème de l'emploi des jeunes.

Il existe par ailleurs un programme « *Jeunesse en action* » (2007-2013). Il est doté d'un budget de 885 millions d'euros et comporte cinq objectifs généraux : promouvoir la citoyenneté active des jeunes, développer la solidarité des jeunes, favoriser la compréhension mutuelle des jeunes de différents pays, améliorer la capacité de soutien des activités des jeunes et favoriser la coopération européenne dans le domaine de la jeunesse.

Enfin, le Conseil a mis l'accent en 2010 sur des sujets comme l'animation socio-éducative, l'accès des jeunes à la culture ou la jeunesse urbaine et l'Europe.

Sport

Le Conseil a adopté, en novembre 2010, une résolution sur le dialogue structuré de l'Union sur le sport. Des rencontres régulières entre le mouvement sportif et la présidence sont ainsi prévues. Par ailleurs, le rôle de l'Union dans la lutte contre le dopage est de plus en plus affirmé (le Conseil Éducation, jeunesse, culture et sport de novembre 2010 a insisté sur le renforcement de la coordination des États membres et de l'Union dans le cadre des travaux de l'agence mondiale de lutte contre le dopage). Enfin, le volet social du sport est également réaffirmé (renforcement de la cohésion sociale, intégration dans la société des personnes issues de milieux défavorisés).

Perspectives

La place de l'éducation et de la formation dans la croissance et l'emploi

Après la stratégie de Lisbonne et le Conseil européen de Barcelone, en mars 2002, qui s'est prononcé en particulier sur les systèmes d'enseignement, la Commission a rappelé le rôle de l'éducation et la formation dans la nouvelle stratégie Europe 2020 : ainsi, deux lignes directrices pour l'emploi sont consacrées à l'éducation. En outre, des objectifs européens ambitieux ont été définis : réduction du taux de décrochage scolaire à moins de 10 % et augmentation à 40 % au moins de la proportion de personnes âgées de 30 à 34 ans ayant obtenu un diplôme de l'enseignement supérieur (voir le Titre 1 sur l'UEM). La priorité dans les années à venir sera donc d'atteindre ces objectifs. La mise en place d'initiatives phare comme «*Jeunesse en mouvement*», qui vise à faciliter l'entrée des jeunes sur le travail (en proposant notamment un Observatoire européen des postes vacants) ou comme la «*Stratégie pour les nouvelles compétences et les nouveaux emplois*», qui comporte des mesures pour rapprocher compétences et offres d'emplois, devront y contribuer en proposant les actions à mener au niveau européen.

Dans ce cadre, l'accent devrait être mis sur trois sujets spécifiques :
- l'acquisition par tous les jeunes Européens des compétences de base (une des priorités doit viser l'école primaire : maîtrise de la lecture au premier chef; c'est un enjeu important sur le plan social également pour lutter contre les inégalités);
- la constitution d'un véritable espace européen de l'enseignement et de la formation professionnels, devenu encore plus impératif dans un contexte de chômage et de crise économique;
- enfin, la constitution de pôles européens d'enseignement supérieur et de recherche, qui doivent s'inscrire en outre dans une stratégie industrielle fondée sur l'innovation et le développement de la mobilité. La Commission a ainsi insisté sur l'importance de créer des universités européennes d'envergure mondiale, l'Union investissant peu dans l'enseignement supérieur (1,1 % du PIB en moyenne contre 2,3 % aux États-Unis selon Eurostat).

Le sport

La nouvelle compétence de l'Union doit permettre d'unifier les actions aujourd'hui dispersées dans ce domaine. La Commission a défini, dans sa communication de fin 2010, certaines priorités. Les questions liées à la dimension éthique et sociale du sport sont appelées à se développer (amélioration de la santé physique; adhésion de l'Union à la Convention du Conseil de l'Europe contre le dopage; harmonisation de la justice pénale en matière de dopage; formation sportive et éducation; qualifications; inclusion sociale; intégration des immigrants; lutte contre la violence et le racisme, etc.). Le débat devra aussi être affiné sur la dimension économique du sport (plusieurs sujets sont concernés : le rendement financier pour le sport des jeux de hasard et d'argent; l'éventuel examen du système commun de TVA et de ses effets sur le sport; le respect des droits de propriété intellectuelle liés au sport; la libre circulation et la nationalité des sportifs, les règles de transfert).

Favoriser la mobilité

Une des caractéristiques communes à tous les programmes précités tient à la place de la mobilité au sein de l'Union. Outre qu'elle représente une nécessité économique, elle est aussi devenue un impératif politique car il s'agit d'un élément constitutif de l'identité européenne. Or les obstacles restent aujourd'hui nombreux en la matière. C'est vrai en particulier s'agissant des jeunes Européens qui rencontrent encore d'importantes difficultés juridiques et financières. La Communication de la Commission «Jeunesse en mouvement» de 2010 a ainsi proposé de créer un tableau de bord de la mobilité. La question du renforcement des programmes communautaires sera également importante, notamment dans le cadre des prochaines perspectives financières (2014-2020) : le programme Erasmus concerne encore une trop faible proportion d'étudiants (depuis sa création, en 1987, 2,2 millions d'étudiants seulement en ont bénéficié[146]).

L'essentiel

Ces domaines relèvent avant tout des États membres et l'action de l'Union y est limitée. Toutefois, pour des raisons tant économiques (marché intérieur) que politiques (citoyenneté européenne), l'Union ne pouvait s'en désintéresser. Plusieurs programmes européens ont ainsi vu le jour, parmi lesquels le programme Erasmus est l'un des plus célèbres et des plus populaires. L'importance de ces politiques a également été rappelée à l'occasion du lancement de la nouvelle stratégie «Europe 2020», au motif qu'une Europe compétitive et créatrice d'emplois requiert nécessairement un haut niveau d'éducation et de formation professionnelle. Des objectifs ambitieux ont ainsi été fixés pour 2020 par le Conseil européen. Quant au sport, il s'agit d'une toute nouvelle compétence dont dispose l'Union depuis l'entrée en vigueur du traité de Lisbonne. Outre sa dimension économique évidente, le sport est d'ores et déjà appréhendé, au niveau européen, comme étant également un vecteur de cohésion sociale pour les citoyens.

146. Source : site Internet «Europa».

Titre 14
La culture

La culture est devenue une compétence de l'Union avec le traité de Maastricht, preuve que ce traité voulait engager l'Union dans un processus qui ne soit pas que de nature économique. Auparavant, la culture n'était pas absente de l'action de l'Union mais les initiatives étaient limitées. Le premier plan d'action culturelle ne voit ainsi le jour qu'en 1977. Ensuite, le Parlement européen a aidé, sous l'angle budgétaire, à la prise en compte de la culture au niveau européen et des pays comme l'Italie ou la France ont poussé, dans les années 1980, à la mise en place d'une formation « culture » au sein du Conseil. Cette lente émergence s'est faite *via* le marché intérieur, les artistes étant considérés comme des travailleurs au sens du traité, et le secteur audiovisuel ayant été considéré comme éligible à la prestation de services (voir la directive télévision sans frontières).

Bien que l'Union ne puisse en la matière que compléter l'action des États, il n'en reste pas moins qu'il s'agit, au niveau européen, d'un enjeu majeur parce que :
- la diversité culturelle est la « marque de fabrique » de l'Union et un vecteur majeur pour renforcer le sentiment d'appartenance à l'Union et assurer son rayonnement à l'extérieur;
- d'autres politiques peuvent avoir un effet direct sur la culture (aides d'État à la création, enjeu économique des industries culturelles et créatives, incidence de la fiscalité sur les produits culturels, enjeux commerciaux dans le cadre desquels l'Union défend la spécificité des biens culturels, irréductibles à des biens purement marchands).

Il s'agit donc d'une question majeure et ce, d'autant plus que l'appréhension du sujet doit nécessairement être renouvelée à l'ère d'Internet.

Fonctionnement et réalisations

La place de la culture dans le traité

Le traité de Lisbonne hisse la diversité culturelle et linguistique au rang des principes de l'Union. En outre, la sauvegarde et le développement du patrimoine culturel figurent parmi les objectifs de l'Union (article 3 TUE et article 22 de la Charte des droits fondamentaux).

L'Union doit « *contribuer à l'épanouissement des cultures des États membres dans le respect de leur diversité nationale et régionale, tout en mettant en évidence l'héritage culturel européen* » (article 167 TFUE). Son action vise à encourager la coopération entre États membres, si nécessaire en appuyant et complétant leur action en matière d'amélioration de la connaissance et de la diffusion de la culture et de l'histoire des peuples européens, en matière de conservation et de sauvegarde du patrimoine culturel d'importance européenne, en matière d'échanges culturels non commerciaux ou de création artistique et littéraire, ce qui comprend le secteur audiovisuel. L'Union doit donc promouvoir la création dans la diversité, contribuer au développement économique de ces secteurs et favoriser le dialogue interculturel.

Par ailleurs, si la compétence de l'Union est seulement *d'appui*, l'Union doit tenir compte des aspects culturels au titre des autres dispositions du traité. Il est ainsi possible de déroger à l'application de certaines règles du traité pour mener des actions en faveur de la culture. L'article 107 §3 TFUE prévoit que peuvent être considérées comme compatibles avec le marché intérieur les aides destinées à promouvoir la culture et la conservation du patrimoine (par exemple, la Commission a adopté, en 2001, une communication sur les aides nationales au cinéma et à l'audiovisuel, prorogée jusqu'en 2012). De même, l'Union peut autoriser les États à appliquer un taux réduit de TVA sur certains biens et services tels que les livres ou les manifestations culturelles.

Enfin, c'est désormais la *procédure législative ordinaire* qui s'applique pour l'adoption des actions d'encouragement, toute harmonisation étant exclue. Le Conseil adopte en outre des recommandations. En matière de politique commerciale commune, l'article 207 § 4 TFUE maintient la règle de l'unanimité au Conseil pour la négociation et la conclusion d'accords dans le domaine du commerce des services culturels et audiovisuels. Enfin, d'autres bases juridiques peuvent être utilisées, notamment pour la libre prestation de services ou l'industrie.

Réalisations

Les programmes

L'essentiel de l'action de l'UE consiste en l'*adoption de programmes* destinés à promouvoir la culture au sein de l'Union. On distingue à ce sujet les programmes « Media » et le programme « Culture ».

Les programmes *Media* ont pour objet de soutenir l'industrie européenne du film et de programmes de télévision.

Deux premiers programmes ont vu le jour dans les années 1990, Media I et Media II. Les priorités visaient la formation, le développement et la distribution de films et de programmes européens. En 2001, ils ont été remplacés par le programme Media Plus, doté d'un budget de 400 millions d'euros (avec deux aspects, un programme Media Plus-formation et un programme Media Plus-développement, distribution et promotion afin de favoriser la circulation des œuvres audiovisuelles européennes). Un nouveau programme Media a ensuite été adopté, en 2007 jusqu'en 2013, avec un budget de 755 millions d'euros. Dans le prolongement des précédents, celui-ci intervient d'abord pour la formation des professionnels de l'industrie audiovisuelle, ensuite pour favoriser la distribution de films ou de programmes européens. Ces différents programmes ont permis de dynamiser la production cinématographique en Europe.

Le programme *Culture* a vu le jour en 2000. Prévu jusqu'en 2006, il subventionnait des projets de coopération culturelle. Cette première approche était souhaitée par le Parlement européen et le Conseil qui souhaitaient un instrument unique de programmation et de financement. Le programme culture suivant, prévu de 2007 à 2013, doté de 400 millions d'euros et géré par l'agence exécutive Éducation, Audiovisuel et Culture créée en 2005[147], vise également la coopération culturelle au sein de l'Union ainsi que la promotion de la mobilité des professionnels, une meilleure circulation des biens culturels et la promotion du dialogue interculturel. Sont notamment prévus dans ce cadre des cofinancements d'actions culturelles (voir opérations *« Capitales européennes de la culture »)* et des actions de soutien à des organismes qui promeuvent la culture européenne (les musées, par exemple).

Enfin, depuis mai 2007, il existe un *agenda européen de la culture à l'ère de la mondialisation*, défini par la Commission et fondé sur trois actions : la promotion de la diversité culturelle et du dialogue culturel, la promotion de la culture comme vecteur de la créativité et la promotion de la culture comme élément indispensable dans les relations extérieures de l'Union. Le Conseil a adopté un premier plan de travail en 2007. Puis un nouveau plan de travail 2011-2014 a été défini par le Conseil, en novembre 2010, retenant six priorités thématiques : diversité culturelle, dialogue interculturel et culture accessible et inclusive, industries culturelles et créatives, compétence et mobilité, patrimoine culturel, culture dans les relations extérieures, statistiques culturelles.

L'activité législative

Les textes législatifs sont rares en la matière. L'un d'entre eux mérite toutefois d'être cité, la directive « Services de médias audiovisuels » (ex-directive « Télévision sans frontières » de 1989, révisée en 2007). Fondée sur le principe d'harmonisation minimale, elle cherche à concilier respect de la diversité culturelle et exigences du marché intérieur. Elle permet au citoyen d'avoir accès aux programmes de télévision produits en Europe, qui bénéficient d'une priorité dans les grilles de programmes des diffuseurs européens. Elle porte sur toutes les activités télévisuelles et intègre les nouveaux services (vidéo à la demande). Les principes sont les suivants : un radiodiffuseur relève de la compétence d'un seul État membre, qui est fonction du lieu d'établissement du diffuseur ; les États ne peuvent s'opposer à la réception sur leur territoire des programmes émis par les diffuseurs relevant de la compétence d'un autre État membre, sauf en cas d'atteinte à l'ordre public. Ce texte prévoit également des quotas de diffusion et de production (proportion majoritaire à réserver à des œuvres européennes), des règles de publicité (assouplies en 2007), de téléachat et de parrainage, des mesures de protection des mineurs. Quant à la révision de 2007, elle a adapté le texte aux évolutions technologiques en distinguant les services linéaires – télévision traditionnelle, Internet – des services non linéaires – services de médias audiovisuels à la demande. Cette directive a permis d'accompagner le développement des chaînes de télévision européennes ; on dénombre aujourd'hui 1 100 chaînes contre une centaine en 1990.

L'action de l'Union en matière de propriété littéraire et artistique joue également un rôle dans le domaine culturel pour protéger la création (voir Titre 2 sur le marché intérieur).

Autres réalisations

D'autres réalisations méritent également d'être citées :
– de nombreuses mesures visent à *mettre en valeur le patrimoine européen* : on peut citer à ce sujet le label du patrimoine européen qui veut renforcer le sentiment d'appartenance à l'Union (texte en codécision en cours d'adoption), l'existence de divers prix attribués par la Commission (comme le prix européen de la littérature). Une initiative se distingue, la *bibliothèque Europeana*, inaugurée fin 2008, bibliothèque européenne numérique permettant d'accéder à 15 millions de livres, cartes, photos, films, etc. Le comité des sages sur la numérisation du patrimoine culturel[148] a recommandé, en janvier 2011, que d'ici 2016 la totalité des chefs d'œuvre du domaine public des États membres figure dans *Europeana*. La France est le premier contributeur à la bibliothèque ;
– le *volet externe* : il s'est toujours agi d'une question sensible, comme l'a montré le débat des années 1990 sur l'« exception culturelle », à l'occasion de la conclusion des accords commerciaux sur les services en 1993-1994, qui visait à permettre aux États européens de préserver leurs systèmes publics d'aide au cinéma et à l'audiovisuel. L'une des grandes réalisations de l'Union est d'avoir œuvré à l'adoption de la convention de l'UNESCO sur la protection et la promotion de la diversité des expressions culturelles de 2005, qui reconnaît la spécificité des biens et produits culturels.

147. Cette agence gère aussi le programme Media ainsi que les programmes d'éducation.

148. Lors du Conseil Éducation, jeunesse, culture et sport de novembre 2009, le ministre français de la Culture et de la Communication avait appelé à la mise en place d'un comité des sages sur les enjeux liés au financement de la numérisation du patrimoine. Ce comité a été créé en avril 2010.

Perspectives

La reconnaissance du potentiel économique des industries culturelles et créatives

Comme l'a dit un jour André Malraux, *«si le cinéma est un art, il est aussi une industrie»*. En écho à cette formule, la libération du potentiel des industries culturelles et créatives est devenue une priorité. Cette thématique a fait l'objet d'un livre vert de la Commission à la mi-2010. Le comité des sages sur la numérisation du patrimoine a souligné, dans son rapport de janvier 2011, l'importance du financement de la numérisation (notamment *via* des partenariats publics-privés), la question des droits d'auteur (au premier chef pour les œuvres orphelines), l'adaptation à l'évolution rapide des technologies et la politique industrielle à conduire pour permettre le développement d'une industrie européenne de numérisation.

Une politique qui doit rester différente des autres

Les biens culturels ne sont pas des marchandises comme les autres. Cela emporte des conséquences au sein de l'Union mais aussi à l'extérieur :

- au sein de l'Union, cela suppose de continuer à chaque fois que nécessaire à *adapter les politiques de l'UE* à cette spécificité. A ce titre, une réflexion globale sur la fiscalité des biens et services numériques paraît aujourd'hui s'imposer. En particulier se pose la question de l'harmonisation de la TVA sur les produits culturels vendus en ligne et la possibilité de l'établissement d'un système de taxation réduite pour certains produits et services culturels (comme le livre, les expositions, les musées, les entrées de cinéma, de concerts) afin de soutenir ces produits. Par ailleurs, les perspectives financières poseront la question des futurs programmes Media et Culture;
- à l'extérieur de l'Union, il s'agit d'un enjeu de taille dans un contexte marqué par une *forte concurrence* et la présence de la *culture nord-américaine*. Dans le cadre des négociations internationales à l'OMC, il convient donc de veiller à ce que l'Union reste en mesure de conduire des politiques publiques audiovisuelles pour soutenir ces secteurs. L'unité dont a fait preuve l'Union dans la promotion de l'accord de 2005 est à cet égard remarquable et a valeur d'exemple. Aujourd'hui reste en débat la mise en œuvre de cet accord dans les négociations commerciales.

L'essentiel

«Si je devais recommencer, ce serait par la culture.» Cette phrase prêtée à Jean Monnet souligne le rôle éminent de la culture au sein de la construction européenne. Sans doute cela tient-il d'abord au fait que l'identité européenne repose fondamentalement sur le principe de la diversité culturelle, dont un des corollaires est la diversité linguistique. Ensuite, cette importance s'explique par la place singulière qu'occupent les enjeux culturels dans l'Union. Si cette dernière en reconnaît l'importance économique (voir le poids des industries culturelles et créatives), elle considère également que les biens culturels ne sauraient être regardés comme des biens purement marchands. Cette philosophie se retrouve tant dans la possibilité de déroger à l'application de certaines règles internes à l'Union pour promouvoir la culture (politique de la concurrence) que sur la scène internationale, où l'Union œuvre en faveur de cette place singulière.

Titre 15
La politique agricole commune (PAC)

Il s'agit d'une des plus anciennes politiques de l'Union. Ses principes fondamentaux ont été définis lors de la conférence de Stresa, en juillet 1958. Elle est ensuite entrée en vigueur en 1962. Si son bilan est incontestable (autosuffisance alimentaire de l'Union), cette politique est aujourd'hui fortement critiquée.

Pourtant, loin d'être figée, elle n'a cessé de s'adapter, surtout depuis les années 1990. D'importantes réformes ont ainsi eu lieu en 1992, en 1999, en 2003. Plus récemment, le bilan de santé de la PAC en 2008 a permis de simplifier et de rationaliser la PAC, en permettant aux agriculteurs de mieux réagir aux signaux du marché et de relever de nouveaux défis. En outre, une nouvelle réforme interviendra en 2013.

Cette politique, qui nourrit 500 millions de personnes, en emploie 34 millions et réalise un chiffre d'affaires supérieur à 1 000 milliards d'euros[149], est-elle une politique du passé, comme le pensent certains qui estiment que sa part dans le budget de l'UE est trop importante et nuisible aux priorités en matière de compétitivité ? Pourtant, son budget n'a cessé de décroître. En outre, à l'heure où la sécurité alimentaire reste un enjeu majeur et où les matières premières sont exposées à une forte volatilité des prix, cette politique reste essentielle. Le Conseil européen de juin 2010 a ainsi rappelé le besoin d'une PAC forte, compétitive et moderne. Un pays comme la France, premier pays agricole de l'Union et premier bénéficiaire de la PAC, juge indispensable le maintien d'une PAC forte[150].

149. 56 % des Européens vivent dans des zones rurales, qui couvrent 91 % du territoire de l'Union.

150. La France a ainsi reçu, en 2007 19,2 % de la dépense agricole communautaire. Avec une production agricole de 61 milliards d'euros en 2009, la France réalise 19 % de l'ensemble de celle de l'Union européenne à 27.

Fonctionnement et réalisations

Fonctionnement

Les *objectifs* de cette politique sont les suivants : accroître la productivité de l'agriculture en développant le progrès technique, en assurant le développement rationnel de la production agricole ainsi qu'un emploi optimum des facteurs de production, notamment de la main-d'œuvre ; assurer un niveau de vie équitable à la population agricole, stabiliser les marchés, garantir la sécurité des approvisionnements, assurer des prix raisonnables dans les livraisons aux consommateurs (article 39 TFUE).

Cette politique, dès le début, s'est vu reconnaître un statut à part. Le traité en porte encore trace aujourd'hui : ainsi, les règles en matière de concurrence ne s'appliquent à ce secteur que *« dans la mesure déterminée par le Parlement et le Conseil »* (article 42 TFUE), ce qui montre que cette politique a été pensée sous le prisme de l'intervention publique et non sous le seul angle du marché.

Les *principes* sont au nombre de trois : un marché unifié dans lequel les produits circulent librement, la préférence communautaire en faveur des produits européens, enfin la solidarité, qui implique un rôle majeur du budget de l'UE.

Les *mécanismes* sont fondés sur des **organisations communes de marchés** (OCM, qui sont 21) concernant chaque produit. Ces OCM, fondues en 2007 dans un seul règlement du Conseil[151], englobent un ensemble d'instruments qui visent à stabiliser les prix et à assurer une stabilité de l'offre de produits agricoles. Les OCM reposent ainsi sur un régime de prix communs, des mesures d'intervention pour garantir les prix sur le marché européen (par exemple, achat et stockage des quantités excédentaires par les organismes d'intervention) et un régime vis-à-vis des pays tiers (droits de douane et restitutions à l'exportation, dont l'importance est fonction du processus de libéralisation à l'OMC). Autre mécanisme, les **aides directes** compensent la baisse des prix garantis et représentent 80 % du budget (aides à l'hectare, primes par tête de bétail). On peut également citer les **instruments destinés à maîtriser l'offre** en vue de contenir la surproduction (quotas de production pour le lait, en 1984, ou le sucre), jachère et gel de terre.

La PAC repose sur **deux piliers** (voir l'Agenda 2000) : le premier concerne les aides directes et les mesures de

151. Voir règlement 1234/2007 du Conseil.

soutien du marché (voir ci-dessus), le second le soutien au développement rural, qui a pris une grande importance (préoccupations environnementales, patrimoine rural, amélioration de la compétitivité des zones rurales ; mise en place de la conditionnalité des aides, indemnités compensatoires de handicaps naturels dans les zones défavorisées et mécanismes de transfert financier : modulation des aides directes, etc.).

En ce qui concerne la procédure, le traité de Lisbonne a apporté un changement majeur puisque désormais c'est la *procédure législative ordinaire* qui s'applique à cette politique alors que, auparavant, seul le Conseil décidait, à la majorité qualifiée, sur la base de propositions de la Commission. Cela étant, la fixation des prix, des prélèvements, des aides et des limitations quantitatives continue d'être décidée par le seul Conseil, à la majorité qualifiée (article 43 § 3 TFUE). Par ailleurs, beaucoup de décisions sont prises en comitologie *via* les comités de gestion, qui deviennent, à compter du 1er mars 2011, les *comités d'examen*.

Enfin, les contrôles sont réalisés au niveau européen (par la DG Agriculture de la Commission, qui a la faculté de refuser de verser les sommes en cas d'irrégularités, et par la Cour des comptes européenne) et au niveau national.

Réalisations

Le bilan de cette politique est *incontestable*. Elle a permis à l'Union d'assurer son autonomie alimentaire, en augmentant le niveau de la production agricole en Europe. C'était le premier objectif assigné à cette politique, compte tenu de la situation de pénurie de l'Europe dans les années 1950 (production de viande et de lait en particulier). L'Union a été en situation d'autosuffisance alimentaire dès les années 1970. Elle a également permis l'augmentation des rendements et de la productivité et elle garantit la préférence communautaire pour les productions européennes sur le marché commun. Elle a également favorisé la création d'un secteur agroalimentaire économique puissant.

Sa *part dans le budget de l'UE* n'a cessé de décroître : elle était de plus de 70 % dans les années 1980, de 60 % dans les années 1990 et en 2007, elle était à 43 %. Ainsi, sur la période 2007-2013, les dépenses de marché de la PAC représentent 293 milliards d'euros (*via* le Fonds européen agricole de garantie – FEAGA– qui a remplacé le FEOGA « section garantie »), contre 347 milliards d'euros pour les dépenses de cohésion. En outre, si l'essentiel des crédits est consacré aux dépenses de marché (80 % du budget), la part du développement rural est en progression constante (12,4 milliards d'euros en 2007, financés par le Fonds européen agricole de développement rural – FEADER – qui a remplacé le FEOGA « orientation »). S'agissant des bénéficiaires, la France reste en tête, même si son taux de retour diminue du fait de l'augmentation progressive des aides pour les nouveaux États membres.

La question de la *réforme* a toujours existé avec la PAC, afin de tenir compte de l'évolution de l'agriculture, des besoins des citoyens et de l'importance croissante des questions environnementales. Une réforme est ainsi intervenue, en 1984, avec l'introduction de quotas laitiers en vue de maîtriser la production (la liberté de produire n'était pas remise en cause mais l'écoulement de la production n'était plus garanti). S'agissant des réformes de 1992, 1999 et 2003, elles ont fait évoluer le système des soutiens au prix des produits (système des prix garantis par des achats publics) vers un système fondé sur les aides directes aux exploitants. Celle de 1999 a introduit le *développement rural* comme second pilier de la PAC. L'Agenda 2000 et le Conseil européen de Berlin de mars 1999 ont joué un rôle majeur à ce sujet.

La **réforme de juin 2003**, en particulier, était fondée sur les éléments suivants :
– *découplage* entre production et versement des aides, ce qui s'est fait par la substitution à la plupart des aides directes d'un régime de *paiement unique par exploitation* indépendant de la production (70 % des aides sont découplées) ;
– *conditionnalité des aides* au respect de normes environnementales, de sécurité alimentaire et de bien-être des animaux, afin de promouvoir une agriculture durable ;
– *modulation des aides* directes qui devient obligatoire (une partie des aides est réaffectée au développement rural) ;
– *gel des dépenses* au niveau de 2006 jusqu'en 2013 ;
– *baisse des prix garantis* pour des produits comme le lait, le beurre ou le riz.

A ces différentes réformes qui ont profondément remanié la PAC en quelques décennies a succédé, en 2008, le **bilan de santé** de la PAC (accord politique du Conseil en novembre 2008). Il prévoit notamment :
– *la suppression des jachères obligatoires et l'augmentation* a minima *des quotas laitiers* (avant leur disparition en 2015) ;
– *le renforcement de la modulation* pour répondre aux nouveaux défis (changement climatique, gestion de l'eau, biodiversité, etc.) ;
– *la poursuite du découplage des aides* (suppression des derniers paiements couplés et intégration dans le régime de paiement unique, à l'exception de la prime à la vache allaitante ainsi que des primes aux ovins et aux caprins) ;
– l'*aide aux secteurs rencontrant des problèmes spécifiques* : les États peuvent conserver, par secteur, 10 % de leur enveloppe budgétaire nationale destinée aux paiements directs et affecter cette somme, dans le secteur concerné, en faveur de mesures environnementales ou d'actions visant à améliorer la qualité des produits. Ces fonds ne devront plus obligatoirement être utilisés dans le secteur dont ils proviennent et pourront servir à soutenir les producteurs laitiers ainsi que les producteurs de viande bovine, ovine et caprine et de riz dans les régions défavorisées ;
– *la prolongation du* régime simplifié de paiement unique.

Perspectives

Une politique d'avenir

La PAC est à la croisée de plusieurs enjeux majeurs :
– *alimentaire :* les préoccupations liées à la sécurité alimentaire et donc à l'autonomie européenne restent réelles ; les prévisions d'accroissement démographique dans le monde laissent penser que la PAC jouera un rôle

majeur dans l'approvisionnement en denrées agricoles abondantes et de qualité; la FAO évoque une augmentation de 70 % de la demande mondiale de denrées alimentaires d'ici 2050;
– *sanitaire :* la vigilance pour garantir la qualité sanitaire des aliments et les exigences croissantes en matière de traçabilité n'ont pas vocation à s'effacer (voir Titre 12 sur la protection des consommateurs);
– *économique :* le caractère de plus en plus stratégique des matières premières, qui doivent être régulées pour lutter contre la spéculation sur les prix, est aujourd'hui reconnu [152]; en outre, l'agroalimentaire est le domaine qui crée le plus d'emplois en Europe; enfin, l'UE est le premier exportateur mondial de produits agricoles transformés à forte valeur ajoutée;
– *social :* l'agriculture est un enjeu de cohésion territoriale (préservation des équilibres des territoires);
– *environnemental :* l'agriculture est responsable de 9 % des émissions de GES de l'UE [153]. La réduction de ces émissions, notamment *via* les biocarburants, est un des défis de l'agriculture. Les enjeux liés à la dégradation des sols, à l'accès à l'eau, au changement climatique et à la biodiversité (gestion durable des ressources naturelles) sont également importants (voir Titre 7 sur l'environnement).

Fort de ces éléments, le Conseil européen de juin 2010 a déclaré que la PAC devrait contribuer à la stratégie Europe 2020 et à bâtir une croissance intelligente, durable et inclusive, qui réponde aux nouveaux défis (économiques, sociaux, environnementaux).

La réforme de 2013

La PAC fera l'objet d'une importante réforme en 2013, comme en est convenu le Conseil européen de décembre 2005 [154]. La Commission a lancé un large débat public en avril 2010, à ce sujet, et a ensuite présenté, en novembre 2010, une communication intitulée : « *La PAC à l'horizon 2020 : Alimentation, ressources naturelles et territoire – relever les défis de l'avenir* ». Ce texte insiste sur trois objectifs stratégiques : maintenir durablement la capacité de production agricole pour garantir la sécurité alimentaire des citoyens européens et répondre à la demande alimentaire mondiale; contribuer à la fourniture de biens publics (qualité, diversité alimentaire, santé, gestion des ressources naturelles, adaptation au changement climatique); assurer la vitalité des zones rurales et la compétitivité du secteur. Pour la Commission, cela suppose une PAC forte qui continuerait d'être fondée sur les deux piliers (un premier pilier couvrant les paiements octroyés annuellement à tous les agriculteurs, plus axés sur l'environnement et plus équitablement alloués, et un second davantage orienté vers la compétitivité et l'innovation, le changement climatique et l'environnement).

La Commission se prononce ainsi en faveur d'une PAC plus verte et durable, plus équilibrée, ciblée, simplifiée (les procédures étant trop complexes), efficace et responsable, ce qui exige de rendre ses instruments plus cohérents et d'en établir de nouveaux. Ces éléments ont été plutôt bien accueillis à ce stade par les États membres, même si certains points sont délicats, comme la question du rééquilibrage des soutiens entre les États membres, le renforcement des instruments de gestion des marchés et de gestion des risques, la question de la stabilisation des revenus ou encore les modalités du « verdissement » de la PAC. Les propositions législatives sont attendues pour 2011.

L'enjeu du budget

La négociation du budget de la PAC dans les prochaines perspectives financières sera *difficile* : certains États membres estiment que le budget de l'UE devrait être davantage orienté vers les politiques d'avenir (innovation, recherche, etc.) au détriment de la PAC. Pour d'autres, le maintien du budget de la PAC est fondamental. Avec l'Allemagne (second bénéficiaire), la France a adressé en septembre 2010 à la Commission une position commune souhaitant une PAC forte au-delà de 2013, dont la compétitivité serait renforcée, le développement rural plus efficace et plus durable, qui garantirait une alimentation saine et serait fondée sur une préférence communautaire renouvelée.

Le Parlement européen jouera un rôle important dans cette réforme, compte tenu de son rôle en tant qu'autorité budgétaire mais aussi parce qu'il est désormais colégislateur en matière d'agriculture. Sur le fond, il souhaite une PAC juste et durable, au service d'une politique alimentaire et agricole multidimensionnelle forte.

Le volet externe

Par ailleurs, le sujet agricole continue d'être présent au plan externe dans le cadre de la négociation du cycle de Doha où n'est pas effacé le risque d'une libéralisation croissante des marchés agricoles. Beaucoup de pays en développement dénoncent ainsi régulièrement ce qu'ils considèrent comme du protectionnisme de la part de l'Union (droits de douanes). Pourtant, l'Union est le premier importateur mondial agricole (ses importations se chiffrent à 13,6 % du total mondial, les États-Unis sont à 10,7 %). Il doit néanmoins s'agir d'un sujet de vigilance pour l'Union.

L'essentiel

Politique parmi les plus anciennes de l'Union, la PAC a notamment permis à l'Union de connaître l'autosuffisance alimentaire dès les années 1970. Par ailleurs, loin d'être une politique statique, elle n'a cessé de s'adapter et de se réformer, afin de rester pleinement légitime. Sa part dans le budget de l'Union a ainsi fortement diminué en vingt ans. Pourtant, la PAC est critiquée par certains qui la jugent trop protectionniste. Elle a néanmoins vocation à demeurer importante car elle se situe à la croisée de préoccupations nombreuses, alimentaires, économiques, territoriales, environnementales et sanitaires, qui soulignent sa place stratégique au sein de l'Union.

152. Voir communication de la Commission sur les marchés de produits de base et les matières premières du 2 février 2011 (COM (2011) 25 final).

153. Source : site Internet « Europa ».

154. Voir conclusions des 15 et 16 décembre 2005.

Titre 16
La politique commune de la pêche

Cette politique est l'une des plus intégrées au plan européen. Ainsi, bon nombre des décisions prises par la Commission s'appliquent directement sur le territoire de l'Union, comme l'interdiction de la pêche du thon rouge[155].

Après de premiers règlements dans les années 1970 (qui traitaient notamment du droit d'opérer dans les eaux d'un autre État) et les ajustements nécessaires après l'élargissement de 1973 (les captures du Royaume-Uni, de l'Irlande et du Danemark représentant plus du double de celles des six pays fondateurs), cette politique s'est organisée au début des années 1980 avec la reconnaissance du rôle de l'Union dans ce domaine. Dès l'origine, l'objectif a été de définir les voies et moyens pour assurer la gestion de la ressource halieutique en raison de sa rareté. Les principes suivants ont ainsi été définis : éviter la surpêche, garantir aux pêcheurs des moyens d'existence stables et assurer l'approvisionnement des consommateurs. L'élargissement de 1986, avec l'entrée dans la CEE de l'Espagne et du Portugal, a aussi nécessité des adaptations. En effet, le nombre de pêcheurs a été multiplié par deux et la capacité de pêche de l'Union a augmenté de 75 %.

Aujourd'hui, l'Union est le plus grand marché mondial des produits de la pêche et la troisième puissance de pêche (elle compte environ 260 000 pêcheurs et la flotte européenne se compose de 100 000 navires).

A l'instar de la PAC, cette politique a dû s'adapter et a fait l'objet de plusieurs réformes, la dernière remontant à 2002. Une nouvelle réforme a été lancée ces dernières années, *via* notamment un livre vert de la Commission d'avril 2009, et doit aboutir à des propositions législatives au cours de l'année 2011.

155. Cette espèce est aujourd'hui très menacée et les négociations au sein de la Commission internationale pour la conservation des thonidés de l'Atlantique (CICTA) sont de plus en plus difficiles.

Fonctionnement et réalisations

Fonctionnement

L'Union dispose d'une compétence exclusive en matière de *« conservation des ressources biologiques de la mer dans le cadre de la politique commune de la pêche »* (article 3 TFUE), ce que la jurisprudence de la CJUE avait reconnu dès 1981[156].

Le traité prévoit (article 38 TFUE) que l'Union doit définir et établir une politique commune de la pêche (PCP). Cet article précise que le marché intérieur s'étend à la pêche. Bien que cette politique soit distincte de la PAC, le lien est néanmoins fort en termes de fonctionnement et de procédure. Ainsi, le traité prévoit que les références à la PAC ou à l'agriculture *« s'entendent comme visant aussi la pêche, eu égard aux caractéristiques de ce secteur. »*

Les *objectifs de la pêche* ne sont pas nécessairement aisés à concilier : préserver la ressource et donc mettre en place des mesures qui y pourvoient, certaines ressources étant particulièrement menacées, comme le cabillaud et le thon rouge, et préserver l'activité de pêche, au regard de son importance économique et sociale dans de nombreux États membres.

L'*activité internationale de l'Union* en matière de pêche est également importante. Au plan bilatéral, certains accords visent à répartir les possibilités de pêche avec d'autres pays européens, non membres de l'UE (voir les négociations annuelles avec la Norvège ou les îles Féroé) ou à permettre à l'Union de pêcher dans les eaux de pays tiers (Maroc, Mauritanie, etc.) en échange d'une contrepartie financière et d'un appui sectoriel. Au plan multilatéral, l'Union participe à des négociations au sein d'organisations internationales (comme la FAO[157] ou l'ONU) ou d'organisations régionales de pêche (CICTA, CGPM[158]), qui essaient de développer une pratique responsable et rationnelle de la pêche.

Plusieurs principes structurent cette politique :
– les TAC (taux admissibles de capture) et les quotas : chaque stock fait l'objet d'un TAC. Les quotas concernent la répartition du TAC qui est alloué aux États membres en fonction de la stabilité relative. Lorsqu'un TAC ou un quota est épuisé, la pêche du stock concerné est alors

156. Voir CJCE, Commission/Royaume-Uni, aff. 804/79.

157. Organisation des Nations unies pour l'alimentation et l'agriculture.

158. Commission générale des pêches en Méditerranée.

fermée. Sur la base des avis scientifiques et des propositions de la Commission, le Conseil statue en décembre de chaque année pour fixer les TAC et quotas de l'année suivante ;
– la stabilité relative, principe selon lequel la clé de répartition est invariable pour les quotas entre États membres (prise en compte du niveau historique d'exploitation des stocks) ;
– les mesures techniques : elles visent à limiter, voire interdire, les techniques préjudiciables aux espèces. Sont concernées au premier chef les captures de jeunes poissons. Ainsi ont été adoptés des règlements concernant la taille minimale des maillages, l'interdiction de certains outils ou engins de pêche (comme les filets maillants dérivants) ou la fermeture temporaire de certaines zones pour protéger les stocks. La surveillance et le contrôle sont de la responsabilité première des États membres, sous le contrôle de la Commission ;
– l'organisation commune des marchés : ces règles couvrent aujourd'hui toute une gamme de produits de la mer et leur objet est de garantir la stabilité du marché et d'assurer une offre régulière de produits de qualité, de garantir des prix à la consommation raisonnables et de soutenir le revenu des pêcheurs.

Au *plan budgétaire*, cette politique s'appuie sur deux instruments : le Fonds européen pour la pêche (FEP), qui finance les actions structurelles (adaptation de la flotte, aquaculture, assistance technique, etc.) et un second instrument destiné au contrôle dans le secteur de la pêche et aux actions internationales de l'Union (dépenses des organisations internationales, notamment). Au titre des perspectives financières 2007-2013, cette politique doit toucher un peu plus de 6 milliards d'euros.

Sur le plan de la *procédure*, la politique commune de la pêche relève désormais, comme la PAC, de la *procédure législative ordinaire* – les plans pluriannuels de gestion des pêches sont donc désormais adoptés en codécision – à l'exception de la fixation des possibilités de pêche qui continuent de relever du seul Conseil, décidant à la majorité qualifiée (il s'agit d'une exception importante car les règlements TAC et quotas continueront d'échapper à la compétence du Parlement européen).

Réalisations

La politique de la pêche a connu plusieurs réformes. Après celle de 1992, une seconde réforme a été mise en place en 2002. Elle avait pour objet de définir un meilleur équilibre entre le principe d'une gestion durable des ressources halieutiques et la dimension socio-économique et territoriale de la pêche. Cette réforme visait **trois objectifs** :
– *mieux adapter les instruments de régulation des captures* en fonction de la situation biologique réelle de chaque stock (les stocks les plus fragiles pouvant faire l'objet de plans de reconstitution, l'effort de pêche a été régulé ; les autres stocks font l'objet de plans de gestion pluriannuels afin d'accroître la visibilité pour les pêcheurs de leur activité économique) ;
– *suppression des aides publiques à la construction* depuis le 1er janvier 2005 (ces aides à la modernisation, accordées *via* le FEP, ne subsistent que si les investissements n'entraînent pas d'augmentation des capacités de pêche) ; l'Union a adopté des mesures structurelles pour adapter et moderniser le secteur de la pêche (crédits pour des projets d'investissements dans les filières pêche et aquaculture ; aides pour éviter les surcapacités *via* des programmes d'orientation pluriannuels qui précisent pour chaque État les objectifs et les moyens de les atteindre) ;
– enfin *mise en place de comités consultatifs régionaux* pour que les acteurs du monde de la pêche participent davantage à la politique de gestion de la ressource. Les contrôles ont également été renforcés et une Agence européenne de contrôle de la pêche, basée à Vigo en Espagne, a été créée.

De même, des règlements sur le contrôle des pêches et la lutte contre la pêche illicite, non déclarée et non réglementée sont entrés en vigueur en janvier 2010.

Cette réforme présente un bilan mitigé, comme l'a expliqué la Commission dans son livre vert d'avril 2009. Ainsi, les problèmes de surpêche ne sont pas résolus (flottes surdimensionnées et nombreux stock de poissons surexploités), en dépit des progrès réalisés avec la mise en place de plans pluriannuels de gestion de certains stocks. D'autres problèmes ont été relevés : une faible rentabilité économique, une consommation élevée de carburant et une faible contribution du secteur de la pêche à l'approvisionnement alimentaire.

Perspectives

Tant les réformes de 1992 que celles de 2002 n'ont pas convaincu (voir ci-dessus). Le besoin d'une nouvelle réforme est donc certain. Les réflexions sur la future PCP ont débuté en 2008 sous présidence française ; à cette occasion, les États membres ont rappelé leur attachement au principe de la stabilité relative et exprimé leur souhait d'établir une gestion pluriannuelle des TAC et quotas et d'élargir les plans de gestion à de nouvelles espèces.

Ensuite, la Commission a, dans son livre vert de 2009, souligné cinq enjeux : la surcapacité de la flotte, la nécessité de préciser les objectifs de la PCP vers une durabilité socio-économique et environnementale des pratiques de pêche, le besoin de faire évoluer le cadre décisionnel, la responsabilisation du secteur et le développement de la culture du respect des règles.

Certains points font aujourd'hui consensus : la nécessité d'atteindre le rendement maximum durable pour les différentes pêcheries, l'importance de l'approche écosystémique, le besoin de meilleures connaissances scientifiques, le maintien de l'organisation commune de marché comme pilier de la PCP ou encore la possibilité d'une intégration de la PCP dans la politique maritime intégrée. D'autres, comme l'organisation d'un marché communautaire sur la base de quotas individuels transférables (sur le modèle de l'ETS, voir le Titre 7 sur l'environnement) sont au contraire critiqués par plusieurs États membres, dont la France. La Commission propose également une refonte du financement de la PCP, en fixant comme objectif une durabilité sociale et économique à long terme et en incluant une plus grande conditionnalité à la réalisation de ces objectifs.

La Commission paraît ainsi déterminée à procéder à une réforme radicale de la pêche, qu'elle veut plus verte, plus simple, plus décentralisée et mieux articulée avec la politique de l'environnement. Le paquet de réformes à venir devrait porter sur tous les aspects (gouvernance de la future PCP, organisation commune de marché, dimension internationale, fonds pour soutenir la nouvelle PCP, etc.). Le Parlement, qui est désormais colégislateur dans ce domaine et qui partage l'approche de la Commission sur la nécessité d'une réforme radicale pour préserver la ressource halieutique, jouera un rôle majeur.

L'essentiel

Figurant parmi les politiques les plus intégrées de l'Union au regard notamment du pouvoir de décision réel dont dispose la Commission, cette politique joue un rôle économique majeur dans l'Union qui constitue le plus grand marché mondial des produits de la pêche. Si elle a connu plusieurs réformes importantes au cours de son histoire, elle reste aujourd'hui critiquée au regard des problèmes de surpêche qui n'ont pas été résolus et ce, malgré la mise en place des plans de gestion pluriannuelle de certains stocks. Une importante réforme est ainsi prévue en vue d'établir une pêche durable, plus simple et mieux articulée avec la politique de l'environnement.

Titre 17
La politique de cohésion

Même si la politique de cohésion a été introduite dans les traités par l'Acte unique européen et consolidée par le traité de Maastricht, la volonté de réduire les écarts de développement entre les différentes régions de l'Union (il en existe aujourd'hui 271) était manifeste dès le traité de Rome, preuve que le projet européen a reposé dès le début sur le principe de la solidarité entre les États membres. Mais au regard de la logique économique qui soustendait le traité de Rome, cela montre également qu'il s'agissait d'un élément constitutif de l'efficacité économique recherchée du marché intérieur.

Il n'est par ailleurs pas innocent que sa « reconnaissance par le traité » se soit faite au moment de l'Acte unique : en effet, ce traité, tout en redonnant un nouveau souffle au marché intérieur, a souhaité rappeler avec la politique régionale que la construction européenne reposait également sur une dimension sociale.

Puissant vecteur de l'intégration européenne et dotée d'instruments redistributifs, la politique régionale n'a cessé de gagner en importance au cours des années, a fortiori avec les élargissements successifs. Ceci s'est traduit par une montée en puissance forte au sein du budget dont elle constitue aujourd'hui le premier poste.

Il s'agira d'un des enjeux majeurs des prochaines perspectives financières.

Fonctionnement et réalisations

Fonctionnement

L'objet de cette politique est de promouvoir un développement harmonieux de l'Union et le renforcement de sa cohésion économique, sociale et territoriale (article 174 TFUE). Le concept de cohésion territoriale a été introduit par le traité de Lisbonne. Cette formule fait directement écho à l'article 3 TUE qui affirme que l'UE *« promeut la cohésion économique, sociale et territoriale, et la solidarité entre les États membres. »* L'objectif est de réduire les disparités entre les niveaux de développement des diverses régions et le retard des régions les moins favorisées, le marché ne pouvant seul y parvenir. Cette politique couvre toute l'Europe. Le traité de Lisbonne a précisé que sont concernées au premier chef les zones rurales, les zones où s'opère une transition industrielle, les régions qui souffrent de handicaps naturels ou démographiques graves et permanents, comme les régions insulaires ou les zones de montagne.

Au plan budgétaire, cette politique est devenue la première, avec 347 milliards euros sur la période 2007-2013, soit 36 % du budget de l'Union. Les principaux bénéficiaires sont les nouveaux États membres. Toutefois, les anciens États membres continuent à toucher des fonds (pour la France, le montant devrait s'élever, sur la période 2007-2013, à 14,3 milliards d'euros). C'est un vrai changement car auparavant c'est la PAC qui avait toujours été le premier poste budgétaire.

Cette politique repose désormais sur **trois objectifs** :
- la convergence, qui absorbe 81 %[159] des crédits et bénéficie aux régions dont le PIB par habitant est inférieur à 75 % de la moyenne communautaire (Espagne, Portugal et Grèce, notamment, en ont beaucoup bénéficié ; aujourd'hui ce sont surtout les nouveaux États membres ; la France en bénéficie au titre de ses régions ultrapériphériques[160]) ;
- la compétitivité régionale et l'emploi, objectif qui représente près de 16 %[161] des crédits, concerne les régions qui ne peuvent plus être éligibles à l'objectif « convergence » ;
- la coopération territoriale européenne, qui représente 2,5 %[162] des crédits et finance des projets de coopération transfrontalière, transnationale et interrégionale.

Les instruments de cette politique sont avant tout *financiers*, les « fonds à finalité structurelle ». En effet, cette politique repose sur le principe de transfert des ressources des régions riches vers les régions les plus pauvres. Ces instruments sont énoncés à l'article 175 TFUE :
- le *Fonds européen d'orientation et de garantie agricole, section orientation* : il finance la modernisation de l'agriculture et du développement rural[163] ;
- le *Fonds social européen* : il finance la promotion professionnelle, l'aide à l'emploi et à l'insertion et est au service de l'objectif « compétitivité régionale et emploi »[164] et de l'objectif « convergence » ;

---

159. Source : site Europa.

160. Les régions ultrapériphériques françaises sont la Guadeloupe, la Martinique, la Guyane, la Réunion, Saint-Barthélémy et Saint-Martin.

161. Source : site Europa.

162. Source : site Europa.

163. Ce fonds a été remplacé par le FEADER (voir Titre 15 sur la politique agricole commune).

164. Voir titre IX du TFUE.

– le *Fonds européen de développement régional* : apparu dès 1975, après le premier élargissement, il participe au développement et à l'ajustement structurel de régions en retard de développement et à la reconversion des régions industrielles en déclin. A ce titre, il contribue au financement des trois objectifs de cette politique [165].

A cette liste deux fonds s'ajoutent :
– le *Fonds de cohésion* : créé en 1994, il complète les fonds structurels et finance des projets environnementaux et les infrastructures de transport dans les États membres dont le PIB par habitant est inférieur à 90 % de la moyenne européenne ; il a été créé dans un premier temps pour la Grèce, le Portugal, l'Espagne et l'Irlande et bénéficie de plus en plus aux nouveaux États membres et contribue aujourd'hui au financement de l'objectif convergence ;
– le *FEP*, créé en 1992 et destiné à favoriser la modernisation de la pêche. [166]

Ces fonds sont gérés par la Commission dans différents comités et font l'objet de plusieurs règlements de l'Union. Les derniers sont entrés en vigueur le 1er janvier 2007. Les fonds ont souvent été critiqués : saupoudrage, inefficacité et complexité. Pour y répondre, ils ont été encadrés par des *principes stricts* :
– la concentration financière et thématique pour aider les régions les plus pauvres et viser les dépenses d'avenir ;
– le partenariat et la décentralisation, pour associer les autorités nationales et régionales (lesquelles sélectionnent les projets, autorisent la dépense et sont chargées de la contrôler, la Commission et la Cour des comptes vérifiant la bonne utilisation des fonds) ;
– l'additionnalité, qui implique le cofinancement des crédits nationaux et européens ;
– la programmation pluriannuelle : les différentes interventions de l'UE font l'objet de cette programmation ;
– enfin la simplification (trois objectifs au lieu de sept avant, trois fonds au lieu de six, un seul fonds par programme, plus de zonage).

Cette politique repose sur des orientations stratégiques qui énoncent les principes et priorités et suggèrent des moyens pour permettre aux régions européennes de tirer parti des fonds européens affectés aux programmes d'aide nationaux et/ou régionaux.

Sur le plan de la procédure, avec le traité de Lisbonne, l'ensemble des règlements relatifs aux fonds structurels européens relève à présent de la procédure législative ordinaire (article 177 TFUE).

165. Voir article 176 du TFUE.

166. Il existe dans l'Union d'autres fonds qui répondent à des objectifs qui ne sont pas directement en lien avec la politique de cohésion, comme le Fonds de solidarité de l'UE, créé en 2002 (utilisé en cas de catastrophes naturelles majeures), le Fonds d'ajustement à la mondialisation, mis en place début 2007 ou le Fonds européen de développement, dont les bénéficiaires sont, outre les pays ACP, les pays et territoires d'outre-mer associés à l'UE.

Réalisations

Politique très symbolique, la politique de cohésion est également une politique efficace, qui a permis de réduire des écarts de développement au sein de l'UE et de favoriser la convergence économique. Le meilleur exemple souvent cité est l'Irlande, qui a bénéficié d'aides de l'ordre de 1,5 à 3 % de son PIB par an dans les années 1990. On peut également citer le Portugal, qui a vu son PIB augmenter de 6 % entre 2000 et 2006.

L'apport des fonds structurels pour les infrastructures est significatif : autoroutes, TGV entre Madrid et Séville, financement de la recherche et de l'innovation, soutien à l'emploi (entre 2000 et 2006, 1,4 million d'emplois ont été créés selon la Commission grâce à cette politique), etc.

Perspectives

Un enjeu économique et politique fondamental

Dans son cinquième rapport de novembre 2010 sur la cohésion [167], la Commission a souligné l'existence d'un accroissement significatif du PIB dans la plupart des régions qui relèvent de l'objectif « convergence ». Par ailleurs, cette politique a permis un doublement des échanges au sein du marché intérieur. L'efficacité de cette politique est donc réelle, selon la Commission. La valeur ajoutée de cette politique avait déjà été mise en exergue au printemps 2010, lorsque la Commission avait présenté une synthèse des rapports de mise en œuvre des cadres de référence stratégique nationaux.

Dans les années à venir (voire les décennies), la politique régionale restera en effet essentielle au développement harmonieux de l'Union qui, pour bien fonctionner, doit favoriser en son sein, *via* ses mécanismes et instruments redistributifs, la convergence non seulement économique mais également sociale. C'est dans ce contexte que la politique régionale est devenue, sur la période 2007-2013, le premier poste budgétaire, alors qu'elle ne représentait que 27 % du budget lors du « paquet Delors 1 », en 1993. Or les disparités restent fortes au sein de l'UE, les dix régions les plus riches l'étant trois fois plus que les dix régions les moins développées. Une région comme le Mezzogiorno reste marquée par un faible développement et un important chômage.

L'élargissement reste donc un réel défi car il a accru les écarts de développement au sein de l'Union (un quart des 271 régions ont un niveau de PIB inférieur à 75 % du PIB moyen de l'UE). Sur les 347 milliards d'euros pour la période 2007-2013, 169 sont destinés aux 15 anciens États membres et 178 milliards aux 12 nouveaux. En outre, bon nombre de régions qui étaient auparavant couvertes par les fonds européens se sont retrouvées exclues (comme les îles Canaries).

167. Voir communication COM (20010) 642.

L'importance de cette politique a également été mise en valeur dans le cadre de la stratégie de Lisbonne (le président Barroso avait fixé comme objectif que 60 % des fonds structurels devraient être consacrés à la réalisation de cette stratégie) et rappelée par la stratégie Europe 2020, qui a souligné son rôle pour renforcer la compétitivité en particulier pour le financement des infrastructures. Elle constitue donc un vecteur important de croissance et d'emploi.

Réussir cette politique est d'autant plus important qu'il s'agit d'un des *domaines les plus visibles* de l'Union, qui traduit concrètement « sur le terrain » le principe fondamental de la solidarité. L'Union a ainsi renforcé les obligations faites aux bénéficiaires des aides de mettre davantage en exergue la contribution européenne (affichage sur les projets du concours des fonds structurels). Les États membres ont un rôle majeur à jouer en la matière, avec le concours des régions.

Une réforme en vue

La Commission a proposé des voies d'amélioration dans son cinquième rapport de novembre 2010. Elle suggère que les instruments d'intervention soient davantage coordonnés entre eux au sein d'orientations stratégiques communes et prône le principe de concentration thématique. La planification resterait un principe majeur mais serait introduit un mécanisme contractuel au travers de contrats de partenariat pour le développement et l'investissement entre le niveau communautaire et le niveau national. Elle suggère également d'accroître la concentration des aides à travers l'établissement de priorités thématiques découlant directement de la stratégie Europe 2020 (investissements en R&D, promotion de la société de l'information, etc.).

S'agissant de l'architecture, la Commission propose que la politique de cohésion continue de couvrir toutes les régions de l'UE, tout en mettant en place une aide différenciée selon les niveaux de développement. Elle suggère la création d'une nouvelle catégorie, les *régions intermédiaires* dont le PIB serait compris entre 75 et 90 % de la moyenne communautaire afin d'atténuer les écarts significatifs qui existent entre les deux objectifs « convergence » et « compétitivité régionale et emploi ». Enfin, la Commission réfléchit à l'introduction de *mécanismes de conditionnalité* qui seraient liés aux réformes nécessaires à la bonne utilisation des fonds structurels (par exemple, la flexicurité, la recherche et l'innovation), au respect du pacte de stabilité et de croissance avec des mécanismes de suspension ou d'annulation des fonds pour ceux qui ne le respecteraient pas. Enfin, la Commission prévoit l'instauration d'une réserve de performance liée à la réalisation des objectifs nationaux fixés dans le cadre de la stratégie Europe 2020 (les États vertueux pourraient toucher des financements supplémentaires).

Des premières réactions des États membres, il ressort que la quasi-totalité d'entre eux souhaite que cette politique continue de couvrir tout le territoire de l'Union dans la mesure où la stratégie Europe 2020 concerne toute l'Union. Certains États insistent néanmoins sur l'importance de la *dégressivité des aides pour les régions les plus riches*. Quant à l'idée de mettre en place des régions intermédiaires, elle se heurte pour l'instant à l'opposition de plusieurs États, qui semblent plus attachés au maintien des mécanismes de transition actuels.

Le Parlement européen a souligné, à l'instar de la Commission, l'importance d'un lien étroit entre la politique de cohésion et la stratégie Europe 2020, l'importance de la couverture de l'ensemble du territoire de l'Union, le caractère fondamental de l'objectif « convergence », la place de la cohésion territoriale, la place de la R&D et de l'innovation pour les futures orientations de la politique de cohésion ou bien encore le critère du PIB qui doit rester le principal pour la détermination de l'éligibilité des régions.

Au-delà, l'enjeu de simplification est réel : la complexité liée à leur utilisation explique souvent le faible taux d'utilisation des fonds. Certains États membres, dont la France, souhaitent également que l'efficacité de cette politique soit davantage évaluée.

Les prochaines perspectives financières

Il s'agira d'un des enjeux les plus difficiles des prochaines perspectives financières, dans un contexte marqué par, d'une part, la volonté des contributeurs nets de voir la dépense globale plafonnée et, de l'autre, la volonté non moins importante de certains de préserver la part budgétaire allouée à la PAC. Il conviendra dans ce contexte de tenir également compte de la convergence constatée ces dernières années et des évolutions structurelles en termes de développement économique des régions, pour apprécier quelle part cette politique devra recevoir au titre des prochaines perspectives financières.

L'essentiel

Essentielle sur le plan économique et territorial pour réduire les disparités de développement et de richesse au sein de l'Union, cette politique l'est également sur un plan plus symbolique car elle incarne la solidarité entre les États sur laquelle l'Union européenne est bâtie. Alors que l'Union regroupe aujourd'hui 27 États membres et que les écarts de développement restent parfois importants, cette politique continue de jouer un rôle structurant majeur. Celui-ci se reflète dans la part croissante qu'elle n'a cessé de prendre au sein du budget de l'Union. Toutefois, à l'heure où les exigences du « mieux dépenser » deviennent de plus en plus fortes dans un contexte de restriction budgétaire, il est important de veiller à ce que l'efficacité et la valeur ajoutée de cette politique soient pleinement assurées.

Titre 18
L'espace de liberté, de sécurité et de justice

En 1997, le traité d'Amsterdam a assigné un nouvel objectif à l'Union européenne : *« offrir aux citoyens de l'Union un niveau élevé de protection dans un espace de liberté, de sécurité et de justice. »* [168] Il est désormais au premier rang dans le traité de Lisbonne [169], avant les objectifs économiques, pourtant à l'origine de la construction européenne. Ce nouveau concept (ELSJ) constituait en fait une manière habile de relier les unes aux autres des politiques restées jusqu'ici en dehors du champ de la construction européenne : l'asile, l'immigration, le contrôle aux frontières, la police et la justice, civile ou pénale. Ces politiques n'ont en réalité entre elles que des liens ténus, fût-ce leur proximité plus ou moins forte avec la souveraineté nationale [170].

Le passage, grâce au traité de Maastricht, d'une Union purement économique à une Union politique imposait que l'Union européenne s'emparât de ces questions. Toutefois, une autre raison, autrement impérieuse, s'y ajoutait : l'accord de Schengen, signé en 1985 puis complété et précisé en 1990, avait permis aux personnes, qu'elles soient ou non citoyennes européennes, de circuler librement à l'intérieur d'une partie croissante du territoire européen (voir page 129). Il devenait alors impératif de mettre en place une gestion commune de politiques jusqu'alors gérées séparément par les États membres, le comportement de l'un pouvant, en raison de l'existence de cet espace, affecter les intérêts des autres.

L'intégration de ces politiques dans la construction européenne s'est faite par étapes : le traité de Maastricht a constitué un premier pas timide. Le traité d'Amsterdam (10 novembre 1997) a rendu communautaires (« a communautarisé », dit-on à Bruxelles) les politiques liées à la justice civile, à l'asile et à l'immigration, mais conservé, pour la matière pénale (police et justice), une place à part, le « troisième pilier » [171].

Le traité de Lisbonne a aboli cette construction en piliers et rendu pleinement « communautaires » l'ensemble de ces politiques, plus particulièrement la matière pénale. Quelques spécificités institutionnelles demeurent pourtant : elles seront traitées dans un premier temps. Puis, les trois grandes politiques de l'espace de liberté, de sécurité et de justice feront chacune l'objet d'une partie :
- contrôles aux frontières, asile et immigration ;
- coopération policière ;
- coopération judiciaire en matière pénale et en matière civile.

Les spécificités institutionnelles

Les spécificités institutionnelles qui demeurent pour l'espace de liberté, de sécurité et de justice ont toutes pour motivation leur lien avec la souveraineté nationale ou les libertés publiques.

L'unanimité comme dernier bastion

Certaines politiques continuent à être adoptées à l'unanimité après avis du Parlement européen : il s'agit du droit de la famille et de la coopération policière opérationnelle entre États membres. Par ailleurs, la possibilité ouverte par le traité d'instituer un parquet européen (art. 86 TFUE), de même que certaines extensions de compétence en matière de rapprochement de la législation pénale, doivent être décidées à l'unanimité (art. 83 § 1 TFUE).

168. Art 34 du Traité sur l'UE.

169. Art. 3 TUE.

170. Les documents libres de droit cités dans ce titre sont accessibles en deux clics sur le site *www.ue.espacejudiciaire.net* (voir la rubrique dédiée). Les documents sous référence Numéro/année (par exemple, 1094/2004) sont ceux du Conseil des ministres de l'UE.

171. Schématiquement, les règles étaient les suivantes : la décision était prise à l'unanimité, après avis simple du Parlement européen ; les instruments juridiques utilisés n'étaient pas ceux du droit communautaire, mais des instruments *ad hoc* comme la décision-cadre, sorte de directive du troisième pilier, dont les effets étaient cependant juridiquement moins forts ; un contrôle atténué de la mise en œuvre du droit adopté : la Commission n'y jouait pratiquement aucun rôle : le contrôle pouvait intervenir soit à la demande d'un État membre, possibilité jamais utilisée, ou par le biais du recours préjudiciel, qui constituait évidemment une méthode peu adaptée en cas de mauvaise transposition étendue par un État membre, qui plus est dans un domaine où l'urgence est généralement présente (détention).

L'unanimité, surtout à 27, constitue évidemment un obstacle, parfois invincible (voir le règlement Rome III, page 143), à l'adoption d'un texte.

La clause «frein-accélérateur»

Le traité prévoit (art. 82 et 83 TFUE), pour le rapprochement des législations pénales[172], la possibilité pour un État membre qui estimerait *«qu'un projet porterait atteinte aux aspects fondamentaux de son système de justice pénale»* de bloquer la procédure d'adoption du texte[173]. Toutefois, au moins neuf États membres peuvent alors décider d'instaurer entre eux une coopération renforcée, sans que les autres États membres ne puissent s'y opposer, en dérogation aux règles ordinaires. Cette procédure a été baptisée «frein/accélérateur».

Le partage du droit d'initiative

Alors qu'en principe[174], la Commission européenne possède le monopole du droit d'initiative législative, elle le partage, en matière de coopération judiciaire pénale et policière (art. 76 TFUE), avec les États membres (si l'initiative émane d'au moins un quart d'entre eux). Depuis l'entrée en vigueur du traité de Lisbonne, ce droit a déjà été exercé par les États membres, ce que la Commission accepte mal : elle a, pour la directive sur le droit à l'interprétation (voir page 149), déposé une initiative concurrente et s'apprêterait à le faire prochainement pour le projet de directive en discussion sur la décision européenne d'enquête (page 145).

Le rôle accru des parlements nationaux

Les parlements nationaux se sont vu reconnaître, dans le cadre du protocole qui leur est consacré[175], un rôle particulier dans le contrôle du respect du principe de subsidiarité pour ce qui concerne l'ELJS : il suffit du quart seulement des voix attribuées aux parlements nationaux (contre le tiers pour les autres politiques) pour qu'un avis motivé sur le non-respect du principe de subsidiarité par un projet d'acte législatif impose son réexamen.

L'accord de Schengen

L'accord de Schengen a été conclu à Schengen (Luxembourg) le 14 juin 1985 entre cinq États membres fondateurs (France, Allemagne, Pays-Bas, Luxembourg et Belgique). Son objectif était de permettre, à l'instar des capitaux et des marchandises, la libre circulation des personnes, citoyens communautaires ou ressortissants de pays tiers, à l'intérieur de leurs territoires respectifs. Ce faisant, l'accord de Schengen transfère le contrôle aux frontières externes de chaque État membre appartenant à cet espace aux États membres possédant une frontière avec un État n'en faisant pas partie. La France, par exemple, possède une frontière externe avec le Royaume-Uni (non membre de l'espace Schengen) mais pas avec l'Allemagne, le Luxembourg, l'Italie, l'Espagne ou la Suisse (qui en font partie).

Pour permettre une telle révolution (le contrôle de l'accès à son territoire est une prérogative importante de la souveraineté d'un État), il convenait de disposer de règles compensant, en termes de sécurité intérieure, cette nouvelle liberté. Elles ont été adoptées dans la convention d'application de l'accord de Schengen du 19 juin 1990 et concernent l'entrée sur le territoire de l'Union européenne (notamment les visas), la coopération policière et l'entraide judiciaire en matière pénale. La convention d'application a en outre créé le système d'information Schengen (SIS) (voir page 138). Les règles adoptées en 1990 et en 1995 ont fait par la suite l'objet de nombreux développements, d'abord dans le cadre du comité exécutif Schengen, absorbé par le Conseil au moment du traité d'Amsterdam, puis dans celui, institutionnel, de l'Union.

Pratiquement tous les États membres de l'Union ont par la suite adhéré à cet accord, à l'exception du Royaume-Uni et de l'Irlande qui n'y participent que partiellement. La Roumanie et la Bulgarie n'en font pas encore partie, pas plus que Chypre qui n'est pas candidat en raison de son différend avec la Turquie. En revanche, quatre États non membres – la Norvège et l'Islande[1], puis la Suisse et le Lichtenstein – en sont membres.

L'ensemble de ces règles – l'acquis de Schengen[2] – a été incorporé dans l'acquis de l'Union européenne au moment du traité d'Amsterdam (1997).

1. Afin de sauvegarder l'union scandinave des passeports.
2. On trouvera l'ensemble de l'acquis de Schengen, y compris l'accord et la convention d'application, au JOCE sans indication de série du 22/9/2000.

172. Aussi bien le droit pénal matériel (détermination des infractions) que procédural.

173. C'est en quelque sorte une institutionnalisation du «compromis de Ionnina» évoqué en première partie.

174. Voir cependant la première partie sur les dérogations de plus en plus fréquentes à ce principe.

175. Art. 7 du protocole n° 2 sur l'application des principes de subsidiarité et de proportionnalité.

L'organisation des travaux

Deux organes jouent un rôle spécifique dans la prise de décisions :
– le Conseil européen définit *« les orientations stratégiques de la programmation législative et opérationnelle »*. C'est en vertu de cette disposition qu'a été adopté, en décembre 2009, le programme quinquennal dit « de Stockholm »[176]. Le traité vient ici confirmer un rôle que s'était attribué le Conseil européen à la suite de l'entrée en vigueur du traité d'Amsterdam, avec les conclusions de Tampere[177], en Finlande (1999), puis le programme de la Haye[178] (2005) ;
– un comité permanent (art. 71 TFUE), dénommé COSI, est chargé, à l'intérieur de l'Union européenne, de la promotion et du renforcement de la coopération institutionnelle en matière de sécurité intérieure. Le COSI, qui a commencé ses travaux en février 2010, doit encore trouver sa place dans l'architecture des travaux du Conseil.

L'Europe à la carte

Trois États membres, désireux de minorer voire d'empêcher des transferts de souveraineté, ne participent qu'incomplètement (Royaume-Uni et Irlande) ou pas du tout (Danemark, alors considéré comme un pays tiers) aux politiques de l'Union européenne en matière de « justice, liberté, sécurité ». A l'inverse, certains États non membres de l'Union européenne sont associés au développement de l'acquis Schengen (voir ci-dessous). Ces règles, prévues dans différents protocoles au traité de Lisbonne, sont d'une grande complexité.

L'essentiel

Le traité de Lisbonne, en fusionnant les piliers qui existaient depuis le traité de Maastricht, a normalisé la politique de l'espace de liberté, de sécurité et de justice, désormais soumise à la procédure législative ordinaire. Toutefois, certaines spécificités, toutes motivées par le lien étroit des domaines concernés avec la souveraineté, demeurent.

L'accord de Schengen est au centre de l'ensemble des politiques de l'Union européenne en matière d'espace de liberté, de sécurité et de justice. Il a créé un vaste espace de circulation pour les personnes, moyennant des compensations en termes de sécurité. Tous les États membres n'en font pas partie, mais certains États non membres de l'Union européenne y participent.

176. JOUE C 115/1 du 4.2.2010.

177. Voir le site Consilium.

178. JOUE C53/1 du 3/03/2005.

Contrôle aux frontières, asile et immigration

Le pacte européen sur l'immigration et l'asile, adopté par le Conseil en septembre 2008[179] et qui constitue, en complément du traité, la base de la politique de l'Union européenne en cette matière, rappelle comment les conséquences de la constitution de l'espace Schengen sont au centre des politiques conduites dans ce domaine.

Tout d'abord, le contrôle aux frontières doit être unifié et devenir peu à peu européen. Ensuite, dès lors qu'accéder au territoire d'un État membre de l'espace Schengen signifie en réalité accéder à celui des autres, il convient de développer des politiques communes assurant que les politiques d'asile, mais surtout d'immigration, conduites par les États membres n'aboutissent pas à créer des déséquilibres profonds au détriment de certains d'entre eux. Deux autres aspects s'y ajoutent : d'une part, l'Union européenne doit honorer ses engagements en matière de protection internationale ; d'autre part, elle doit nécessairement avoir une politique d'immigration qui, si elle est maîtrisée, est positive pour elle comme pour les pays d'origine, dont elle contribue au développement.

Contrôle aux frontières

La politique des visas

Le visa est un titre délivré préalablement à l'entrée sur le territoire, en principe d'un État, en l'occurrence de l'Union européenne, conférant à son titulaire le droit d'y entrer et d'y séjourner pendant une certaine durée. Le visa constitue le premier moyen de contrôle de l'accès à son territoire par l'Union européenne. Il permet d'en interdire l'accès à des personnes dont on peut penser qu'elles ne quitteront pas son territoire à l'issue du séjour (risque migratoire), ou à celles ayant déjà fait l'objet d'une interdiction de territoire (risque migratoire ou sécuritaire : le Système d'information Schengen est d'ailleurs mis à contribution au moment de la délivrance du visa, voir page 138).

L'Union européenne ne fait peser l'obligation de posséder un visa que sur les ressortissants des pays tiers (les citoyens européens d'États membres n'étant évidement pas concernés), à moins qu'ils n'appartiennent à un pays dont les ressortissants en sont dispensés par l'Union européenne (voir page 131). Les conditions requises sont différentes selon qu'il s'agit ou non d'un court séjour (moins de trois mois).

Dans le cas de l'Union européenne, en raison de l'existence de l'espace Schengen, il est évidement essentiel que les conditions de délivrance des visas fassent l'objet d'une politique commune.

179. 13440/08.

- **Le Code des visas**

Les nombreuses règles adoptées en matière de visa depuis le traité de Maastricht ont été regroupées et simplifiées à travers le règlement 810/2009 [180] du Parlement européen et du Conseil, baptisé « Code des visas », entré en application en avril 2010. Ce texte s'applique à l'entrée de tout territoire de l'Union européenne. Toutefois, pour les pays membres de l'espace Schengen, le visa « Schengen » permet, si ce n'est en droit (il existe des visas limités au territoire d'un seul État membre), au moins en pratique, en raison de l'absence de contrôles aux frontières, de circuler sur tout le territoire dudit espace.

Le Code des visas définit des règles communes quant aux conditions et aux procédures de leur délivrance. Il comporte des dispositions générales ainsi que des règles déterminant l'État membre responsable d'une demande de visa ; il harmonise aussi les dispositions relatives au traitement des demandes et aux décisions. Le Code organise également la coopération entre les différents consulats des États membres de l'Union européenne dans un même pays tiers. Dans certains cas, un État membre peut d'ailleurs traiter des demandes pour le compte d'un autre, lorsque celui-ci ne dispose pas de représentation consulaire dans un pays tiers.

Afin d'assurer l'égalité de traitement des demandeurs de visa, la Commission a rédigé un manuel mis à la disposition de l'ensemble du personnel consulaire des États membres.

Nonobstant le Code et le manuel de la Commission, on constate malheureusement de très grandes disparités entre États membres dans le taux d'obtention des visas. Elles poussent les demandeurs, parfois aidés par des filières criminelles, au « visa shopping », soit à la recherche de l'État membre qui délivre le plus facilement les visas.

- **Le Système d'information sur les visas (VIS)**

Compte tenu de l'enjeu que représente, en particulier pour sa sécurité intérieure, la politique des visas, l'Union européenne a décidé de se doter d'un système d'information dont l'objet est double : simplifier l'examen des demandes de visas tout en contribuant à la sécurité de l'Union européenne (notamment pour repérer les demandes multiples et vérifier l'identité du porteur du visa au moment de son entrée sur le territoire européen). Ce système [181] doit entrer progressivement en fonction (par zones géographiques) à partir d'octobre 2011. Les services de police des États membres de même qu'Europol y auront accès, afin de prévenir et de combattre le terrorisme et les autres formes graves de criminalité.

- **Le futur système entrées/sorties**

Actuellement, il n'est pas possible de savoir quels étrangers n'ont pas quitté le territoire européen à l'issue de la période de validité de leur visa ou de la période autorisée pour les ressortissants de pays tiers bénéficiant de la libéralisation des visas (en dehors des contrôles effectués de manière aléatoire, qui permettent de vérifier la date apposée par cachet sur le passeport au moment du franchissement de la frontière). C'est pourquoi, constatant que la catégorie la plus nombreuse d'immigrés en séjour irrégulier sur le territoire de l'Union européenne était celle des personne dépassant la durée de séjour autorisée, la Commission européenne a proposé l'introduction éventuelle d'un système d'entrée/sortie (SES) pour les ressortissants de pays tiers entrant dans l'Union européenne pour des courts séjours. Ce système, qui s'appliquerait également à des pays tiers dont les ressortissants ne sont pas soumis aux visas de court séjour, enregistrerait l'heure, le lieu d'entrée et la durée de séjour autorisée, et transmettrait des signalements automatiques aux autorités compétentes en cas de dépassement. Fondé sur la vérification des données biométriques, il exploiterait le même système de correspondance biométrique et le même équipement opérationnel que ceux utilisés par le SIS II et le VIS.

Cette idée a été reprise dans le programme de Stockholm (voir page 130). Une proposition législative devrait être déposée par la Commission courant 2011.

Libéralisation et facilitation des visas : une question majeure dans les relations extérieures de l'Union européenne

La question des visas est absolument cruciale dans les relations de l'Union européenne avec les États tiers. En effet, l'obligation de visas pour les séjours de moins de trois mois est mal perçue, notamment chez ses voisins proches. Il ne s'agit pas seulement d'une question d'argent (le visa coûte environ 70 euros), de formalités (elles peuvent être fastidieuses), c'est avant tout un aspect symbolique : la liberté d'accéder au territoire de l'Union européenne, en particulier lorsqu'il s'agit d'y visiter sa propre famille [182]. C'est pourquoi l'une des demandes majeures des pays tiers dans leurs relations avec l'Union européenne porte sur les visas. Deux approches sont possibles : la facilitation ou la libéralisation.

- **La facilitation**

Il s'agit, pour les ressortissants du pays qui sont soumis à l'obligation de visa, d'alléger le poids des formalités, leur fréquence (visa à usage multiple), ou de diminuer leur coût en général pour certaines catégories de voyageurs. L'Union européenne a déjà conclu plusieurs accords en ce sens : les facilitations accordées peuvent varier selon le pays tiers. Elles doivent en principe être réciproques.

- **La libéralisation**

Elle obéit à un processus différent : le pays tiers bénéficiaire est inscrit sur la liste des pays non soumis à obligation de visa figurant en annexe du règlement 539/2001 [183]. Pour certains (par exemple, récemment, les États des Balkans), elle constitue un premier jalon sur le chemin de l'adhésion à l'Union européenne, et peut être précédée d'obligations

180. JOUE L. 243/1 du 15/09/2009.

181. Règlement (CE) N° 2725/2000 du Conseil du 11 décembre 2000, JOCE n° L 316 du 15/12/2000.

182. En décembre 2010, on a assisté, en Albanie, à l'organisation de véritables festivités populaires pour fêter la libéralisation décidée par le Conseil.

183. JOCE L81/1 du 21/03/2001. Ce règlement est modifié toutes les fois qu'un pays est ajouté (voire retiré) de la liste.

préalables très contraignantes pour le pays bénéficiaire, comme la réforme de certaines de ses institutions (en particulier, la police et la justice). La promesse de la libéralisation constitue un levier efficace, également au niveau interne, pour faire accepter ces réformes.

Le règlement 539/2001 est, depuis l'entrée en vigueur du traité de Lisbonne, modifié selon la procédure législative ordinaire (alors qu'antérieurement le Conseil statuait à l'unanimité après consultation du Parlement européen). Naturellement, la libéralisation n'intervient qu'à la condition d'une stricte réciprocité pour les citoyens européens. Les États-Unis, en soumettant les voyageurs, y compris les citoyens européens, désirant entrer sur leur territoire à l'obligation de fournir, moyennant paiement d'une taxe d'une quinzaine de dollars, certaines informations qui peuvent aboutir, le cas échéant, à un refus d'entrée sur leur territoire (système *ESTA* [184]), semblent cependant faire exception.

Surveillance des frontières

La politique des visas est le premier élément, en quelque sorte à distance, de la sécurité aux frontières, en particulier de l'espace Schengen. Elle ne dispense pas l'Union d'assurer une véritable protection de ses frontières. Pour cela, deux réalisations principales doivent être mentionnées. Elles devraient constituer les bases d'une politique plus intégrée.

Le code frontières Schengen

Le règlement 562/2006 du Parlement européen et du Conseil du 15 mars 2006 [185] vise à réglementer le franchissement des frontières intérieures ou extérieures de l'Union européenne. Comme le Code des visas, il constitue en fait une refonte et une codification d'un important acquis élaboré depuis le traité de Maastricht. Il est entré en vigueur le 13 octobre 2006.

- **Le franchissement des frontières intérieures**

Sans doute n'est-il plus utile de rappeler que le principe de l'espace Schengen est bien le franchissement **sans contrôle** des frontières internes. A cet égard, les États membres doivent avoir procédé (et ce, depuis l'entrée en vigueur de l'accord de Schengen de 1990, soit globalement à partir du milieu des années 1990) au démantèlement des obstacles au franchissement, notamment par voie terrestre (dans les aéroports, la question se pose moins).

S'il est possible pour la police de procéder à certains contrôles dans les zones frontalières internes, ceux-ci ne peuvent avoir pour effet de rétablir de fait un contrôle aux effets équivalents. Toutefois, dans certaines circonstances et pour des motifs d'ordre ou de sécurité publics, un État membre peut rétablir temporairement de tels contrôles, moyennant notification au Conseil. Cette procédure est, par exemple, utilisée en cas d'événements risquant d'engendrer des troubles à l'ordre public, notamment par l'arrivée depuis d'autres États membres de personnes ayant l'intention de perturber l'ordre public, comme à l'occasion de sommets politiques.

- **Le franchissement des frontières extérieures**

Les frontières extérieures ne peuvent être franchies qu'aux points de passage frontaliers, durant les heures d'ouverture fixées. Le code des frontières indique avec précision les formalités devant être accomplies. Elles varient en intensité selon que la personne désireuse de pénétrer sur le territoire européen est ou non citoyenne de l'Union européenne. Ces contrôles doivent en tout état de cause respecter la dignité de la personne.

La qualité du contrôle mis en place (personnel, infrastructures, moyens) par les États fait l'objet d'une évaluation périodique, dans le cadre d'un mécanisme d'évaluation mutuelle [186]. Elle fait également l'objet d'une évaluation préalable dans l'hypothèse de l'entrée d'un nouvel État dans l'espace Schengen (en ce moment, la Roumanie et la Bulgarie). Parce qu'il s'agit d'une décision lourde de conséquences pour chaque État déjà membre de l'espace Schengen, elle est prise à l'unanimité des États membres du Conseil après avis simple du Parlement européen.

L'Agence Frontex

Il était important que la politique commune de surveillance des frontières pût disposer, à l'instar de la justice (Eurojust) et de la police (Europol), d'un organe intégré de surveillance des frontières extérieures. Frontex, agence pour la gestion de la coopération opérationnelle aux frontières extérieures, a été créée par le règlement 2007/2004 du 26 octobre 2004 [187].

Son siège est à Varsovie. Depuis 2010, elle dispose d'un bureau spécialisé au Pirée, près d'Athènes. Ses *principales missions* sont :
– la coordination de la coopération opérationnelle entre les États membres en matière de gestion des frontières extérieures. C'est dans ce cadre que sont notamment organisées des patrouilles communes en mer (principalement en Méditerranée), par des moyens navals ou aéronautiques ;
– l'assistance aux États membres pour la formation des gardes-frontières nationaux. Frontex établit à cette fin des normes communes de formation ;
– l'analyse des risques ; Frontex établit ainsi les parcours des filières d'immigration clandestine, véritable fléau, notamment en Méditerranée où elles sont responsables chaque année d'un grand nombre de décès ;
– le suivi de l'évolution de la recherche dans les domaines présentant de l'intérêt pour le contrôle et la surveillance des frontières extérieures ;
– l'assistance aux États membres dans les situations nécessitant une aide technique et opérationnelle renforcée aux frontières extérieures. A cet égard, le Parlement européen et le Conseil ont adopté, le 11 juillet 2007, un règlement [188] instituant un mécanisme de création d'équipes d'intervention rapide aux frontières (RABIT [189]). Le 24 octobre 2010, la Grèce a sollicité le bénéfice de ce mécanisme afin de faire face à un afflux massif de

184. *Electronic System for Travel Authorization.*

185. JOUE L 105/1 du 13.4.2006.

186. JOCE L 239 du 22.9.2000.

187. JOUE L 349/1 du 25.11.2004.

188. JOUE L 199/30 du 31.7.2007.

189. *Rapid border intervention team.*

migrants irréguliers à sa frontière terrestre orientale. Il s'agit du premier cas de mise en œuvre du dispositif RABIT; il a donné lieu, en novembre 2010, au déploiement de quelque 175 gardes-frontières mis à disposition par la quasi-totalité des États membres. L'opération, initialement prévue pour deux mois, a été prolongée de trois mois supplémentaires;
– la fourniture aux États membres de l'appui nécessaire pour organiser des opérations de retour conjointes.

Frontex travaille en liaison avec les autres agences de l'Union européenne, en particulier Europol et l'OLAF (Office de lutte antifraude de la Commission européenne).

Le bilan de Frontex est considéré comme largement positif par le Conseil comme par le Parlement européen. Le règlement 2007/2004 fait néanmoins actuellement l'objet d'une révision [190] destinée à renforcer les capacités d'intervention et les moyens de l'agence et à lui permettre d'améliorer une prise en charge véritablement européenne de la gestion des frontières externes, notamment en situation de crise. Elle devrait également permettre un renforcement du lien entre Frontex et les autres agences de la JLS [191], en particulier Europol.

Vers un système progressif de gestion intégrée des frontières extérieures

- **Le système européen de gardes-frontières**

Le Pacte européen sur l'immigration et l'asile prévoit, à terme, l'étude d'un système européen de gardes-frontières. Le concept n'est pas encore très avancé et méritera de plus amples réflexions. On peut naturellement imaginer la création d'un corps européen, mais des formes intermédiaires sont envisageables. L'expérience récente du déploiement d'une équipe d'intervention RABIT (voir page 132) pourrait donner des indications utiles sur la faisabilité comme sur le potentiel d'un tel système.

- **Eurosur**

Dans une communication du 13 février 2008 [192], la Commission européenne a proposé la création d'un système européen de surveillance des frontières dénommé Eurosur. Son objectif principal serait de mieux coordonner les moyens des États membres dans la surveillance des frontières, dans un premier temps en Méditerranée, et de les aider à acquérir une parfaite connaissance de la situation à leurs frontières extérieures. Il s'agit là d'un projet très ambitieux, qui implique différentes politiques de l'Union européenne (recherche, JLS, notamment *via* Frontex). En raison de la complexité d'un tel système, un projet pilote, dont la France fait partie, a été lancé dès 2008 dans le but de développer des prototypes fonctionnels aidant à déterminer la technologie appropriée et le coût approximatif de la coopération et du partage de l'information entre les autorités maritimes sectorielles, ainsi que les premiers éléments du système définitif. La Commission devrait déposer une proposition législative, certainement un projet de règlement, d'ici la fin de 2011, en vue d'un système opérationnel à l'horizon 2013.

190. COM (2010) 61 final.

191. Voir p. 133.

192. COM (2008) 68 final.

L'asile et les autres formes de protection internationale

L'article 78 TFUE dispose que «*l'Union européenne développe une politique commune en matière d'asile, de protection subsidiaire et de protection temporaire visant à offrir un statut approprié à tout ressortissant d'un pays tiers nécessitant une protection internationale et à assurer le respect du principe de non-refoulement. Cette politique doit être conforme à la convention de Genève du 28 juillet 1951 et au protocole du 31 janvier 1967 relatifs au statut des réfugiés, ainsi qu'aux autres traités pertinents*».

Cet article appelle d'abord quelques explications.

La **convention de Genève** de 1951, conclue sous l'égide des Nations unies, est un texte fortement inspiré par les monstrueux événements de la Seconde Guerre mondiale. Elle concrétise en fait les dispositions contenues sur ce point par la Déclaration universelle des droits de l'homme de 1948. Elle oblige les États qui en sont signataires à accorder le statut de réfugié à toute personne qui, «*craignant avec raison d'être persécutée du fait de sa race, de sa religion, de sa nationalité, de son appartenance à un certain groupe social ou de ses opinions politiques, se trouve hors du pays dont elle a la nationalité et qui ne peut, ou du fait de cette crainte, ne veut se réclamer de la protection de ce pays; ou qui, si elle n'a pas de nationalité et se trouve hors du pays dans lequel elle avait sa résidence habituelle à la suite de tels événements, ne peut, ou en raison de ladite crainte, ne veut y retourner*». La convention de Genève, toutefois, ne régit ni la procédure permettant d'établir ce statut de réfugié, ni les conséquences devant être tirées de son octroi.

A cette protection s'en ajoutent, pour l'Union européenne, deux autres :
– la protection *subsidiaire* : elle permet de protéger des personnes qui, bien que n'entrant pas dans la catégorie de la convention de Genève, ont besoin d'une protection (par exemple, une personne provenant d'un pays en guerre). Le droit communautaire impose aux États membres de conférer une telle protection (voir plus bas);
– la protection *temporaire* : elle résulte de la directive 2001/55 du 20 juillet 2001 [193] et vise l'octroi d'une protection, limitée dans le temps, en cas d'afflux massif de personnes déplacées en provenance de pays tiers ne pouvant rentrer dans leur pays d'origine. Ce texte, adopté au moment des évènements du Kosovo, n'a cependant jamais été mis en œuvre.

Le **principe de non-refoulement** consiste à prohiber le renvoi d'une personne vers un pays où elle risque de subir des persécutions.

L'Union européenne doit en premier lieu assurer que son territoire constituera bien une terre d'asile pour ceux qui en ont besoin. Là encore, le particularisme né de la constitution de l'espace Schengen oblige à une politique commune.

193. JOCE L 212/12 FR du 7 août 2001.

En effet, comme il a été dit, la convention de Genève ne définit que peu de choses. Elle laisse de côté des aspects essentiels : la procédure applicable pour obtenir le statut de réfugié, le contenu du statut du réfugié et, enfin, les bénéfices du statut (droit au travail, aide sociale, etc.). Or, aujourd'hui, en dépit d'un début de rapprochement des législations, deux problèmes demeurent :

– l'obtention du statut de réfugié constitue une « *véritable loterie* » (pour employer les termes de la Commission), de sorte que le ressortissant du même pays tiers en bénéficiera ou non, selon l'État membre auquel il s'adresse. Ceci crée une pratique dite de « marché à l'asile »[194], le demandeur cherchant logiquement à déposer sa demande là où elle a le plus de chances d'aboutir ;

– les droits liés au statut varient fortement d'un pays à l'autre, de sorte que le demandeur cherchera évidement à formuler sa demande dans le pays le plus « accueillant », ou à gagner postérieurement son territoire (on parle alors de « flux secondaires » des demandeurs d'asile).

Pour ces deux raisons, on constate une très inégale répartition des demandeurs selon les États membres, même si celle-ci trouve aussi sa cause dans le fait que le candidat à l'asile cherche en général à rejoindre une communauté nationale déjà établie.

Enfin, il est fondamental pour l'Union européenne de lutter contre les abus du droit d'asile qui affectent en premier lieu les demandeurs légitimes, en encombrant les systèmes d'asile nationaux.

Pour résoudre ces problèmes, l'Union européenne a principalement travaillé à la mise en place d'un régime d'asile européen commun. Elle explore parallèlement d'autres voies.

Le régime d'asile européen commun (RAEC)

L'idée du RAEC, en germe dans les traités de Maastricht et d'Amsterdam, naît véritablement avec les conclusions du Conseil européen de Tampere, en octobre 1999. Elle a été réaffirmée avec force par le Pacte européen sur l'immigration et l'asile. Le RAEC est composé de deux types d'instruments : ceux visant à la détermination de l'État membre responsable de l'examen de la demande d'asile et ceux visant à rapprocher les législations des États membres en matière d'asile.

La première phase d'adoption du RAEC s'est achevée en 2005.

• La détermination de l'État membre responsable de l'octroi de la protection : les règlements Dublin et Eurodac

Le règlement 343/2003 du Conseil[195], dit Dublin II, repris de la convention de Dublin du 15 juin 1990, vise à la détermination de l'État membre responsable de l'instruction d'une demande d'asile. A cette fin, une série de critères est établie. Ils visent, très schématiquement, à rendre responsable l'État membre par lequel le demandeur est entré sur le territoire de l'Union. Si un demandeur formule sa demande dans un autre État membre que celui responsable aux termes du règlement, il peut faire l'objet d'un transfert vers ce second pays. Ce principe a un double fondement : lutter contre le « marché à l'asile » mais aussi éviter qu'un État membre ne soit moins vigilant dans le contrôle de ses propres frontières, à partir du moment où il sait que son territoire sera seulement traversé par les demandeurs d'asile.

Le « système » Dublin a été complété par une base de données centrale informatisée dite « Eurodac », créée par le règlement européen 2725/2000 du 11 décembre 2000 en vue de comparer les données personnelles (empreintes et dossier administratif) des demandeurs d'asile[196]. Ce fichier, opérationnel depuis janvier 2003, est doté d'un système automatisé de reconnaissance d'empreintes digitales. Il a pour objet de contribuer à déterminer l'État membre qui, en vertu de la convention de Dublin, est responsable de l'examen d'une demande d'asile, et de faciliter son application. Eurodac permet par ailleurs de détecter les demandes multiples qui pourraient être introduites par le même demandeur dans plusieurs États membres.

Les règlements Dublin et Eurodac sont actuellement en cours de révision pour essayer d'en améliorer le fonctionnement. Toutefois, les principes qui les régissent ne sont pas fondamentalement affectés par les propositions en discussion, à un point près, de taille : la Commission, soutenue par le Parlement européen, propose d'introduire un mécanisme de suspension des transferts prévus par le règlement Dublin II dans l'hypothèse où un pays se trouverait dans une situation de pression excessive sur son système d'asile. La plupart des États membres sont réticents à aller dans cette direction, même s'il est certain que de nombreuses juridictions nationales, d'ailleurs encouragées par la Cour européenne des droits de l'homme, refusent désormais de renvoyer des demandeurs vers des États membres dans lesquels, en raison des déficiences du système d'asile, la chance d'obtenir le statut de réfugié est faible, voire inexistante : c'est actuellement le cas de la Grèce[197].

• Les instruments de rapprochement des législations des États membres

Le Conseil a adopté, à l'unanimité, trois directives qui complètent et précisent la convention de Genève sous différents aspects.

Adoptée le 27 janvier 2003, la directive 2003/9[198], dite « *accueil* », a pour objectif d'établir des normes minimales pour l'accueil des demandeurs d'asile (c'est-à-dire les personnes en attente d'une décision sur l'octroi du statut de réfugié) : droits et prestations minimales que les États membres doivent assurer aux personnes ayant demandé

194. *Asylum shopping*.

195. JOUE L 50/1 du 25 fév. 2003.

196. JOCE n° L 316 du 15 déc. 2000.

197. Requête n° 30696/09. Dans cet arrêt en grande chambre *(M.S.S. c. Belgique et Grèce)* du 21 janvier 2011, la Cour a condamné ces deux pays, le premier pour avoir renvoyé une personne vers la Grèce en application du règlement Dublin, le second pour lui avec nié, *de facto*, un véritable accès à la procédure d'asile.

198. JOUE n° L 31/18 du 6 fév. 2003.

l'asile, dans l'attente d'une réponse par l'organisme responsable de l'octroi ou non dudit statut (pour la France, l'Office français de protection des réfugiés et apatrides – OFPRA).

La directive 2004/83 du 29 avril 2004[199], dite *«qualification»,* définit des normes minimales communes pour pouvoir prétendre au statut de réfugié au sens de la convention de Genève ou d'une protection subsidiaire, de même qu'elle précise le contenu de ces statuts.

La directive 2005/85, dite *«procédure»,* a été adoptée le 1er décembre 2005[200]. Elle détermine les normes minimales relatives à la procédure suivie pour octroyer ou retirer le statut de réfugié dans un État membre.

La première phase du RAEC n'a pas produit, loin s'en faut, les résultats escomptés, compte tenu du caractère extrêmement minimal des règles adoptées. C'est pourquoi la Commission européenne a déposé, en deux paquets successifs, des propositions de révision de ces textes.

Les discussions sont difficiles, en particulier parce que les propositions de la Commission, fortement soutenues par le Parlement européen, ont tendance à augmenter le niveau de droits et de prestations des demandeurs et des réfugiés, ce qui, en période de tension budgétaire, n'est pas chose facile à accepter pour les États membres, et n'est pas nécessairement réaliste en considération de la situation de certains d'entre eux. Par ailleurs, beaucoup d'États membres craignent que ces nouvelles garanties ne ralentissent les procédures, ce qui serait évidement désastreux car contraire à l'intérêt même des demandeurs. Enfin, il n'est pas certain qu'un tel renforcement contribuerait à l'objectif final du RAEC : limiter les disparités considérables existant entre les États membres dans l'octroi du statut de réfugié ou de bénéficiaire d'une protection.

La perspective d'un accord conclu avant 2012, voulue par le Conseil européen, n'est donc pas certaine.

- **L'accompagnement du RAEC : le Bureau européen d'appui en matière d'asile (BEAMA)**

La création du BEAMA a été décidée par le Conseil européen, suite à une proposition de la Commission, lors de l'adoption du Pacte sur l'immigration et l'asile. Le règlement 439/2010 du Parlement européen et du Conseil du 19 mai 2010[201] définit les missions et l'organisation de cette agence, dont le siège est à Malte.

L'idée, présente à la base de la création du Bureau européen, est qu'au-delà de l'aspect législatif du RAEC, il convient de disposer d'une instance renforçant et coordonnant la coopération pratique entre États membres (par exemple, pour la collecte des informations sur les pays d'origine et la mise en œuvre du concept de *«pays d'origine sûr»*[202] défini par la directive qualification). L'agence contribuerait ainsi à l'unification des pratiques et, partant, à la diminution des divergences de traitement entre demandeurs d'asile.

Le BEAMA devra également apporter un appui opérationnel aux États membres dont les régimes d'asile sont soumis à des pressions particulières (c'est, par exemple, le cas de la Grèce), en procédant à l'envoi d'une équipe d'appui «asile» dont la mission ne sera évidement pas de se substituer à l'autorité locale quant aux décisions à prendre.

La mise en place du BEAMA est en cours. Son conseil d'administration a été réuni et a élu à sa tête un haut fonctionnaire français. Un directeur a été nommé. Le BEAMA doit être pleinement opérationnel avant juin 2011. Il constitue une réponse crédible, peut-être plus d'ailleurs, à court terme, que l'évolution législative, aux problèmes spécifiques que pose à l'Union européenne la question de l'asile.

Les solutions complémentaires

- **La réinstallation**

La réinstallation consiste à accueillir dans un pays, durablement, des réfugiés dont les besoins de protection internationale ont déjà été clairement établis, afin d'éviter qu'ils ne recourent aux différentes formes d'immigration irrégulière. Pour l'Union européenne, deux possibilités existent : la réinstallation, dans un État membre, de réfugiés présents dans un pays tiers[203] et celle, différente dans son esprit, de personnes s'étant vu reconnaître le statut de réfugié par un État membre. Cette seconde forme de réinstallation (dite relocation) vise alors à une meilleure répartition de la charge des réfugiés au sein de l'Union européenne.

Pour ce qui concerne la réinstallation en provenance de pays tiers, une dizaine d'États membres (dont la France) y participent chaque année. D'autres ne pratiquent la réinstallation que ponctuellement, en général de manière limitée, notamment dans des cas d'urgence précis soumis par l'UNHCR (Haut Commissariat des Nations unies pour les réfugiés). C'est ainsi que l'Allemagne a accepté de réinstaller 2 500 réfugiés iraquiens en provenance de Syrie et de Jordanie.

La réinstallation bénéficie d'un soutien financier important au titre du Fonds européen pour les réfugiés (voir page 136) depuis 2008.

La relocation d'un État membre vers un autre a débuté en 2009. C'est ainsi que la France a accueilli sur son territoire une centaine de personnes s'étant vu reconnaître le statut de réfugié par Malte, pays bien évidement soumis à une très forte demande d'asile en raison de sa situation géographique, pression d'autant plus sensible qu'il s'agit du pays d'Europe le plus densément peuplé.

199. JOUE no L 304 du 30 sept 2004.

200. JOUE no L 326 du 13 déc. 2005.

201. JOUE L 132/11 du 29 mai 2010.

202. C'est-à-dire d'un pays qui *a priori* n'est pas un lieu de persécution au sens du droit européen.

203. L'UNHCR souligne d'ailleurs que la principale charge des réfugiés dans le monde repose sur les pays non occidentaux.

- **La solidarité financière : le Fonds européen pour les réfugiés (FER)**

Le FER a été institué en 2000. Il en est à sa troisième programmation, pour la période 2008-2013[204], avec un montant de 628 millions d'euros. Son but est de faire bénéficier les États membres de financements communautaires afin de les aider soit à l'accueil, soit à l'intégration des réfugiés, y compris dans le cadre de programmes de réinstallation.

L'immigration légale

L'article 79 TFUE est libellé ainsi : *« L'Union développe une politique commune de l'immigration visant à assurer, à tous les stades, une gestion efficace des flux migratoires, un traitement équitable des ressortissants de pays tiers en séjour régulier dans les États membres, ainsi qu'une prévention de l'immigration illégale et de traite des êtres humains et une lutte renforcée contre celles-ci. »*

Comme le rappelle le Pacte européen sur l'immigration et l'asile, *« l'hypothèse d'une immigration zéro apparaît à la fois irréaliste et dangereuse »*. Elle est irréaliste en raison des perspectives démographiques des États membres de l'Union européenne, qui nécessiteront le recours à l'immigration. Elle est dangereuse parce que l'Europe serait incapable de faire face à la pression migratoire considérable induite par une immigration zéro.

Une limite importante à la politique d'immigration de l'Union européenne est cependant rappelée au paragraphe 5 de l'article 79 : le droit des États membres *« de fixer les volumes d'entrée des ressortissants des pays tiers, en provenance de pays tiers, sur leur territoire dans le but d'y rechercher un emploi salarié ou non salarié »*. Cette disposition ne figurait pas de façon explicite dans les précédents traités.

Les travaux concernant spécifiquement l'immigration couvrent plusieurs volets.

Un certain nombre de directives sectorielles ont été adoptées. Elles permettent, pour chaque catégorie de migrants (résidents de longue durée[205], membres de la famille du migrant[206] – soit le regroupement familial –, étudiants, stagiaires, travailleurs hautement qualifiés[207] – « carte bleue européenne »), sur la base de définitions communes à tous les États membres, de disposer d'un socle minimal de droits quel que soit leur État membre d'installation. La Commission a récemment déposé de nouvelles initiatives concernant, par exemple, les travailleurs saisonniers ou ceux faisant l'objet d'une mutation au sein d'une même entreprise.

Les questions d'intégration, traitées depuis 2007 dans un cadre intergouvernemental, sont désormais mentionnées à l'article 79, paragraphe 4 du TFUE comme pouvant faire l'objet de *« mesures pour encourager et appuyer l'action des États membres [...] à l'exclusion de toute harmonisation des dispositions législatives et réglementaires des États membres »*. La France a organisé sur ce thème sous sa présidence, en 2008, la conférence de Vichy afin d'examiner les modalités volontaires de rapprochement des législations dans le cadre d'échanges de bonnes pratiques. La conférence de Saragosse, en 2010, a permis d'acter notamment le principe d'un suivi statistique des questions d'intégration grâce au partage d'informations chiffrées, sur la base de définitions communes. La Commission européenne devrait présenter prochainement le deuxième agenda de l'UE en matière d'intégration et lister de nouvelles priorités dans ce domaine.

Immigration clandestine et séjour irrégulier

La politique de lutte contre l'immigration clandestine se développe classiquement, entre prévention et réaction.

Dans le champ de la prévention, il faut évidement mentionner les politiques des visas et de la gestion des frontières. Par ailleurs, dans certains pays tiers, des politiques spécifiques d'information de la population sont conduites, notamment en vue de prévenir les abus de demandes d'asile.

Dans le champ de la réaction, le volet pénal de la JLS est évidement mis à contribution, notamment à travers l'action d'Europol et d'Eurojust comme des mesures spécifiques développées en matière de coopération policière et judiciaire (voir page 137), mais également dans le champ du rapprochement des législations pénales.

Mais l'action de l'Union européenne a pris également d'autres voies. La directive 2008/115/CE du Parlement européen et du Conseil du 16 décembre 2008, dite directive *« retour »*, a ainsi établi des normes communes en matière d'éloignement des étrangers en situation irrégulière. Par ailleurs, l'Union européenne a signé des accords de réadmission[208] avec des pays tiers (Pakistan, Ukraine, Géorgie, Russie) et poursuit activement cette politique (négociations en cours avec la Turquie, le Maroc, l'Algérie, la Libye, l'Irak, etc.). En général, ces accords s'inscrivent dans un cadre de négociations plus larges ou comme un préalable à des relations plus soutenues du pays tiers avec l'Union européenne. A noter qu'en vertu des règles générales du droit européen, dès lors qu'un accord existe ou est en cours de négociation, les États membres perdent toute compétence pour en négocier un dans ce même champ au niveau bilatéral.

Enfin, Frontex peut actuellement coordonner des vols de retour communs à plusieurs États membres : les vols de retour véritablement européens, organisés et directement affrétés par l'Agence, devraient, dans le futur, être développés, à la faveur de la révision du règlement Frontex (voir page 132).

204. JOUE 144/1 du 6 juin 2007.

205. Directive 2003/109/CE du Conseil du 25 novembre 2003, JOUE L 16/44 du 23 janv. 2003.

206. Directive 2003/86/CE du Conseil du 22 septembre 2003 relative au droit au regroupement familial, JOUE L 251/12 du 3 oct. 2003.

207. Directive 2009/50/CE du Conseil du 25 mai 2009 établissant les conditions d'entrée et de séjour des ressortissants de pays tiers aux fins d'un emploi hautement qualifié (dite « carte bleue »), JOUE L°155/17 du 18 juin 2009.

208. Ces accords visent à définir les modalités selon lesquelles les parties à cet accord doivent réadmettre l'un de leurs ressortissants ou celui d'un autre pays entré depuis leur territoire sur celui de l'autre partie.

L'un des aspects les plus odieux de l'immigration clandestine est évidement la traite des êtres humains : il s'agit d'une immigration illégale organisée, le plus souvent par la criminalité internationale, aux fins de prostitution (de femmes, mais aussi de mineurs), de travail clandestin ou, pire encore, de trafic d'organes.

Plusieurs instruments ont été adoptés afin de lutter contre ce phénomène : la directive 2004/81 du 29 avril 2004[209] organise, par exemple, la possibilité de délivrer des titres de séjour aux victimes de la traite qui collaborent avec les autorités répressives en vue d'arrêter les organisateurs de ces trafics. La directive 2009/52 du 18 juin 2009[210] oblige les États membres à incriminer et à sanctionner, le cas échéant pénalement, les employeurs de ressortissants de pays tiers en séjour irrégulier. Une directive, remplaçant une décision-cadre de 2002, a été adoptée le 14 décembre 2010 en première lecture par le Parlement européen et le Conseil[211]. Elle rapproche les législations pénales des États membres et vise à mieux protéger les victimes. Elle contient également des mesures de prévention.

Le programme de Stockholm (voir page 130) consacre une partie importante de ses développements à la politique extérieure de l'Union européenne. Celle-ci revêt évidement une dimension particulière en matière de migration. Avec l'approche globale des migrations, adoptée par le Conseil européen en 2005, l'Union reconnaît que la gestion de la politique migratoire ne peut être efficace que si elle est menée en coopération avec les principaux pays d'origine et de transit des migrants. Cette approche globale vise à mettre en place des partenariats couvrant de façon équilibrée la gestion de la migration légale, la lutte contre l'immigration illégale et la promotion du lien entre migration et développement. Dans ce cadre, plusieurs instruments sont mis en œuvre au niveau bilatéral avec les voisinages Sud et Est de l'Europe : missions migratoires (pour rechercher quelle forme pourrait prendre la coopération dans ce domaine), partenariat pour la mobilité (afin d'encourager la migration circulaire, c'est-à-dire des va-et-vient des migrants entre leur pays d'origine et le territoire de l'Union européenne), profils migratoires, etc. Ce même dialogue est organisé au niveau multilatéral pour traiter des différentes routes migratoires : processus de Rabat-Paris (Ouest-Afrique), de Tripoli (Est-Afrique), partenariat UE-Afrique « migration, mobilité, emploi », processus de Budapest (Europe orientale), etc.

Il n'est pas facile de mesurer exactement le succès de ces politiques, mais nul ne songerait à les remettre en cause tant l'objectif d'une approche globale semble une évidence.

209. JO L 261 du 6 août 2004.

210. JOUE L 168/24 30 juin 2009.

211. TC1-COD (2010) 0065. L'adoption formelle de la directive est prévue pour le Conseil du 21 mars 2011

L'essentiel

La création de l'espace Schengen, antérieurement au traité de Maastricht, est à la base des politiques conduites par l'Union européenne dans le domaine du contrôle aux frontières, de l'asile et de l'immigration. La politique de contrôle aux frontières vise à établir des outils permettant d'assurer la sécurité commune de l'espace Schengen ; celle de l'asile à assurer que l'Europe honore convenablement ses obligations vis-à-vis de ce droit fondamental, tout en assurant une répartition équitable des charges ; enfin, l'Union européenne entreprend, fût-ce timidement, une politique d'immigration légale rendue indispensable par la démographie globalement déclinante de l'Union européenne et la nécessité, dans le cadre de la mondialisation, de rendre son territoire attractif dans le cadre d'une immigration choisie.

La coopération policière

Le phénomène de la mondialisation, le développement formidable des moyens de télécommunications et de transport, couplés, pour une grande partie du territoire de l'Union, à la liberté de circulation, facilite considérablement l'activité des délinquants et plus particulièrement celle de la criminalité organisée. Il est donc essentiel que la collaboration entre les polices d'Europe soit pleinement assurée. L'Union européenne a réalisé dans ce domaine des progrès majeurs, avec l'accord de Schengen tout d'abord, depuis le traité de Maastricht ensuite.

La coopération policière avant Maastricht : l'accord de Schengen

Le principe de coopération

Les principes qui guident aujourd'hui la coopération policière en Europe ont très largement été fondés par l'accord de Schengen, qui a représenté en son temps une véritable révolution, en inventant le « principe de coopération » entre services de police : la coopération ne procède pas du bon vouloir mais d'une obligation juridique. Trois grandes mesures doivent particulièrement être mentionnées.

– L'**observation transfrontalière** : elle permet, selon certaines conditions juridiques, aux officiers de police d'un État membre de poursuivre sur le territoire d'un autre la filature ou la surveillance d'un individu.

– Le **droit de poursuite** : ce droit, qui peut cependant être limité par chaque État membre, permet, sans autorisation préalable, à l'autorité policière d'un État membre de suivre, voire d'arrêter, une personne sur le territoire d'un autre.

– **Les centres de coopération policière et douanière** : la convention d'application de l'accord de Schengen encourage la coopération locale à travers des arrangements entre États membres. L'innovation la plus remarquable a consisté en la création de commissariats communs, transformés par la suite en centres de coopération policière et douanière (CCPD). Ces structures, désormais nombreuses, sont composées d'agents de toutes les forces concernées (police, gendarmerie, douane) de plusieurs États membres. Elles facilitent l'échange d'information, en temps réel, 24 heures sur 24. Il s'agit, en quelque sorte, d'une application avant la lettre du principe de disponibilité des données (voir page 139).

Le Système d'information Schengen (SIS)

La création du SIS a constitué une innovation fondamentale pour l'Europe, en tant que premier instrument intégré de coopération policière, mais aussi judiciaire.

Le SIS est une base de données (localisée physiquement à Strasbourg et sous la responsabilité technique de la France) relative à des personnes (par exemple, une personne recherchée par la justice en vue de son jugement ou sous surveillance dans le cadre d'une enquête judiciaire) ou à des objets (par exemple, un véhicule volé). Chaque pays insère à son niveau (N. SIS) des données qui, grâce au système central (C. SIS), sont diffusées pratiquement instantanément dans les autres États membres. Chaque État membre est doté d'un bureau SIRENE (Supplément d'information requis à l'entrée nationale), chargé à la fois de l'insertion des données et des échanges nécessaires au fonctionnement du système.

La consultation du SIS intervient à travers plus de 500 000 terminaux (par exemple, en France, dans les voitures de police ou de gendarmerie). Elle constitue donc un acte ordinaire (comme à l'occasion de la commission d'une infraction routière) qui confère une grande efficacité au système. Toute consultation positive prescrit une conduite à tenir, obligatoire.

Les finalités du SIS sont les suivantes :
- sécuriser la délivrance d'un visa ou le contrôle d'un ressortissant d'un pays tiers ;
- rechercher ou surveiller, sur demande de la justice et à divers titres, des personnes ou des objets.

Le SIS est un instrument remarquablement efficace. Il a largement permis de compenser la suppression des contrôles aux frontières internes de l'Union européenne.

La coopération policière depuis le traité de Maastricht

L'idée de créer un organe européen intégré en matière de police a été lancée par le chancelier Kohl en 1991. Il fallut cependant attendre dix ans pour qu'Europol voie le jour, la convention internationale adoptée le 26 juillet 1995[212] à cet effet ayant mis plus de cinq ans pour être ratifiée par tous les États membres. Europol est depuis devenu une agence européenne, grâce à une décision du 6 avril 2009[213].

212. JO C 316 du 27 nov. 1995.

213. JOUE du 15 mai 2009, L 121/37.

Le rôle d'Europol

Le principe du fonctionnement d'Europol est le suivant : les autorités policières de chaque État membre lui transmettent l'information relative à des infractions de sa compétence, c'est-à-dire pratiquement toutes les infractions graves. Cette information peut être diffusée par Europol vers un ou plusieurs États membres, soit directement s'il apparaît immédiatement qu'elle peut les intéresser, soit à l'issue d'une analyse permettant d'établir son lien avec des informations déjà existantes. L'information est également enregistrée, suivant des règles strictes, dans le Système d'information Europol (SIE). Pour des typologies particulières d'enquêtes (par exemple, la traite des êtres humains ou le terrorisme), Europol peut également créer des « fichiers de travail aux fins d'analyse » (FTA) qui contiennent des données provenant d'enquêtes conduites dans ce domaine.

Europol est donc une agence d'information au service des polices nationales des États membres. Depuis 2004, à des fins stratégiques, a été mis en place le système OCTA[214] : l'idée est d'orienter l'action de l'Union européenne en fonction de « l'état de la menace » tel qu'il apparaît d'après les données collectées par Europol auprès de toutes les sources d'information disponibles. Europol ne peut cependant être qualifié de « FBI européen » dans la mesure où ses agents n'ont que peu de pouvoirs opérationnels[215].

L'organisation organique d'Europol

Europol a son siège à La Haye (Pays-Bas). Depuis l'adoption de la décision de 2009, son budget, comme celui de toute agence européenne, est décidé par le Parlement européen. L'office est dirigé par un directeur et trois directeurs-adjoints, placés sous la tutelle d'un conseil d'administration, composé d'un représentant par État membre et d'un représentant de la Commission. La tutelle politique d'Europol est assurée par le Conseil.

L'organisation fonctionnelle

Le fonctionnement d'Europol est pyramidal : chaque État membre dispose d'une Unité nationale Europol (UNE) qui détache à Europol au moins un officier de liaison, point de passage obligé de la transmission, montante et descendante, de l'information. Le système originel a cependant été quelque peu assoupli. La transmission de l'information, élément vital pour Europol, est en principe obligatoire, sauf quelques dérogations limitées. Elle reste cependant le principal problème de l'office, certains États membres ne jouant pas toujours le jeu en dépit des exhortations répétées du Conseil.

Europol a également conclu, sous le contrôle du Conseil, un certain nombre d'accords de coopération avec d'autres agences de l'Union européenne (Eurojust[216], OLAF),

214. *Organised crime threat assessment* (vérification de l'état de la menace en matière de criminalité organisée). L'OCTA a fait depuis l'objet de déclinaisons géographiques.

215. Le rôle opérationnel d'Europol se limite à la coordination des enquêtes de même qu'à la participation de ses agents aux équipes communes d'enquêtes.

216. Voir page 146.

de même qu'avec des pays tiers ou des organisations internationales. Ils permettent, si les règles de protection des données sont respectées, l'échange de données opérationnelles : on parle alors d'accord tactiques, à l'opposé des accords stratégiques qui ne permettent que l'échange d'une information générale.

La « loi molle »

Dans la première décennie suivant le traité de Maastricht, le Conseil a adopté, en matière de coopération policière, un nombre important de textes, le plus souvent non contraignants (de là l'expression de « loi molle », de l'anglais *soft law*), portant sur les multiples facettes de la coopération : approche thématique, en fonction des différents types d'infractions, échange d'informations ou de bonnes pratiques sur la police scientifique.

Cette « loi molle » était utile, certes, ne fût-ce que pour accroître la confiance entre polices européennes. Elle n'était cependant pas suffisante pour permettre de faire progresser la coopération policière en Europe au niveau requis.

La mutation du mode d'échange des données : le principe de disponibilité (Prüm)

Suite aux attentats terroristes de New York (2001), Madrid (2004) et Londres (2005), le Conseil a pris conscience qu'il était capital d'intensifier l'échange d'informations policières, tant en amont des faits criminels (prévention des attentats) qu'en aval, pour permettre l'arrestation de leurs auteurs.

C'est ainsi qu'est né, dans le programme de La Haye [217], le principe de disponibilité des données : les données policières détenues par un État membre doivent être directement accessibles aux autres.

Devançant la Commission, chargée par le Conseil de préparer une initiative mettant en œuvre ce principe, sept États membres signaient le 27 mai 2005 à Prüm, en Allemagne, un accord vite baptisé Schengen II, en raison de la nouvelle révolution qu'il représentait pour la coopération policière. La partie policière de cet accord a été reprise dans la législation de l'Union européenne à travers deux décisions du Conseil adoptées le 23 juin 2008 [218]. Elles organisent un accès informatique direct aux fichiers de police d'un État membre par tout service de police d'un autre, dans trois domaines : les empreintes génétiques, dactyloscopiques [219] et les plaques d'immatriculation. Pour les premières, un système dit *« hit/no hit »* a été retenu : dans l'hypothèse où l'interrogation de la base d'un pays par un autre aboutit à une réponse positive, le pays demandeur doit formuler une demande pour obtenir l'identité de la personne correspondant aux empreintes. Pour les empreintes dactyloscopiques ou les plaques d'immatriculation, l'accès à l'information est direct. Chaque État membre doit mettre en place un système de connexion par type de données. Ce travail est en cours (3 x 27 connexions doivent être établies). Il donne lieu à des vérifications techniques minutieuses pour sécuriser les opérations, aussi bien en termes de confidentialité que de qualité des réponses. Naturellement, des règles strictes de protection des données ont été adoptées. Le système aurait dû être pleinement opérationnel en juin 2011, mais des retards interviendront pour certains États membres.

La mutation de la nature de l'échange des données : du stockage réactif au stockage préventif

Traditionnellement, la police stocke et échange, notamment dans le cadre de la coopération internationale, des données relatives à des faits déjà commis ou à des personnes liées à ces faits : empreintes digitales ou génétiques, informations sur des délinquants, sur des modes opératoires, numéros de téléphone ou objets apparus lors d'enquêtes, etc.

Le développement du terrorisme international, avec son paroxysme du 11 septembre 2001, a bouleversé ce paradigme. Sous l'impulsion des États-Unis est née une pratique consistant à réaliser un stockage préventif de données en masse, en vue d'une exploitation ultérieure.

C'est ainsi que l'Union européenne a adopté, le 15 mars 2006, une directive [220] obligeant les États membres à contraindre leurs opérateurs de télécommunications à stocker durant une durée minimale (mais aussi maximale) les données de service des télécommunications : appelant, appelé, date et durée de l'appel, localisation de la personne au moment de l'appel, etc., autrement dit l'enveloppe (électronique) des messages et non les messages eux-mêmes. L'idée est évidement de faciliter les enquêtes. Ceci supposait d'imposer aux opérateurs des règles qu'ils n'auraient pas adoptées pour les seules nécessités de leur activité. Cette première évolution, que l'on a pu observer, en son temps, en matière de lutte contre le blanchiment (où le nombre et la qualité des données d'identification du titulaire d'un compte ont été augmentés par voie de directives), consistait néanmoins à laisser le soin de ce stockage préventif aux opérateurs économiques (les opérateurs de télécommunications ou les banques, dans les exemples cités), réquisitionnés en tant que de besoin postérieurement à la commission d'une infraction.

Les États-Unis, suite aux attentats précités, ont poussé la méthode plus loin, en organisant le stockage préventif, par leurs propres autorités répressives, de données en masse concernant, pour reprendre une expression allemande, des « personnes innocentes ». C'est ainsi que les Américains se sont mis à exiger, de la part des compagnies aériennes atterrissant sur leur sol, les « données passager » (PNR [221]), afin de les stocker, d'ailleurs pour des durées très longues, dans des bases de données gérées par leurs propres autorités répressives. Ce premier système a donné lieu le 26 juillet 2007, après de nombreuses péripéties, à un accord [222] entre l'Union européenne et les États-Unis, mais aussi le Canada et l'Australie. Ces accords, en raison de l'entrée en vigueur du traité de Lisbonne, sont en cours de renégociation.

---

217. JOUE C53/1 du 3 mars 2005.

218. JOUE L210/1 du 6.8.2008 et L 210/12 du 6 août 2008.

219. Mieux connues sous le nom d'empreintes digitales.

220. JO L 105 du 13 avril 2006.

221. *Passenger Name Records*.

222. JOUE L 204/18 du 4 août 2007.

Dans le même ordre d'idée, les États-Unis ont eu l'idée d'exploiter les données contenues dans le site de sauvegarde, situés sur leur territoire, de SWIFT, société ayant le quasi-monopole des échanges interbancaires dans le monde. Ce système, quand il fut connu, suscita une réaction de l'Union européenne, qui obtint des États-Unis un certain nombre de garanties (les « représentations »), notamment sur la protection de ces données et les recours offerts aux personnes dont les données avaient été stockées. Le déménagement (partiel) de cette base de données des États-Unis vers le territoire européen a conduit les États-Unis, afin de poursuivre l'exploitation du TFTP, à devoir négocier un accord, connu sous le nom de TFTP[223], à l'occasion duquel le Parlement européen, qui, en vertu des nouvelles règles du traité de Lisbonne[224], doit approuver l'accord en vue de sa conclusion (ratification), a montré sa capacité à imposer, même aux États-Unis, ses vues, en particulier en matière de protection des données personnelles.

Ces deux accords ont poussé les États membres à s'interroger sur l'opportunité de disposer, au niveau de l'Union européenne, de données similaires : de fait, comment justifier de fournir de telles données à un ou plusieurs pays tiers alors que les polices européennes ne peuvent elles-mêmes en disposer ? C'est ainsi que la Commission européenne devrait proposer, fin 2011, un texte législatif afin de doter l'Union d'un PNR européen, en dépit des réticences de certains États membres comme du Parlement européen. Est également envisagée, à moyen terme, la constitution d'un TFTP européen afin de mettre l'Union européenne en mesure de n'envoyer aux États-Unis que des informations analysées (*« l'aiguille et pas la botte de foin »*, pour reprendre l'expression d'un parlementaire européen).

Plus globalement, le Conseil a entrepris une réflexion approfondie sur la question centrale de l'échange d'informations portant non seulement sur le développement du stockage préventif, mais aussi l'extension du principe de disponibilité à un nombre étendu de données.

Cette évolution de la méthode policière est inéluctable. Elle ne pose pas en soi de problème, si les règles de protection des données qui l'entourent, et plus spécialement le volet des contrôles, sont adaptées au profond changement de nature qui accompagne cette nouvelle manière de faire. De ce point de vue, le rôle joué désormais par le Parlement européen, colégislateur, constitue assurément une garantie susceptible de rasséréner ceux qui manifestent à l'égard du stockage préventif en masse des objections de principe. Par ailleurs, la Commission européenne, qui vient de faire un bilan exhaustif de la question dans une communication[225]de juillet 2010, s'apprête à lancer une révision complète de la directive 95/46 du 24 octobre 1995[226] sur la protection des données personnelles. Avec le traité de Lisbonne, cette directive pourrait englober également les données pénales, policières et judiciaires, jusqu'ici réglementées par la décision-cadre 2008/977 du 27 novembre 2008[227], entrée en vigueur le 27 novembre 2010.

La coopération policière et le traité de Lisbonne

Le cœur de la coopération policière

L'analyse du nouveau traité en matière de coopération policière montre clairement que ses rédacteurs ont été prudents quant à l'octroi de nouvelles compétences à l'Union européenne. Toutefois, le simple fait que pour les thématiques indiquées à l'article 87 TFUE (collecte, stockage, traitement, analyse et échange d'information, forme, techniques communes d'enquêtes), c'est-à-dire le cœur de la coopération policière en Europe, la législation soit désormais adoptée selon la *procédure législative ordinaire* constitue une avancée importante, même s'il n'est pas acquis que les États membres soient tous disposés à des avancées substantielles. Par ailleurs, la limitation du droit d'initiative (voir page 129) des États membres et, corrélativement, la facilitation du droit d'initiative de la Commission, devraient contribuer à faire émerger des propositions innovantes. A noter toutefois que le traité maintient l'adoption à l'unanimité pour les instruments de « coopération opérationnelle » entre autorités de police : ce que recouvre ce terme n'est cependant pas clair.

Le devenir d'Europol

Les perspectives ouvertes par le traité de Lisbonne pour les développements d'Europol sont sans doute moins grandes que celles prévues pour Eurojust, même si la procédure législative ordinaire constitue un progrès indéniable pour l'adoption d'un règlement modifiant Europol. L'examen comparé de l'article 88 TFUE et de l'ancien article 30 TUE montre cependant qu'il sera possible d'accroître le rôle d'Europol en matière de coordination, d'organisation et de réalisation d'enquêtes et d'actions opérationnelles, qui restent cependant sous l'étroite tutelle des autorités nationales : *« Toute action opérationnelle d'Europol doit être menée en liaison étroite et en accord avec les autorités du ou des États membres dont le territoire est concerné : l'application de mesures de contrainte relève exclusivement des autorités nationales compétentes. »*

Par ailleurs, le règlement qui modifiera Europol *« fixera également les modalités de contrôle de ses activités par le Parlement européen, contrôle auquel sont associés les parlements nationaux »*. Le Parlement européen, désormais colégislateur, a déjà indiqué qu'il serait particulièrement attentif aux dispositions contenues dans le nouveau règlement que doit proposer la Commission européenne, en principe début 2011.

223. *Tracking Financing of Terrorism Program.*

224. Art. 218 TFUE, § 6.

225. COM (2010) 385 final.

226. *JOCE* n° L 281 du 23 novembre 1995.

227. JOUE n° 350/60 du 30 décembre2008.

L'essentiel

La mondialisation comme l'existence de l'espace Schengen ont pour revers la facilitation des activités de la criminalité transfrontalière. Elles rendent donc indispensable l'existence d'une coopération forte entre les polices des États membres de l'Union européenne, notamment pour permettre l'échange d'informations, véritable cœur du métier de la police. L'Union européenne est à cet égard parvenue à deux réalisations importantes : d'une part, la création d'une agence, l'office européen de police (Europol), d'autre part, la mise sur pied d'un échange direct de données policières à travers le système dit de « Prüm ». Sous la pression de la menace terroriste, les modes de collecte et d'échange d'informations sont cependant sur le point de connaître des changements radicaux.

L'espace judiciaire européen

Les dispositions consacrées à la justice dans le titre V de la troisième partie du TFUE sont divisées en deux chapitres intitulés « coopération judiciaire », en matière pénale et en matière civile. Cet intitulé ne correspond qu'à un aspect seulement des objectifs assignés à l'Union européenne en matière de justice. Il eût été préférable que le traité employât le syntagme d'« espace judiciaire », dans la logique du titre V lui-même, au lieu de maintenir ce qu'on peut bien appeler une confusion terminologique.

Le concept d'espace judiciaire, civil ou pénal, peut s'exprimer d'une façon simple : la justice d'un État membre doit pouvoir être en mesure de conduire une affaire de son début (instruction du dossier) à la fin (exécution de la décision), en passant par la phase de jugement, sans être entravée par un élément d'extranéité provenant d'un autre État membre : acte à réaliser (par exemple, une perquisition ou une expertise), résidence d'une partie ou encore lieu de situation d'un bien; autrement dit, les décisions de justice devraient pouvoir « circuler » comme les biens ou les personnes.

Les problèmes posés par un tel objectif sont évidement d'une nature différente selon qu'il s'agit de droit civil ou de droit pénal.

L'espace judiciaire européen civil

Contrairement aux autres matières de la JLS, la volonté, en 1957, de créer un espace économique européen, posait d'emblée la question d'un espace judiciaire européen civil : en effet, le marché intérieur ne pouvait se développer sans mécanismes assurant que les litiges qui découlent inévitablement des échanges commerciaux intracommunautaires auraient pu se régler selon des règles claires et prévisibles. Le traité de Rome avait prévu à cette fin une base juridique intergouvernementale[228]. Celle-ci a permis, en 1968, l'adoption de la convention dite de Bruxelles qui, avant l'heure (c'est-à-dire avant le Conseil européen de Tampere), a eu recours au mécanisme de la reconnaissance mutuelle (voir page 145), c'est-à-dire l'exécution dans un État membre de décisions rendues dans un autre. Les traités successifs ont assuré une place toujours croissante à cette matière : intégrée par le traité de Maastricht, communautarisée par le traité d'Amsterdam, elle constitue désormais une politique importante pour l'Union européenne, au bénéfice direct de ses citoyens. Le traité de Lisbonne n'y apporte aucun changement institutionnel.

Avant d'en présenter les réalisations actuelles et futures, quelques considérations s'imposent.

La coopération judiciaire en matière civile est régie par l'article 87 TFUE. Son but est d'assurer le règlement des litiges civils et commerciaux au sein de l'Union européenne. Le traité se limite aux *« matières ayant une incidence transfrontière »,* c'est-à-dire, concrètement, des litiges comportant un élément d'extranéité (parties résidant dans des pays différents, de nationalités différentes, par exemple). Le traité permet cependant *« l'adoption de mesures de rapprochement des dispositions législatives et réglementaires des États membres ».* Pour ces matières, le législateur européen peut adopter des instruments visant au rapprochement des législations des États membres, ce qui n'était pas possible sous l'empire des anciens traités, en dépit de certaines tentatives en ce sens de la Commission européenne. On pourrait donc imaginer un règlement européen imposant l'adoption par les États membres de principes de procédure civile ou portant sur les voies d'exécution[229].

Cette disposition du traité ne doit cependant pas être mésinterprétée : contrairement à la matière pénale, l'article 87 n'a pas pour but le rapprochement du droit matériel des États membres. Plus exactement, ce rapprochement se fait grâce à d'autres bases juridiques du traités (par exemple, à travers le droit de l'Union de la concurrence, des consommateurs, de la propriété intellectuelle ou industrielle, etc.), ou ne se fait pas : c'est ainsi que n'existe aucune compétence de l'Union européenne pour déterminer des règles de fond quant aux conditions et aux conséquences du divorce, aux successions ou encore à l'état civil (matière qu'on appelle généralement en droit français « l'état des personnes »), ce qui n'est pas sans poser des difficultés aux citoyens européens, en particulier sur les points majeurs de divergences de ces législations (par exemple : le mariage homosexuel, qui n'existe pas dans tous les États membres et pose par conséquent des problèmes importants de reconnaissance). Compte tenu des différences profondes qui séparent les États membres sur de tels sujets (ainsi, le divorce n'existe pas à Malte alors qu'il est pratiquement unilatéral dans les pays nordiques), on peut penser que cette compétence n'entrera jamais dans celles de l'Union européenne.

228. Art. 293 4e tiret TCE.

229. C'est-à-dire les procédures de recouvrement forcé.

La Commission réfléchit cependant à l'institution d'un Code des contrats européens[230] : un régime européen des contrats optionnel (28e régime) serait institué. Il s'appliquerait aux contrats dès lors qu'il aurait été, au moment de leur conclusion, choisi par les parties. Il n'est pas certain, dans ces conditions, que l'article 87 pourrait constituer une base juridique appropriée.

La méthodologie du « droit international privé » (DIP)

Il n'est pas question ici d'expliquer le contenu des règles, relativement complexes, adoptées par l'Union européenne en matière de coopération judiciaire en matière civile. Leur objectif est d'une part d'éviter des conflits de juridictions en s'assurant qu'un litige ayant une incidence transfrontière soit soumis à la compétence des juridictions d'un seul État membre, d'autre part que les juges des États membres appliquent la même loi à des conflits de même nature.

En revanche, sera décrite ici la méthodologie suivie. Ceci suppose de comprendre certains mécanismes spécifiques à cette matière, le DIP.

Détermination de la juridiction compétente

Dans un litige international, il convient évidement de déterminer quelle est la juridiction compétente pour connaître du litige. Comment en effet envisager que deux juridictions différentes puissent rendre une décision dans le même litige ou qu'aucune juridiction ne retienne sa compétence ? Le but de l'Union européenne, en l'occurrence, a été de déterminer, à travers des instruments juridiques, des règles permettant avec certitude la désignation d'une seule juridiction.

Détermination de la loi applicable

Une fois la juridiction désignée, celle-ci doit déterminer quelle est la loi applicable au conflit. Ceci est une caractéristique tout à fait remarquable (et souvent méconnue) du DIP : la juridiction d'un pays peut devoir appliquer la loi d'un autre, sous réserve évidement qu'elle ne soit pas contraire à son ordre public[231]. L'Union européenne a adopté à cette fin des règles imposant une méthode commune pour aboutir à la détermination de la loi applicable, qui sera celle ayant le lien le plus fort avec le litige (par exemple, la loi de la nationalité des parties).

Reconnaissance de la décision : vers la suppression généralisée de l'*exequatur*

En DIP, l'*exequatur* est une procédure visant à donner, dans un État, force exécutoire à un jugement rendu à l'étranger afin de permettre son exécution, le cas échéant forcée. Cette procédure est plus ou moins compliquée, et par conséquent source de frais, de lenteurs, voire de complications.

A Tampere (voir page 130), le Conseil européen a souhaité la disparition progressive de l'*exequatur*. Cet objectif, constamment confirmé par la suite, a été réalisé, de façon plus ou moins complète, au fur et à mesure des instruments. Si une procédure résiduelle, à dire vrai relativement automatique, existe encore pour certains instruments, elle a véritablement été supprimée pour d'autres. Cette suppression s'est faite moyennant l'élaboration de normes minimales concernant la signification et la notification des jugements : autrement dit, il fallait veiller à ce que la suppression de l'*exequatur* ne se fasse pas aux dépends de personnes non convenablement averties de l'existence d'un procès ou d'une décision à leur encontre. Dans l'hypothèse où de telles garanties ne peuvent être démontrées, alors une procédure de contrôle dans l'état d'exécution est possible.

Il manque toutefois à l'Union européenne des normes en matière d'exécution forcée des décisions. Elles font cruellement défaut. Le programme de Stockholm, même s'il est rédigé en des termes peu explicites, invite en des termes prudents la Commission à aller dans cette voie.

Dans le DIP non européen, un instrument distinct est en général nécessaire pour fixer les règles de chacune de ces phases. En son temps, les Communautés, en adoptant la convention dite de Bruxelles, ont profondément fait évoluer cette technique législative[232] en prévoyant des instruments doubles (compétence et reconnaissance), voire quadruples, pour certains cas où l'instrument prévoit également des règles de détermination de la loi applicable ainsi qu'une coopération administrative (c'est ainsi le cas du règlement sur les obligations alimentaires[233]). Cette méthode facilite le règlement du litige, car elle fait de ces différentes phases un ensemble cohérent, comportant des règles (relativement) claires et prévisibles, pouvant être traitées en une seule instance ; elle permet aussi, pour une matière déterminée, comme la responsabilité parentale ou les obligations alimentaires, de trouver dans le même instrument l'ensemble des règles que le juge devra appliquer dans un litige transfrontalier.

Depuis le traité d'Amsterdam, l'Union européenne a adopté de nombreux instruments communautaires de DIP : ils portent sur des domaines de droits hétérogènes, de sorte qu'il n'était pas possible d'adopter des règles identiques. La matière commerciale, par exemple, ne peut obéir aux mêmes règles que le droit de la famille. Ces instruments sont cependant tous fondés sur la même méthodologie, au demeurant prévue dans le traité de Lisbonne : la *reconnaissance mutuelle*.

230. Livre vert relatif aux actions envisageables en vue de la création d'un droit européen des contrats pour les consommateurs et les entreprises, COM (2010) 348 final.

231. Ce sera plus facilement le cas en matière de droit de la famille qu'en matière commerciale, même s'il existe aussi certaines règles d'ordre public dans ce second domaine (par exemple, pour les relations entre le fournisseur et l'acheteur).

232. Cette technique a été reprise, dès 1980, par la conférence de La Haye de droit international privé, grande instance de production de normes de DIP, dont le champ géographique est beaucoup plus large que celui de l'UE (des pays du monde entier), ce qui limite le niveau d'ambition des instruments qui y sont adoptés.

233. JOUE L 7/1 du 10 janvier 2009.

L'extension progressive des matières ayant fait l'objet d'une règlementation européenne

Le droit civil et commercial

Sur la base juridique intergouvernementale du traité de Rome, les Communautés européenne avaient limité leurs travaux à deux domaines : détermination de la juridiction et reconnaissance des décisions en matière civile et commerciale ; détermination de la loi applicable en ce domaine (convention dite de Rome de 1980). Depuis le traité d'Amsterdam, à part avoir transformé en instruments communautaires les deux conventions précitées, l'Union européenne a adopté des instruments, doubles ou quadruples dans d'autres domaines : la faillite (matière très particulière, qui a nécessité plus de trente années de négociation pour aboutir à un texte), les successions et les testaments (les travaux sont en cours : ce droit est considéré comme ayant une dominante patrimoniale), et surtout le droit de la famille.

Par ailleurs, toujours dans le but de faciliter la suppression de l'*exequatur*, l'Union a développé un certain nombre d'instruments (des règlements) instaurant des procédures simplifiées pour des litiges répétitifs et en général assez simples : injonction de payer européenne[234], « petits litiges »[235], titre exécutoire européen[236] pour les créances incontestées. Ces développements ne sont pas allés de soi, en raison des importantes différences de conception des États membres (certaines de ces procédures, très utilisées en France, n'existent pas dans d'autres États membres et vice-versa). Ces procédures devraient être les premières susceptibles de faire l'objet d'une dématérialisation dans le cadre de l'*e-justice européenne* (voir page 150).

Le particularisme du droit de la famille

Cette dernière matière mérite quelques développements spécifiques. C'est le traité d'Amsterdam qui a donné compétence à l'Union européenne pour en traiter. Cela était indispensable. En effet, le développement de l'Union européenne a multiplié les situations familiales transnationales. Les conflits personnels qui peuvent en résulter, intrinsèquement douloureux (divorce, garde des enfants, pensions alimentaires), étaient accentués par l'absence de règles permettant de faciliter leur règlement, les rendant même parfois totalement insolubles ; ce qui poussait leurs protagonistes à des actes extrêmes comme l'enlèvement d'enfant ou facilitait des comportements de déni de responsabilité (non-représentation d'enfant, non-paiement des pensions alimentaires). Même si le droit de la famille reste régi, sous l'empire du traité de Lisbonne, par la règle de l'unanimité, avec avis simple du Parlement européen, il a enregistré des progrès notables. Un règlement adopté en 2003[237] a permis d'établir des règles de compétence et de reconnaissance/exécution en matière matrimoniale comme en matière de responsabilité parentale, que l'enfant soit issu ou non d'un mariage. Le règlement sur les obligations alimentaires, quant à lui, a réglé les questions de loi applicable et innové en prévoyant également des règles de coopération administrative (pour aider à identifier les avoirs des débiteurs et faciliter leur saisie) comme d'aide juridictionnelle très généreuses, pour tenir compte du fait que les premières victimes des non-paiements de pensions alimentaires sont les enfants.

En décembre 2010, le premier texte de *coopération renforcée* (voir page 41) de l'histoire de l'Union européenne a été adopté[238]. Ce projet de règlement, connu sous le nom de Rome III, avait obtenu un quasi-consensus en 2008 mais le veto de la Suède dans un domaine régi par l'unanimité n'avait pas permis son adoption. Après une longue procédure, liée à l'hésitation de la Commission à se lancer dans une procédure considérée, à tort ou à raison, comme créatrice de division, ce texte, qui ne porte que sur la détermination de la loi applicable (et non plus sur les règles de reconnaissance et d'exécution), a été adopté rapidement. Pour les citoyens des États membres ayant décidé de participer à cette coopération renforcée, des règles existeront, offrant notamment la possibilité aux conjoints de choisir la loi applicable à leur divorce.

La médiation

L'Union, cependant, ne s'est pas limitée à légiférer uniquement en vue des procès. S'inspirant de pratiques en développement dans certains États membres, elle a également adopté des dispositions relatives à la médiation. C'est ainsi que la directive 2008/52/CE du Parlement européen et du Conseil du 21 mai 2008[239] oblige (la transposition est fixée au 25 mai 2011) les États membres à mettre en place les conditions juridiques nécessaires pour favoriser le recours à cette technique et donner la même force juridique à un accord de médiation qu'à un jugement. Ce texte est important dans la mesure où il constitue, avant l'heure, une forme de rapprochement des législations des États membres, indépendamment finalement du caractère transfrontalier ou non du litige.

Au-delà des instruments classiques de DIP, l'Union a adopté un certain nombre d'initiatives pour faciliter les procès transfrontaliers.

Les instruments de coopération

- **Notification des actes**

Un procès nécessite toujours de notifier un certain nombre d'actes : introduction de l'instance, décision d'expertise, jugement, appel, etc. Cette notification est en général à la charge de l'une des parties. Lorsque la personne à laquelle la notification doit être faite réside dans un autre État membre que celui de la juridiction compétente, deux complications surviennent : d'une part, trouver le moyen de faire procéder à cette notification ; d'autre part, disposer de règles permettant de s'assurer de la validité de la notification.

---

234. JO L 399 du 30 décembre 2006.

235. JOUE L 199 du 31 juillet 2007.

236. JO L 143 du 30 avril 2004.

237. JO L 338 du 23 décembre 2003.

238. Règlement (UE) n° 1259/2010 du Conseil du 20 décembre 2010 mettant en œuvre une coopération renforcée dans le domaine de la loi applicable au divorce et à la séparation de corps (JOUE L 343/10 du 29 décembre 2010).

239. JOUE L 136/3 du 24 mai 2008.

Le règlement du 29 mai 2000 sur la notification a apporté une première réponse à ces questions, à dire vrai peu satisfaisante en raison de la faible harmonisation ainsi réalisée. Ce texte a donc été révisé par le règlement 1393/2007 [240], qui devrait permettre de disposer d'un système assurant des délais plus rapides, des coûts moindres et des règles de fond plus harmonisées. Ce règlement est important, dans le cadre de la suppression de l'*exequatur* (voir page 254), puisqu'il fixe les règles relatives à la validité de la notification en l'absence du défendeur.

- **Obtention des preuves**

Comme en matière pénale, il est fréquent, dans le cadre d'un procès civil, que des preuves doivent être recueillies à l'étranger, soit à la demande d'une partie, soit, parfois, à l'initiative de la juridiction. Il est alors nécessaire d'assurer une coopération entre juridictions. Alors que la plupart du temps, le droit civil était en avance sur le droit pénal, c'est bien le contraire qui s'est produit dans le domaine de l'obtention de la preuve; le règlement (CE) 1206/2001 [241] organise en effet la coopération de manière très similaire à la convention du 29 mai 2000 qui régit la question en matière pénale. En particulier, le principe d'une coopération directe entre autorités judiciaires a été adopté.

Le réseau judiciaire européen en matière civile

Pour reprendre une expression traditionnelle de la procédure civile, *« le procès est la chose des parties »*. De fait, il n'existe pas en matière civile de coopération « intégrée », c'est-à-dire d'organe européen d'entraide judiciaire en matière civile, même si certains instruments obligent à la création d'autorités centrales devant coopérer entre elles.

Toutefois, à nouveau en imitation du droit pénal, l'Union a créé, par une décision du 28 mai 2001, un réseau judiciaire européen en matière civile. Ce réseau, qui oblige à la désignation de points de contacts nationaux, a beaucoup de points communs avec celui du droit pénal : il assure en particulier la diffusion, à travers un site Internet [242], de la législation européenne et surtout nationale; il permet également d'identifier, en cas de nécessité, la juridiction compétente. A la différence toutefois du réseau pénal, son fonctionnement est assuré par la Commission qui a fourni une prestation plébiscitée par les professionnels du droit. Une révision du règlement est intervenue le 18 juin 2009 [243] : elle ouvre le réseau aux professions juridiques et vise également à préparer les évolutions liées à l'*e-justice* européenne (voir page 150).

240. JOUE L 324/79 du 10 décembre 2007.

241. JO L 174/1 du 27 juin 2001.

242. http://ec.europa.eu/civiljustice/index_fr.htm.

243. JOUE L 168/35 du 30 juin 2009.

L'espace judiciaire européen pénal

Le principe même d'un espace judiciaire en matière pénale est plus problématique qu'en matière civile. En effet, le *jus puniendi* (droit de punir) est une prérogative exclusive de l'État. Il met en jeu deux corps de règles : le droit pénal matériel [244], soit la détermination des comportements pouvant donner lieu à punition; la procédure pénale, soit le processus suivi pour punir une personne ayant commis un tel comportement [245]. Ces deux corps de règles sont fondamentalement liés au système de valeurs d'un État, notamment vis-à-vis des libertés individuelles. C'est pourquoi, dans tous les États membres, le droit pénal, qu'il soit matériel ou processuel, ressortit exclusivement à la compétence du législateur [246]. Accepter qu'une décision prise par la justice d'un État membre puisse produire des effets dans un autre État implique donc de faire (vraiment) confiance aux règles de ce dernier. Le fait qu'un pays soit une démocratie, qu'il ait par exemple été admis à faire partie du Conseil de l'Europe [247] ou de l'Union européenne, permet déjà de supposer que ses règles pénales sont conformes à certains standards. Mais pour parvenir à ce que la décision prise par la justice pénale d'un État membre produise ses effets dans un autre, les exigences sont évidement supérieures.

Le premier travail de l'Union européenne a consisté à renforcer la coopération judiciaire, c'est-à-dire la collaboration entre les justices des États membres. Des règles perfectionnées ont été établies à cette fin. Toutefois, pour atteindre un degré plus achevé de coopération, il a été nécessaire à l'Union de s'engager dans un travail de rapprochement des législations.

L'Union européenne dispose d'un corps de règles permettant à la justice d'un État membre de conduire un procès présentant des éléments d'extranéité. Elle s'est aussi dotée, ce qui est plus remarquable au niveau international, de formes institutionnelles facilitant la mise en œuvre de ces règles.

Le droit de la coopération

Si le traité (article 82 TFUE) indique que la coopération judiciaire en matière pénale est fondée sur le principe de reconnaissance mutuelle, un certain nombre de règles qui régissent à ce jour la coopération échappent encore à ce principe.

- **Les règles antérieures au principe de reconnaissance mutuelle**

Au moment de l'entrée en vigueur du traité de Maastricht, les États membres de l'époque entretenaient bien entendu des relations de coopération judiciaire, fondées soit sur des

244. Qui, dans la plupart des États membres, est regroupé dans le Code pénal.

245. Soit, dans la plupart des États membres, la procédure pénale.

246. Voir par exemple l'art. 34 de la Constitution française.

247. Le Conseil de l'Europe est une organisation internationale basée à Strasbourg, créée après la Seconde Guerre mondiale. Elle compte 47 États membres, dont tous ceux qui composent l'Union européenne.

accords bilatéraux, soit sur des conventions multilatérales, principalement celles du Conseil de l'Europe, adoptées à partir de la fin des années 1950. Ces textes ne reposaient nullement sur l'idée d'un espace européen, mais sur la mise en place d'obligations réciproques, dans le respect strict de l'intégrité juridique et judiciaire des États.

Les deux principales conventions[248] du Conseil de l'Europe, encore utilisées aujourd'hui, même entre États membres de l'Union européenne, quelle que fut leur utilité, présentaient des défauts majeurs :
- lenteur de l'entrée en vigueur du droit et difficulté de son évolution, en raison de l'obligation de procéder à des ratifications nationales ;
- droit peu contraignant, notamment en raison de la possibilité de limiter unilatéralement l'application du texte, à travers des réserves ou des déclarations ;
- droit non soumis à contrôle juridictionnel et ne permettant pas de mettre fin à des interprétations divergentes ;
- absence de dimension intégrée de la coopération : les conventions se limitent à organiser les relations bilatérales des États parties, mais ne visent aucune organisation collective de la coopération.

Au moment de l'entrée en vigueur du traité de Maastricht, le Conseil a choisi de compléter le droit du Conseil de l'Europe, en lui ajoutant en quelque sorte des couches applicables seulement entre États membres de l'UE.

– **L'extradition :** ces développements sont d'abord intervenus dans le domaine de l'extradition. Le Conseil a en effet adopté, en 1995 puis en 1996, deux conventions destinées à améliorer la convention de 1957 du Conseil de l'Europe. Ces textes sont simplement évoqués, dans la mesure où ils ont été abrogés par le mandat d'arrêt européen (voir page 145).

– **Le recueil de la preuve :** le 29 mai 2000 a été adoptée une convention[249], bien vite complétée par un protocole le 16 octobre 2001[250]. Elle apporte des améliorations notables au système hérité du Conseil de l'Europe : l'entraide directe de juge à juge, sans plus passer par les chancelleries, est confirmée (elle avait été instituée par l'accord de Schengen – voir pages 130 et 137), les obligations de coopération sont précisées, les nouvelles technologies sont largement prises en considération de même que certaines techniques particulières d'enquête (équipes communes d'enquête, livraison surveillée, enquête sous couverture).

Cet ensemble législatif, malgré les compléments apportés par l'Union européenne, ne s'inscrit pas dans l'optique de la création d'un espace commun : il s'attache à faciliter la coopération, en faisant toujours plus la même chose, mais n'a qu'accessoirement pour objectif la libre circulation des décisions de justice, qui en définitive restent souvent les seuls « objets » fortement entravés par les frontières.

• Les nouvelles règles de la coopération : la reconnaissance mutuelle

C'est pour cette raison qu'en 1998, le Conseil européen, à Tampere, a décidé d'appliquer à l'entraide judiciaire en matière pénale le principe bien connu du marché intérieur : la reconnaissance mutuelle. Même si le Conseil européen se gardait bien d'en donner une définition, ce principe pouvait, appliqué aux décisions de justice, se décliner comme suit : toute décision légalement produite par l'autorité judiciaire d'un État membre, si elle remplit certains critères définis en commun, doit pouvoir « circuler » en Europe, c'est-à-dire être exécutée dans un autre État membre que celui où elle a été prise. En quelque sorte, c'est l'application *mutatis mutandis* aux décisions de justice du fameux arrêt « Cassis de Dijon » qui avait posé ce principe pour la circulation des marchandises. C'était également appliquer à la matière pénale le principe posé, en matière civile, par la convention de Bruxelles de 1968 (voir page 142).

A compter de 2002, avec le **mandat d'arrêt européen**, les instruments adoptés par le Conseil en matière judiciaire pénale ont eu pour fondement le principe de reconnaissance mutuelle. Ils couvrent désormais presque tout l'arc du procès pénal, lorsque celui-ci a une dimension d'extranéité : préparation du jugement, jugement et, volet essentiel, globalement très mal traité dans le cadre du droit international classique, exécution des peines. Sans entrer dans le détail de ce droit, les points qui suivent peuvent être retenus.

– D'une part, l'adoption, le 13 juin 2002, de la *décision-cadre sur le mandat d'arrêt européen*[251] constitue une évolution fondamentale. En effet, l'application du principe de reconnaissance mutuelle (ainsi, faut-il le rappeler, l'extraordinaire pression créée à l'époque par les attentats du 11 septembre 2001) a permis à l'Union européenne de se doter d'un régime rapide, exclusivement judiciaire, de remise des personnes recherchées en vue de leur procès ou pour subir une peine. La logique de la reconnaissance mutuelle a conduit à une avancé essentielle, à savoir l'obligation de remettre ses propres nationaux, possibilité jusqu'ici interdite par de très nombreux États membres, dont la France. Entre 2005 et 2008, au moins 11 000 mandats d'arrêt européens[252] ont été délivrés, et plus de 8 000 exécutés, avec une rapidité inédite, ce qui constitue une avancée déterminante pour les droits de la défense[253].

– Le *droit du recueil de la preuve* en vue d'un procès reste encore très fragmenté. Le Conseil discute, depuis juillet 2010, un projet de directive visant à unifier l'ensemble de ce droit par la création d'une « décision européenne d'enquête »[254], selon le principe de la reconnaissance mutuelle. La Commission doit déposer début 2011 un projet concurrent, vraisemblablement un projet de règlement, cet instrument étant plus adapté à la coopération.

248. Conventions de 1957 pour l'extradition, de 1959 pour l'entraide judiciaire en matière pénale.

249. JO 197/1 du 12 juillet 2000.

250. JO C 326/1 du 21 novembre 2001.

251. JOCE L. 190/1 du 18 juillet 2002.

252. Tous les États membres n'ont pas fourni à la Commission des statistiques.

253. Ce qui est une pierre dans le jardin de tous ceux qui ont critiqué le mandat d'arrêt européen en stigmatisant son automaticité.

254. 9145/10.

– L'Union européenne s'est dotée d'une sorte de « *casier judiciaire européen* », à travers le projet « ECRIS »[255]. Il ne s'agit pas d'un système central, mais d'une interconnexion, comme pour le système Prüm (voir page 139). Il devra être pleinement opérationnel en avril 2012, mais une expérimentation entre États membres fonctionne déjà de manière très satisfaisante. Il ne concerne cependant que les condamnations des citoyens de l'Union européenne, de sorte qu'un système complémentaire, vraisemblablement un fichier européen imposant le recours à la biométrie pour assurer l'identification précise des personnes, sera nécessaire pour les ressortissants des pays tiers.

– A travers une série de décisions-cadres, le Conseil s'est doté d'instruments permettant l'exécution, selon le principe de la reconnaissance mutuelle, de pratiquement toutes les formes de sanctions : confiscation[256], amendes[257], emprisonnement[258] (ce qui est une avancée tout à fait remarquable), peines alternatives à l'emprisonnement[259]. Manque cependant un volet très important : celui des *déchéances* prononcées en même temps que la sanction – droit de conduire, interdiction d'exercer une profession, de paraître dans un lieu, etc. Il s'agit d'un domaine juridiquement très complexe, où les différences entre les législations des États membres sont importantes, voire inconciliables. Certaines affaires montrent cependant qu'il est indispensable d'avancer pour réglementer cette matière.

Compte tenu de la nouveauté de ces instruments (tous ne sont pas encore entrés en vigueur), il n'est pas encore possible de savoir si leur fonctionnement est satisfaisant. Un problème peut d'ores et déjà être soulevé : leur fractionnement. Alors qu'une même décision nationale comporte souvent plusieurs peines distinctes (confiscation, emprisonnement, amende), il conviendra, au niveau européen, d'appliquer des procédures distinctes. Par ailleurs, la plupart des ces instruments ayant été négociés à l'unanimité, à 25 voire à 27, ils comportent indubitablement trop de motifs de refus d'exécution, ce qui pourrait rendre leur utilisation dissuasive.

La coopération intégrée

Les règles de la coopération au sein de l'Union européenne sont complexes. Par ailleurs, de plus en plus d'affaires, en particulier pour la criminalité organisée, prennent une dimension multilatérale rendant très difficile la coordination des enquêtes pour les autorités nationales. C'est pourquoi l'Union européenne s'est lancée dans des réalisations uniques dans une coopération entre États : la création d'organes de coopération intégrée. Mentionnons également, au niveau des États membres, les *magistrats de liaison*[260], grands facilitateurs de la coopération entre les magistrats d'Europe.

• Les organes de coopération intégrée de l'Union européenne

– Le réseau judiciaire européen pénal

Le réseau judiciaire européen (RJE) en matière pénale (un tel réseau existe également en matière civile – voir page 144) a été créé par une action commune du 29 juin 1998, depuis remplacée par une décision du 24 décembre 2008[261]. Ce réseau ne concerne pas tous les magistrats pénalistes d'Europe, mais des points de contacts particulièrement qualifiés qui, jour après jour, résolvent les problèmes pratiques et juridiques de l'entraide. Le réseau a également créé un site Internet permettant de disposer non seulement de l'ensemble de la législation pertinente, mais encore d'outils pratiques permettant, par exemple, d'identifier l'autorité judiciaire compétente. Si le réseau judiciaire est un outil efficace, il est cependant trop peu connu des magistrats d'Europe.

– Eurojust

La création d'une unité européenne de coopération judiciaire, lorsqu'elle fut décidée par le Conseil européen à Tampere, n'allait pas de soi : beaucoup d'États membres y étaient très réticents, certains parce qu'ils n'en voyaient pas l'utilité, d'autres parce qu'ils la considéraient comme un empiètement inacceptable de l'Union européenne sur leur souveraineté. Eurojust fut néanmoins introduite dans le traité de Nice, en miroir d'Europol. L'institution, créée par une décision du 28 février 2002[262] puis révisée par une décision du 16 décembre 2008[263] a connu un développement et des succès rapides. Elle a son siège à La Haye.

Eurojust est composée d'un membre national par État membre : il doit s'agir d'un procureur, d'un juge ou d'un officier de police ayant des prérogatives équivalentes. L'ensemble de ces membres nationaux compose le collège d'Eurojust. Le collège et ses membres nationaux disposent de pouvoirs assez similaires. Cette dualité était nécessaire pour concilier deux visions opposées au moment de la négociation de l'agence : un simple rassemblement de magistrats de liaison pour les uns, une véritable agence européenne pour les autres.

Eurojust a une triple mission vis-à-vis de l'entraide judiciaire en matière pénale : coordination, soutien, facilitation. Pour ce faire, le collège comme les États membres disposent des prérogatives suivantes : demander qu'une enquête soit ouverte, que soit mise en place une équipe commune d'enquête, que leur soient fournies des informations. Ces pouvoirs n'étant cependant assortis d'aucune contrainte, Eurojust fonctionne surtout sur la base de la bonne volonté. Les membres nationaux concernés

255. De l'anglais « *European Criminal Registers Information System* ». Décision du Conseil 2009/316/JAI du 6 avril 2009, JOUE L 93/33 du 7 avril 2009.

256. Décision-cadre 2006/783/JAI du 6 octobre 2006, JO L 328 du 24 novembre 2006.

257. Décision-cadre 2005/214/JAI du 24 février 2005, JO L 76 du 22 mars 2005.

258. Décision-cadre 2008/909/JAI du 27 novembre 2008, JOUE nº L 327/27 du 5 décembre 2008.

259. Décision-cadre 2008/947/JAI du 27 novembre 2008, JOUE nº 337/102 du 16 décembre2008.

260. Les magistrats de liaison, installés dans leur pays d'accueil, facilitent les relations judiciaires avec leur pays d'origine, principalement en résolvant les problèmes pratiques que pose au jour le jour l'entraide judiciaire en matière pénale.

261. JOUE L 348/130 du 24 décembre2008.

262. JO L 190/1 du 18 juillet 2002.

263. JOUE L 138/14 du 4 juin 2009.

par une affaire commune se réunissent pour échanger des informations obtenues des autorités nationales compétentes. Puis, le cas échéant, ils organisent des réunions pour mettre autour d'une table tous les protagonistes d'une affaire et établir une stratégie et un calendrier communs. Cette méthode donne d'excellents résultats et le nombre des affaires dont est saisi Eurojust est en augmentation croissante, aux alentours d'un millier par an.

Le collège d'Eurojust peut rendre des avis sur certaines affaires (ainsi, le regroupement des poursuites dans un seul État membre en cas de conflit positif de compétence, comme ce fut le cas pour l'affaire du pétrolier Prestige échoué au large de la France) dont l'effet, sinon juridiquement du moins politiquement, est important. C'est là un aspect remarquable : avoir potentiellement rendu européenne chaque affaire d'entraide judiciaire entre plusieurs États membres

Eurojust entretient des relations encore insuffisantes avec Europol et l'OLAF, dans le cadre d'accords négociés avec ces deux autres agences. A cet égard, le programme de Stockholm invite la Commission à faire une proposition en vue de réglementer globalement les relations entre les agences. Cela ne sera pas simple, tant chaque filière (police, justice, finances pour l'OLAF) est attachée à ses propres prérogatives.

Eurojust a également conclu des accords avec un certain nombre de pays tiers : elle constitue d'ailleurs un relai précieux pour les magistrats des États membres dans leurs relations avec ces pays.

- **Le futur de la coopération intégrée en matière de justice**

– **Eurojust :** l'article 85 TFUE fournit une base juridique permettant, dans le cadre de la procédure législative ordinaire[264] et sans possibilité de faire jouer la moindre clause «frein/accélérateur», d'octroyer à Eurojust des pouvoirs contraignants sur les autorités judiciaires nationales : déclenchement d'enquêtes, coordination accrue, institution d'équipes communes d'enquête et surtout résolution des conflits positifs de compétences – dans une affaire où plusieurs justices nationales seraient compétentes, Eurojust pourrait se voir attribuer des pouvoirs de résolution de ces conflits. On peut toutefois penser que les États membres auront de fortes réticences à aller dans cette voie.

– **Le parquet européen :** l'article 86 TFUE, aboutissement de travaux lancés dans les années 1990 en vue de la création d'un Procureur européen, permet l'institution, à l'unanimité, d'un parquet[265] européen, c'est-à-dire d'un organe de poursuite européen supranational. Le dispositif prévu par le traité, compte tenu de l'opposition farouche de certains États membres (Royaume-Uni, Irlande), est limitatif : le parquet européen n'a de chance de voir le jour que dans le cadre d'une coopération renforcée et pour un champ limité à la seule répression des infractions liées à la protection des intérêts financiers (PIF) de l'Union européenne. Le traité prévoit certaines orientations essentielles comme, par exemple, le fait que le parquet européen «*exerce devant les juridictions compétentes des États membres l'action publique*» : autrement dit, il ne s'agit pas de mettre sur pied une justice européenne complète. Par ailleurs, le traité prévoit l'élaboration, toujours à l'unanimité ou dans le cadre de la coopération renforcée, du statut du parquet européen, des règles de procédure applicables (ce qui sera sans doute la question la plus complexe à résoudre) ainsi qu'une autre disposition cruciale : le contrôle juridictionnel sur les actes du parquet européen.

En dépit de l'intérêt que suscite une telle entreprise, il semble difficile qu'elle puisse aboutir rapidement. Toutefois, elle devrait servir au développement d'Eurojust, en quelque sorte pour conjurer, dans l'esprit de nombreux États membres, le risque qu'un parquet européen ne voie jamais le jour.

- **Le rapprochement des législations**

Si le traité de Maastricht était bien silencieux sur les objectifs assignés à l'Union européenne, notamment en matière judiciaire pénale, il n'en allait pas de même du traité d'Amsterdam et des traités successifs, qu'on peut véritablement qualifier de programmatiques. Le traité d'Amsterdam prévoyait le rapprochement des législations pénales, pour lequel il avait d'ailleurs créé un instrument *ad hoc*, la décision-cadre. Si, et pour cause[266], les rédacteurs du traité ne pensaient pas à l'application du principe de reconnaissance mutuelle, ils avaient évidement à l'esprit l'idée que le rapprochement des législations pénales ne pourrait que faciliter l'entraide judiciaire en matière pénale, en particulier en diminuant les cas d'absence de double incrimination (voir page 148).

Le principe de reconnaissance mutuelle introduit par le Conseil européen à Tampere, élevé au niveau de principe constitutionnel par le traité de Lisbonne, a toutefois rendu urgente l'accélération de ces travaux. En effet, à Tampere, le Conseil européen a choisi une démarche paradoxale : si, pour la création du marché intérieur, l'application du principe de la reconnaissance mutuelle avait en général été précédée par un long travail de rapprochement des législations, la décision prise à Tampere ne venait pas consacrer un tel travail, en fait pratiquement inexistant, mais au contraire marquer son commencement. Cette démarche est d'autant plus paradoxale que la matière pénale, comme nous l'avons déjà dit, est au cœur non pas seulement de la souveraineté, mais surtout des libertés publiques, alors qu'au demeurant le Parlement européen était peu impliqué.

Le Conseil européen était conscient du problème, puisqu'il invitait le Conseil à se lancer rapidement dans cette politique.

Depuis le traité d'Amsterdam, le Conseil n'a pas été inactif dans ce domaine. Toutefois, on peut constater qu'existe un déséquilibre très important entre le rapprochement du droit pénal matériel et celui du droit pénal processuel. Si le premier a fait l'objet de très nombreux textes, ce n'est pas le cas du second, même si le retard pris en ce domaine est peu à peu comblé.

264. C'est-à-dire dans le cadre d'une décision adoptée, pour ce qui concerne le Conseil des ministres, à la majorité qualifiée et non à l'unanimité.

265. Ministère public.

266. Le principe de reconnaissance mutuelle a été introduit par le Conseil européen réuni à Tampere, postérieurement au traité d'Amsterdam.

Le droit pénal matériel

• L'objectif du rapprochement du droit pénal matériel

Le rapprochement du droit pénal matériel (c'est-à-dire le Code pénal) poursuit plusieurs objectifs :
– limiter les cas d'absence de double incrimination. Il s'agit de situations pour lesquelles l'infraction, prévue par le droit de l'État requérant ou l'État d'émission, à l'origine de la demande d'assistance judiciaire ou d'exécution d'une décision selon le principe de reconnaissance mutuelle, n'existe pas dans l'État requis (ou État d'exécution). Cette situation peut constituer une difficulté, dans la mesure où les pouvoirs coercitifs pénaux se justifient par la commission d'une infraction ;
– dans certains cas, montrer la réprobation, en l'occurrence de l'Union européenne, vis-à-vis d'un comportement criminel. C'est le cas, entre autres, en matière de terrorisme, même si la législation adoptée[267] n'a pas été seulement symbolique : elle a contraint un nombre important d'États membres à considérer le terrorisme comme une infraction spécifique, et non de droit commun (comme l'assassinat) dont le mobile est spécifique. A cet égard, le rapprochement des infractions pénales des États membres peut véritablement être considéré comme une forme d'embryon de politique pénale européenne.

• La technique du rapprochement du droit matériel

L'article 34 § 2 b de l'ancien TUE, dans sa rédaction issue du traité d'Amsterdam, prévoyait une base juridique permettant le rapprochement du droit pénal des États membres, par le biais des décisions-cadres. Même si l'exégèse de ce texte permettait de penser que la compétence du Conseil était relativement limitée, ce dernier, parce qu'il décidait à l'unanimité, a finalement entrepris un travail extensif : un peu plus d'une quinzaine de comportements criminels ont ainsi été couverts, tels que le terrorisme, la corruption, la criminalité organisée, etc.[268] Il convient cependant d'être précis sur les travaux entrepris au sein de l'Union européenne :
– il s'agit d'obliger les États membres, à travers une norme (jusqu'ici la décision-cadre), à incriminer dans leur propre code pénal national les comportements définis en commun. A partir des années 2000, le Conseil a également adopté des décisions-cadres obligeant les États membres à rapprocher les sanctions attachées à ces infractions. Autrement dit, on ne créé pas un code pénal européen mais bien des règles devant faire l'objet d'une transposition dans le droit pénal de chaque État membre ;
– il s'agit cependant d'un rapprochement *a minima*. Autrement dit, les États membres restent libres d'incriminer au-delà[269] de la décision-cadre ou, quand il s'agit de rapprochement des sanctions, de sanctionner une infraction plus sévèrement que ne les y oblige le texte européen. En revanche, l'Union européenne n'a jamais obligé à dépénaliser une infraction, ce qui pourrait parfaitement se concevoir[270].

Tous ces textes sont structurés d'une manière identique : ils définissent d'abord l'infraction pénale, obligent en général à l'incrimination de la complicité et de la tentative. Ils contiennent également des obligations relatives à la compétence des juridictions des États membres : il ne sert en effet à rien d'obliger à incriminer si aucune juridiction ne peut juger d'une infraction. Enfin, ils contiennent parfois des règles spécifiques d'entraide judiciaire en matière pénale ou encore des règles relatives à la protection des victimes ou à l'aide juridictionnelle (c'est-à-dire l'assistance d'un avocat).

• Le rapprochement du droit pénal matériel et le traité de Lisbonne : vers un droit pénal communautaire

– Les « eurocrimes »

Le passage à la majorité qualifiée constitue évidement un jalon fondamental dans ce système. En effet, et sous les réserves indiquées ci-dessus, un État membre pourrait se retrouver dans la situation où il devrait accepter à la majorité qualifiée d'incriminer un comportement qu'il ne souhaitait pas pénaliser au niveau national. Le système trouvé par le traité constitutionnel puis repris par le traité de Lisbonne pour réduire ce risque consiste à limiter de façon stricte le domaine de compétence de l'Union européenne. C'est ainsi qu'a été définie (article 83 § 1 TFUE) une liste dite des « eurocrimes », pour lesquels un rapprochement des législations pourra intervenir. Cette compétence est donc restreinte « *à la criminalité particulièrement grave revêtant une dimension transfrontière résultant du caractère ou des incidences de ces infractions ou d'un besoin particulier de les combattre sur des bases communes* ». Suit ensuite une liste de ces « *domaines de criminalité* »[271].

Si l'on compare les articles 83 TFUE et 31 de l'ancien TUE, assignant au traité le rapprochement minimal des législations, on peut constater qu'ils sont rédigés dans des termes très similaires, de sorte que la limitation de la compétence de l'Union européenne aux seuls « eurocrimes » peut, d'une certaine façon, apparaître comme un recul par rapport au traité précédent. La majorité qualifiée devrait cependant permettre, dans certains cas, d'obtenir des textes un peu moins alambiqués, voire plus ambitieux, que ceux rédigés à l'unanimité : on perdra peut-être en quantité mais sans doute pas en qualité.

Rappelons que le traité de Lisbonne a institué, en ce domaine, le système du « frein-accélérateur » (voir page 129). Il est difficile de savoir si un État membre fera jamais usage de cette procédure, conçue avant tout comme une arme de dissuasion.

267. JOUE L 330/21 du 9 décembre 2008.

268. Voir « le développement d'un espace pénal européen », étude commandée par la Commission LIBE du Parlement européen (juillet 2009).

269. Par exemple, en retenant une incrimination moins limitative que celle définie par la décision-cadre. Ainsi, mettons qu'une décision-cadre impose la criminalisation du vol avec arme, rien n'empêche un État membre d'incriminer également le vol simple.

270. Il en va différemment dès lors que le droit communautaire a défini que certains comportements sont licites. Il est alors impossible pour un État membre de les incriminer pénalement. Le droit communautaire a donc dans certains cas pour effet de limiter la compétence pénale des États membres.

271. Ces domaines de criminalité sont le terrorisme, la traite des êtres humains et l'exploitation sexuelle des femmes et des enfants, le trafic illicite de drogues, le trafic illicite d'armes, le blanchiment d'argent, la corruption, la contrefaçon de moyens de paiement, la criminalité informatique et la criminalité organisée.

– Le droit pénal, outil au service d'autres politiques de l'Union européenne

Le traité de Lisbonne comporte également une disposition donnant la possibilité d'utiliser le droit pénal « *lorsqu'il est indispensable pour assurer la mise en œuvre efficace d'une politique de l'Union européenne dans un domaine ayant fait l'objet de mesures d'harmonisation* » (article 83 § 2 du TFUE). Cette disposition mérite quelques explications.

Par un arrêt de principe du 13 septembre 2005[272], la Cour de Justice de l'Union européenne a mis fin à un conflit qui opposait le Conseil et la Commission à propos de la capacité pour la Communauté (c'est-à-dire le droit communautaire) d'obliger les États membres, à travers une directive, à sanctionner par des mesures de droit pénal le non-respect du droit communautaire. Pour faire simple, le Conseil soutenait que la Communauté n'avait pas cette capacité, le troisième pilier ayant été créé spécifiquement pour permettre une intervention de politique pénale. La Commission, pour sa part, tenait un raisonnement contraire, repris par la Cour : « *En vertu de l'article 47 TUE, aucune disposition du TCE ne saurait être affectée par une disposition du TUE.* » Par la suite, la Cour apporta des nuances à sa jurisprudence, distinguant entre la détermination du principe d'une sanction pénale pour protéger le droit communautaire, relevant de ce droit, et la détermination du type et du niveau des sanctions encourues, qui restait de la seule compétence du « troisième pilier »[273].

Ce conflit, né de l'existence des piliers, s'il était passionnant juridiquement, a cependant miné l'action de l'Europe dans des domaines pourtant fondamentaux. Ce fut notamment le cas en matière de protection de l'environnement. En effet, alors que, suite au naufrage du Prestige (en novembre 2002), le Conseil européen de Copenhague des 12 et 13 décembre 2002[274] avait consacré la protection de l'environnement comme une grande priorité, cinq ans plus tard, en raison de ces péripéties (elles ont entraîné l'annulation de deux décisions-cadres), l'Union européenne ne disposait toujours pas d'une législation obligeant ses États membres à réprimer pénalement certains comportements lésant gravement l'environnement.

L'article 83 § 2 du TFUE donne désormais une compétence claire à l'Union pour sanctionner, le cas échéant pénalement, certaines violations du droit de l'Union. La lecture du texte montre qu'il est désormais possible, par voie de directive, d'avoir recours au droit pénal, aussi bien pour décider du principe que du type et du niveau des sanctions pénales. De fait, l'un des grands mérites de la disparition des piliers est bien celui d'autoriser l'Union européenne à conduire des politiques horizontales. Ceci vaut dans les deux sens. Si les politiques économiques pourront être défendues grâce au droit pénal, les politiques pénales pourront l'être grâce aux politiques économiques : ainsi, il deviendra possible de concevoir un règlement complet en matière de lutte contre le blanchiment, qui pourrait comporter[275] un volet pénal comme un volet économique, par exemple sur les conditions d'ouverture d'un compte en banque, etc.

272. C-176/03.

273. C-440/05.

274. 15917/02.

275. En visant, naturellement, plusieurs bases juridiques.

Le droit processuel : un travail inachevé

• L'échec relatif des premiers travaux sur les garanties minimales

Le Conseil n'a pas obtenu, en matière de rapprochement du droit processuel, des résultats analogues à ceux atteints en matière de droit pénal matériel.

Pour autant, la page n'est pas blanche :
– d'une part, un véritable travail de rapprochement des législations est d'ores et déjà intervenu en Europe à travers l'action de la Cour européenne des droits de l'homme. Il s'agit cependant d'un rapprochement en creux : la Cour pose, arrêt après arrêt, ce que ne doit pas être la procédure pénale; elle ne détermine pas forcément ce qu'elle doit être. Or, l'exercice de définition positive de la procédure, et plus particulièrement des différentes garanties, est particulièrement ardu. Il est pourtant nécessaire dans un système de reconnaissance mutuelle;
– d'autre part, le Conseil a entamé, dès 2004, suite à une initiative de la Commission[276], des travaux qui ont échoué en dépit d'une négociation longue et acharnée. Il faut dire que la matière est difficile. En effet, si l'on peut considérer que les États membres incriminent globalement les mêmes infractions, à quelques détails près, leur procédure pénale est en revanche marquée par des différences notables, voire par une franche incompatibilité, ce nonobstant l'appartenance de tous les États membres au système de la Cour européenne des droits de l'homme.

C'est sous présidence suédoise (au 2e semestre 2009) qu'a donc été adoptée une approche plus réaliste, conduite pas à pas : une feuille de route[277] a listé un certain nombre de thèmes à propos desquels des initiatives devront progressivement être prises. Cette méthodologie a, pour l'instant[278], donné de bons résultats avec l'adoption de la directive 2010/64 UE[279] relative à l'interprétation et la traduction, première directive de l'histoire de l'Union européenne en matière pénale, adoptée selon la procédure législative ordinaire. Ce texte fixe les droits minimaux dont doivent bénéficier les personnes poursuivies dans le cadre d'une procédure pénale, qu'elle soit ou non transfrontalière.

La Commission vient de déposer une nouvelle proposition dans le cadre de cette feuille de route, portant sur le droit à l'information dans le cadre des procédures pénales[280] : elle entend que les États membres disposent d'une véritable déclaration de droits qui serait communiquée, sous forme écrite, aux personnes poursuivies au moment de leur arrestation ou ultérieurement.

276. COM (2004) 328 final.

277. JOUE C 295/1 du 4 décembre 2009.

278. Avec sagesse, la Commission a décidé de ne pas commencer par les thèmes les plus difficiles.

279. JOUE L 280/1 du 26 octobre 2010.

280. COM (2010) 392 final.

Un nouveau texte (voire deux, selon les plus récents projets de la Commission) devrait être très prochainement déposé à propos du droit à l'avocat.

- **Le rapprochement de la procédure pénale et le traité de Lisbonne**

Par rapport aux dispositions de l'article 31 TUE qui régissait jusqu'ici la matière, on peut constater une évolution importante dans les objectifs assignés à l'Union européenne. Alors que l'article 31 assignait celui *« d'assurer, dans la mesure nécessaire à l'amélioration de la coopération judiciaire, la compatibilité des règles applicables dans les États membres »,* l'article 82 § 1 a) TFUE est rédigé comme suit : *« Dans la mesure où cela est nécessaire pour faciliter la reconnaissance mutuelle des jugements et décisions judiciaires, ainsi que la coopération policière et judiciaire dans les matières pénales ayant une dimension transfrontière, le Parlement européen et le Conseil, statuant par voie de directive conformément à la procédure législative ordinaire, peuvent établir des règles minimales. Ces règles minimales tiennent compte des différences entre les traditions et les systèmes juridiques des États membres. »*

Ce texte entraîne donc un changement important, pas seulement en raison du passage à la procédure législative ordinaire : en effet, c'est bien à un véritable rapprochement des procédures qu'appelle le nouveau traité, dans des domaines comme l'admissibilité mutuelle des preuves entre les États membres, les droits des personnes dans la procédure pénale, les droits des victimes de la criminalité et d'autres éléments spécifiques de la procédure pénale (il faut alors une décision à l'unanimité pour étendre ce domaine). Ceci est heureux : il est en effet difficilement envisageable, en la matière, de définir des droits qui ne seraient pas communs à une procédure interne et à une procédure transfrontalière.

L'existence de la clause « frein-accélérateur » pèsera certainement un peu sur les négociations, comme on peut le voir actuellement pour le projet de directive sur le « droit à l'information » : certains États membres (notamment le Royaume-Uni) ont en effet des exigences qu'ils n'avaient pas sous l'empire de l'ancien traité, en mettant en avant *« les aspects fondamentaux de leur système de justice pénale »*.

Si l'espace judiciaire européen a réalisé des avancées absolument remarquables en quelques années, elles restent parfois difficiles à mettre en œuvre. L'Union européenne a donc entrepris de se lancer dans un projet très ambitieux pour permettre sa réalisation effective : l'e-Justice européenne. Il s'agit d'un programme visant à permettre à l'espace judiciaire européen de bénéficier des développements des technologies de l'information et de la communication. Le projet, en dépit de ses aspirations, en est encore à ses balbutiements, notamment parce que peu de programmes ou de sites sont actuellement disponibles, dans un contexte multiculturel particulièrement complexe : l'Europe compte en effet vingt-deux langues officielles et trois alphabets. Il connaîtra assurément des développements fondamentaux dans les années à venir. Peut-être sera-ce dans le cadre de la future agence pour la gestion opérationnelle des systèmes d'information à grande échelle dans le domaine de la JLS, dont la création a été proposée par la Commission en juin 2009. Il s'agira d'une structure dans un premier temps en charge de la gestion du SIS II, du VIS et d'EURODAC. Elle devrait logiquement, dans le futur, gérer le système entrées/sorties. E-Justice devrait naturellement y trouver sa place.

L'essentiel

L'espace judiciaire européen comporte deux volets, le civil et le pénal. Ils posent des problèmes différents dans leur réalisation, bien qu'ils soient l'un et l'autre fondés sur le principe de reconnaissance mutuelle.

En matière civile, l'Union européenne a adopté des règles – dites de droit international privé – permettant de déterminer où doit se tenir un procès comportant des éléments d'extranéité, quelle loi doit y être appliquée et comment les décisions rendues seront exécutées. Cette législation touche les domaines commerciaux et civils, notamment le droit de la famille. L'Union européenne a également adopté des instruments de coopération entre les justices de chaque État membre.

En matière pénale, matière liée à la souveraineté comme aux libertés publiques, les évolutions de l'Union européenne sont spectaculaires : elles ont permis de développer le principe de reconnaissance mutuelle pour la quasi-totalité des besoins d'un procès pénal, c'est-à-dire l'exécution dans un État membre de décisions prises dans un autre ; pour ce faire, un travail encore imparfait, mais important, de rapprochement des législations a été conduit, aussi bien pour la définition des infractions que pour les standards essentiels de la procédure. L'Union européenne a surtout innové en créant une agence de coopération, Eurojust, qui pourrait préfigurer, dans le futur, un Procureur européen.

Conclusion

Depuis le traité de Maastricht, un formidable chemin a été parcouru par l'Union européenne qui, à certains égards, a réalisé une intégration supérieure à celle de certains États fédéraux. Cette construction est évidement très perfectible, aussi bien du point de vue de son efficacité que d'une suffisante prise en compte de tous les intérêts présents. Pour la matière criminelle, les premiers mois de fonctionnement du traité de Lisbonne montrent que le problème est en voie de résorption. La procédure législative ordinaire permettra plus d'efficacité grâce au vote à la majorité qualifiée ; elle autorisera une meilleure prise en compte des différents intérêts en cause grâce à la nouvelle position de colégislateur du Parlement européen.

Deux souhaits peuvent être formulés à propos de ce beau projet politique que constitue le développement d'un espace de liberté, de sécurité et de justice :
- le premier tient à la sensibilisation des acteurs de la JLS : policiers, douaniers, gardes-frontières, magistrats mais aussi avocats ou encore notaires. Un effort massif doit être consenti en matière de formation, afin que l'ensemble de cette législation, qui ne l'oublions pas confère des droits aux citoyens européens, soit connue et appliquée convenablement. Le programme de Stockholm a prévu à cet égard des actions ambitieuses, désormais facilitées par l'existence d'une base juridique dans le traité[281] ; il conviendra qu'elles soient suivies d'effet ;
- le second tient à une action législative et opérationnelle qui s'inscrive dans la réflexion et la durée au lieu d'être tributaire d'événements dramatiques qui en favorisent un développement, certes plus rapide, mais pas toujours suffisamment équilibré et réfléchi.

281. Art. 81 et 82 TFUE.

Titre 19
La politique commerciale commune

La création d'une union douanière, qui se trouve au cœur de la construction européenne, implique l'exercice en commun d'une politique commerciale unique à l'égard des pays tiers. En effet, à la différence d'une zone de libre-échange abaissant uniquement les barrières douanières en son sein, comme l'AELE, une union douanière se caractérise en outre par l'application d'un tarif douanier commun à l'égard des importations en provenance des pays tiers.

C'est donc tout naturellement que le commerce figure parmi les plus importantes politiques communes mises en place par la Communauté européenne et constitue historiquement le premier domaine dans lequel elle s'est manifestée sur la scène internationale, notamment dans le cadre du GATT à l'occasion du « Kennedy Round » (1964-67) lors duquel la CEE a joué un rôle de premier plan.

Aujourd'hui encore, la politique commerciale est incontestablement le domaine dans lequel l'action internationale de l'UE est la plus visible et la plus efficace. Cette efficacité découle du poids économique de l'Europe, première puissance commerciale assurant un cinquième des échanges dans le monde, ainsi que d'une intégration particulièrement poussée de la politique commerciale commune, *a fortiori* quand on la compare à la politique de développement ou encore à la politique de sécurité et de défense.

La conduite de la politique commerciale commune par la Commission européenne s'articule principalement autour de la négociation d'accords commerciaux multilatéraux et régionaux ainsi que de la mobilisation des instruments de défense du marché intérieur et d'accès aux marchés de pays tiers mis en place dans le cadre de ces accords.

L'organisation de la politique commerciale commune

Le rôle central de la Commission européenne dans la conduite de la politique commerciale

Les traités fondateurs attribuent un rôle central à la Commission européenne dans la conduite de la politique commerciale commune. Elle est en particulier le négociateur unique, agissant pour le compte des États membres, dans la négociation d'accords avec les pays tiers. Ainsi, selon l'article 207 TFUE (ex-article 133 TCE) : « *Les négociations sont conduites par la Commission, en consultation avec un comité spécial désigné par le Conseil pour l'assister dans cette tâche, et dans le cadre des directives que le Conseil peut lui adresser.* »

Il faut en outre relever qu'en raison de la centralisation et de l'uniformisation inhérentes à ce domaine, l'adoption de directives nécessitant une transposition par les États membres est exclue du cadre de la législation commerciale. L'article 207 dispose ainsi que « *le cadre dans lequel est mis en œuvre la politique commerciale commune* » est défini « *par voie de règlements* », lesquels sont, comme on le sait, directement applicables.

La conduite de la politique commerciale commune incombe en premier lieu au commissaire chargé du commerce, assisté de la direction générale du commerce, ce qui en fait l'un des portefeuilles les plus importants au sein de la Commission européenne. Le commissaire en charge de l'agriculture et la direction générale de l'agriculture et du développement rural y sont également étroitement associés, compte tenu de l'importance cruciale du chapitre agricole dans de nombreuses négociations commerciales. Enfin, d'autres services de la Commission peuvent également être appelés, ponctuellement, à contribuer à la définition de la politique commerciale, comme la direction générale du marché intérieur et des services lorsque des questions concernant les marchés publics sont abordées.

La voix des États membres dans la définition de la politique commerciale

La Commission européenne est assistée dans la conduite des négociations par un comité spécial composé de représentant des États membres, le « Comité de la politique commerciale » (CPC, précédemment appelé « Comité 133 », en référence au numéro de l'article du TCE qui lui servait de base juridique), dont le fonctionnement s'apparente à celui d'un groupe de travail préparant les décisions du Conseil et rapportant au COREPER. En raison de la quantité importante de questions à traiter, le CPC se décline en différentes instances : CPC « Titulaires », CPC « Remplaçants », formations sectorielles telles que « CPC services », « CPC textiles, acier et autres secteurs industriels – STIS », etc.

La règle générale en matière commerciale est le vote à la **majorité qualifiée**, mais les États membres peuvent dans certains cas disposer d'un droit de veto, soit *de jure* lorsqu'en vertu de la législation européenne certaines matières sont par exception régies par l'unanimité, soit *de facto* lorsqu'ils disposent encore d'une compétence nationale résiduelle sur certains aspects de la politique commerciale, rendant une ratification nationale nécessaire à l'entrée en vigueur des accords contenant des dispositions relatives à ces domaines (ce type d'accords auxquels sont parties les États membres aux côtés de l'Union sont alors dits *« mixtes »).* La délimitation des frontières entre, d'une part, majorité qualifiée et unanimité, et d'autre part, compétence partagée et compétence exclusive, a toujours fait l'objet d'âpres luttes juridiques entre une Commission soucieuse de garantir la cohérence et l'efficacité de la politique commerciale commune et des États membres réticents aux transferts de souveraineté qu'implique la mise en commun de la politique commerciale.

A cet égard, le traité de Lisbonne poursuit le chemin déjà parcouru en direction de l'extension progressive de la règle du vote à la majorité qualifiée et du champ de la compétence exclusive de l'Union.

La réduction progressive du champ de l'unanimité

Au sein de la compétence de l'Union, le champ de l'unanimité a progressivement été restreint au fil des révisions successives des traités. A la suite de l'entrée en vigueur du traité de Lisbonne, selon l'article 207-4 TFUE, la majorité qualifiée s'applique à l'ensemble du commerce des biens et est la procédure de droit commun, avec certaines exceptions, pour le commerce des services, les aspects commerciaux de la propriété intellectuelle, ainsi que les investissements étrangers directs.

Dans ces trois domaines, le Conseil statue à l'unanimité lorsque l'accord comprend des dispositions pour lesquelles l'unanimité est requise pour l'adoption de règles internes. En outre, le Conseil statue également à l'unanimité pour la négociation et la conclusion d'accords dans le domaine des services culturels et audiovisuels « *lorsque ces accords risquent de porter atteinte à la diversité culturelle et linguistique de l'Union* », ainsi que dans le domaine du commerce des services sociaux, d'éducation et de santé « *lorsque ces accords risquent de perturber gravement l'organisation des ces services au niveau national* ».

Enfin, il faut noter que, contrairement à ce qui était le cas dans le cadre du traité de Nice, les « *accords de nature horizontale* » relèvent désormais de la majorité qualifiée, et ce même s'ils comprennent des dispositions relatives au commerce des services, aux aspects commerciaux de la propriété intellectuelle ou aux investissements étrangers directs pouvant ressortir de l'unanimité au titre d'une des exceptions prévues ci-dessus.

La généralisation de la compétence exclusive de l'Union

Dans la droite ligne de la jurisprudence AETR et du traité de Nice, le traité de Lisbonne généralise la compétence exclusive de l'Union en l'étendant aux principaux domaines qui y échappaient encore jusque-là, à savoir les services culturels et audiovisuels, les services sociaux, d'éducation et de santé, et les investissements étrangers directs. D'un point de vue pratique, dans ces domaines, cela signifie que les États membres ne peuvent plus conclure d'accords bilatéraux avec des pays tiers (par exemple, des traités bilatéraux d'investissement).

Il faut cependant relever que les services de transports restent soumis au régime spécial du titre VI de la troisième partie du TFUE relatif aux transports. A ce titre, les traités n'attribuent pas de compétence exclusive à l'Union pour l'ensemble des transports de sorte que prévaut le principe du parallélisme des compétences externe et interne posé par la CJCE dans son arrêt AETR (31 mars 1971, *Commission c. Conseil*, 22/70). Ainsi, compte tenu des domaines dans lesquels l'Union n'a pas encore exercé sa compétence interne, on peut encore avoir des accords mixtes couvrant des champs de compétence partagée entre l'Union et les États membres, même si ces cas de figure devraient progressivement avoir tendance à diminuer en nombre.

Le tableau ci-dessous (page 154) reprend de manière synthétique les modifications apportées par le traité de Lisbonne ainsi que la situation qui en résulte. Les cases en fond **couleur** indiquent les principaux domaines dans lesquels des modifications sont intervenues.

Principales modifications apportées à la politique commerciale commune par le traité de Lisbonne

	Commerce de biens	Commerce de services			Investissements étrangers directs	Aspects commerciaux de la propriété intellectuelle	Accords horizontaux
		Régime général	Services culturels et audiovisuels, services sociaux, d'éducation et de santé	Transports			
Nice Art. 133 TCE	Compétence exclusive Majorité qualifiée	Compétence exclusive Unanimité/ MQ (1)	Compétence partagée	Compétence partagée	Compétence partagée	Compétence exclusive, Unanimité/ MQ (1)	Unanimité (5)
Lisbonne Art. 207 TFUE	Compétence exclusive Majorité qualifiée	Compétence exclusive Unanimité/ MQ (2)	Compétence exclusive Unanimité/MQ (3)	Compétence partagée (4)	Compétence exclusive Unanimité/ MQ (2)	Compétence exclusive, Unanimité/ MQ (2)	Majorité qualifiée

(1) « Le Conseil statue à **l'unanimité** pour la négociation et la conclusion d'un accord dans les domaines du commerce des services et des aspects commerciaux de la propriété intellectuelle visés, lorsque cet accord comprend des dispositions pour lesquelles l'unanimité est requise pour l'adoption de règles internes, ou lorsqu'un tel accord porte sur un domaine dans lequel la Communauté n'a pas encore exercé, en adoptant des règles internes, ses compétences en vertu du présent traité. » (art. 133-5TCE)
(2) « Dans les domaines du commerce de services, et des aspects commerciaux de propriété intellectuelle, ainsi que des investissements étrangers directs, le Conseil statue à **l'unanimité** lorsque cet accord comprend des dispositions pour lesquelles l'unanimité est requise pour l'adoption de règles internes. » (art. 207-4 TFUE)
(3) « Le Conseil statue également à **l'unanimité** pour la négociation et la conclusion d'accords : a) dans le domaine des services culturels et audiovisuels, lorsque ces accords risquent de porter atteinte à la diversité culturelle et linguistique de l'Union ; b) dans le domaine du commerce des services sociaux, d'éducation et de santé lorsque ces accords risquent de perturber gravement l'organisation des ces services au niveau national. » (art. 207-4 TFUE)
(4) « La négociation et la conclusion d'accords internationaux dans le domaine des transports relèvent du titre VI de la troisième partie [relatif aux transports], et de l'article 218 » (art. 207-5 TFUE)
(5) « Le Conseil statue à **l'unanimité** pour la négociation et la conclusion d'un accord de nature horizontale, dans la mesure où il concerne aussi le précédent alinéa ou le paragraphe 6, deuxième alinéa » (art. 133-5 TCE).

L'émergence récente du Parlement européen dans la politique commerciale

Jusqu'à présent, le Parlement était absent de la politique commerciale commune à tous les stades de la négociation des accords commerciaux (ouverture, conduite des négociations, conclusion), de même que dans l'élaboration de la législation commerciale (par exemple, règlement anti-dumping). Il est de plus en plus apparu comme une anomalie que la seule institution élue au suffrage universel direct n'ait pas son mot à dire sur des questions pouvant avoir des conséquences économiques et sociales importantes pour les citoyens européens. Il y avait également une asymétrie flagrante avec le rôle majeur joué par le Congrès dans la définition de la politique commerciale américaine.

Une première tentative pour corriger cette anomalie a été l'instauration dans les années 1970 d'une procédure informelle de dialogue sur les questions commerciales entre la Commission et le PE, procédure dite « Luns-Westertep ». Le traité de Lisbonne constitue un tournant décisif en reconnaissant enfin officiellement un rôle au PE en matière commerciale.

Ainsi, alors qu'auparavant la législation commerciale européenne était adoptée par le Conseil sur proposition de la Commission, le Parlement européen adoptera désormais cette législation conjointement avec le Conseil, dans le cadre de la *procédure législative ordinaire*. S'agissant de la négociation d'accords, le traité de Lisbonne impose à la Commission de faire régulièrement rapport au Parlement européen sur l'état d'avancement des négociations et surtout, tous les accords commerciaux seront dorénavant soumis à l'approbation du Parlement. Afin d'exercer ces nouvelles prérogatives, le PE a créé en son sein une nouvelle commission parlementaire dédiée spécifiquement au commerce international, la commission « INTA ».

Les pouvoirs du Parlement européen restent toutefois en retrait de ceux du Congrès américain puisqu'il n'est pas associé à la décision de confier un mandat de négociation à la Commission, ni à la définition des directives de négociations qui sont adressées à celle-ci par le Conseil. De même, il faut noter que, selon l'article 207.3 TFUE, si la Commission est tenue de *consulter* le Conseil sur la conduite des négociations, elle doit simplement *faire rapport* au PE sur l'état d'avancement de celles-ci. Dans le cadre du nouvel accord interinstitutionnel adopté le 20 octobre 2010 entre la Commission et le PE, le Parlement a cherché à aller au-delà du traité en demandant à être consulté en même temps que le Conseil sur les propositions de directives de négociations élaborées par la Commission, ainsi qu'à être consulté tout au long des négociations[282].

282. Voir le chapitre relatif à la politique étrangère et de sécurité commune (page 170) pour plus de détails sur la portée de cet accord interinstitutionnel.

Les négociations commerciales

Constituant la colonne vertébrale de la politique commerciale, les négociations commerciales peuvent se dérouler dans le cadre multilatéral de l'OMC ou bien dans un cadre régional, avec un ou plusieurs États tiers.

Le niveau multilatéral : l'OMC

La place particulière de l'UE au sein de l'OMC

L'Union européenne occupe une place tout à fait particulière au sein de l'OMC, héritière du GATT créé en 1947. Ce lien spécial s'explique notamment par le fait qu'historiquement, la création de ces deux organisations dans le contexte de l'après-guerre a été inspirée par des philosophies proches visant à éviter, qui à l'échelle européenne, qui à l'échelle mondiale, un retour aux pratiques protectionnistes de l'entre-deux guerre, qui avaient contribué à l'escalade vers la Seconde Guerre mondiale.

Au sein du GATT, la Commission européenne a très rapidement été reconnue comme l'interlocuteur unique des autres puissances commerciales pour le compte de la CEE, et si les États membres de l'UE sont bien membres de l'OMC aux côtés de l'Union, dans les faits ceux-ci ne prennent pas part aux débats. L'OMC présente donc la particularité d'être l'une des rares organisations internationales, mais non des moindres, dont l'Union est membre de plein exercice (à l'inverse, par exemple, de l'ONU où l'Union a un simple statut d'observateur) et au sein de laquelle la Commission européenne est le porte-parole unique des 27 États membres.

Réciproquement, à l'occasion de la conclusion de l'Uruguay Round par les accords de Marrakech en 1994, l'Union européenne a joué un rôle moteur dans la transformation du GATT en véritable organisation internationale ainsi que dans la définition des grands principes gouvernant l'OMC. A l'instar de la politique commerciale commune, l'OMC a ainsi été structurée autour des principes de **libre-échange** (objectif auquel tendent les cycles de négociations successifs), de **multilatéralisme** (vocation universelle de l'OMC comptant aujourd'hui 153 membres[283]), et de **primauté du droit** (dont le respect est assuré par un mécanisme de règlement des différends robuste). De même que la CEE avait vocation à établir une union économique allant au-delà de la simple question de la libre circulation des marchandises, l'OMC repose sur un corpus de règles allant au-delà du seul commerce de biens industriels que visait à l'origine le GATT : aux côtés de l'Accord général sur les tarifs douaniers et le commerce (AGTC – GATT), on trouve ainsi un Accord sur l'agriculture, un Accord général sur le commerce de services (AGCS – GATS), ou encore un Accord sur les aspects des droits de propriété intellectuelle qui touchent au commerce (ADPIC – TRIPS).

283. La Russie reste aujourd'hui le principal pays à ne pas être membre de l'OMC. Des négociations sont en cours en vue d'une adhésion de la Russie à l'OMC.

Les cycles de négociations commerciales multilatérales[284]

La CEE, puis l'UE, ont pris part à tous les cycles de négociations multilatérales qui se sont succédé depuis 1957 : *Dillon Round* (1960-1962), *Kennedy Round* (1964-1967), *Tokyo Round* (1973-1979), *Uruguay Round* (1986-1994), *Doha Development Round* (2001-20).

Les négociations se déroulent au siège de l'OMC à Genève et sont ponctuées de conférences ministérielles (à Genève ou ailleurs) permettant de faire le point sur leur état d'avancement et de donner de nouvelles orientations. Ces négociations se caractérisent par une complexité croissante, du fait de la multiplicité des sujets techniques et de participants de plus en plus nombreux aux intérêts de plus en plus différents, allant des États-Unis aux Maldives. La difficulté des négociations est en outre accentuée par les deux règles cardinales que sont l'adoption par consensus et l'engagement unique (règle selon laquelle *« rien n'est agréé tant que tout n'est pas agréé »*) empêchant le recours au vote aussi bien que le découpage de la négociation en chapitres indépendants.

Lancé en 2001 au Qatar, le cycle du développement de Doha vise un triple objectif :
a) une plus grande ouverture des marchés (produits agricoles, industriels, services, etc.) ;
b) un renforcement des règles encadrant le commerce (facilitation du commerce, transparence des marchés publics, investissements, règles de concurrence, renforcement du mécanisme de règlement des différends, etc.) ;
c) une meilleur intégration des pays en voie de développement dans le commerce international (traitement spécial et différencié, aide technique au commerce, liens entre finances et commerce…).

Le cycle de Doha a été marqué par des difficultés croissantes se cristallisant notamment lors de la conférence ministérielle de Cancun, en 2003, qui a consacré les pays émergents comme des acteurs incontournables de la négociation et, en l'occurrence, comme une force de blocage majeure. A l'instigation des pays émergents, les négociations sur le volet ouverture des marchés ont eu tendance à se focaliser sur le sujet agricole (mettant ainsi les États-Unis et l'UE dans une position défensive) et le volet renforcement des règles a été réduit au strict minimum (facilitation du commerce et règlement des différends). Quant au volet développement, il s'est heurté à la question de la différenciation entre pays en voie de développement (la différence entre le traitement à accorder, par exemple, à des pays comme la Chine et le Burkina Faso). Il faut cependant relativiser la prolongation de négociations par nature difficiles en se souvenant que le dernier cycle a lui-même duré près de neuf ans.

284. Certains accords sont dits *« plurilatéraux »* lorsque tout en ayant été conclus dans le cadre de l'OMC et en s'appuyant sur ses institutions pour leur mise en œuvre, ils n'engagent qu'une partie seulement des membres de l'OMC. C'est le cas notamment de l'Accord sur les marchés publics (AMP – GPA).

Le mécanisme de règlement des différends

L'une des spécificités de l'OMC, par rapport à d'autres organisations internationales, est de disposer d'un mécanisme de règlement des différends efficace qui s'apparente à une procédure quasi juridictionnelle. Dans tous les cas de figure, c'est la Commission qui défend les intérêts des États membres dans le cadre des procédures de règlement des différends de l'OMC, même dans l'hypothèse où seuls les intérêts de certains d'entre eux seraient en jeu. On peut citer, à titre d'exemple, les contentieux entre Boeing et Airbus dans lesquels la Commission représente les intérêts des quatre « États Airbus » (France, Allemagne, Royaume-Uni, Espagne).

Ce mécanisme renforce considérablement la procédure informelle qui existait auparavant dans le cadre du GATT en fixant des délais précis aux différentes étapes de la procédure, en mettant en place un organe d'appel permanent et, surtout, en instaurant l'adoption automatique par les membres des décisions de l'organe de règlement des différends (ORD). Pour rendre ses décisions, l'ORD s'appuie sur des panels d'experts indépendants (aussi appelés « groupes spéciaux ») dont les conclusions peuvent faire l'objet d'un recours en appel devant l'organe d'appel. Cette procédure se caractérise par sa relative rapidité (quinze mois maximum en première instance) et son efficacité certaine. Comme son nom l'indique, le but n'est pas nécessairement de sanctionner une faute mais avant tout de régler un différend, c'est pourquoi, à tous les stades de la procédure, les parties ont la possibilité de trouver une solution négociée et elles sont d'ailleurs incitées à le faire. En outre, si sanction il doit y avoir, celle-ci ne vise pas tant à punir une infraction qu'à rétablir un équilibre rompu entre des concessions réciproques.

En l'absence d'une solution négociée, si la plainte est reconnue fondée, le membre fautif est invité à mettre sa politique commerciale en conformité avec les règles de l'OMC en suivant les recommandations de l'ORD. S'il ne peut pas (ou ne veut pas) le faire, il doit offrir au membre plaignant des compensations équivalentes (par exemple, sous la forme de réductions de droits de douanes sur des produits exportés par le plaignant). Ce n'est que si cette dernière solution ne s'avère pas praticable qu'intervient *in fine* la sanction proprement dite : le plaignant est alors autorisé à suspendre certaines concessions ou à ne pas se conformer à certaines obligations.

Les accords commerciaux régionaux

Les différents types d'accords régionaux

L'Union européenne distingue principalement trois grands types d'accords pouvant la lier en matière commerciale avec certains pays tiers : les accords de partenariat et de commerce, les accords de libre-échange et les unions douanières.

Les dispositions d'un **accord de partenariat et de commerce** (APC), le type d'accord le plus simple, visent essentiellement à **faciliter** les échanges et l'investissement (notamment au travers d'une coopération administrative), et à mettre en place des procédures de règlement des différends sans pour autant accorder de traitement préférentiel aux exportations du pays partenaire (notamment, droits de douanes réduits). Comme son nom l'indique, l'**accord de libre-échange** (ALE), la catégorie la plus répandue d'accord, vise quant à lui à **libéraliser** le commerce entre les parties en abaissant les barrières douanières entre elles. Enfin, l'**union douanière** (UD), la forme d'accord commercial la plus ambitieuse, vise à **unifier** la politique commerciale de l'UE et du pays partenaire à l'égard des importations en provenance du reste du monde (notamment par l'établissement d'un tarif douanier commun).

Ces trois grands types d'accords peuvent, selon les cas, couvrir un ou plusieurs des quatre principaux domaines suivants : commerce de biens, commerce de services, investissement et propriété intellectuelle.

Enfin, deux approches différentes sont envisageables pour l'UE dans une négociation avec un ensemble de pays tiers : une approche pays par pays, dite « *bilatérale* » (cas des négociations de l'UE avec chacun des pays de l'ASEAN), ou une approche entre régions, bloc à bloc, dite « *bi-régionale* » (cas des négociations de l'UE avec le Mercosur).

La combinaison de ces différentes caractéristiques permet d'aboutir à une multiplicité de types d'accords possibles entre lesquels l'Union est amenée à se déterminer en fonction des principes et des objectifs qu'elle se fixe dans le cadre de sa politique commerciale.

La politique suivie par l'UE en matière d'accords régionaux

Conformément à son objectif primordial de consolidation du système commercial multilatéral, la politique commerciale européenne a constamment accordé la *priorité aux négociations multilatérales* par rapport aux négociations régionales. En principe, ce n'est donc que si l'Union estime qu'elle pourrait atteindre dans un cadre régional des avancées qui apparaissent hors de portée dans un avenir prévisible dans le cadre de l'OMC, qu'elle considère l'éventualité de négociations régionales. Par ailleurs, l'appartenance du ou des pays tiers en question à l'OMC est un préalable à l'ouverture de négociations en vue d'un accord commercial préférentiel avec l'UE. Enfin, tout accord commercial préférentiel doit être compatible avec les règles de l'OMC relatives aux accords commerciaux régionaux figurant à l'article XXIV du GATT et à l'article V du GATS. Ces règles imposent notamment aux accords commerciaux régionaux de couvrir l'essentiel des échanges (prohibition d'accords sectoriels, par exemple sur le textile ou l'acier) et de procéder à une ouverture réciproque (mais pas forcément symétrique) des marchés (prohibition de régimes de préférences unilatérales, sauf autorisation spéciale accordée par l'OMC).

L'enlisement du cycle de Doha a conduit à un regain d'intérêt de la part de l'UE pour les négociations commerciales régionales, de sorte qu'elle se trouve aujourd'hui liée par des **accords de libre-échange** avec une soixantaine de pays et en cours de négociation en vue d'accords de libre-échange avec une soixantaine d'autres. Les principales zones concernées sont l'Amérique du Sud (accords existants avec le Mexique, le Chili, le Pérou, la Colombie, l'Amérique centrale, négociations en cours avec le Mercosur), l'Asie (accord existant avec la Corée, négociations en cours avec l'Inde, Singapour, la Malaisie, le Vietnam), le pourtour méditerranéen (accords existants avec le Maroc, l'Algérie, la Tunisie, l'Egypte, Israël, l'Autorité palestinienne, le Liban, la Syrie, négociations en cours en vue d'étendre la portée de ces accords dans le domaine des services) et l'Europe (pays de l'AELE, Balkans). L'Union européenne a, par ailleurs, conclu ou est en train de négocier des accords de libre-échange d'un type particulier avec les pays de la zone Afrique-Caraïbes-Pacifique (ACP), les accords de partenariat économique (voir chapitre sur la politique de développement).

Une dizaine d'**accords de partenariat et de coopération** sont en vigueur (essentiellement avec les pays issus de l'éclatement de l'URSS) et des négociations ont été ouvertes en vue de l'adoption de quelques nouveaux APC, notamment avec la Chine et l'Irak.

Enfin, comme l'a démontré l'expérience négative de l'**union douanière** avec la Turquie (entachée de nombreux dysfonctionnements et contentieux), il s'avère extrêmement difficile d'établir une union douanière entre l'Union européenne et un pays tiers, de sorte que l'UE ne négocie plus des UD qu'avec des micro-états européens (Andorre, Monaco, San Marin) qui sont alors *de facto* intégrés au territoire douanier européen.

Les instruments de gestion de la politique commerciale

Au-delà des négociations commerciales, la Commission dispose d'un arsenal d'instruments afin de protéger les entreprises européennes de pratiques déloyales et de défendre leurs intérêts, que ce soit sur le marché européen (volet défensif) ou sur les marchés mondiaux (volet offensif).

Le volet défensif : les instruments de défense commerciale

Les mesures anti-dumping

Une mesure anti-dumping est un « droit anti-dumping », c'est-à-dire un relèvement ciblé des droits de douanes sur les produits en provenance d'un pays tiers, destiné à contrecarrer la pratique déloyale que constitue l'application de prix différenciés à l'exportation afin de conquérir de nouveaux marchés.

L'application de mesures anti-dumping est encadrée par l'accord anti-dumping de l'OMC et trouve sa base juridique dans le règlement « anti-dumping » 384/96 révisé par le règlement 12225/2009. C'est uniquement au terme d'une enquête circonstanciée sur pièces et sur place, effectuée de sa propre initiative ou à la demande de producteurs européens lésés, que la Commission envisage l'application de telles mesures. Quatre conditions doivent alors être réunies pour appliquer ces mesures :
1. la **réalité du dumping**, constatée sous la forme d'un prix de vente à l'exportation inférieur au prix normal (on entend par prix « normal » le prix de vente sur le marché domestique ou bien le coût de revient) ;
2. le **préjudice subi** par l'industrie européenne, qui s'apprécie en fonction d'une combinaison de facteurs : prix de vente inférieur à celui des producteurs européens, accroissement des exportations, impact négatif sur l'activité de l'industrie européenne ;
3. un **lien de causalité** entre la pratique de dumping et le préjudice subi ;
4. la prise en compte de l'**intérêt communautaire**. Il s'agit, avec ce critère, de s'assurer que la mesure envisagée ne risque pas de porter préjudice à d'autres intérêts économiques que ceux des seules entreprises européennes directement en concurrence avec le secteur du pays tiers pratiquant le dumping : industries de transformation, consommateurs, importateurs, etc.

Alternativement à l'imposition d'une mesure anti-dumping, la Commission peut accepter un « *engagement* » de la part des exportateurs, portant par exemple sur un prix minimum à l'exportation.

La mesure anti-dumping proposée par la Commission doit être adoptée par le Conseil pour être appliquée pendant une période de cinq ans renouvelables. Au moment de la discussion de la mesure par les États membres, des considérations politiques nuisant à l'efficacité du dispositif sont susceptibles d'entrer en jeu, raison pour laquelle la procédure a récemment fait l'objet de réformes successives. Une première réforme a modifié, en 2004, la règle de prise de décision du Conseil : auparavant la mesure devait être *adoptée à la majorité simple*, désormais il faut réunir une majorité simple pour la *rejeter* (les abstentions ne comptent plus *ipso facto* comme des votes négatifs mais comme des votes positifs). Dans le cadre du nouveau Règlement comitologie[285] adopté en décembre 2010 et entré en vigueur le 1er mars 2011, il sera nécessaire de réunir une majoritée qualifiée d'États membres pour faire échec à l'adoption d'une mesure anti-dumping. Ce changement, qui interviendra après une période de transition de 18 mois, mérite d'être relevé dans la mesure où le système précédent prévoyait qu'une majorité simple d'États membres suffisait au sein du Conseil à faire obstacle à l'adoption de la mesure en question.

Les mesures anti-subvention

Une mesure anti-subvention est un « *droit compensateur* », un relèvement ciblé des droits de douanes sur les produits en provenance d'un pays tiers destiné à compenser la pratique déloyale que constitue tout type de subventions spécifiquement destinées à soutenir les exportations (ces subventions peuvent prendre la forme d'aides financières, de réductions d'impôts, de tarifs préférentiels sur l'électricité, etc.).

L'application de ces mesures est encadrée par l'accord anti-subvention de l'OMC et trouve sa base juridique dans le règlement « anti-subvention » 2026/97 révisé par le règlement 597/2009. De même que pour les mesures anti-dumping, la Commission peut proposer au Conseil l'application

285. Voir pages 32-33 pour plus de détails sur le nouveau règlement comitologie.

de mesures anti-subvention au terme d'une enquête circonstanciée si quatre conditions principales sont remplies :
1. la **spécificité de la subvention :** la subvention doit être liée à un produit, une entreprise ou un secteur en particulier ;
2. le **préjudice** subi par l'industrie européenne ;
3. un **lien de causalité** entre la subvention et le préjudice subi ;
4. la prise en compte de l'**intérêt communautaire.**

Alternativement à l'imposition de droits compensateurs, la Commission peut là encore accepter un engagement, de la part des exportateurs visés, d'exporter leurs produits au-dessus d'un certain prix.

La procédure d'adoption des mesures anti-subvention est similaire à celle qui est d'application pour les mesures anti-dumping et a connu les mêmes évolutions ces dernières années, afin d'en renforcer l'efficacité. Dans le cadre du nouveau Règlement comitologie, il sera nécessaire de réunir une majorité qualifiée d'États membres pour faire échec à l'adoption d'une mesure anti-subvention.

Les mesures de sauvegarde

Une mesure de sauvegarde vise à protéger l'industrie communautaire contre un accroissement imprévu et très important des importations. Contrairement aux mesures anti-dumping et anti-subvention, il ne s'agit pas nécessairement de corriger des pratiques commerciales déloyales mais, de manière plus générale, de protéger l'industrie européenne dans des circonstances exceptionnelles. A la différence des mesures anti-dumping et anti-subvention, ces mesures s'appliquent *erga omnes*, c'est-à-dire qu'elles ne ciblent pas un pays en particulier mais s'appliquent indistinctement à l'ensemble des pays tiers et elles peuvent, dans les cas extrêmes, prendre la forme de l'instauration de quotas à l'importation.

D'un usage en principe plus large et d'un effet potentiellement plus restrictif sur les échanges, ces mesures présentent un risque important de *dérive protectionniste*[286] de sorte qu'elles sont strictement régies, tant par l'accord de l'OMC sur les sauvegardes que par les règlements européens 260/2009 (pour les membres OMC), 519/94 (pour les non-membres OMC), et 427/2003 (pour la Chine). En raison de son caractère particulièrement sensible, cette procédure ne peut être engagée directement par des entreprises mais uniquement par la Commission ou un État membre, et le recours à ces mesures doit s'accompagner d'efforts de restructuration de l'industrie européenne. Les quatre critères d'appréciation pour le recours à ces mesures sont, en outre, plus stricts que pour les mesures anti-dumping et anti-subvention :
1. un accroissement **très important** des importations ;
2. lié à des circonstances **imprévues ;**
3. causant (ou risquant de causer) un **préjudice grave** à l'industrie européenne ;
4. prenant en compte l'intérêt communautaire.

286. On peut citer, à cet égard, le contentieux majeur avec l'UE et d'autres puissances commerciales, né de l'imposition par les États-Unis de mesures de sauvegarde sur l'acier en 2002.

Alternativement à la mise en place de quotas à l'importation, la Commission européenne peut décider de mesures de surveillance dans le cas d'un risque de préjudice.

A noter, l'existence d'un *instrument spécifique pour la Chine* dont la base juridique a été négociée dans le cadre de son adhésion à l'OMC et qui expire en 2013. C'est notamment dans ce cadre que des mesures de sauvegardes ont été prises par l'UE sur les textiles chinois, en 2005.

Dans le cadre du nouveau règlement comitologie, les mesures de sauvegarde seront adoptées par les États membres à la majorité qualifiée lorsqu'elles seront prises dans le cadre multilatéral de l'OMC et rejetées à la majorité qualifiée lorsqu'elles seront prises en application d'un accord bilatéral.

Le volet offensif : l'accès aux marchés de pays tiers

Le règlement des obstacles au commerce (ROC)

La procédure mise en place par le règlement européen 3286/94 « ROC » a pour objectif de régler toute violation des règles commerciales internationales se traduisant par un préjudice pour l'industrie européenne. Son champ est très large :
- biens, services, droits de propriété intellectuelle ;
- préjudice subi sur le marché intérieur ou bien à l'exportation.

Cette procédure peut donc en principe être mise en œuvre aussi bien dans un cadre défensif qu'offensif mais, en pratique, la plupart des cas pouvant survenir sur le marché intérieur étant déjà couverts par les instruments de défense commerciale, le ROC est essentiellement un instrument destiné à garantir aux exportateurs européens l'accès aux marchés internationaux.

La procédure peut être initiée par un État membre, une entreprise ou un groupe d'entreprises. C'est essentiellement un moyen permettant aux entreprises de contraindre la Commission à agir dès que quatre critères de recevabilité sont réunis :
1. l'existence d'une **mesure ;**
2. la **violation** du droit commercial international ;
3. un effet de **distorsion** du commerce et/ou un **préjudice** ;
4. la prise en compte de l'**intérêt communautaire.**

Après instruction du dossier, la Commission fait un rapport confidentiel aux États membres leur proposant une voie à suivre. Plusieurs solutions sont possibles : le pays tiers fautif met fin à ses mesures, un accord est négocié entre le pays en question et la Commission, ou la Commission engage une procédure de règlement de différends dans le cadre de l'organe de règlement des différends de l'OMC (ou, le cas échéant, dans le cadre des mécanismes mis en place par les accords régionaux). Sur les vingt-cinq cas d'utilisation de cet instrument depuis 1996, sept ont conduit à l'ouverture d'une procédure devant l'ORD. Le ROC donne ainsi de manière indirecte un accès à l'ORD pour les entreprises.

La nouvelle stratégie d'accès au marché

Avec la libéralisation croissante du commerce international, les intérêts offensifs des entreprises européennes ont nettement pris le pas sur les intérêts défensifs. La procédure ROC s'avère cependant trop rigide pour répondre à la multiplicité de situations auxquelles peuvent être confrontés les exportateurs européens et pour lesquelles la voie contentieuse n'est pas toujours la réponse la plus adaptée.

C'est en partant de ce constat qu'a été adoptée, en 2007, la « *nouvelle stratégie d'accès au marché* ». Par cette stratégie, la Commission vise à apporter un soutien aux États membres et aux entreprises qui soit davantage en phase avec l'accélération du rythme des affaires.

Le premier élément de cette stratégie est la mise en ligne d'une base de données (« *Market Access Database* ») permettant aux exportateurs européens de connaître de manière précise et actualisée les conditions d'accès en vigueur sur un marché donné. Cette base de données consolide le droit applicable concernant aussi bien les droits de douanes, les normes techniques, les procédures administratives, que les obstacles éventuels qu'ils sont susceptibles de rencontrer.

Le second élément est la mise en place, dans les pays tiers, d'équipes réunissant localement les services de la Commission, les entreprises européennes et les États membres (« *Market Access Teams* ») afin d'identifier et de résoudre de manière pragmatique les obstacles au commerce, en mettant à profit tous les canaux de dialogue existants avec les autorités du pays en question.

Enfin, ce dispositif est complété à Bruxelles par un comité consultatif et des groupes de travail spécialisés rassemblant l'expertise des États membres avec celle de la Commission sur certaines thématiques transversales d'accès au marché.

Évolutions récentes et défis présents de la politique commerciale commune

Multilatéralisme et régionalisme

La priorité donnée historiquement par l'UE à la voie multilatérale est remise en question par l'enlisement du cycle de Doha ainsi que la multiplication d'initiatives régionales de la part des principaux autres acteurs (États-Unis, Chine, Inde, Brésil...). L'Union a ainsi été amenée à lancer elle-même de nombreuses négociations commerciales régionales permettant d'ouvrir de nouveaux marchés aux entreprises européennes. Cette nouvelle approche n'est cependant pas dénuée de risques pour le système commercial multilatéral : diminution de la volonté politique de conclure un nouveau cycle, création d'un entrelacs complexe de régimes commerciaux bilatéraux, marginalisation progressive de l'OMC comme instance de régulation du commerce mondial.

Les « nouveaux sujets » dans les négociations commerciales

Au fur et à mesure de l'abaissement des barrières douanières tarifaires et du développement d'une économie mondialisée, de nouveaux sujets ont eu tendance à gagner en importance dans le commerce international aux côtés de l'enjeu traditionnel des droits de douanes, à commencer par *les services* et *l'investissement*. Une tentative a été faite avec le lancement du cycle de Doha pour intégrer dans le système multilatéral des règles relatives aux investissements directs, aux marchés publics, à la concurrence et à la facilitation des formalités douanières. Devant l'opposition de certains pays en développement, il a été décidé, lors de la conférence de Cancun de 2003, de ne conserver que le dernier de ces quatre sujets (aussi dits « *sujets de Singapour* ») à l'ordre du jour de la négociation.

Tirant les conséquences de cette situation, la Commission européenne a cherché d'autres moyens d'atteindre son objectif de libéralisation du commerce « *à l'intérieur des frontières* », notamment par des initiatives nouvelles annoncées dans sa communication d'octobre 2010 « *Commerce, croissance et affaires mondiales* » : intégration plus systématique d'un volet investissement dans les ALE, adoption d'un nouvel instrument commercial visant à obtenir une réciprocité des pays industrialisés et des grands pays émergents en matière d'ouverture des marchés publics, exploration de « bonnes pratiques » dans le cadre de l'OCDE en matière de restriction des exportations de matières premières stratégiques, mise en place d'un cadre international complet pour mieux lutter contre les atteintes aux droits de propriété intellectuelle dans le cadre d'un Accord commercial anti-contrefaçon (ACAC) s'appuyant sur l'accord ADPIC de l'OMC.

Commerce et développement

La question des rapports entre politique commerciale et politique de développement s'est d'abord posée à l'Union européenne dans le contexte de la décolonisation des pays en voie de développement et de la revendication d'un accès privilégié aux marchés mondiaux (voir le slogan « *Trade not Aid* » durant les années 1970). En réponse à cette revendication, l'Union a adopté en 1971 le SPG (système de préférences généralisées) accordant un accès préférentiel à son marché aux exportations de 176 pays et, depuis 2001, un accès libre de droits aux exportations des pays les moins avancés (PMA). Les pays de la zone ACP (Afrique, Caraïbes et Pacifique) se sont par ailleurs vu accorder un accès renforcé dans le cadre des conventions de Lomé, auxquelles ont succédé l'accord de Cotonou prévoyant la négociation d'accords de partenariat économique entre les différentes zones ACP et l'UE.

Malgré un succès indéniable (60 milliards d'euros d'exportations des pays en voie de développement bénéficiant du SPG), l'octroi de préférences commerciales est apparu comme insuffisant pour accroître les exportations et les revenus de pays en développement, du fait, entre autres, d'un manque d'infrastructures et de capacités administratives permettant de pleinement mettre à profit ces préférences. L'Union s'est efforcé de répondre à ce défi en mettant en œuvre une assistance au commerce (« *Aid for Trade* ») représentant pas moins de 2 milliards d'euros par an.

Règles commerciales et normes sociales et environnementales

L'émergence progressive de normes sociales et environnementales mondiales parallèlement aux règles commerciales pose la question de l'articulation entre ces différents systèmes normatifs. Si l'ORD de l'OMC a reconnu la légitimité de la prise en compte de considérations environnementales dans le panel « tortues-crevettes » de 1998, de nombreuses questions juridiques restent ouvertes. L'ouverture d'un nouveau cycle de négociations aurait pu être l'occasion de clarifier ces questions mais, suite au fiasco de la conférence ministérielle de Seattle de 1999, les questions sociales ont été retirées de l'ordre du jour de ce cycle à la demande des pays en développement et les sujets environnementaux ont été réduits à la seule libéralisation préférentielle du commerce des biens et des services environnementaux.

Revendiquant un rôle de premier plan dans la promotion des normes sociales et environnementales, l'Union s'est pour sa part efforcée de renforcer la complémentarité entre normes sociales et environnementales, d'une part, et promotion des échanges avec les pays en voie de développement, d'autre part, en instaurant des préférences renforcées dans le cadre du SPG pour les pays appliquant des règles de respect des droits de l'homme, des normes sociales (normes fondamentales OIT) de développement durable et de bonne gouvernance inscrites dans vingt-sept conventions internationales. Seize pays représentant un volume d'exportations de 5 milliards d'euros bénéficient aujourd'hui de ce régime « SPG+ ». Le problème demeure cependant entier à l'échelle multilatérale et se repose de manière aiguë dans le contexte des négociations sur le changement climatique sous la forme des « fuites de carbone ».

Politique commerciale et politique extérieure de l'Union

La politique commerciale commune a historiquement été le *premier et principal vecteur de l'action extérieure européenne* de sorte qu'elle a été soumise à des tensions entre objectifs purement commerciaux et objectifs politiques. Ainsi a-t-on vu se multiplier dans les accords commerciaux des clauses allant au-delà des considérations commerciales concernant le respect des droits de l'homme, la lutte contre le terrorisme, ou encore la lutte contre la prolifération d'armes de destruction massive et, inversement, on voit émerger une tendance à inclure des clauses commerciales dans des accords à vocation essentiellement politique. La coexistence de dispositions relevant de domaines différents pose également la question pratique du partage des rôles entre Commission et haut représentant/SEAE dans la conduite des négociations.

En affirmant que « *la politique commerciale commune est menée dans le cadre des principes et objectifs de l'action extérieure de l'Union* », le nouvel article 207 TFUE établit une hiérarchie claire entre PESC et PCC, sans pour autant donner de règles claires sur la conduite des négociations puisqu'il réaffirme par ailleurs le rôle de la Commission en matière de négociations commerciales.

L'essentiel

Le commerce est historiquement le premier et aujourd'hui encore le principal domaine d'action internationale de l'Union européenne. La politique commerciale commune se caractérise, en outre, par un degré d'intégration élevé : tous les actes législatifs y sont pris par voie de règlements (et non de directives) et les négociations commerciales sont conduites par la Commission assistée des États membres dans le cadre du « Comité de politique commerciale » (CPC), laquelle peut s'appuyer sur la compétence exclusive de l'UE et sur la règle du vote à la majorité qualifiée qui sont d'application dans l'essentiel des domaines.

Le traité de Lisbonne poursuit le mouvement déjà amorcé de renforcement de la compétence exclusive de l'UE et de généralisation de la majorité qualifiée. Surtout, il apporte une modification majeure en permettant au Parlement européen, jusque-là largement absent des décisions en matière commerciale, d'être associé à la politique commerciale commune.

La PCC a toujours privilégié le niveau multilatéral, que ce soit au travers des cycles de négociations successives (comme actuellement le « Cycle du développement de Doha », entamé en 2001) ou bien en utilisant le mécanisme de règlement des différends de l'OMC. Compte tenu des difficultés rencontrées par le cycle de Doha, l'UE a néanmoins plus récemment eu tendance à mener une politique commerciale plus active au niveau régional, en négociant des accords de libre-échange avec de nombreux autres pays ou zones.

La Commission s'efforce aussi de mieux défendre au quotidien les intérêts des entreprises européennes : intérêts défensifs (sur le marché intérieur) en appliquant des mesures anti-dumping, des mesures anti-subvention ou des mesures de sauvegarde, et intérêts offensifs (sur les marchés de pays tiers) dans le cadre du « règlement des obstacles au commerce » (ROC) ou de la « nouvelle stratégie d'accès au marché », adoptée en 2007.

Titre 20
La politique de développement

A l'instar de la politique commerciale, la politique de développement a été l'un des piliers fondateurs de l'action extérieure de la CEE. Avec la création du Fonds européen de développement (FED), le traité de Rome fournit d'emblée un cadre pour les relations économiques avec les anciennes colonies des États membres.

Il ne s'agit pas pour autant d'une politique commune puisque, sur les 50 milliards d'euros d'aide annuelle, 40 milliards proviennent de l'aide bilatérale des États membres et, sur les 10 milliards restants, une partie importante provient d'instruments ne dépendant pas du budget communautaire (essentiellement FED et BEI). En effet, si l'action communautaire est de plus en plus nécessaire pour faire face au défi du développement, on ne peut pour autant faire table rase des relations historiquement privilégiées que les États membres entretiennent, sur une base bilatérale, avec des pays en voie de développement.

Du fait de cette ambivalence, la politique de développement dispose d'un statut spécial dans le partage des compétences prévu par les traités. Ainsi, selon l'article 4 TFUE, la politique développement est une *compétence partagée* mais, par exception à la règle générale s'appliquant aux domaines de compétence partagée (article 2.2 TFUE), *« dans les domaines de la coopération au développement et de l'aide humanitaire, l'Union dispose d'une compétence pour mener des actions et une politique commune, sans que l'exercice de cette compétence ne puisse avoir pour effet d'empêcher les États membres d'exercer la leur »* (article 4.4 TFUE).

En additionnant l'aide communautaire et l'aide bilatérale, l'Union apporte 55 % de l'aide mondiale au développement, ce qui en fait de loin le premier donateur d'aide au développement. Il convient également de souligner que, contrairement à celle mise en œuvre par d'autres pays développés, la politique de développement de l'Union se caractérise par des spécificités comme un effort particulier en faveur du déliement de l'aide et une prévisibilité plus importante du fait de la programmation pluriannuelle.

Les grandes étapes de la politique de développement européenne

Une politique au départ essentiellement tournée vers l'aide

La politique de développement a été organisée, à l'origine, autour de l'aide apportée aux anciennes colonies par le **Fonds européen de développement** créé en 1958. Ce dispositif est cependant apparu insuffisant dans le contexte de décolonisation des années 1960 et de l'extension du périmètre des bénéficiaires aux anciennes colonies de l'empire britannique, à l'occasion de l'adhésion du Royaume-Uni en 1973.

La mise en place d'une approche partenariale

Afin de s'adapter à la décolonisation et de répondre aux revendications commerciales des pays en voie de développement *(« Trade not Aid »)*, a été mis en place en 1971 le **système de préférences généralisées** (SPG) bénéficiant à tous les pays en voie de développement et a été négociée en 1975 la première **convention de Lomé** avec les pays issus de la décolonisation formant la zone Afrique-Caraïbes-Pacifique (ACP). Cette convention complète le dispositif du FED par un système de préférences commerciales (protocoles sucre et banane, notamment) ainsi que des instances de dialogue (conseil ministériel CEE-ACP, Comité des ambassadeurs, secrétariat général ACP) visant à mettre en œuvre une approche plus partenariale. Ce cadre sera reconduit et complété par les conventions Lomé II (1979), Lomé III (1984) et Lomé IV (1990).

La réponse à l'urgence humanitaire

Une troisième étape a consisté en la création, en 1992, d'un office communautaire destiné à répondre à la multiplication des urgences humanitaires : **ECHO** *(European community humanitarian aid office)*. Par nature d'une durée limitée parce que liée à une situation de crise exceptionnelle, l'aide humanitaire ne constitue pas *stricto sensu* une aide au développement, quant à elle indissociable d'une vision de long terme, mais elle est *de facto* complémentaire à l'aide au développement. Sa médiatisation particulière peut parfois même avoir tendance à occulter les enjeux du développement, comme l'illustre l'insuffisance de l'aide à la reconstruction suite au séisme de janvier 2010 en Haïti.

Au-delà des exigences particulières d'acheminement souple et rapide de l'aide d'urgence, en coopération directe avec les ONG (dont les « *French doctors* »), cette assistance doit également répondre à des principes spécifiques d'impartialité, de neutralité et de non-discrimination. Il est à noter que, suite à une proposition française, le traité de Lisbonne prévoit la création d'un **corps volontaire européen** d'aide humanitaire (article 214 TFUE).

Le nouveau contexte de l'après-guerre froide

Avec la fin de la guerre froide et l'adhésion à l'UE de pays tels que la Suède, la Finlande et l'Autriche, la notion de zones d'influence héritées du passé tend à perdre de sa pertinence et la politique de développement européenne subit l'influence d'une vision nordique davantage tournée vers l'avenir. L'allongement de la liste des pays bénéficiaires de l'aide européenne[287] ainsi que la concurrence qui s'aiguise entre pays donateurs impose aussi une définition plus rigoureuse des priorités et un renforcement de l'efficacité de l'aide.

Une importante réforme de l'aide est engagée, en 2000, avec la déconcentration de la gestion de l'aide, la création d'un office dédié, « Europeaid », puis la refonte en 2006 des instruments permettant une meilleure lisibilité et un recentrage sur certaines priorités thématiques. Parallèlement, l'**accord de Cotonou** de 2000 prenant la suite de la quatrième convention de Lomé vise à promouvoir la coopération et les échanges régionaux entre pays ACP dans le cadre des **accords de partenariat économique** négociés entre chaque région et l'UE. Enfin, la politique de développement européenne se dote, en 2006, d'un nouveau cadre stratégique, le « consensus européen pour le développement ».

Le consensus européen pour le développement

Le « consensus européen pour le développement » a été adopté en 2006 par le Parlement européen, le Conseil et la Commission afin de fixer des orientations communes à la politique de développement menée dans le cadre de l'Union et aux politiques bilatérales des États membres à l'égard des pays en voie de développement. Ce document de nature politique rappelle les objectifs principaux de la politique européenne de développement et fixe des principes directeurs guidant sa mise en œuvre.

287. 79 pays ACP auxquels il faut ajouter ceux d'Amérique latine et d'Asie, les pays méditerranéens, ceux d'Europe orientale, pour un total de 145 pays bénéficiaires.

Objectifs principaux

Le consensus européen pour le développement met en avant quatre objectifs principaux.

1. Les objectifs du millénaire pour le développement

L'Union intègre en premier lieu dans sa politique les grands objectifs agréés par les principales conférences et sommets des Nations unies, à commencer par les huit objectifs du millénaire pour le développement définis lors du sommet du millénaire qui s'est tenu à New York, en 2000 :
1. éradiquer la pauvreté et la faim,
2. rendre l'éducation primaire universelle,
3. promouvoir l'égalité homme/femme et renforcer le rôle des femmes,
4. réduire le taux de mortalité infantile,
5. améliorer la santé maternelle,
6. lutter contre le sida, la malaria et les autres maladies,
7. garantir la durabilité environnementale,
8. développer un partenariat global pour le développement.

2. La démocratie et les droits de l'homme

L'Union européenne attache une importance particulière, dans sa politique de développement, aux principes de démocratie et de respect des droits de l'homme sur lesquels elle est elle-même fondée. Ces principes sont à la base de la conditionnalité de l'aide apportée par l'UE et sont désormais systématiquement intégrés dans les accords négociés avec les pays en voie de développement. Elle a enfin inclus certaines normes relatives aux droits de l'homme et à la bonne gouvernance dans la liste des critères à remplir pour être éligible à un accès privilégié au marché européen dans le cadre du « SPG+ ».

3. Les pays les moins avancés

Conformément aux règles de l'ONU et de l'OMC, l'UE accorde une priorité renforcée aux pays les moins avancés (PMA) et aux pays à faibles revenus dans le cadre de sa politique de développement. En conséquence, l'UE est un donateur majeur pour ces pays ; elle apporte notamment 75 % de l'aide totale à l'Afrique. L'Union a, en outre, délié l'ensemble de son aide aux PMA et octroie un accès complètement libre de quotas et de droits à leurs exportations, dans le cadre de l'initiative « Tout sauf les armes » (TSA).

4. La cohérence

L'UE veille à la cohérence entre les différentes actions qu'elle déploie dans le cadre de sa politique extérieure afin de renforcer leur efficacité et d'éviter d'éventuelles contradictions. Le consensus pour le développement appelle, en particulier, à s'assurer de la complémentarité entre les objectifs de développement, de commerce, de sécurité et de protection de l'environnement.

Principes directeurs

L'Union européenne s'efforce, par ailleurs, de respecter certains principes directeurs dans la mise en œuvre de sa politique de développement.

Partenariat et appropriation

Les principes de partenariat et d'appropriation découlent de la reconnaissance du fait que les pays en voie de développement assument la responsabilité première de leur propre développement. Ils participent aussi du constat que l'aide est plus efficace et les institutions démocratiques plus fortes lorsque les autorités des pays bénéficiaires sont associées pleinement à la définition des programmes d'aide et intègrent ceux-ci à leur propre stratégie de développement. L'UE s'efforce notamment de fournir son aide en partie sous forme d'aide budgétaire directement mobilisable en appui aux programmes mis en œuvre par les pays bénéficiaires eux-mêmes. L'UE apporte ainsi 44 % de son aide sous forme d'aide budgétaire.

Dialogue approfondi

L'Union européenne accompagne son aide au développement d'un dialogue politique régulier avec les autorités des pays bénéficiaires, destiné à soutenir les objectifs de bonne gouvernance, de respect des droits de l'homme, de démocratie, d'État de droit et de lutte contre la corruption.

Implication de la société civile

Un des moyens, pour la politique européenne de développement, de promouvoir le développement de la démocratie et le respect des droits de l'homme est de soutenir l'implication de la société civile (syndicats, secteur privé, ONG) dans la définition et la mise en œuvre des stratégies de développement des pays bénéficiaires.

Égalité homme/femme

La promotion de l'égalité homme/femme a émergé comme une préoccupation majeure de la politique européenne de développement, notamment à l'occasion de l'adhésion de la Suède et de la Finlande à l'UE. D'un point de vue empirique, sur le terrain, elle est également apparue dans de nombreux cas comme un gage d'efficacité renforcée de l'aide.

Consolidation des États

Alors que l'existence d'institutions publiques stables est un préalable indispensable au développement, un tiers des personnes pauvres dans le monde vivent dans des États fragilisés par les conflits, les guerres civiles ou les catastrophes naturelles. Afin de soutenir la consolidation des États, l'UE s'efforce notamment de garantir la continuité et les synergies entre l'aide humanitaire d'urgence, l'aide à la reconstruction et l'aide de plus long terme au développement.

Accroissement de l'aide

Dans le cadre du Consensus, l'Union et les États membres se sont collectivement engagés à accroître progressivement leur aide au développement afin d'atteindre, en 2015, l'objectif fixé par l'ONU de 0,7 % du revenu national brut.

Renforcement de l'efficacité de l'aide

L'Union vise un renforcement de l'efficacité de son aide, grâce notamment à une harmonisation entre donateurs et à un déliement d'une part plus importante de l'aide. L'Union se montre en particulier exemplaire en allant au-delà des recommandations de l'OCDE sur le déliement et en déliant l'ensemble de son aide alimentaire, ce qui la distingue notamment des États-Unis. La part importante d'aide versée sous forme budgétaire contribue également à cet effort de déliement.

Coordination entre donateurs

Enfin, l'Union s'engage à améliorer la coordination avec les autres donateurs afin de renforcer l'efficacité de l'aide et de réduire la charge administrative importante que représentent, pour les pays bénéficiaires, des procédures et des cadres de programmation non coordonnés entre eux. L'Union privilégie ainsi le recours à des analyses partagées, des missions conjointes et des cofinancements avec les autres principaux donateurs. Les documents de stratégie de réduction de la pauvreté (DSRP), élaborés sous l'égide de la Banque mondiale, fournissent notamment un cadre commun à l'action de tous les donateurs.

Les instruments

Parallèlement à la définition du consensus européen pour le développement, les instruments d'aide au développement ont fait l'objet d'une refonte, en 2006, afin de les rendre plus lisibles et rationnels. Les quelque tente-cinq insturmentts d'aide, qui s'étaient superposés au fur et à mesure que la politique de développement s'était étendue à de nouvelles régions et à de nouveaux champs d'action, ont ainsi été remplacés par **dix nouveaux instruments** dédiés chacun à un champ géographique ou une priorité thématique donnée. Cinq instruments géographiques ont ainsi été définis regroupant des pays confrontés à une problématique de développement comparable, complétés par cinq instruments répondant à des enjeux transversaux liés à des circonstances particulières et pouvant difficilement être enserrés dans le cadre de la programmation géographique pluriannuelle. A ces instruments, il convient enfin d'ajouter le rôle spécifique de la BEI et de la BERD.

Les instruments dédiés à une zone géographique

Le Fonds européen de développement (FED)

Le FED, instrument dédié spécifiquement aux 79 pays ACP signataires de l'accord de Cotonou ainsi qu'aux pays et territoires d'outre-mer qui bénéficient d'un statut spécial dans le cadre des traités, reste l'instrument central de la politique de développement. Disposant de 22,7 milliards d'euros de crédits sur la période 2008-2013 (10e FED), il présente la particularité de ne pas faire partie du budget de l'Union, d'être soumis à une clé de répartition *ad hoc* et à des procédures budgétaires spéciales.

L'instrument de coopération pour le développement (ICD)

L'ICD, destiné à couvrir les autres pays en voie de développement (essentiellement les pays d'Asie et d'Amérique Latine), dispose quant à lui de 17 milliards d'euros de crédits sur la période 2007-2013. Il est à noter qu'il couvre aussi les 18 pays ACP du « protocole sucre » pour accompagner la disparition des préférences sucrières accordées aux pays ACP.

L'instrument européen de voisinage et de partenariat (IEVP)

Couvrant dix-sept pays méditerranéens et d'Europe orientale[288], l'IEVP est destiné, comme son nom l'indique, à soutenir la coopération particulièrement étroite que l'UE entretient avec les pays qui lui sont voisins. Il est doté de 12 milliards d'euros sur la période 2007-2013, se répartissant à peu près en deux tiers pour les pays méridionaux et un tiers pour les pays d'Europe orientale.

L'instrument de préadhésion (IPA)

L'instrument de préadhésion vise spécifiquement à soutenir les efforts de rapprochement de l'UE accomplis par les pays candidats. Il couvre aujourd'hui six pays des Balkans ainsi que la Turquie et bénéficie de 11,5 milliards d'euros sur la période 2007-2013.

L'instrument de coopération industrielle (ICI)

Destiné à financer les programmes de coopération avec certains pays industrialisés, l'ICI n'est pas un instrument de la politique de développement à proprement parler mais est mentionné ici pour mémoire. Cet instrument est au demeurant modestement doté de seulement 175 millions d'euros sur la période 2007-2013.

Les instruments thématiques

L'aide humanitaire

Le concept d'aide humanitaire recouvre l'aide d'urgence en cas de catastrophe naturelle ou de conflit, l'aide alimentaire, l'aide aux réfugiés et aux personnes déplacées ainsi que la prévention des catastrophes naturelles (par exemple, le dispositif d'alerte au tsunami). Cet instrument est doté de 5,6 milliards d'euros sur la période 2007-2013.

L'instrument de stabilité

L'instrument de stabilité vise à prévenir les crises et à y répondre afin d'assurer les conditions nécessaires à la mise en œuvre de la coopération au développement. Il assure ainsi le lien entre l'aide d'urgence et l'aide au développement. Cet instrument nouveau dispose de 2 milliards d'euros sur la période 2007-2013.

L'instrument pour la démocratie et les droits de l'homme

Il s'agit, avec cet instrument, de soutenir les progrès en direction de la démocratie et des droits de l'homme, par exemple sous la forme de programmes d'assistance technique à la mise en place d'institutions démocratiques ou encore d'aide à la société civile. 1,1 milliard d'euros sont alloués à cet instrument sur la période 2007-2013.

L'assistance macro-économique

Cet instrument permet de débloquer au cas par cas une aide exceptionnelle sous forme de prêts en cas de déséquilibre transitoire de la balance des paiements, comme actuellement pour l'Ukraine. Il n'est, par définition, pas soumis à une enveloppe budgétaire prédéfinie et les montants mobilisés dans ce cadre peuvent varier dans des proportions importantes, en fonction de la conjoncture économique et du soutien apporté par d'autres bailleurs. Les fonds mobilisés dans ce cadre ont ainsi pu aller de 1,2 milliard d'euros en 1992 à 32 milliards d'euros en 2004. Il est à noter que l'entrée en vigueur du traité de Lisbonne facilite le déblocage d'une aide financière d'urgence en faisant passer la décision de l'unanimité à la majorité qualifiée.

L'instrument de sûreté nucléaire

Cet instrument est destiné à soutenir la mise à niveau ou la fermeture des centrales nucléaires des pays de la CEI ne remplissant pas les normes de sûreté européennes. Il bénéficie de 500 millions d'euros sur la période considérée. Il a notamment contribué à la fermeture définitive de la centrale de Tchernobyl et à la construction d'un sarcophage de confinement.

Les mécanismes de prêts mis en œuvre en coopération avec les institutions financières internationales

L'interdiction pour la Commission d'emprunter sur les marchés financiers (sauf dans le cadre d'une aide à la balance des paiements) l'empêche de participer au financement de programmes d'infrastructures d'envergure cruciaux pour le développement, de sorte qu'une coopération étroite a été mise en place avec la BEI et la BERD, combinant les prêts de ces institutions financières et l'assistance financée par le budget communautaire. Cette coopération est particulièrement poussée dans le cas de la BEI, dans le cadre de deux facilités spécifiques.

288. Algérie, Arménie, Autorité palestinienne, Azerbaïdjan, Biélorussie, Égypte, Géorgie, Israël, Jordanie, Liban, Libye, Moldavie, Maroc, Russie, Syrie, Tunisie et Ukraine.

La facilité d'investissement du FED

Mise en place dans le cadre de la BEI, cette facilité vise à fournir des prêts préférentiels aux pays ACP grâce au soutien du FED. Deux milliards d'euros sont budgétés sur la période 2008-2013 pour financer la réduction d'intérêts accordée dans le cadre de cette facilité.

La facilité euro-méditerranéenne d'investissement et de partenariat (FEMIP)

Créée en 2002 au sein de la BEI, la FEMIP finance des projets de développement dans le cadre du processus de Barcelone, devenu depuis Union pour la Méditerranée. La FEMIP a accordé pas moins de 10 milliards d'euros de financements depuis sa création.

La Banque européenne de reconstruction et de développement (BERD)

La BERD a été créée en 1991, pour répondre au défi de la transition des pays d'Europe centrale et orientale en complément des programmes communautaires PHARE (pour les pays d'Europe centrale) et TACIS (pour la CEI). Elle présente l'originalité d'accorder des prêts cofinancés par des acteurs privés. L'UE représentant 63 % du capital et des droits de vote de la BERD, c'est tout naturellement qu'une coopération étroite s'est instaurée avec les programmes d'aide communautaire. La BERD joue ainsi un rôle important d'accompagnement de la politique de voisinage et de préadhésion de l'Union, grâce à son expertise et aux moyens importants qu'elle est en mesure de mobiliser : plus de 40 milliards d'euros de financements ont été accordés depuis sa création.

Les défis actuels de la politique européenne de développement

La visibilité de l'aide

Si la rationalisation des instruments d'aide de l'UE représente un progrès certain en termes de lisibilité, l'action européenne reste nettement moins visible que celle d'autres grands donateurs, en raison de son éclatement entre aide communautaire et aide bilatérale des États membres ainsi que de la priorité donnée aux agences onusiennes, aux ONG et à l'aide budgétaire, tous canaux de délivrance de l'aide ayant tendance à masquer l'origine de celle-ci.

Une plus grande visibilité passe par une coordination accrue entre la Commission et les États membres ainsi que par des efforts accrus de valorisation politique de l'aide. Le haut représentant a un rôle particulier à jouer sur ces deux aspects, comme l'a rappelé la polémique née de l'absence de Catherine Ashton au début de la crise haïtienne.

L'impact de la crise financière

La crise financière exerce une contrainte financière très forte sur les budgets d'aide publique au développement, risquant de remettre en cause la progression de l'aide européenne vers l'objectif de 0,7 % du RNB. L'UE pourrait ainsi accuser un retard de l'ordre de 10 % sur l'objectif intermédiaire, fixé au G7 de Gleneagles en 2005, de 0,56 % en 2010. Certains États membres particulièrement touchés par la crise (Espagne, Portugal, Italie, Irlande, notamment) ont déjà enregistré une baisse de 30 % de leur aide bilatérale au développement entre 2008 et 2009, et l'Allemagne a elle-même dû revoir son aide à la baisse.

La budgétisation du FED

Les raisons historiques ayant conduit à placer le FED hors du budget communautaire sont aujourd'hui en grande partie dépassées, et ce positionnement est source d'incertitudes quant à sa pérennité ainsi que d'inefficacité dans sa mise en œuvre. L'intégration du FED dans le budget communautaire se heurte cependant au problème des transferts de charge financière qu'elle impliquerait entre États membres, en raison de la clé de répartition particulière à laquelle obéit le financement du FED. Déjà proposée par la Commission et rejetée par certains États membres lors de la négociation des perspectives financières 2007-2013, la question se reposera dans le cadre de la négociation des prochaines perspectives financières 2014-2020.

La conditionnalité de l'aide

Malgré les nombreuses clauses introduites à cet effet dans les textes juridiques fondant ses instruments d'aide au développement, l'UE ne parvient que rarement à rendre opérationnel le concept de conditionnalité de l'aide au service de la démocratie et des droits de l'homme. Cet état de fait, qui s'explique notamment par la complexité et la rigidité des procédures de mise en œuvre de ces instruments, mais aussi par la difficulté pour les 27 d'adopter une approche commune, est aujourd'hui encore une des lacunes principales de la politique européenne de développement. C'est particulièrement le cas sur la rive sud de la Méditerranée où l'UE, qui est pourtant le principal partenaire économique de ces États, n'a pas su percevoir et accompagner le récent mouvement de démocratisation.

L'articulation avec le SEAE

La création du Service européen d'action extérieure (SEAE, voir page 169), qui a vocation à définir le cadre politique général de la politique européenne de développement, a conduit à une réorganisation de la gestion de l'aide. Certains services de l'ancienne direction générale du développement (DG DEV) ont été transférés au nouveau SEAE et la DG DEV a été fusionnée avec l'Office européen de gestion de l'aide (EuropeAid) pour former une nouvelle direction générale du développement et de la coopération (DG DEVCO), sous l'autorité du commissaire en charge du développement, Andris Piebalgs. Cette réorganisation laisse inchangé l'Office européen d'aide humanitaire (ECHO), qui se trouve pour sa part placé sous l'autorité de la commissaire en charge de la coopération internationale, de l'aide humanitaire et de la réaction aux crises, Kristalina Georgieva. La haute représentante, Catherine Ashton, doit par ailleurs assurer la communication publique relative à l'aide au développement[289]. Seule l'expérience permettra d'évaluer les éventuels gains de cohérence et d'efficacité que cette nouvelle architecture institutionnelle est censée induire.

L'essentiel

En raison des relations historiquement étroites entre certains pays européens et leurs anciennes colonies, la politique européenne de développement est la conjonction entre les actions menées à titre national par les États membres et les actions entreprises en commun au niveau européen. L'Europe est ainsi le premier donateur mondial d'aide au développement, à hauteur de 55 %, et elle s'impose des règles exigeantes encadrant cette aide qui ont été rassemblées dans le « consensus européen pour le développement » adopté en 2006.

Les pays de la zone Afrique-Caraïbes-Pacifique (ACP) occupent une place privilégiée au sein de la politique européenne de développement au travers de l'accord de Cotonou, signé en 2000 : les pays ACP bénéficient d'une aide importante au titre du Fonds européen de développement (FED – 22,7 milliards d'euros sur la période 2008-2013) ainsi que d'un accès privilégié au marché de l'UE dans le cadre des accords de partenariat économique (APE).

Les autres pays en voie de développement reçoivent principalement une aide dans le cadre de l'instrument de coopération au développement (ICD – 17 milliards d'euros sur 2007-2013) et bénéficient de préférences commerciales dans le cadre du système des préférences généralisées (SPG). Les pays voisins non candidats bénéficient, quant à eux, de l'instrument européen de voisinage et de partenariat (IEVP – 12 milliards d'euros sur 2007-2013).

La politique européenne de développement s'appuie aussi sur des instruments thématiques transversaux pour couvrir certains besoins particuliers : aide humanitaire (ECHO), stabilité, démocratie et droits de l'homme, assistance macro-économique, sûreté nucléaire.

289. Voir le chapitre sur la politique étrangère et de sécurité commune pour plus de détails sur le partage des compétences dans la gestion des programmes d'aide issue du traité de Lisbonne et de la création du SEAE.

Titre 21
La politique étrangère et de sécurité commune (PESC)

Suite au rejet en 1954 du projet de « Communauté européenne de défense » par l'Assemblée nationale française, le traité de Rome avait donné une vocation essentiellement économique aux Communautés européennes, à l'exclusion de toute compétence diplomatique. C'est pourquoi, en 1965, s'en tenant à une lecture stricte des traités, le général de Gaulle avait pu faire grief à la Commission de mettre en place des procédures d'accréditation des représentants des pays tiers auprès des Communautés s'inspirant des pratiques diplomatiques des États membres.

A contrario, cet épisode illustre pourtant bien le fait que les Communautés européennes étaient rapidement devenues un acteur incontournable de la scène internationale, du fait notamment de leur rôle majeur en matière de commerce et de développement (voir les titres consacrés à ces politiques). Parallèlement à l'émergence de cet acteur nouveau, le besoin s'était en outre fait sentir d'une coordination accrue entre les politiques étrangères des États européens. La politique étrangère et de sécurité commune (PESC), mise en place par le traité de Maastricht, tend à systématiser cette coordination de nature essentiellement intergouvernementale tout en y associant les moyens d'action économiques et commerciaux propres à la Communauté européenne.

Cette vocation transversale et englobante de la PESC entre cependant en contradiction avec la volonté de préserver l'autonomie de cette politique par rapport aux politiques communes conduites par la Commission. Il en résulte une complexité juridique et institutionnelle certaine, que le traité de Lisbonne vise à réduire sans y parvenir complètement. La création de structures de politique étrangère et de sécurité propres à l'UE pose, en outre, la question de leur articulation avec l'OTAN et de l'éventuel affaiblissement du lien transatlantique qui pourrait en résulter.

Malgré ces difficultés, la PESC s'avère aujourd'hui être l'un des volets les plus évolutifs de l'action de l'Union, et c'est sans conteste ce domaine qui concentre la majorité des innovations contenues dans le traité de Lisbonne.

Les étapes de la mise en place d'une politique étrangère et de sécurité commune

Les prémices de la PESC : la coopération politique européenne

La PESC a été précédée par la mise en place, au cours des années 1970, de procédures informelles de coordination entre États membres regroupées sous le vocable de « *Coopération politique européenne* » (CPE). La mise en place de ces procédures informelles a été lancée en 1970 par le *rapport Davignon* : des réunions, semestrielles puis trimestrielles, des ministres des Affaires étrangères, ainsi que des réunions, trimestrielles puis mensuelles, des directeurs politiques ont été organisées afin de s'efforcer de rapprocher les positions des États membres sur les principales questions internationales. Ces réunions ont été complétées par la mise en place de groupes de travail réunissant des diplomates des États membres, ainsi que la création du *réseau de correspondance chiffrée* COREU reliant les capitales entre elles. Enfin, en décembre 1974, une impulsion politique supplémentaire a été donnée par la déclaration du sommet de l'Élysée instituant des consultations régulières au niveau des chefs d'État et de gouvernement dans le cadre des Conseils européens.

Parmi les avancées à porter au crédit de la CPE, on peut notamment citer la Déclaration de Venise de 1980 sur le Proche-Orient, qui reconnaît le droit à l'auto-détermination du peuple palestinien, ou encore les sanctions communes adoptées à l'égard du régime de l'Apartheid en 1982. L'existence de la CPE a été officialisée par son intégration dans les traités à l'occasion de l'adoption de l'Acte unique européen, en 1986. Il faut cependant souligner que, tant en raison de la tentative avortée de « Communauté européenne de défense » (CED) que de la priorité absolue donnée en période de guerre froide au maintien du lien transatlantique dans le cadre de l'OTAN, les questions de défense restèrent expressément exclues de la CPE.

Le traité de Maastricht, acte fondateur de la PESC

La chute du mur de Berlin bouleversa radicalement les données de la sécurité européenne : la disparition de la menace soviétique relativisa l'importance de l'OTAN, tandis que les hésitations américaines concernant une intervention dans le conflit en ex-Yougoslavie mirent en lumière la nécessité pour l'Europe de renforcer sa coordination et de disposer de moyens d'action propres. Bien loin de contribuer à stabiliser la situation, l'action européenne, au début du conflit, fut paralysée par les désaccords sur la reconnaissance de l'indépendance de la Slovénie et de la Croatie. Enfin, la réunification allemande alimenta des craintes de la part de certains États membres appelant à l'accompagner d'un renforcement des institutions politiques européennes.

C'est dans ce contexte particulier que le traité de Maastricht inaugura, en 1993, la politique étrangère et de sécurité commune (PESC) instaurant une coordination systématique des États membres dans tous les domaines, y compris sur les questions ayant des implications en matière de défense, afin d'aboutir à des positions et/ou des actions communes. Le traité d'Amsterdam renforça en 1997 ce dispositif en créant le poste de secrétaire général du Conseil et de haut représentant de la PESC (SGHR), occupé pendant dix ans par Javier Solana, et en créant un nouvel instrument, les *stratégies communes*. Le traité d'Amsterdam améliora, en outre, l'efficacité des procédures en rendant possible le vote à la majorité qualifiée chaque fois qu'une décision constitue une application d'une première décision de portée générale prise à l'unanimité (par exemple, une stratégie commune), et en permettant à certains États membres de recourir à l'*« abstention constructive »*, décision par laquelle ils peuvent indiquer ne pas s'associer à une mesure commune sans pour autant s'opposer à son adoption et à sa mise en œuvre par les autres États membres. Le traité de Nice a pour sa part permis, en 2001, la mise en place de structures politico-militaires permanentes : Comité politique et de sécurité (COPS), composé de hauts fonctionnaires des États membres ayant rang d'ambassadeurs (cette structure remplace depuis lors le Comité politique, composé des directeurs politiques), Comité militaire de l'Union européenne (CMUE) réunissant les chefs d'État major interarmées des États membres, État major de l'Union européenne (EMUE), Comité chargé des aspects civils de gestion des crises (CIVCOM).

Les innovations majeures du traité de Lisbonne

Les négociations à propos du projet de Constitution européenne, puis du traité de Lisbonne, ont été profondément marquées par les divisions apparues au sein de l'Union européenne à l'occasion de l'intervention américaine en Irak en 2003 (voir l'expression du secrétaire d'État à la Défense américain, Donald Rumsfeld, parlant d'une *« vieille Europe »* en opposition à une *« nouvelle Europe »*). De ce fait, aucune avancée notable n'a pu être enregistrée dans la prise de décision qui reste largement dominée par la règle de l'unanimité. Il n'en demeure pas moins que les négociateurs ont introduit des innovations importantes dans le traité de Lisbonne, en reconnaissance du potentiel important de synergies encore inexploitées entre États membres et sous l'impulsion d'une opinion publique européenne très favorable au renforcement des moyens d'action extérieure de l'UE[290].

L'innovation la plus visible est l'instauration d'un haut représentant pour les affaires étrangères et la politique de sécurité rassemblant les trois fonctions assumées auparavant par le ministre des Affaires étrangères de l'État membre assurant la présidence tournante du Conseil relations extérieures, par le Secrétaire général haut représentant et par le commissaire chargé des relations extérieures. Le haut représentant est assisté par un Service européen d'action extérieure (SEAE) fusionnant les services du Conseil et de la Commission en charge des relations extérieures, tout en intégrant des diplomates détachés des États membres.

Avec l'instauration d'une présidence stable du Conseil européen disposant d'un rôle de représentation au niveau des chefs d'État et de gouvernement, la présidence tournante du Conseil n'a aujourd'hui plus aucune responsabilité en matière de PESC, ce qui se traduit notamment par la disparition du format *« troïka »* dans le dialogue avec les États tiers[291].

Le traité de Lisbonne modifie par ailleurs radicalement le cadre juridique de la PESC en supprimant la structure en piliers mise en place par Maastricht et en fusionnant les personnalités juridiques de la Communauté et de l'UE en une seule et même personnalité juridique, ce qui devrait simplifier sa participation à des organisations et accords internationaux.

Le traité de Lisbonne élargit légèrement le champ des décisions prises à la majorité qualifiée, qui couvre désormais non seulement les actes pris sur la base d'un acte cadre lui-même pris à l'unanimité, mais également les décisions prises sur une proposition du haut représentant présentée à la demande du Conseil européen, ainsi que l'autorisation de mise en place d'une coopération renforcée en matière de PESC et certaines nominations (en particulier, celles du haut représentant et des représentants spéciaux). Il introduit, en outre, une clause passerelle[292] permettant au Conseil européen de décider à l'unanimité de faire passer certaines décisions PESC dans le champ de la majorité qualifiée. *A contrario*, le mécanisme de *« frein d'urgence »* selon lequel un État membre peut, *« pour des raisons de politique nationale vitales »*, imposer son veto à une décision prise à la majorité qualifiée a été maintenu (article 32.2 TUE), et les questions militaires et de défense restent dans tous les cas du domaine exclusif de l'unanimité.

290. A la différence de leurs dirigeants divisés sur cette question, les citoyens européens furent d'ailleurs dans tous les pays très majoritairement opposés à l'intervention américaine en Irak.

291. Ce format réunissait en fait quatre personnes : la présidence en exercice, la présidence suivante, le secrétariat général du Conseil et la Commission.

292. Article 31.3 TUE.

Le haut représentant et le SEAE

La nomination du haut représentant et l'installation du SEAE

Le traité de Lisbonne institue dans l'article 18 TUE un *« haut représentant pour les affaires étrangères et la politique de sécurité »* en lieu et place du *« secrétaire général du Conseil, haut représentant pour la PESC »* (SGHR). Celui-ci est nommé par le Conseil européen à la majorité qualifiée, avec l'accord du président de la Commission, et est assisté du Service européen d'action extérieure (SEAE), service *sui generis*, distinct de la Commission et du secrétariat du Conseil et disposant d'une autonomie en termes de budget administratif (sous la forme d'une section distincte dans le budget UE) et de gestion du personnel (soumis à un régime spécifique dans le cadre du statut de la fonction publique communautaire).

Conformément à l'article 27 TUE, le SEAE a été mis en place par une décision du Conseil adoptée le 26 juillet 2010 sur proposition du haut représentant, après consultation du PE et approbation de la Commission. Il réunit des fonctionnaires de la Commission, du Conseil et des États membres soit, en régime de croisière, quelque 1 600 agents dont 60 % de fonctionnaires communautaires en provenance de la Commission et un tiers de diplomates en provenance des États membres. Pour répondre à des besoins particuliers, le SEAE pourra en outre s'appuyer sur des experts et militaires nationaux employés sous un statut d'experts nationaux détachés (END).

Le SEAE doit assister le haut représentant dans l'exercice des trois fonctions[293] qui en font le *« ministre des Affaires étrangères »*[294] de l'UE :
- représenter l'UE et conduire la PESC ;
- présider le Conseil « Affaires étrangères » ;
- coordonner l'action extérieure de la Commission.

La représentation de l'UE et la conduite de la PESC

La fonction centrale de représentation s'inscrit dans la droite ligne du rôle qui était celui du SGHR, mais celle-ci se trouve désormais considérablement renforcée par l'autorité qu'exerce le haut représentant sur les 136 délégations de la Commission auprès d'États tiers et d'organisations internationales, qui deviennent par la même occasion des *« délégations de l'Union »*. Elles sont intégrées au SEAE à l'exception des personnels chargés de l'assistance qui restent attachés à la Commission[295]. Comme le SGHR avant lui, le haut représentant s'appuie également sur les représentants spéciaux pour l'Union européenne (RSUE)[296]. Le rôle du haut représentant est aussi renforcé par la mission qui lui est confiée de porte-parole de l'UE au sein du Conseil de sécurité de l'ONU, à chaque fois qu'un point évoqué à l'ordre du jour fait l'objet de l'adoption d'une position de l'Union. Le haut représentant partage cependant son rôle de représentation extérieure de l'Union avec le président du Conseil européen, le président de la Commission et la Commission, lesquels sont également assistés par le SEAE dans cette fonction.

Dans la conduite de la PESC, le haut représentant peut s'appuyer sur les services centraux du SEAE constitués à partir des services du secrétariat général du Conseil en charge de la PESC ainsi que des anciens départements de la Commission en charge des relations extérieures[297]. Les services du secrétariat général du Conseil en question sont principalement la direction générale en charge des relations extérieures, l'Unité politique (UPPAR), l'état major de l'UE (EMUE), la direction pour la gestion de crise et la planification (CMPD – *Crisis Management and Planning Directorate*), et la capacité civile de planification et de conduite (CPCC – *Civilian Planning and Conduct Capability*, c'est-à-dire l'état major civil de gestion de crises de l'UE). Les départements de la Commission versés au SEAE représentent quant à eux l'essentiel de l'ancienne direction générale relations extérieures (DG RELEX) et les directions géographiques de l'ancienne direction générale développement (DG DEV).

Enfin, certaines agences sont placées directement auprès du haut représentant : il s'agit notamment du centre de situation de l'UE (SitCen, embryon de service de renseignement européen), de l'agence européenne de défense (AED, voir le chapitre sur l'Europe de la défense) et de l'institut d'études de sécurité de l'Union européenne (IESUE hérité de l'UEO).

Le SEAE est dirigé par un quatuor de hauts fonctionnaires : un directeur général opérationnel *(Chief Operating Officer)*, un secrétaire général exécutif et deux secrétaires généraux adjoints qui forment avec le haut représentant le comité de direction *(Corporate board)* du Service.

293. A noter qu'à la différence du SGHR, le haut représentant n'a plus le rôle de secrétaire général du Conseil qui sera désormais distinct. Ce changement est cependant plus d'ordre juridique que pratique, dans la mesure où auparavant le SGHR déléguait dans les faits l'exercice de cette fonction au secrétaire général adjoint.

294. Cette appellation avait été envisagée dans le projet de traité constitutionnel avant d'être écartée dans le traité de Lisbonne à la demande des États (Royaume-Uni en particulier) trouvant que celle-ci faisait trop penser à une structure supranationale de type fédéral.

295. Ces personnels exécutent les instructions qu'ils reçoivent de la Commission sous l'autorité de leur chef de délégation, lequel fait partie intégrante du SEAE.

296. A noter cependant que lors de la mise en place du SEAE, le nombre des RSUE a été réduit de 11 à 7 en raison, dans certaines zones, des doubles-emplois avec les délégations de l'Union. Ont ainsi été supprimés les postes de RSUE en charge de la Macédoine, de la Moldavie, du Proche-Orient et du Caucase.

297. Ces services seront appelés à être regroupés dans un seul et même lieu à proximité du Conseil et de la Commission (bâtiment dit *« The Capital »* situé sur le rond point Schuman).

La présidence du Conseil « Affaires étrangères »

En plus des responsabilités assumées auparavant par le SGHR, le haut représentant reprend le rôle de président du Conseil des ministres « Affaires étrangères » jusqu'à présent assuré par la présidence tournante, la présidence du Conseil « Affaires générales » auparavant fusionnée avec celle du Conseil en charge des relations extérieures restant quant à elle dévolue à la présidence tournante. Il s'agit d'un pas important par rapport au simple rôle de secrétaire général qui était celui du SGHR. En effet, il revient au président du Conseil d'organiser et d'orienter les débats, et il dispose d'un large pouvoir d'initiative que n'avait pas le SGHR.

Il en découle par ailleurs que les différentes instances préparatoires du Conseil « Affaires étrangères » (COPS, groupes de travail géographiques) sont désormais présidées par des membres du SEAE.

La coordination de l'action externe de la Commission européenne

En reprenant les responsabilités exercées jusqu'alors par le Commissaire en charge des relations extérieures et en ayant un titre de vice-président de la Commission, le haut représentant se voit confier un rôle de coordination de l'action extérieure de la Commission. Cette fonction s'exerce principalement à l'égard des commissaires en charge du développement (Andris Piebalgs), de la coopération internationale, de l'aide humanitaire et de la réaction aux crises (Kristalina Georgieva), de l'élargissement et de la politique européenne de voisinage (Stefan Füle), et du commerce (Karel de Gucht).

Cette fonction risque cependant d'entrer en concurrence avec le rôle du président de la Commission, lequel dispose d'une autorité hiérarchique sur les autres commissaires que n'a pas le vice-président de la Commission. Le président de la Commission est notamment le seul à pouvoir modifier la répartition des portefeuilles des commissaires, voire demander leur démission.

Les instruments de la PESC

L'UE s'appuie dans la conduite de sa politique extérieure sur la négociation d'accords internationaux ainsi que sur des actes unilatéraux et sur les programmes de coopération mis en œuvre par la Commission.

Les accords internationaux

L'Union a tendance de plus en plus à négocier avec les pays tiers des accords transversaux incluant des dispositions de nature aussi bien économique que politique. Le traité de Lisbonne accompagne cette évolution en reconnaissant une compétence aussi large que possible à l'Union et en modernisant ses procédures internes de décision.

Une compétence élargie de l'Union

En élargissant la compétence de l'Union dans la sphère externe, le traité de Lisbonne met un terme à la dualité de procédure entre accords du premier pilier (article 300 TCE) et ceux des deuxième et troisième piliers (article 24 TUE), ainsi qu'à la multiplication des accords mixtes (auxquels sont parties les États membres aux côtés de la Communauté) qui conduisaient à une complexité excessive des procédures de négociation et de ratification.

L'article 216 TFUE, s'inspirant de la jurisprudence de la CJCE[298], reconnaît ainsi une compétence très large à l'Union pour conclure des accords : « *L'Union peut conclure un accord avec un ou plusieurs pays tiers ou organisations internationales lorsque les traités le prévoient ou lorsque la conclusion d'un accord, soit est nécessaire pour réaliser, dans le cadre des politiques de l'Union, l'un des objectifs visés par les traités, soit est prévue dans un acte juridique contraignant de l'Union, soit encore est susceptible d'affecter les règles communes ou d'en altérer la portée.* »

Des procédures internes modernisées

Pour un domaine donné, les règles de vote sont les mêmes dans l'ordre externe que dans l'ordre interne. Or la majorité qualifiée a tendance à se généraliser dans l'ordre interne dans le cadre de la procédure législative ordinaire. Ainsi, seuls les **accords d'association** et les accords de **coopération** avec des pays candidats sont par principe toujours soumis à l'**unanimité**. Une autre amélioration concerne la conduite des négociations, qui sera désormais assurée par le haut représentant pour les traités portant exclusivement ou principalement sur la PESC et par la Commission pour les autres matières, et n'incombera plus à la présidence tournante de l'UE, ce qui était un facteur de complexité et de discontinuité.

Enfin, le traité de Lisbonne prévoit une association plus étroite du Parlement européen. Ainsi, alors que jusqu'à présent ce n'était le cas que pour certains accords (et jamais en matière commerciale), désormais la quasi-totalité des accords ne peuvent plus être conclus que sur **avis conforme** du PE : accords d'association, accords d'adhésion à la Convention européenne de sauvegarde des droits de l'homme et des libertés fondamentales, accords créant un cadre institutionnel spécifique en organisant des procédures de coopération, accords ayant des implications budgétaires notables pour l'Union, accords couvrant des domaines auxquels s'applique la procédure législative ordinaire ou une procédure législative spéciale requérant l'approbation du PE. En outre, selon l'article 218 TFUE, « *le Parlement est immédiatement et pleinement informé à tous les stades de la procédure* ».

298. Notamment de la jurisprudence dite « *AETR* », 31 mars 1971, Commission c. Conseil – 22/70, qui reconnaît à la Communauté par « *parallélisme des compétences* » internes et externes, une compétence externe implicite dans les domaines où la Communauté dispose d'une compétence interne.

Dans le nouvel accord interinstitutionnel qu'ils ont adopté le 20 octobre 2010 pour tenir compte de l'entrée en vigueur du traité de Lisbonne, le PE et la Commission ont interprété cette disposition comme signifiant une égalité de traitement entre le PE et le Conseil dans la transmission d'informations par la Commission ainsi que dans la consultation sur les propositions de celle-ci, notamment en ce qui concerne les directives de négociation ou la décision de parapher[299] et/ou d'appliquer provisoirement un accord. Le Conseil a contesté la conformité aux traités de cet accord PE-Commission, en relevant notamment qu'il modifiait l'équilibre interinstitutionnel instauré par les traités, et il s'est réservé la possibilité d'un recours devant la Cour de justice en fonction de la manière dont celui-ci serait appliqué.

Les actes unilatéraux

Les trois catégories d'actes PESC

Les traités de Maastricht et d'Amsterdam ont mis en place les trois catégories d'actes propres à la PESC que sont les *«stratégies communes»*, les *«actions communes»* et les *«positions communes»*. Le traité de Lisbonne procède essentiellement à un changement de terminologie en les remplaçant respectivement par les *«décisions du Conseil européen portant sur les intérêts et les objectifs stratégiques de l'Union»*, les *«actions de l'Union»* et les *«positions de l'Union»*.

Les décisions identifiant les **intérêts et objectifs stratégiques** de l'Union adoptées par le Conseil européen (article 22.1 TUE) prennent la suite des stratégies communes. Malgré le double intérêt qu'elles présentent, de réunir dans un seul instrument des éléments se rattachant au pilier communautaire ainsi qu'au deuxième pilier, et de permettre que par la suite, dans le cadre qu'elles tracent, des mesures PESC puissent être prises à la majorité qualifiée, les stratégies communes ont en pratique connu un succès limité. Seules trois stratégies communes ont été adoptées concernant la Russie, l'Ukraine et la Méditerranée.

Les **actions de l'Union** sont l'instrument central de la PESC pouvant servir de base juridique aussi bien à des opérations de gestion de crise et de maintien de la paix (par exemple, la surveillance de la frontière entre la Moldavie et l'Ukraine) qu'à des initiatives de nature plus structurelle comme la création de l'Agence européenne de défense, en 2004.

Les **positions de l'Union** jouent, quant à elles, un rôle important de coordination de la position des États membres, notamment à l'ONU où 95 % des résolutions font l'objet d'un vote conjoint des États membres et où elles peuvent ainsi peser de manière significative sur les débats.

299. Outre qu'elle met un terme à la négociation sur le fond en figeant le texte du projet d'accord, la procédure de paraphe peut dans certains cas revêtir une signification politique particulière, comme pour l'accord de stabilisation et d'association UE-Serbie dont le paraphe était soumis par l'UE à une conditionnalité forte de pleine coopération avec le TPIY.

Les sanctions économiques et financières

Obéissant à des procédures spécifiques, les sanctions économiques et financières occupent également une place importante dans les instruments mis à la disposition de l'action extérieure de l'UE : on peut ainsi citer l'embargo sur l'Afrique du Sud en 1982, la suspension des préférences commerciales à l'égard de la Birmanie en 2000 ou encore les sanctions renforcées adoptées par l'UE à l'égard de l'Iran en 2009.

Poursuivant un objectif d'essence politique tout en utilisant des moyens à caractère exclusivement économique, cet instrument revêt une nature duale qui se retrouve dans les procédures auxquelles il est soumis. Ainsi, l'adoption de ces sanctions obéit aux règles régissant la politique commune à laquelle elles se rattachent (politique commerciale, aide au développement, libre circulation des capitaux) tout en étant précédée d'une première décision suivant les procédures PESC.

Le traité de Lisbonne confie le lancement de cette procédure à l'initiative conjointe du haut représentant et de la Commission (et non plus de la seule Commission) et instaure une consultation du PE. Enfin, l'article 215 TFUE étend explicitement le champ de telles sanctions aux personnes physiques et morales, groupes ou entités non étatiques, et non plus seulement aux seuls États tiers.

Les programmes de coopération

Les programmes de coopération extérieure contribuent également à la politique étrangère de l'Union sous l'autorité du haut représentant qui est chargé de veiller à l'unité, la cohérence et l'efficacité de l'action extérieure de l'Union.

A ce titre, le SEAE prépare les décisions de programmation de la Commission relatives aux principaux instruments d'aide : Fonds européen de développement (FED), Instrument de coopération au développement (ICD), Instrument européen pour la démocratie et les droits de l'homme (IEDDH), Instrument européen de voisinage et de partenariat (IEVP), Instrument de coopération avec les pays industrialisés (ICI), Instrument de coopération pour la sûreté nucléaire (ICSN), Instrument de stabilité (IS).

En outre, s'agissant du FED, de l'ICD et de l'IEVP, le SEAE élabore conjointement avec la Commission toutes les propositions relatives aux règlements de base aussi bien qu'à la programmation.

De manière générale, la Commission reste en charge de la gestion et de la mise en œuvre de ces instruments. Il faut cependant noter que, pour certains d'entre eux, les services de la Commission chargés de leur mise en œuvre sont placés sous l'autorité directe du haut représentant en sa qualité de vice-président de la Commission et sont de ce fait implantés au même endroit que le SEAE. Il s'agit de certaines actions menées dans le cadre de l'IEDDH et de l'instrument de stabilité, des actions de coopération avec les pays industrialisés, et enfin de l'ensemble des actions de communication et de diplomatie publique.

Le tableau ci-dessous (page 172) résume le rôle du haut représentant et du SEAE en matière de programmation et de gestion des programmes de coopération et la manière dont ils s'articulent avec les prérogatives de la Commission.

Répartition des compétences dans la programmation et la gestion des instruments de politique étrangère

<table>
<tr><th></th><th>FED</th><th>ICD</th><th>IEVP</th><th>ISN</th><th>IS</th><th>IEDDH</th><th>ICI</th><th>IPA</th><th>AMF</th><th>AH</th><th>PESC</th></tr>
<tr><td>Coordination politique</td><td colspan="11">Haut représentant</td></tr>
<tr><td>Programmation pluriannuelle</td><td colspan="7">SEAE/Commission</td><td rowspan="2">ELARG</td><td>sans objet</td><td rowspan="2">ECHO</td><td>SEAE</td></tr>
<tr><td>Gestion financière</td><td colspan="4">DEVCO [1]</td><td colspan="2">DEVCO/ DIPE [2]</td><td>DIPE</td><td rowspan="2">ECFIN</td><td>DIPE</td></tr>
<tr><td>Mise en œuvre</td><td colspan="8">Délégations de l'UE</td><td>ECHO + ONU et ONG</td><td>SEAE</td></tr>
</table>

Signification des abréviations : FED : Fonds européen de développement, **ICD** : Instrument de coopération et de développement, **IS** : Instrument de stabilité, **IEDDH** : Instrument européen pour la démocratie et les droits de l'homme, **ICI** : Instrument de coopération avec les pays industrialisés, **ISN** : Instrument de sûreté nucléaire, **IEVP** : Instrument européen de voisinage et de partenariat, **IPA** : Instrument de préadhésion, **AMF** : Assistance macro-financière, **AH** : Aide humanitaire, **PESC** : Opérations de politique étrangère et de sécurité commune (financées sur budget PESC), **SEAE** : Service européen d'action extérieure, **ELARG** : Direction générale élargissement (placée sous la responsabilité du commissaire en charge de l'élargissement et de la politique européenne de voisinage, Stefan Füle), **ECFIN** : Direction générale pour les affaires économiques et financières (placée sous la responsabilité du commissaire en charge des affaires économiques et monétaires, Olli Rehn), **ECHO** : Office européen d'aide humanitaire (placé sous la responsabilité du commissaire en charge de la coopération internationale, de l'aide humanitaire et de la réaction aux crises, Kristalina Georgieva), **DEVCO** : Direction générale développement et coopération (fusion des DG DEV et AIDCO, placée sous la responsabilité du commissaire en charge du développement, Andris Piebalgs), **DIPE** : Direction des instruments de politique étrangère (service de la Commission européenne placé sous la responsabilité du haut représentant en sa qualité de membre de la Commission et situé dans les mêmes locaux que le SEAE).

1. DEVCO assure la programmation et la gestion de l'IEVP sous la responsabilité politique du commissaire en charge de l'élargissement et de la politique européenne de voisinage.
2. S'agissant de l'Instrument de stabilité, la DIPE est plus particulièrement en charge de l'aide en réponse aux situations de crise ou de crise émergente (art. 3 du règlement CE 1717/2006), tandis que DEVCO est responsable de l'aide dans le cadre de conditions de coopération stables (art. 4 du règlement CE 1717/2006). Dans le cadre de l'Instrument européen pour la démocratie et des droits de l'homme, la DIPE est responsable des missions d'observation des élections et DEVCO en charge de la programmation des autres actions.

Les enjeux de la PESC aujourd'hui

La difficile mobilisation des leviers économiques

Au cœur de la logique d'intégration des volets communautaire et intergouvernemental de l'action extérieure de l'UE qui a présidé à la mise en place du haut représentant et du SEAE, se trouve la volonté de mieux mettre à profit la puissance économique européenne au service de sa politique étrangère.

En effet, l'UE est à bien des égards l'acteur économiquement dominant de la scène internationale : elle représente un cinquième du PNB mondial du commerce international (hors échanges intra-européens), la moitié des flux mondiaux d'investissements étrangers (entrants et sortants) et 30 % des droits de vote au FMI. Mais elle ne parvient pas à mobiliser pleinement ces atouts pour peser davantage dans les relations internationales.

La difficulté de mettre à profit cette puissance économique dans le cadre de la PESC est illustrée par le processus de paix au Proche-Orient : malgré sa position de premier débouché commercial d'Israël et de premier donateur d'aide à l'Autorité palestinienne, l'UE peine en effet à influencer ce processus.

La faiblesse dans le domaine militaire

La difficulté pour l'Union de transformer sa puissance économique en puissance diplomatique provient, entre autres, de sa faiblesse dans le domaine militaire. Pris collectivement, les budgets militaires européens sont deux fois moins importants que ceux des États-Unis et les dépenses d'équipement militaires sont, quant à elles, six fois moins importantes.

Ce déséquilibre est accentué par le manque de synergies entre les forces armées des États membres (chacun refusant de se spécialiser afin de disposer de capacités dans tous les domaines) et par la fragmentation des programmes d'équipement (chaque État membre souhaitant, là encore, préserver au niveau national un savoir-faire technologique aussi étendu que possible).

Le résultat en est une **dépendance stratégique croissante** à l'égard d'un allié américain représentant à lui seul presque la moitié des dépenses militaires dans le monde. L'UE a ainsi dû en appeler aux États-Unis pour assurer le maintien de la paix à ses portes, lors du conflit en ex-Yougoslavie, et les Européens ne sont guère associés à la définition de la stratégie américaine en Afghanistan.

La reconnaissance par les grandes puissances

Au-delà des relations que certains États membres (notamment ceux qui siègent au Conseil de sécurité de l'ONU et au G8/G20) peuvent entretenir avec les grandes puissances, parallèlement à l'avènement de la PESC, l'UE a cherché à développer une relation structurée avec les acteurs stratégiques que sont les États-Unis, la Russie, la Chine ou l'Inde, notamment au travers de sommets réguliers.

L'UE a cependant rencontré des difficultés à être reconnue comme un interlocuteur à part entière par les grands acteurs au niveau mondial, tant du fait de la complexité de ses structures que de la volonté de ses États membres de préserver une certaine autonomie dans la conduite de leur diplomatie nationale.

Ainsi, les sommets UE-États-Unis qui se réunissaient un temps de manière semestrielle, ne se réunissent plus que tous les ans, et au premier semestre 2010 le président américain a même pu décider d'annuler purement et simplement ce sommet. Cette décision reflète en grande partie un scepticisme quant à la valeur ajoutée et à l'efficacité comparée des instances européennes par rapport aux diplomaties nationales des États membres et aux autres forums internationaux, à commencer par l'OTAN.

Pour leur part, des acteurs tels que la Russie ou la Chine trouvent avantage à privilégier le renforcement des relations bilatérales avec les États membres, au sein desquelles elles se sentent en position de force, plutôt que d'approfondir le dialogue avec l'Union européenne.

La montée en puissance du SEAE

La mise en place progressive du SEAE devrait contribuer à relever les défis qui précèdent, même si *in fine* beaucoup dépendra de la volonté politique des États membres et du savoir-faire déployé par le haut représentant en la personne de Catherine Ashton. Si la fusion de plusieurs fonctions devrait permettre, à terme, de simplifier la prise de décision en matière de PESC, il faut aussi relever qu'aujourd'hui elle constitue une charge écrasante qui complique la montée en puissance du SEAE.

Les fonctions multiples du haut représentant s'apparentent ainsi parfois à un exercice d'équilibrisme : son rôle de représentation doit tenir compte de celui dévolu par ailleurs au président du Conseil européen et au président de la Commission pour représenter l'UE à leur niveau (c'est-à-dire celui des chefs d'État et de gouvernement). Il devra par ailleurs composer en permanence avec sa double appartenance et les règles propres à chaque institution : ainsi, en tant que membre de la Commission (pour ce qui concerne les relations extérieures hors PESC), il n'est pas censé recevoir d'instructions des États membres dans le cadre des décisions prises par le collège mais, à l'inverse, les décisions ressortant du domaine de la PESC et prises dans le cadre du Conseil échappent à la règle de la collégialité de la Commission…

La pluralité de fonctions aboutit enfin à un emploi du temps intenable : présidence mensuelle du Conseil « Affaires étrangères » (CAE), participation aux Conseils européens (dont la fréquence s'accroît), réunions hebdomadaires de la Commission, réunions régulières avec les autres commissaires en charge des relations extérieures, auditions par le Parlement européen, dialogues réguliers avec les pays tiers, réunions internes au SEAE. L'ensemble de ces exercices imposés laisse au final peu de place pour réagir à l'actualité par des initiatives politiques et des déplacements en urgence dans les zones de crise.

L'essentiel

Héritière de la Coopération politique européenne dans le cadre de laquelle les États membres se sont efforcés de rapprocher leurs positions sur les questions internationales à partir des années 1970, la PESC a été lancée par le traité de Maastricht dans le contexte de l'après-guerre froide.

Le traité de Lisbonne place à sa tête un « haut représentant » cumulant les trois fonctions (i) de représentation de l'UE et de conduite de la PESC, (ii) de présidence du Conseil « Affaires étrangères » réunissant les ministres des Affaires étrangères des 27 États membres et (iii) de coordination de l'action extérieure de la Commission en tant que vice-président de celle-ci.

Le haut représentant s'appuie pour ce faire sur le Service européen d'action extérieure (SEAE), entité nouvelle créée par le traité de Lisbonne en fusionnant les principaux services de la Commission et du secrétariat général du Conseil en charge des relations extérieures et en y intégrant des diplomates des États membres.

Le traité de Lisbonne renforce par ailleurs la capacité de l'Union à conclure des accords avec des pays tiers en lui reconnaissant une large compétence dans le champ externe, en fusionnant la CE et l'UE en une seule et même personnalité juridique, en étendant le champ de la majorité qualifiée et en associant plus systématiquement le Parlement européen à la négociation et à la conclusion de ces accords.

Aux côtés des accords internationaux, on trouve des instruments PESC de nature unilatérale, « actions de l'Union » et « positions de l'Union », qui sont adoptés à l'unanimité sauf lorsqu'ils entrent en application d'une première décision cadre : par exemple « action de l'Union » adoptée en application d'une « position de l'Union », ou encore « position de l'Union » mettant en œuvre une « décision du Conseil européen portant sur les intérêts et les objectifs stratégiques de l'Union ».

Enfin, les programmes de coopération de même que les sanctions économiques et financières s'insèrent pleinement dans la politique étrangère conduite par le haut représentant, même si les modalités de leur mise en œuvre nécessitent une action conjointe du SEAE et de la Commission.

Titre 22
L'Europe de la défense

Malgré une première tentative avortée de Communauté européenne de défense lancée en 1952, la défense reste un domaine particulièrement récent de déploiement de l'action de l'UE. Si la création d'une armée européenne est de longue date un objectif de la politique étrangère allemande, la France est, pour sa part, longtemps restée marquée par le refus manifesté en 1954 par l'Assemblée nationale du transfert de souveraineté qu'implique la mise en place d'une défense européenne commune.

Les plans Fouchet, présentés en 1961 et 1962 par la France et qui avaient une visée nettement moins intégrationniste que la CED, ont pour leur part été rejetés par les partenaires de la France, certains y voyant une organisation de défense pouvant concurrencer l'OTAN, d'autres redoutant un affaiblissement de la méthode communautaire par la mise en place de structures intergouvernementales. Ces tensions et ces contradictions sous-tendent aujourd'hui encore les controverses freinant le développement d'une défense commune.

Les nombreuses spécificités politiques et culturelles des défenses nationales constituent un frein supplémentaire au développement d'une politique de défense et de sécurité qui soit réellement « commune ». A titre d'exemple, on peut citer le rôle joué par la crainte d'une remise en cause de la neutralité irlandaise dans les référendums négatifs sur les traités de Nice et de Lisbonne, ou encore le statut particulier du Danemark qui, en vertu d'un protocole au traité de Maastricht, ne participe pas à l'élaboration, à la mise en œuvre ni au financement des décisions ayant des implications en matière de défense.

Les contraintes budgétaires fortes s'imposant aux budgets de défense nationaux, combinées aux attentes de nos principaux partenaires comme des citoyens européens, n'en n'ont pas moins imposé certaines avancées, accomplies parfois en dehors du cadre de l'UE, par exemple avec la création de l'Eurocorps en 1992. C'est ainsi que l'UE a également pu déployer sur le terrain des opérations contribuant au maintien de la paix et de la sécurité, comme le déploiement de 7 000 hommes en Bosnie en 2004, dans le cadre de l'opération Althea, ou encore la sécurisation du trafic maritime au large de la Somalie, dans le cadre de l'opération Atalante lancée en 2009.

Les grandes étapes de l'émergence de l'Europe de la défense

Depuis la fin de la guerre froide, l'Europe de la défense s'est construite en trois phases principales qui se reflètent dans l'évolution de la terminologie utilisée pour la désigner : identité européenne de sécurité et de défense (IESD), politique européenne de sécurité et de défense (PESD) et enfin politique de sécurité et de défense commune (PSDC).

L'identité européenne de sécurité et de défense (1984-1998)

La relance de l'Union de l'Europe occidentale (UEO)

Suite à l'échec de la CED en 1954, l'UEO a accueilli la RFA en son sein et incarné une identité européenne de défense quelque peu virtuelle au sein de l'organisation de sécurité de référence qu'est l'OTAN. L'initiative germano-italienne Genscher-Colombo échouant, en 1981, à étendre la coopération politique européenne au domaine de la sécurité et de la défense, c'est à travers une relance de l'UEO que les promoteurs de l'Europe de la défense tentèrent de mener leur projet à bien.

Cette relance pris la forme de la « Déclaration de Rome » adoptée par les États membres de l'UEO en 1984, qui se fixait comme objectifs la définition d'une identité de sécurité européenne et l'harmonisation progressive des politiques de défense des États membres. Ces objectifs trouvèrent une première concrétisation avec la « Plateforme sur les intérêts européens en matière de sécurité », adoptée en 1987 à La Haye à l'initiative de la France et de l'Allemagne, ainsi qu'avec la création la même année d'une Brigade franco-allemande.

La chute du mur de Berlin

La chute du mur de Berlin a remis en question la primauté du lien transatlantique et placé en évidence la nécessité d'un renforcement du pilier européen de l'Alliance afin de répondre au souhait américain d'un rééquilibrage du fardeau[300]. Réciproquement la crise en ex-Yougoslavie a éga-

300. Ce souhait d'un rééquilibrage du fardeau s'est notamment traduit par la réduction de la présence des forces américaines en Europe.

lement souligné la situation de dépendance dans laquelle l'Europe se trouvait vis-à-vis des États-Unis, du fait d'un manque de capacités européennes en matière d'opérations de maintien de la paix.

Les politiques de défense nationales se sont adaptées à ce contexte nouveau avec, en France, le Livre blanc sur la défense nationale de 1994, et une évolution majeure de la doctrine allemande concernant l'utilisation de la force armée, rendue possible par l'arrêt du 12 juillet 1994 de la Cour constitutionnelle fédérale relatif à l'envoi de troupes hors de la zone OTAN[301].

Le traité de Maastricht

Compte tenu des réserves encore fortes de certains États membres, les négociations relatives à une Union politique débouchent en décembre 1991, au Conseil européen de Maastricht, sur une formulation qui reste malgré tout extrêmement prudente à l'égard des questions de défense : « *La politique étrangère et de sécurité commune inclut l'ensemble des questions relatives à la sécurité de l'Union européenne, y compris la définition* ***à terme*** *d'une politique de défense commune, qui* ***pourrait*** *conduire,* ***le moment venu****, à une défense commune.* »[302]

Afin de préserver la prééminence de l'OTAN, l'Union de l'Europe occidentale est intégrée au traité de Maastricht, avec pour mission d'élaborer et de mettre en œuvre les décisions et les actions de l'Union ayant des implications dans le domaine de la défense. C'est à ce titre que le Conseil des ministres de l'UEO de juin 1992 définit les « missions de Petersberg », auxquelles ses membres pourront participer, comme étant les « *missions humanitaires et d'évacuation, missions de maintien de la paix et les missions de forces de combat pour la gestion des crises, y compris les missions de rétablissement de la paix* ». Elles seront par la suite explicitement reprises à son compte par l'UE, en 1997, dans le cadre du traité d'Amsterdam.

L'accord de Berlin

L'émergence progressive d'une « identité européenne de sécurité et de défense » (IESD) au sein de l'OTAN fut reconnue officiellement par l'accord de Berlin, conclu en 1996 entre l'OTAN et l'UEO. Ce que l'on appela la « théorie des ensembles » permit alors d'associer de manière différenciée tous les pays européens à cette IESD en tenant compte de la non-participation de certains d'entre eux à l'OTAN ou à l'UE : aux côtés des membres à part entière de l'UEO (pays membres à la fois de l'OTAN et de l'UE) se trouvaient ainsi des membres associés (pays européens membres de l'OTAN, mais pas de l'UE), ainsi que des membres observateurs (pays membres de l'UE mais pas de l'OTAN).

301. Pour être jugée constitutionnelle par la Cour constitutionnelle de Karlsruhe, la participation de troupes allemandes à des opérations hors zone OTAN doit se dérouler dans le cadre d'opérations de maintien de la paix sous mandat international et avoir été approuvée par le Bundestag.

302. Ex-article J4 TUE du traité de Maastricht.

La politique européenne de sécurité et de défense (1999-2008)

Le tournant de Saint-Malo

Une impulsion politique déterminante a été donnée à l'Europe de la défense par le sommet franco-britannique de Saint-Malo, en 1998, marquant le ralliement du Royaume-Uni à la conception d'une politique européenne de défense qui soit compatible avec l'OTAN. En effet, en raison de leur positionnement respectif diamétralement opposé au sein de l'OTAN (entre la relation spéciale du Royaume-Uni avec l'allié américain, et la non-participation de la France aux structures militaires intégrées) comme de leur poids stratégique incontournable (représentant à eux deux 50 % de l'ensemble des dépenses militaires de l'UE et étant, en outre, les seuls États membres à avoir le statut de puissances nucléaires et de membres permanents du Conseil de sécurité), l'implication combinée de la France et du Royaume-Uni est la clé de voûte de la défense européenne.

Suite au sommet de Saint-Malo, les Conseils européens de Cologne, en juin 1999, et d'Helsinki, en décembre 1999, confirmeront la volonté de l'Union européenne de mettre en place une véritable politique européenne de sécurité et de défense (PESD) disposant de structures de coordination politico-militaires propres[303] effectivement mises en place par le traité de Nice, en 2001, et permettant à l'UE de reprendre la responsabilité d'organiser des opérations de gestion de crise jusque-là assurées par l'UEO. Cette PESD sera ensuite incarnée et développée par le secrétaire général du Conseil haut représentant pour la PESC (SGHR), poste créé par le traité d'Amsterdam et occupé par Javier Solana de 1999 à 2009.

Les accords « Berlin plus »

Une coopération plus structurée a alors pu s'instaurer avec l'OTAN, dans le cadre des accords dits « Berlin + » signés à Washington en 1999. Ces accords étant signés directement entre l'UE et l'OTAN, cette coopération ne passe plus par le truchement de l'UEO. Ainsi le « *partenariat stratégique dans la gestion des crises* » entre l'UE et l'OTAN prévoit notamment :

a) une garantie d'accès de l'UE aux capacités de planification de l'OTAN ;

b) une présomption de mise à disposition de l'UE des moyens collectifs de l'OTAN ;

c) des procédures régulières de consultation sur la gestion des crises : réunions entre le COPS et le conseil de l'Atlantique nord, entre le comité militaire de l'UE et le comité militaire de l'Atlantique nord, entre le SGHR et le secrétaire général de l'OTAN.

Ces arrangements permettent ainsi à l'UE de coopérer avec l'OTAN dans le cadre d'opérations de maintien de la paix en ex-Yougoslavie, comme les opérations Concordia en ARYM et Althea en Bosnie.

303. Comité politique et de sécurité (COPS), Comité militaire de l'Union européenne (CMUE), État-major de l'Union Européenne (EMUE).

La politique de sécurité et de défense commune (2009-)

En lui consacrant une section spécifique, le traité de Lisbonne trace de nouvelles perspectives pour la politique européenne de défense qui devient « politique de sécurité et de défense *commune* » (PSDC), le nouvel adjectif qui lui est adjoint marquant le franchissement d'un pallier supplémentaire dans la coopération. En effet, la PSDC pourra avoir recours à l'avenir à une clause de défense mutuelle, à une clause de solidarité et à un mécanisme de coopération structurée permanente.

La clause de défense mutuelle

En disposant qu'*« au cas où un État membre serait l'objet d'une agression armée sur son territoire, les autres États membres lui doivent aide et assistance par tous les moyens en leur pouvoir, conformément à l'article 51 de la charte des Nations unies*[304] *»*, l'article 42.7 TUE est la première clause de défense mutuelle spécifique à l'UE liant entre eux ses États membres, seules l'OTAN et l'UEO ayant disposé auparavant d'une telle clause de défense mutuelle.

Il a fallu cependant adjoindre deux phrases à cette clause afin d'obtenir l'accord des États membres neutres[305] qui craignaient qu'elle ne remette en question leur statut, ainsi que de certains membres de l'OTAN qui redoutaient un affaiblissement de la solidarité transatlantique[306] :

« Cela n'affecte pas le caractère spécifique de la politique de sécurité et de défense de certains États membres.
« Les engagements et la coopération dans ce domaine demeurent conformes aux engagements souscrits au sein de l'Organisation du traité de l'Atlantique nord qui reste, pour les États qui en sont membres, le fondement de leur défense collective et l'instance de sa mise en œuvre. »

On peut relever que la formulation de la clause de défense mutuelle de l'UE va légèrement plus loin que celle de l'article V du traité de Berlin instituant l'UEO, qui vise uniquement le cas d'une *« agression armée en Europe »* excluant ainsi les départements et les territoires d'outre-mer de son champ d'application, de même que celle de l'article V du traité de l'Atlantique nord, dont la formule *« telle action qu'elle jugera nécessaire »* laisse une plus grande marge d'appréciation quant à la nature de l'assistance à apporter en cas d'agression.

Une conséquence indirecte de la clause de défense mutuelle est la disparition de l'UEO. En effet, avec l'inscription de cette clause dans le traité de Lisbonne disparaît la seule raison d'être résiduelle de l'UEO qui était sont article V, de sorte que les dix États membres de l'UEO ont officiellement annoncé leur intention de se retirer du traité de Bruxelles, décision qui prendra effet en juillet 2011.

La clause de solidarité

Complémentaire de la clause de défense mutuelle, cette clause vise les cas d'attaque terroriste et de catastrophe naturelle ou d'origine humaine : *« Si un État membre est l'objet d'une attaque terroriste ou la victime d'une catastrophe naturelle ou d'origine humaine, les autres États membres lui portent assistance à la demande de ses autorités politiques.*[307] *»*

N'ayant pas fait l'objet de discussions aussi tendues que la clause de défense mutuelle, cette clause de solidarité a pu être mise en œuvre de manière anticipée, suite aux attentats de Madrid du 11 mars 2004.

La coopération structurée permanente

La PESD, qui en avait jusque-là été écartée, est intégrée dans le champ d'application du mécanisme de coopération renforcée par lequel, sur décision prise à l'**unanimité** des Vingt-Sept, un nombre limité d'États membres au moins égal à neuf peuvent poursuivre une coopération plus étroite entre eux dans un domaine déterminé.

Le traité de Lisbonne introduit également la possibilité de mettre en place, par une décision à la **majorité qualifiée**[308], une « coopération structurée permanente »[309] entre certains États membres respectant des critères plus élevés de capacités militaires et ayant souscrit des engagements plus contraignants, définis dans un protocole au traité de Lisbonne. Outre la différence de règle de vote s'appliquant pour la décision de lancement, la coopération structurée permanente présente l'avantage, par rapport à une coopération renforcée, de ne pas nécessiter un nombre minimum d'État membres. Il faut, par ailleurs, relever que cette coopération structurée est unique et, comme son nom l'indique, permanente, ce qui suggère un caractère transversal et stratégique, et non la poursuite d'un projet ponctuel ou d'un objectif lié aux circonstances.

Les moyens mis au service de l'Europe de la défense

Les capacités

Les objectifs globaux

Le principal défi qui s'est posé à l'Europe de la défense a été celui du renforcement de ses capacités d'action. Cet enjeu a conduit à la définition successive d'**objectifs globaux** *(Headline goals)* vers lesquels les États membres s'efforcent de tendre collectivement.

304. L'article 51 de la Charte des Nations unies concerne le recours à la force en cas de légitime défense.

305. Autriche, Finlande, Suède et Irlande.

306. Royaume-Uni, Pays-Bas, Pologne.

307. Article 222.2 TFUE.

308. Il s'agit là de la seule exception à la règle de la prise de décision à l'unanimité qui est sinon de rigueur en matière de défense.

309. Article 46 TUE.

Il s'est agi, en premier lieu, du *Helsinki Headline Goal*, défini en 1999, selon lequel l'UE devait être capable, en 2003, de déployer une force de réaction rapide (FRR) de 60 000 hommes en moins de 60 jours pour une durée d'au moins un an, afin d'assurer des missions de Petersberg, avec l'appui de 400 avions de combat et de *« capacités nécessaires de commandement, de contrôle et de renseignement »*. A terme, à travers cet objectif, l'UE devait être capable d'assumer simultanément une opération lourde (séparation/prévention) et une opération légère (aide humanitaire/évacuation de ressortissants).

L'objectif global d'Helsinki de 1999 n'ayant pu être atteint complètement, un nouvel objectif global a été défini en 2004, le *Headline Goal 2010,* mettant l'accent sur une amélioration de l'interopérabilité, de la déployabilité et des capacités de soutien aux forces, ainsi que sur une capacité de réponse rapide. L'UE doit désormais pouvoir décider de lancer une opération cinq jours après l'adoption d'un *concept de gestion de crises* par le Conseil, le déploiement effectif des forces sur le théâtre d'opération devant, quant à lui, pouvoir intervenir dix jours après la décision de lancement.

Enfin, en 2006 a été défini le concept de **groupements tactiques** (GT ou *battle groups*) de 1 500 hommes déployables en 15 jours pour une durée de 120 jours. Grâce aux contributions des États membres répertoriées dans un catalogue de forces, l'UE dispose ainsi de pas moins de treize groupements tactiques (GT) assurant une permanence par rotations de deux groupements tactiques par semestre[310].

Parallèlement ont également été définis des objectifs globaux de capacités civiles. Le Conseil européen de Feira a fixé, en 2000, l'objectif de pouvoir réunir 5 000 policiers, dont 1 000 mobilisables en trente jours, le *Civilian Headline Goal 2008* visant, quant à lui, le déploiement en treize jours de capacités civiles articulées autour d'équipes multifonctionnelles intégrées.

Les forces multinationales

Pour assurer ses opérations de gestion de crise et de maintien de la paix, outre les contributions nationales, l'Union peut s'appuyer sur des forces multinationales mises en place entres certains pays sur une base *ad hoc* en marge des structures de l'UE : **Brigade franco-allemande** intégrée à l'**Eurocorps** en 1992 (avec la participation de l'Espagne, de la Belgique et du Luxembourg), **Eurofor** (Espagne, France, Italie, Portugal), Force navale **Euromarfor** (Espagne, France, Italie, Portugal), **Groupe aérien européen** (Allemagne, Belgique, Espagne, France, Italie, Royaume-Uni), **Force de gendarmerie européenne** (Eurogendfor – Espagne, France, Italie, Pays-Bas, Portugal, et Roumanie comme observateur). Le traité de Lisbonne reconnaît officiellement la contribution de ces forces multinationales à la PSDC : *« Les États membres qui constituent entre eux des forces multinationales peuvent aussi les mettre à la disposition de la PSDC. »*[311]

Le traité de Lisbonne prévoit par ailleurs que *« dans le cadre des décisions adoptées conformément à l'article 43, le Conseil peut confier la mise en œuvre d'une mission à un groupe d'États membres qui le souhaitent et disposent des capacités nécessaires pour une telle mission. Ces États membres, en association avec le haut représentant de l'Union pour les affaires étrangères et la politique de sécurité, conviennent entre eux de la gestion de la mission. »*[312] Cette formule, plus souple en ce qu'elle ne se réfère par à une structure multinationale préexistante et en ce qu'elle permet de confier la gestion de la mission à un nombre limité d'États membres, est parfois désignée sous le vocable d'« avant-garde ».

Le volet industriel

L'émergence progressive d'un marché européen de l'armement

Les programmes d'armement européens sont aujourd'hui pris dans un effet de ciseaux entre des contraintes budgétaires de plus en plus fortes, et une sophistication croissante des matériels conduisant à une explosion de leur coût, de sorte que l'écart se creuse entre les États-Unis et l'Europe tant en termes quantitatifs que qualitatifs. En effet, les États européens ont un niveau collectif de dépenses militaires *deux fois inférieur* à celui des États-Unis et des dépenses en recherche et technologie militaire six fois moindre. A cela, il convient d'ajouter que ces dépenses sont nettement moins efficaces, compte tenu du manque de coordination et de la dispersion entre programmes industriels nationaux dupliquant les efforts.

Partant du constat qu'une stratégie d'armement purement nationale est de moins en moins viable pour les États européens, on assiste à un mouvement progressif de mutualisation des programmes d'armement dans le cadre de forums *ad hoc* : groupe armement de l'Europe occidentale (GAEO), créé en 1992 et rattaché à l'UEO, rassemblant 19 États y compris le Danemark, la Norvège et la Turquie aux côtés d'États membres de l'UE ; organisation conjointe de coopération en matière d'armement (OCCAR) créée en 1998 par la France, le Royaume-Uni, l'Allemagne, l'Italie et la Belgique ; ou encore « Lettre d'intention » *(Letter of Intent-LoI)* adoptée en 2000 par la France, le Royaume-Uni, l'Allemagne, l'Italie, l'Espagne et la Suède.

Parallèlement, on assiste à une recomposition progressive du secteur de l'armement visant à répondre à une demande de systèmes d'armes communs à plusieurs États membres et à renforcer la compétitivité de l'industrie européenne sur les marchés mondiaux. Suite au lancement des programmes d'hélicoptère Tigre et d'avion de transport A-400 M, les entreprises collaborant à ces programmes ont été regroupées en 2000 au sein du **groupe EADS** permettant une

310. Au premier semestre 2011, cette permanence est ainsi assurée par un GT conduit par les Pays-Bas en association avec l'Allemagne, la Finlande, l'Autriche et la Lituanie (QG basé à Potsdam) et par un GT nordique conduit par la Suède avec la participation de la Finlande, de l'Estonie, de l'Irlande et de la Norvège (QG basé à Northwood). Les deux GT assurant la rotation du deuxième semestre 2011 sont le groupement Grèce, Bulgarie, Chypre et Roumanie (QG basé à Larissa) et l'Eurofor comprenant le Portugal, l'Espagne, la France et l'Italie (QG basé au Mont-Valérien).

311. Article 42.3 TUE.

312. Article 44 TUE.

collaboration étroite entre des sites de conception et de production situés en France, en Allemagne, au Royaume-Uni, et en Espagne.

La rationalisation de l'industrie d'armement et l'ouverture des marchés nationaux se heurte encore, cependant, à de fortes réticences mêlant considérations de sécurité nationale favorables au maintien de capacités de production autonomes et réflexes protectionnistes se traduisant par l'exigence de retours industriels. Suite à une initiative prise par la Commission, un « paquet défense » a toutefois pu être adopté en 2009 afin de limiter ces obstacles. Ce paquet comprend une directive sur les marchés publics de défense et de sécurité, une communication interprétative sur l'application de l'article 346 TFUE (ex-article 296 TCE) permettant à certaines conditions de déroger aux règles du marché intérieur, et une directive sur les transferts intra-communautaires de défense.

L'agence européenne de défense (AED)

Conçue en 2004 comme une boîte à outils destinée à renforcer les capacités européennes en matière d'armement, l'AED a vu son rôle consacré par le traité de Lisbonne qui prévoit l'adoption d'une nouvelle décision fondatrice et place le haut représentant à sa tête[313].

Le cadre stratégique de l'AED lui fixe quatre missions principales :
– développer les **capacités dans la gestion de crise**, en particulier la mise en œuvre du Headline Goal dans le cadre de « plans de développement des capacités ». A ce titre, l'AED a notamment fixé une norme de référence de 20 % de dépenses de défense devant être consacrées à l'équipement ;
– promouvoir et développer la **coopération en matière d'armement**, en incitant les États membres à consacrer au moins 35 % de leurs appels d'offre à des projets collaboratifs européens, et en œuvrant à des projets concrets, comme un système d'imagerie spatiale multinationale (MUSIS – *Multinational Space-based Imaging System);*
– renforcer la **base industrielle et technologique de défense européenne** (BITDE) et favoriser la création d'un marché européen des équipements de défense, à travers notamment l'élaboration, en 2005, d'un « code de conduite sur les marchés de défense » adopté par 25 États membres (le Danemark et la Roumanie ne participant pas) et la Norvège, et dans le cadre duquel plus de cent contrats ont depuis été attribués, pour un montant cumulé de plus de 2 milliards d'euros ;
– développer la **recherche et technologie** dans le domaine de la défense et de la sécurité avec la promotion d'un objectif de 2 % de dépenses de défense consacrées à la R&T, dont 20 % dans le cadre de projets européens, ou encore le soutien à des projet de R&T concrets comme celui relatif à la protection des forces terrestres doté de 50 millions d'euros.

Une nouvelle décision définissant le statut, le siège et les modalités de fonctionnement de l'AED a été adoptée en application de l'article 45 TUE, ajoutant deux nouvelles missions relatives à l'harmonisation des besoins opérationnels et au soutien à la coopération structurée permanente. Les six missions de l'Agence se définissent désormais comme suit :
– contribuer à identifier les objectifs de capacité militaires des États membres et évaluer le respect des engagements ;
– promouvoir l'harmonisation des besoins opérationnels et l'adoption de méthodes de marchés publics performantes et compatibles ;
– proposer des projets multilatéraux pour remplir les objectifs en termes de capacités militaires, assurer la coordination des programmes mis en œuvre par les États membres et gérer les programmes de coopération spécifique ;
– soutenir la recherche technologique de défense, coordonner et planifier les activités de recherche conjointe ;
– contribuer à identifier et, si nécessaire, mettre en œuvre toute mesure utile visant à renforcer la base industrielle et technologique du secteur de défense et à améliorer l'efficacité des dépenses militaires ;
– soutenir la coopération structurée permanente.

Les plans de travail et les cadres financiers triannuels restent soumis à une décision du Conseil à l'unanimité et, si la procédure ordinaire du conseil d'administration est la majorité qualifiée, un État membre peut toujours bloquer une décision du conseil d'administration et renvoyer celle-ci à une décision à l'unanimité du Conseil en invoquant, pour ce faire, des *« raisons importantes et démontrées de politique nationale »*. Il y a donc de fortes chances, compte tenu des préventions de certains États membres (en particulier le Royaume-Uni), que le budget de l'AED reste au niveau modeste où il se situe aujourd'hui, à savoir de l'ordre de 30 millions d'euros annuels.

Les opérations de l'UE

Depuis 2003, l'UE a déployé pas moins de vingt-quatre opérations de gestion de crise et de maintien de la paix sur trois continents, faisant la preuve de sa capacité à répondre à des situations très différentes ; le traité de Lisbonne devrait permettre d'élargir encore la palette des opérations pouvant être conduites par l'UE.

Une palette de missions très large...

Les opérations de l'UE couvrent un spectre particulièrement ouvert de missions militaires et/ou civiles.

Au titre des missions militaires, on peut citer **Artémis** en République démocratique du Congo, qui fut en 2003 la première opération autonome de la PESD et la première action militaire de l'UE, ou encore **Concordia,** en ARYM (ancienne République yougoslave de Macédoine), transformée en opération de police EUPOL Proxima depuis. En renforçant progressivement son expérience et ses moyens, l'UE est capable de mener des opérations militaires de plus en plus « robustes » comme l'illustrent **Artémis,** avec 2 000 hommes engagés sous la conduite de la France en

313. La direction exécutive de l'AED est assurée par la Française Claude-France Arnould.

tant que nation-cadre, et aujourd'hui **Atalante,** opération anti-piraterie au large des côtes de Somalie.

S'adaptant à des situations très diverses dans ce que l'ancien directeur exécutif de l'AED, Nick Witney, a pu qualifier de « *triomphe de l'improvisation* », l'UE a notamment fait la preuve d'un certain savoir-faire et d'une réelle valeur ajoutée, par rapport à l'OTAN, dans la conduite d'opérations civiles ou civilo-militaires, notamment dans une perspective de stabilisation et de reconstruction de l'État post-conflit, perspective qui correspond justement à une demande croissante de l'ONU[314].

Les opérations civiles sont des opérations d'« État de droit » (formation de juges et de juristes, réforme du code pénal…), comme **EUJUST Thémis** en Géorgie, **EUJUST Lex** en Irak, des missions d'observation, comme **EUMM** dans les Balkans ou en Indonésie, des missions de contrôle des frontières dans les territoires palestiniens et en Moldavie, et des missions de police, missions **EUPM** en Bosnie, en RDC et auprès de l'Autorité palestinienne.

Au titre des opérations civilo-militaires, on peut citer l'opération **Althea** mobilisant 7 000 hommes en Bosnie, ou encore l'action commune au Darfour, en 2005, prévoyant un volet humanitaire, un volet policier et un volet militaire

En mars 2011, treize opérations étaient en cours, dont trois militaires (voir tableau ci-dessous).

314. L'attention croissante portée par les Nations unies aux problématiques de stabilisation post-conflit a été résumée dans le concept « DDR » : désarmement, démobilisation et réintégration.

Opérations de l'UE conduites dans le cadre de la PESC

	Europe	Afrique	Moyen-Orient	Asie
Opérations militaires	*Concordia (ARYM, mars-décembre 2003)* **EUFOR Althea (Bosnie-Herzégovine, décembre 2004-…, Effectif : 1448)**	*Artemis (RDC, juin-septembre 2003)* *EUFOR Congo (RDC, juin-novembre 2006)* *EUFOR Tchad-RCA (Tchad-RCA, janvier 2008-mars 2009)* **EUNAVFOR Atalante (Somalie, décembre 2008-…, Effectif : 1216)** **EUTM Somalie (Ouganda, avril 2010-…, Effectif : 99)**		
Opérations civiles	*EUPOL Proxima (ARYM, décembre 2003-décembre 2005)* *EUPAT (ARYM, décembre 2005-juin 2006)* *EUJUST Themis (Géorgie, juillet 2004-juillet 2005)* *EUPT Kosovo (Kosovo, avril 2006-2008)* **EUPM Bosnie (Bosnie-Herzégovine, janvier 2003-…, Effectif : 277)** **EUBAM Ukraine/Moldavie (novembre 2005-…, Effectif : 200)** **EULEX Kosovo (Kosovo, février 2008-…, Effectif : 2844)** **EUMM. Géorgie (Géorgie, octobre 2008-…, Effectif : 417)**	*EUPOL Kinshasa (RDC, avril 2005-juin 2007)* *EU SSR (Guinée-Bissao, février 2008-2009)* **EUSEC RDC (RDC, juin 2005-…, Effectif : 52)** **EUPOL RDC (RDC, juillet 2007-…, Effectif : 59)**	**EUPOL COPPS (Territoires palestiniens, janvier 2006-…, Effectif : 77)** **EUJUST Lex (Irak, juillet 2005-…, Effectif : 63)** **EUBAM Rafah (Territoires palestiniens, novembre 2005-…, Effectif : 21)**	*AMM. Aceh (Indonésie, septembre 2005-décembre 2006)* **EUPOL Afghanistan (Afghanistan, juin 2007-…, Effectifs : 487)**
Opérations mixtes		*Soutien à AMIS II (Soudan, juillet 2005-décembre 2007)*		

Opérations terminées, **opérations en cours.**

Source : SEAE, février 2011.

… que le traité de Lisbonne devrait contribuer à développer davantage

Le traité de Lisbonne élargit sensiblement les missions de la PSDC au-delà des seules missions de Petersberg. L'article 43.1 TUE ajoute ainsi aux «*missions humanitaires et d'évacuation, missions de maintien de la paix, missions de forces de combat pour la gestion des crises, y compris les missions de rétablissement de la paix*», les «*missions de **conseil et d'assistance en matière militaire**, actions en matière de **désarmement**, les missions de **prévention des conflits**, les opérations de **stabilisation à la fin des conflits***» ainsi que la contribution «*à la **lutte contre le terrorisme**, y compris le soutien à des pays tiers pour combattre le terrorisme sur leur territoire*».

Surtout, le traité de Lisbonne facilite grandement le financement des missions de la PSDC par l'instauration d'une procédure de mise à disposition accélérée des crédits pour les opérations civiles de gestion des crises, ainsi que l'institution d'un fonds de lancement pour les opérations ayant des implications militaires ou dans le domaine de la défense (article 41.3 TUE) qui devrait pallier les insuffisances du mécanisme Athena, mis en place en 2004 pour le financement des opérations militaires, notamment dans la phase préparatoire de ces opérations.

Les nouveaux défis de la PSDC

Les lacunes identifiées dans le domaine des capacités

Le système des groupements tactiques assurant une permanence par rotation n'est pas pleinement satisfaisant, dans la mesure où il repose entièrement sur un bon vouloir des États membres d'autant moins garanti que les États volontaires assurent eux-mêmes l'essentiel de la charge financière de leur GT. Ainsi, début 2011, un GT manquait encore à l'appel pour compléter la rotation du premier semestre 2012. De plus, aucun GT n'a à ce jour été effectivement mobilisé, toutes les opérations menées par l'UE ayant été assurées par des forces *ad hoc* créées pour la circonstance. Dans un même ordre d'idée, en 2011 la Cour des comptes européenne a sévèrement critiqué le système des forces multinationales reposant sur des traités particuliers, dont les règles de fonctionnement spéciales ajoutent à la complexité et aux coûts sans réelle valeur ajoutée par rapport aux mécanismes de la PSDC inscrits dans les traités UE.

En outre, des lacunes majeures demeurent à combler dans des domaines clés tels que la protection des forces (composante air – chasseurs –, capacités balistiques, protection contre les mines – capacité de déminage), la déployabilité des forces (transport aérien – A 400 M – et maritime – porte-avions –, soutien médical – navires hôpitaux) et la supériorité de l'information (moyens satellitaires, radars embarqués/AWACS, drones/UAV, etc.).

Au total, malgré l'appellation de «force de réaction rapide», le déploiement des contingents européens reste marqué par des délais encore trop longs. La présentation d'un nouveau plan de développement des capacités devrait s'attacher en priorité à la réalisation de progrès dans ces domaines.

L'hypothétique mise en place de la coopération structurée permanente

Conçue comme un aiguillon susceptible de faire avancer l'ensemble des pays, à l'instar de l'euro ou de Schengen, le lancement de la coopération structurée permanente (CSP) se trouve pris dans le dilemme entre un groupe strictement limité d'États membres répondant à des critères ambitieux, au risque de rendre presque impossible le ralliement d'autres États membres, et une approche plus souple et plus ouverte, au risque de n'avoir aucune valeur ajoutée par rapport aux instruments existants.

En effet, la CSP (article 45 TUE) ne représente qu'une des six possibilités existantes pour aller de l'avant entre un nombre limité d'États membres en matière de défense. Les cinq autres formes de coopération à géométrie variable dans le domaine de la défense sont la «coopération renforcée» (article 20 TUE), la participation «à la carte» aux projets industriels de l'agence européenne de défense (article 45 TUE), la participation volontaire aux opérations dans le cadre de l'«abstention constructive» (article 31 TUE), la possibilité de confier explicitement à une «avant-garde» de pays la responsabilité d'une mission (article 44 TUE) et enfin, la possibilité toujours existante de coopérations *ad hoc* hors traité (par exemple, les forces multinationales).

On peut donc légitimement s'interroger sur la valeur ajoutée de la CSP par rapport à l'ensemble de ces dispositifs. A l'examen, il semble que le principal avantage de la mise en place de la CSP ne serait pas tant un saut qualitatif institutionnel (même s'il ne faut pas minimiser une souplesse d'emploi accrue par rapport aux coopérations renforcées), que le signal politique fort de relance de l'Europe de la défense qu'enverrait la mise en place de ce mécanisme unique et permanent. Force est cependant de constater que ce signal fait aujourd'hui défaut, et ce malgré le protocole relatif à la CSP qui prévoyait son lancement dès l'entrée en vigueur du traité de Lisbonne.

L'évolution du partenariat UE-OTAN

Malgré le retour de la France dans les structures de commandement militaire intégrées, conçu comme devant faciliter la coopération entre l'UE et l'OTAN et, ainsi, lever les obstacles au développement de l'Europe de la défense, le partenariat UE-OTAN semble être aujourd'hui au point mort. Le nouveau concept stratégique de l'OTAN, adopté au sommet de Lisbonne le 19 novembre 2010, réaffirme bien que «*l'OTAN et l'UE peuvent et doivent jouer des rôles complémentaires et se renforçant mutuellement*» dans le cadre d'une «*répartition équitable des charges*» impliquant «*l'importance d'une défense européenne plus forte et plus performante*». Cette affirmation est cependant de plus en plus difficile à mettre en pratique, du fait de l'évolution rapide des menaces pesant sur la sécurité euro-atlantique ainsi que de l'évolution du rôle assigné par les États-Unis à l'OTAN.

En premier lieu, le nouveau concept stratégique fait le constat qu'aujourd'hui «*la menace d'une attaque conventionnelle contre le territoire de l'OTAN est faible*» et que les principales menaces auxquelles l'OTAN doit désormais faire face sont plus diffuses : prolifération de missiles balistiques et d'armes de destruction massive, terrorisme, cyberattaques, voire risques sanitaires, changement climatique, raréfaction de l'eau et augmentation des besoins énergétiques. L'OTAN en tire la conclusion qu'il lui faut multiplier les partenariats, ce qui tend à diluer l'importance du partenariat UE-OTAN : Conseil de partenariat euro-atlantique associant les 28 membres de l'OTAN à 22 pays d'Europe centrale et orientale, Dialogue méditerranéen avec 7 pays de la rive sud de la Méditerranée, Initiative de coopération d'Istanbul avec 4 pays du Conseil de coopération du Golfe, coopération avec l'Australie, la Corée, le Japon ou encore la Nouvelle-Zélande.

Parallèlement à la prise en compte des paramètres nouveaux de la sécurité euro-atlantique, l'OTAN a connu une seconde évolution majeure, principalement à l'instigation des États-Unis : d'une simple alliance de défense collective, l'OTAN a évolué vers une organisation de maintien de la paix et de la sécurité contribuant à la stabilité internationale. Ainsi, le nouveau concept stratégique confirme la capacité de l'OTAN à «*contrôler des opérations n'importe où*» dans le cadre de la coopération qu'elle développe avec l'ONU. Afin de répondre au mieux aux besoins croissants exprimés par l'ONU en termes de stabilisation et de reconstruction post-conflit, l'OTAN est notamment amenée à développer un volet civil à partir d'une vocation initiale purement militaire. Le sommet de Lisbonne a ainsi décidé la mise en place d'une structure civile de gestion de crise, le renforcement de la planification civilo-militaire ou encore l'identification et la formation de spécialistes civils issus des États membres, multipliant ainsi les risques de duplication entre l'OTAN et l'UE.

Si ces deux tendances de fond expliquent pour une large part les difficultés auxquelles se heurte l'instauration d'un partenariat fort et équilibré entre l'OTAN et l'UE, un troisième facteur empoisonne les relations UE-OTAN au quotidien : du fait de la non-appartenance de la Turquie à l'UE et de la non-appartenance de Chypre à l'OTAN, les coopérations mises en place entre les deux organisations sont régulièrement prises en otage par le contentieux turco-chypriote. Le règlement de ce contentieux est *de facto* une condition de la normalisation des relations UE-OTAN.

L'objectif d'une défense commune de l'UE

Malgré l'introduction d'une clause de défense mutuelle, l'établissement d'une véritable défense commune de l'UE reste un horizon lointain pour des raisons tant politiques qu'opérationnelles : divergences de culture et manque d'interopérabilité avec les États non membres de l'OTAN, déficit de moyens conventionnels, absence de vision commune concernant la dissuasion nucléaire… Face au réarmement mondial (Chine, États-Unis, Russie, Inde, pays du Golfe), l'Europe est, en outre, l'une des rares zones en phase de désarmement.

La difficulté à organiser la protection du territoire européen indépendamment des États-Unis a été d'ailleurs illustrée de manière crue par la polémique sur les modalités de déploiement du bouclier antimissile américain en Europe. *A contrario*, l'abandon du projet américain pourrait susciter un regain d'intérêt pour l'Europe de la défense de la part de pays comme la Pologne ou la République tchèque.

Alors que Paris et Londres ont relancé leur coopération militaire sur un mode purement bilatéral dans le cadre du récent accord signé à Londres le 2 novembre 2010, d'autres États membres se montrent plus actifs que par le passé dans le développement de l'Europe de la défense : à ce titre, on peut notamment citer l'initiative présentée par l'Allemagne et la Suède à Gand, en novembre 2010 (initiative dite «*pooling and sharing*») ou encore la lettre conjointe envoyée par les ministres des Affaires étrangères et de la Défense du triangle de Weimar[315], en décembre 2010, à Catherine Ashton afin de renforcer la PSDC.

315. Allemagne, France, Pologne.

L'essentiel

Après l'échec de la Communauté européenne de défense, en 1954, l'Europe a privilégié l'OTAN pour organiser sa sécurité pendant la guerre froide. Ce n'est qu'avec la chute du mur de Berlin que l'UE a pu développer progressivement une identité européenne de sécurité et de défense dans le cadre du traité de Maastricht puis, à la suite du sommet franco-britannique de Saint-Malo de 1998, une politique européenne de sécurité et de défense et, enfin, avec le traité de Lisbonne, une **politique de sécurité et de défense commune** (PESC).

D'essence intergouvernementale, la politique de sécurité et de défense commune dépend des États membres pour la mise à disposition des hommes et des équipements nécessaires à ses opérations. Afin de renforcer l'efficacité et la disponibilité de leurs forces, certains États membres se regroupent au sein de **forces multinationales** pérennes (Eurocorps, Eurofor, Euromarfor, Force de gendarmerie européenne, etc.) ou bien, pour des périodes de six mois, au sein de **groupements tactiques** de 1 500 hommes déployables en quinze jours pour une durée de 120 jours. Les moyens mis à sa disposition par les États membres ont permis à l'UE de déployer, depuis 2003, pas moins de vingt-quatre opérations de gestion de crise et de maintien de la paix sur trois continents, de nature aussi bien militaire que civile ou mixte (civilo-militaire).

Certains États membres ont, par ailleurs, eu tendance à se regrouper pour mener en commun des **programmes industriels**, par exemple dans le cadre de l'Organisation conjointe de coopération en matière d'armement (OCCAR) ou de la « Lettre d'intention », voire de former des entreprises d'armement multinationales comme EADS. Créée en 2004, l'**agence européenne de défense** sert en parallèle de « boîte à outils » destinée à renforcer les capacités européennes en matière d'armement, notamment au travers des plans de développement des capacités, du code de conduite sur les marchés d'armement et de projets concrets auxquels les États membres peuvent participer « à la carte ».

Le **traité de Lisbonne** consacre, pour la première fois, un titre spécifique à la politique de sécurité et de défense commune et comporte des avancées importantes parmi lesquelles il faut plus particulièrement citer la clause de **défense mutuelle** en cas d'agression armée d'un État membre, la clause de **solidarité** en cas de catastrophe naturelle ou d'origine humaine et d'attaque terroriste, ou encore la **coopération structurée permanente**, même si cette dernière n'a pas encore pu être mise en œuvre.

Partie III
L'élargissement

Titre 1
Les grands principes encadrant le processus d'élargissement

Titre 2
Le processus d'adhésion

Titre 3
État des lieux de l'élargissement

Prévu dans le traité de Rome, l'élargissement fait partie intégrante, depuis l'origine du projet européen, d'une « *Union sans cesse plus étroite entre les peuples européens* ». Processus aussi bien interne qu'externe, il revêt une nature intrinsèquement duale : il peut être considéré comme une composante de la politique extérieure de l'Union permettant de stabiliser le continent européen, mais il est également indissociable de l'évolution interne de l'UE du fait de l'impact que l'adhésion de nouveaux membres ne peut manquer d'avoir sur les institutions, le budget et les politiques de l'Union.

Au-delà des ajustements techniques qu'il implique, tout élargissement est porteur d'une vision politique du projet européen. Pour certains, un élargissement trop poussé conduirait à une dilution de la construction européenne, une « Europe-espace » que le président Giscard d'Estaing oppose à une « Europe-puissance », tandis que pour d'autres, une attitude trop frileuse à l'égard des pays candidats reviendrait à renier la vocation première de l'Union de diffusion de la démocratie et de la paix.

Dès le premier élargissement, différentes visions se sont ainsi affrontées sur la priorité entre élargissement et approfondissement, conduisant notamment au veto répété du général de Gaulle à l'adhésion du Royaume-Uni en 1963 et en 1966. Si le sommet de La Haye de 1969 a permis de résoudre temporairement ces tensions dans le cadre du triptyque « achèvement, approfondissement, élargissement », celles-ci ont ressurgi avec force à l'occasion du dernier élargissement aux pays d'Europe centrale et orientale, en 2004 et 2007.

L'adhésion prochaine d'un nouvel État membre, probablement la Croatie ou l'Islande, peut donner l'impression d'un processus sans fin. Force est pourtant de reconnaître que le processus d'élargissement s'est aujourd'hui considérablement ralenti, notamment du fait des fortes réticences exprimées par les opinions publiques à l'occasion des référendums sur le projet de traité constitutionnel. La question des frontières définitives de l'Europe est en outre ouvertement posée. Si aucune réponse n'a encore pu y être apportée, le processus d'élargissement est désormais encadré par des procédures et des critères de plus en plus exigeants.

Titre 1
Les grands principes encadrant le processus d'élargissement

L'article 49 TUE forme la base juridique de toute nouvelle adhésion. Au fil des élargissements successifs, il a progressivement été précisé et complété par d'autres normes, en particulier les « critères de Copenhague ».

L'article 49 TUE

Dès le traité de Rome, le droit primaire des Communautés européennes comportait une disposition relative à l'adhésion de nouveaux membres qui a été reprise sous une forme actualisée dans les traités successifs et qui figure désormais à l'article 49 TUE : *« Tout État européen qui respecte les valeurs visées à l'article 2 et s'engage à les promouvoir peut demander à devenir membre de l'Union. »*

La première question que soulève cette rédaction est celle de l'appartenance d'un État au continent européen. A défaut d'une définition objective et universellement reconnue de l'Europe, la délimitation de ses frontières ne peut découler d'un raisonnement purement juridique et relève donc d'une décision en partie politique. La Communauté européenne a pu invoquer le critère d'appartenance géographique à l'ensemble européen pour rejeter la candidature du Maroc, en 1987.

Le deuxième critère posé par l'article 49 TUE, qui est celui du respect des valeurs fondatrices de l'UE, prête moins à controverse. Il convient toutefois de souligner que ce critère a été renforcé de deux manières par le traité de Lisbonne : (i) la définition des valeurs de l'UE figurant à l'article 2 TUE a été complétée par rapport à l'ex-article 6 TUE, et (ii), la nouvelle rédaction de l'article 49 TUE n'impose plus seulement le respect de ces valeurs, mais également leur promotion, ce qui implique une politique active menée par l'État candidat afin d'améliorer leur respect sur le plan interne aussi bien que dans le cadre de ses relations avec des États tiers.

Enfin, la formulation « *peut demander à devenir membre* » pose la question d'un éventuel droit à l'ouverture de négociations d'adhésion pour les pays remplissant ces critères. Si les candidats potentiels à l'adhésion ont une tendance naturelle à répondre par l'affirmative, les États membres ont en pratique toujours veillé à se ménager une large marge d'appréciation politique de l'opportunité de telles négociations.

Ainsi, si en 1989 la vocation des États d'Europe centrale et orientale à rejoindre un jour l'UE ne faisait guère de doute, il était tout aussi évident qu'il aurait été prématuré d'engager directement des négociations d'adhésion avec des pays sortant de quarante-cinq ans de régime communiste. Une première étape a donc consisté à mettre en place un programme d'assistance à la transition économique, le programme Phare, et à conclure des « *accords européens* » concrétisant « *la spécificité d'une relation fondée sur la proximité géographique, les valeurs partagées, et une interdépendance accrue* ». Si l'« *objectif ultime de ces accords* [était] *l'adhésion à la Communauté* », il n'en demeure pas moins que ces accords n'entamaient pas par eux-mêmes les négociations d'adhésion, pas plus qu'ils ne fixaient un calendrier pour l'ouverture de telles négociations.

Dans le même ordre d'idées, on peut relever que la procédure d'examen des candidatures accorde dès le départ une latitude d'appréciation très large aux États membres, puisque la candidature doit être adressée par l'État tiers à la présidence en exercice et qu'il revient ensuite au Conseil, agissant à l'unanimité, de demander à la Commission, si et quand il le juge opportun, d'examiner cette candidature et de lui faire rapport. L'expérience montre que la période séparant la réception de la demande d'adhésion par le Conseil de sa transmission pour examen à la Commission peut être très variable.

Les critères de Copenhague

Désormais reconnus comme le véritable « juge de paix » de toute candidature à l'UE, les critères de Copenhague ont été au départ formulés en réponse à des circonstances bien particulières.

Le Conseil européen de Copenhague de juin 1993

La question du calendrier de l'élargissement n'ayant pas été tranchée dans les « *accords européens* », au début des années 1990 s'opposent des États membres (au premier rang desquels l'Allemagne) favorables à une adhésion accélérée des pays d'Europe centrale et orientale en arguant d'un devoir moral doublé d'un impératif géopolitique, et des États membres (parmi lesquels la France) partisans d'un calendrier plus étendu, afin de permettre à ces pays et à l'Union elle-même de mieux se préparer à ce véritable « big bang ». Afin de résoudre ce dilemme, le

Conseil européen de Copenhague accorde, en 1993, le statut de candidat à ces pays tout en définissant des critères permettant d'évaluer les progrès accomplis par chaque pays dans son processus de transition vers la démocratie et l'économie de marché préalablement à l'ouverture des négociations proprement dites.

Quatre critères ont ainsi été définis qui, aujourd'hui encore, servent de référence pour évaluer l'état de préparation à l'adhésion de tout pays candidat :
1. le **critère politique** comprend le respect de la démocratie, l'État de droit, le respect des droits de l'homme et la protection des minorités ;
2. le **critère économique** se décompose en, d'une part, l'existence d'une économie de marché viable et, d'autre part, la capacité à résister à la pression concurrentielle au sein du marché intérieur ;
3. le **critère institutionnel** concerne la capacité des institutions du pays candidat à reprendre et à mettre en œuvre l'acquis ;
4. la **capacité d'assimilation** porte sur l'UE elle-même, et non sur le pays candidat, et se définit comme la capacité de l'Union à assimiler de nouveaux États tout en maintenant l'élan de l'intégration européenne.

Il convient de relever que ces critères vont au-delà de l'acquis, notamment en ce qui concerne le critère politique, puisque la protection des minorités ne figurait à l'époque ni dans les traités ni dans le droit secondaire. S'agissant d'une condition essentielle de la stabilité de l'Europe centrale, la protection des minorités n'en a pas moins été intégrée à la liste des critères. Cette exigence a ainsi été invoquée, en 1997, pour repousser l'ouverture des négociations avec la Slovaquie, alors soumise à la dérive nationaliste du gouvernement de Vladimir Meciar.

Le quatrième critère vise implicitement la nécessité, alors évidente, de réformer les institutions, notamment en élargissant le recours à la majorité qualifiée avec une pondération révisée des voix au Conseil, et en resserrant le format de la Commission européenne, afin que l'UE puisse continuer à fonctionner de manière efficace, à 25 puis 27. On peut même considérer que ce critère est indirectement à l'origine du traité de Lisbonne. C'est en effet en application de ce critère que le traité d'Amsterdam a été adopté, en 1997, préalablement à l'ouverture des premières négociations avec les pays candidats. Les réformes limitées du traité d'Amsterdam n'apparaissant pas à la hauteur des enjeux de l'élargissement, un protocole annexé au traité (*« Protocole sur les institutions dans la perspective du prochain élargissement de l'Union européenne »)* prévoit cependant l'ouverture d'une nouvelle conférence intergouvernementale sur certaines questions institutionnelles – les *« reliquats d'Amsterdam »*. Celle-ci aboutira au traité de Nice, entré en vigueur en 2001. Le traité de Nice ne répondant lui-même que de manière très imparfaite aux questions cruciales du vote à la majorité qualifiée et de la taille de la Commission, celui-ci contient à son tour en annexe une *« Déclaration sur l'avenir de l'Union »* appelant à de nouvelles négociations qui conduiront au projet de traité constitutionnel et, enfin, au traité de Lisbonne.

La constitutionnalisation et le renforcement des critères de Copenhague

Les critères de Copenhague ont été constitutionnalisés par le traité de Lisbonne qui précise que *« les critères d'éligibilité approuvés par le Conseil européen sont pris en compte »* dans l'examen de la demande d'adhésion. Cette disposition vise également les critères additionnels que le Conseil européen pourrait être amené à définir à l'avenir en fonction des circonstances, manière indirecte de réaffirmer le caractère éminemment politique des négociations d'adhésion. Malgré le souhait de certains candidats, l'élargissement ne saurait se résumer à un processus automatique de vérification d'une *check list*.

Des critères additionnels peuvent être définis sur un plan général ou en tenant compte au cas par cas de la situation particulière de certains candidats. Parmi les nouveaux critères de portée générale, on peut citer les conclusions du Conseil européen de décembre 2006 qui ont complété le quatrième critère de Copenhague en indiquant que *« le rythme de l'élargissement doit tenir compte de la capacité de l'Union à absorber de nouveaux membres »* et en précisant les trois composantes de cette capacité d'absorption : (i) fonctionnement des institutions ; (ii) capacité de développement des politiques communes ; et (iii) capacité de financement durable. A titre d'exemple de critère additionnel spécifique à un État candidat, on peut mentionner le cadre de négociation adopté par l'UE à l'égard de la Turquie qui, entre autres spécificités, avait posé comme préalable à l'ouverture des négociations la signature du protocole d'Ankara étendant l'Union douanière UE-Turquie aux nouveaux États membres, notamment Chypre.

Titre 2
Le processus d'adhésion

Le déroulement du processus d'adhésion

Les principales étapes sur le chemin vers l'adhésion

Au départ du processus d'adhésion, on trouve souvent la reconnaissance par l'UE d'une perspective européenne pour le pays en question, qui acquiert alors un statut de **« candidat potentiel »**. Ce statut a ainsi été attribué, en 1991, aux pays d'Europe centrale et orientale dans le cadre des accords européens et, en 2000, aux pays des Balkans occidentaux lors du sommet de Zagreb. Il permet, en particulier, de bénéficier d'une partie de l'aide octroyée dans le cadre de l'instrument de préadhésion (IPA) ainsi que des programmes de jumelage avec les administrations des États membres.

Préalablement au dépôt de candidature, une première étape concrète dans le rapprochement de l'UE consiste systématiquement en la négociation d'un **« accord d'association »**, lequel peut prendre des formes variées en fonction de la situation propre à chaque pays : accord d'association UE-Turquie, accord instituant l'espace économique européen pour les États nordiques, *« accord européen »* pour les pays d'Europe centrale et orientale, accord de stabilisation et d'association pour les pays des Balkans occidentaux... *A contrario*, il convient de relever que l'adoption d'un accord d'association ne signifie pas nécessairement la reconnaissance d'une perspective européenne puisque ce type d'accord est défini de manière générale comme *« créant une association caractérisée par des droits et obligations réciproques, des actions en commun et des procédures particulières »*. L'UE est ainsi liée par des accords d'association avec des pays d'Afrique du Nord, du Proche-Orient ou encore d'Amérique latine.

Une fois l'accord d'association entré en vigueur (ce qui implique en général un délai d'un à deux ans, compte tenu notamment des procédures de ratification par les 27 États membres), le pays en question peut procéder au **dépôt de sa candidature**, qui prend la forme d'une lettre adressée à la présidence du Conseil. Le Conseil peut alors décider, à l'unanimité, de transmettre cette candidature à la Commission afin que celle-ci l'examine. Une fois saisie, la Commission procède à une analyse au regard notamment des critères de Copenhague et rend un avis dans un délai en général compris entre six mois et un an.

Sur la base de cet avis, le Conseil décide à l'unanimité d'octroyer ou non le **statut de candidat** au pays demandeur, étape clé dans le chemin vers l'adhésion qui entre alors dans une phase active avec l'adoption, par l'UE, d'un « partenariat pour l'adhésion », document cadre fixant les domaines prioritaires de coopération en vue de l'adhésion. Le statut de candidat donne ainsi accès à l'ensemble des programmes de l'instrument de préadhésion (IPA) [1] et permet d'être associé à certaines activités de l'UE [2]. La reconnaissance du statut de candidat est cependant distincte de l'ouverture des **négociations** proprement dites, qui font elles-mêmes l'objet d'une décision à l'unanimité.

A l'issue des négociations, l'ultime étape consiste en la **ratification** du traité d'adhésion par l'État candidat et chacun des États membres, selon leurs procédures constitutionnelles respectives. La Constitution française (article 88-5) prévoit, depuis la dernière révision constitutionnelle de 2008, que *« tout projet de loi autorisant la ratification d'un traité relatif à l'adhésion d'un État à l'Union européenne et aux Communautés européennes est soumis au référendum par le président de la République. Toutefois, par le vote d'une motion adoptée en termes identiques par chaque assemblée à la majorité des trois cinquièmes, le Parlement peut autoriser l'adoption du projet de loi selon la procédure prévue au troisième alinéa de l'article 89 »*. Dans ce dernier cas, le projet de loi de ratification doit être adopté par le Parlement réuni en Congrès à la majorité des trois cinquièmes des suffrages exprimés, comme le prévoit l'article 89 [3].

La nature particulière des négociations d'adhésion

Avant d'examiner plus en détail leur déroulement, il convient de souligner les **différences** fondamentales séparant les négociations d'adhésion des autres types de négociations avec des États tiers :
– le déroulement des négociations fait l'objet d'un **contrôle étroit** par les États membres à tous les stades de celles-ci, les États membres étant présents à de nombreuses sessions de négociation ;

1. Certaines composantes d'IPA, calquées sur le Fonds de développement régional, le Fonds de cohésion, le Fonds social européen et le Fonds de développement rural, sont accessibles uniquement aux pays candidats et pas aux candidats potentiels.

2. Possibilité d'association aux déclarations communes adoptées dans le cadre de la PESC, participation à certains programmes et agences de l'UE, par exemple en matière scientifique ou d'environnement.

3. Le recours systématique au référendum, qui avait été instauré en 2005 en ayant à l'esprit les négociations avec la Turquie, a été écarté en prévision, notamment, d'adhésions individuelles des pays des Balkans qui pourraient conduire à appeler trop souvent les électeurs aux urnes.

– au-delà de leur technicité et d'une complexité certaine, les négociations ont un caractère éminemment politique se traduisant par la **règle de l'unanimité** pour toutes les décisions[4] ;
– par rapport à la négociation d'un accord classique, ces négociations sont particulièrement déséquilibrées et laissent en fait **très peu de marge de manœuvre** au candidat puisqu'elles visent essentiellement à la reprise de l'acquis, qui est par nature non négociable.

La méconnaissance de ce caractère particulier des négociations d'adhésion est parfois source d'incompréhensions, voire de frustrations, de la part des pays candidats. Ces différences s'expliquent pourtant logiquement par le fait qu'*in fine*, les négociations d'adhésion déboucheront sur une révision du droit primaire, ce qui les apparente aux conférences intergouvernementales procédant aux révisions successives des traités.

Le déroulement des négociations d'adhésion

Les négociations se déroulent dans le cadre d'une *conférence intergouvernementale* rassemblant les 27 États membres, la Commission européenne et l'État candidat, et pouvant se réunir au niveau ministériel (au moins une fois par semestre) et au niveau des suppléants, c'est-à-dire des représentants permanents (même fréquence). En pratique, les États membres adoptent une position commune avant chaque réunion qui est alors présentée par la présidence et/ou la Commission.

Pour les besoins de la négociation, l'**acquis** est découpé en 35 chapitres (voir encadré page 189).

Les négociations sont précédées d'une phase préparatoire conduite par la Commission, le **criblage** *(« screening »)*, aussi appelé *« examen analytique de l'acquis »*, qui se décompose en une présentation de l'acquis aux États candidats pris, pour chaque État candidat, d'une présentation de sa législation et de ses perspectives d'alignement sur l'acquis.

Pour chaque chapitre, la Commission transmet au Conseil un **rapport de criblage** se concluant par une recommandation : soit ouverture des négociations dans le chapitre concerné, soit report de celles-ci assorti de critères de références devant être remplis pour pouvoir envisager l'ouverture. Il appartient aux États membres de décider à l'unanimité soit de l'ouverture, soit de la fixation de critères, le cas échéant en s'écartant de ceux proposés par la Commission. Ces critères peuvent, par exemple, porter sur le degré de préparation à la reprise de l'acquis ou encore sur la bonne mise en œuvre des accords existants, notamment l'accord d'association.

Lorsqu'un chapitre est ouvert, la présidence invite l'État candidat à soumettre sa position de négociation et elle entame l'élaboration d'une position commune adoptée à l'unanimité. Les positions respectives de négociations sont alors échangées dans le cadre de la CIG. La position du pays candidat s'articule en général autour de la demande de **périodes transitoires** pour la reprise de certains éléments de l'acquis, tandis que la position de l'UE se concentre sur les critères de **clôture provisoire** du chapitre concerné. Alors que, pour l'ouverture, la fixation de critères n'est pas obligatoire, elle est systématique pour la fermeture provisoire.

La réalisation de ces critères est une condition nécessaire mais non suffisante pour la fermeture provisoire d'un chapitre. La fermeture d'un chapitre est toujours *provisoire*, car celui-ci peut être réouvert à tout moment dans le cours des négociations, notamment dans deux cas de figure :
– si l'État candidat n'a pas rempli les engagements pris au cours des négociations ;
– si des évolutions ultérieures de l'acquis doivent être prises en compte[5].

De manière générale, le caractère provisoire de la fermeture des chapitres est la traduction du principe central guidant les négociations selon lequel *« rien n'est agréé tant que tout n'a pas été agréé » (« nothing is agreed until everything is agreed »)*.

Après la clôture provisoire des chapitres, la présidence entame avec les États membres et l'État candidat la rédaction d'un **traité d'adhésion** (« traité d'Athènes » pour les dix pays d'Europe centrale et orientale). La Commission présente ensuite le résultat des négociations dans un rapport rendant un **avis** sur l'adhésion qui est soumis à l'approbation du PE selon la procédure d'avis conforme (majorité absolue des membres du PE) et à l'approbation du Conseil statuant à l'unanimité.

Le renforcement du processus après l'expérience du cinquième élargissement

Du fait de son ampleur particulière, le cinquième élargissement a nécessité l'établissement de procédures et de structures renforcées. Ainsi les *« task force » ad hoc* jusqu'alors mobilisées au sein de la Commission européenne pour les besoins des négociations ont-elles été remplacées par une direction générale de plein exercice, la direction générale élargissement (DG ELARG). Rétrospectivement, les erreurs commises lors de cet élargissement ont par ailleurs illustré la nécessité d'un renforcement des critères.

4. La seule exception à la règle de l'unanimité est la **suspension des négociations** en cas de violation grave et persistante des droits fondamentaux par le candidat, qui est décidée à la majorité qualifiée.

5. En pratique, au cours du 5e élargissement, seul ce deuxième cas de figure a donné lieu à la réouverture de chapitres.

Liste indicative des 35 chapitres

(Note : la présente liste ne préjuge en rien les décisions qui seront prises, à un stade approprié des négociations, sur l'ordre dans lequel les sujets seront traités.)

1. Libre circulation des marchandises
2. Libre circulation des travailleurs
3. Droit d'établissement et de libre prestation de services
4. Libre circulation des capitaux
5. Marchés publics
6. Droit des sociétés
7. Droit de la propriété intellectuelle
8. Politique de la concurrence
9. Services financiers
10. Société de l'information et médias
11. Agriculture et développement rural
12. Sécurité sanitaire des aliments, politique vétérinaire et phytosanitaire
13. Pêche
14. Politique des transports
15. Énergie
16. Fiscalité
17. Politique économique et monétaire
18. Statistiques
19. Politique sociale et emploi [1]
20. Politique d'entreprise et politique industrielle
21. Réseaux transeuropéens
22. Politique régionale et coordination des instruments structurels
23. Pouvoir judiciaire et droits fondamentaux
24. Justice, liberté et sécurité
25. Science et recherche
26. Éducation et culture
27. Environnement
28. Protection des consommateurs et de la santé
29. Union douanière
30. Relations extérieures
31. Politique extérieure de sécurité et de défense
32. Contrôle financier
33. Dispositions financières et budgétaires
34. Institutions
35. Questions diverses

1. Ce chapitre porte aussi sur la lutte contre la discrimination et sur l'égalité des chances entre les femmes et les hommes.

L'affaiblissement du processus d'élargissement face au défi du nombre

D'un processus très rigoureux au début, les négociations ont dérivé vers un processus de plus en plus politisé et de moins en moins différencié. Il a, en particulier, été difficile de maintenir un niveau d'exigence élevé du fait de la pression politique croissante en faveur d'une conclusion rapide, cela alors même que les chapitres les plus problématiques avaient été reportés à la fin du processus.

En décembre 1995, le Conseil européen de Madrid avait défini les modalités du processus d'adhésion en plaçant tous les candidats sur une même ligne de départ et en posant le principe d'un avancement différencié tenant compte des **mérites propres** à chaque État, selon une logique de régate. Sous la pression forte du PE et de certains États membres, les négociations ont cependant été lancées de manière groupée en **deux vagues**, en 1998 (Pologne, Hongrie, République tchèque, Slovénie, Estonie, Chypre) et en 2000 (Roumanie, Bulgarie, Slovaquie, Lituanie, Lettonie, Malte). Enfin, la pression politique s'accroissant, le Conseil européen de Copenhague de décembre 2002 a décidé de conclure simultanément les négociations avec dix des douze États en négociation (la Roumanie et la Bulgarie voyant leur adhésion retardée de trois ans) selon une logique du « *big bang* ».

Le résultat en fut l'inclusion dans les traités d'adhésion de très longues périodes de transition et de clauses de sauvegarde inédites lors des précédents élargissements : clause de sauvegarde générale de trois ans, limitation de la libre circulation des travailleurs pendant sept ans, non-participation à Schengen au départ, mécanisme de coopération et de vérification en matière judiciaire pour la Roumanie et la Bulgarie, période transitoire de dix ans en matière d'environnement, période de dix ans de montée en charge progressive des aides directes agricoles, ajustement des fonds structurels, etc.

Le renforcement du processus à la lumière du 5e élargissement

Le Conseil européen de décembre 2006 a tiré les leçons du cinquième élargissement en renforçant le processus dans le cadre d'un « *consensus renouvelé pour l'élargissement* » appelant à une « *stricte conditionnalité à tous les stades de la négociation* ». Plus spécifiquement, ce consensus formule **trois recommandations** visant à ne pas réitérer les erreurs commises lors du cinquième élargissement.

1. Ne pas reporter tous les chapitres difficiles à la fin des négociations, notamment en matière de justice et affaires intérieures : « *Aussi les questions difficiles, telles que les réformes dans les domaines administratif et judiciaire et la lutte contre la corruption, seront-elles abordées assez rapidement.* »

2. Traiter chaque candidat selon ses mérites propres, recommandation mise en œuvre notamment par le découplage entre les négociations avec la Croatie et la Turquie, ouvertes simultanément le 3 octobre 2005, ou encore dans le cadre des négociations avec les pays des Balkans occidentaux.

3. Ne pas fixer à l'avance de date pour la fin des négociations : « *L'Union s'abstiendra de fixer d'éventuelles dates limites pour l'adhésion tant que les négociations ne seront pas sur le point d'aboutir.* » Cette erreur, commise avec la Bulgarie et la Roumanie, a notamment conduit à des insuffisances dans le domaine Justice, Liberté et Sécurité nécessitant la mise en place d'un mécanisme spécifique de coopération et de vérification en matière judiciaire encore en vigueur aujourd'hui.

Titre 3
État des lieux de l'élargissement

Le schéma en bas de page dresse l'état d'avancement du processus menant du statut de candidat potentiel à l'adhésion effective qui est en cours avec pas moins de dix pays. Si tous ces pays s'inscrivent dans un seul et même processus suivant les mêmes grandes étapes, des différences notables existent entre candidats, et les négociations avec la Turquie sont marquées par des spécificités importantes en faisant un cas à part.

Des différences importantes entre candidats

Ayant entamé le processus à des moments différents et se trouvant dans des situations très différentes (par exemple, entre l'Islande et les pays de l'ex-Yougoslavie), les différents pays candidats se trouvent à des stades d'avancement beaucoup plus différenciés que ce que l'on a pu constater à aucun autre moment des précédents élargissements.

La vitesse du processus est très *différente d'un pays à l'autre* en fonction de sa situation et des progrès accomplis. Ainsi, alors que des négociations ont été entamées simultanément avec la Croatie et la Turquie le 3 octobre 2005, les négociations avec la Croatie ont avancé beaucoup plus rapidement, avec 33 chapitres ouverts dont 28 provisoirement fermés, contre 13 chapitres ouverts et un seul provisoirement clos dans le cas de la Turquie (le cas particulier des négociations avec la Turquie est abordé en détail plus loin, voir page 191). De même, alors que l'ARYM (ancienne République yougoslave de Macédoine, FYROM) s'est vu reconnaître le statut de candidat en 2005 et attend depuis cinq ans l'ouverture des négociations, seuls quelques mois ont séparé, en 2010, la reconnaissance du statut de candidat de l'ouverture des négociations avec l'Islande.

Cette différenciation reflète un renforcement des **conditionnalités** de l'élargissement dans le cadre du « Consensus renouvelé pour l'élargissement », auxquelles viennent s'ajouter, dans le cas des pays de l'ex-Yougoslavie, les exigences particulières définies dans le cadre du processus de stabilisation et d'association défini lors du sommet de Zagreb, en 2000. Ces exigences particulières portent notamment sur la coopération avec le TPIY (tribunal pénal international pour l'ex-Yougoslavie). Ainsi, ce n'est que suite à un rapport de la procureure Carla Del Ponte attestant la pleine coopération de la Croatie avec le TPIY qu'ont été ouvertes les négociations d'adhésion avec ce pays, en octobre 2005[6]. De même, ce n'est qu'après avoir consulté le successeur de Carla Del Ponte, le procureur Serge Brammertz, que les États membres ont décidé de débloquer l'application de l'accord intérimaire (accord relatif aux dispositions commerciales de l'accord de stabilisation et d'association), puis de l'ASA lui-même avec la Serbie.

6. Cette coopération a par la suite effectivement permis l'arrestation d'un des criminels de guerre les plus recherchés, le général Ante Gotovina.

État d'avancement du processus d'élargissement

Adhésion		
↑		
Négociations	Croatie, Turquie (2005), Islande (2010)	*CANDIDATS*
↑		
Octroi statut de candidat	ARYM (2005), Monténégro (2010)	*CANDIDATS*
↑		
Dépôt de candidature	Albanie (2009), Serbie (2010) *(Suisse)*	*CANDIDATS POTENTIELS*
↑		
Entrée en vigueur ASA		*CANDIDATS POTENTIELS*
↑		
Signature ASA	Bosnie-Herzégovine (2008)	*CANDIDATS POTENTIELS*
↑		
Perspective européenne	*(Kosovo)*	*CANDIDATS POTENTIELS*

Source : Commission européenne, février 2011.

Les négociations peuvent également être freinées considérablement par l'existence de **contentieux bilatéraux** entre pays candidats et États membres. La signature, en novembre 2009, d'un accord d'arbitrage sur la question de la délimitation de la frontière entre la Slovénie et la Croatie dans la baie de Piran a ainsi permis de relancer les négociations d'adhésion avec cette dernière après pas moins de dix mois de blocage. Le processus avec l'ARYM achoppe, quant à lui, encore sur le contentieux avec la Grèce relatif à la dénomination officielle définitive devant être choisie en remplacement de l'acronyme ARYM, utilisé à titre transitoire dans les enceintes internationales[7]. Si besoin était, ces exemples confirment que la règle de l'unanimité pour toutes les décisions prises dans le cadre des négociations d'adhésion confère un droit de veto effectif à chaque État membre à n'importe quel stade de ces négociations.

Enfin, on rappellera pour mémoire que le processus est au **point mort** avec les deux candidats potentiels que sont la **Suisse** et le **Kosovo**. Tirant la conséquence logique de la votation qui a rejeté en 1992 la participation de la Suisse à l'espace économique européen (EEE), les autorités fédérales suisses ont en effet décidé de geler le processus juste après avoir déposé une candidature officielle. Bien que le Kosovo se soit vu reconnaître, lors du sommet de Zagreb de 2000, la même « perspective européenne » que l'ensemble de l'ex-Yougoslavie, le processus reste gelé tant que son indépendance n'aura pas été reconnue par les 27 États membres[8].

Le cas particulier de la Turquie

Les négociations d'adhésion entre l'UE et la Turquie constituent un processus porteur de transformations profondes pour les deux parties et se heurtent à des obstacles importants. Ainsi, si le statut de candidat de la Turquie a été reconnu en 1999, lors du Conseil européen d'Helsinki, ce n'est qu'en décembre 2004 qu'un accord a pu être trouvé à l'arraché sur le lancement de négociations d'adhésion, à condition que la Turquie signe le protocole à l'accord d'Ankara étendant l'application de l'accord d'association aux dix nouveaux États membres.

Une Turquie velléitaire

La Turquie s'était vu reconnaître une perspective européenne dès l'accord d'association de 1963 (sous une forme similaire à la Grèce, qui avait conclu un accord d'association avec la CEE en 1964), mais elle n'a déposé formellement sa candidature qu'en 1987, en grande partie en raison de troubles internes récurrents (notamment plusieurs coups d'État).

Un objectif ambivalent

L'objectif des négociations n'est pas univoque, puisque le mandat de négociation précise que si la Turquie ne pouvait remplir les critères de l'adhésion, les négociations devraient tendre à unir la Turquie à l'UE par le « lien le plus étroit possible ». La France a, pour sa part, indiqué en août 2007 qu'elle privilégiait cette deuxième option et qu'en conséquence, elle s'opposerait à l'ouverture des négociations sur les cinq chapitres qu'elle considère comme n'étant compatibles qu'avec l'adhésion[9].

Un critère politique incomplètement rempli

La décision du Conseil européen de décembre 2004 relative à l'ouverture des négociations d'adhésion avec la Turquie a été prise bien que le critère politique ait été incomplètement rempli. Les conclusions précisent que « *la Turquie remplit suffisamment* [et non « complètement »] *les critères politiques de Copenhague pour que soient ouvertes les négociations d'adhésion* », laissant ainsi de nombreuses questions épineuses à traiter : réforme judiciaire, protection effective des droits des citoyens, lutte contre la torture et les mauvais traitements, liberté d'expression et de religion (article 301 du code pénal), respect et protection des minorités, renforcement des droits culturels, des droits des femmes, des enfants, des syndicats, politiques anti-discrimination, etc. De ce fait, la question se pose également de savoir comment traiter ces sujets dans le cadre des négociations. Faut-il les regrouper dans le seul chapitre 23, relatif au pouvoir judiciaire et aux droits fondamentaux, ou bien doit-on les répartir dans plusieurs chapitres thématiques ?[10]

La question non résolue de Chypre

Suite à leur déclaration du 21 septembre 2005, les 25 ont décidé, en décembre 2006, de conditionner l'ouverture de certains chapitres ainsi que la clôture provisoire de tout chapitre à la mise en œuvre intégrale et non discriminatoire du protocole additionnel d'Ankara, en particulier en ce qui concerne l'accès aux ports et aux aéroports turcs pour les navires et aéronefs chypriotes[11]. Les chapitres gelés suite à cette décision sont les chapitres C1 : Libre circulation des marchandises, C3 : Droit d'établissement et de libre prestation de services, C9 : Services financiers,

7. La Grèce conteste l'utilisation du terme « Macédoine » qui désigne l'une de ses régions.

8. Chypre, Espagne, Grèce, Slovaquie et Roumanie ne reconnaissent pas l'indépendance du Kosovo.

9. Il s'agit des chapitres C11 : Agriculture et développement rural, C17 : Politique économique et monétaire, C22 : Politique régionale, C33 : Dispositions financières et budgétaires, C34 : Dispositions institutionnelles.

10. Outre le chapitre 23, les autres chapitres pouvant servir de cadre à cet examen pourraient notamment être ceux relatifs à la société de l'information et aux medias (C10), à la politique sociale et à l'emploi (C19), ou encore à l'éducation et à la culture (C26).

11. Contrairement aux espoirs de l'UE, la perspective de l'adhésion prochaine n'a pas favorisé un règlement de la question chypriote en 2004, le président de la République chypriote, Tassos Papadopoulos, ayant appelé les électeurs du sud à rejeter le plan Annan soumis à référendum dans les deux parties de l'île.

C11 : Agriculture et développement rural, C13 : Pêche, C14 : Politique des transports, C29 : Union douanière et C30 : Relations extérieures.

Devant l'absence de progrès sur cette question, Chypre a tenté d'aller plus loin en proposant, en décembre 2009, de bloquer complètement les négociations, proposition qui n'a pas été suivie par les autres États membres. Chypre a néanmoins annoncé qu'elle utiliserait son droit de veto pour bloquer les négociations sur cinq chapitres supplémentaires : C2 : Libre circulation des travailleurs, C23 : Pouvoir judiciaire et droits fondamentaux, C24 : Justice, liberté et sécurité, C26 : Éducation et culture, C31 : Politique extérieure de sécurité et de défense.

Le problème récurrent de l'Union douanière

Au-delà de l'extension des règles de l'accord d'association et de l'Union douanière aux 27 États membres, se pose de manière plus générale la question de la bonne mise en œuvre de l'union douanière par la Turquie. Celle-ci reste en effet aujourd'hui entravée par de nombreux contentieux relatifs au chapitre agricole, aux règles d'origine, au système des préférences généralisées, à l'alignement sur la position commune dans les enceintes de l'OMC, etc.

Au total, si 13 chapitres sont ouverts, l'ouverture de pas moins de 17 chapitres est bloquée et aucun autre chapitre que Sciences et recherche (C25) ne peut être provisoirement clos tant que le protocole d'Ankara ne sera pas appliqué par la Turquie.

Vers un essoufflement du processus d'élargissement ?

Un certain essoufflement du processus est perceptible, qui a été qualifié d'« *enlargement fatigue* » par le commissaire Olli Rehn. Celui-ci procède tant d'un soutien déclinant des citoyens européens que d'une certaine désaffection des États candidats eux-mêmes.

Le thème de l'élargissement est apparu comme un des principaux *facteurs négatifs* dans les campagnes référendaires sur le projet de traité constitutionnel en France et aux Pays-Bas, en 2007, ainsi, dans une certaine mesure, que dans celle relative au traité de Lisbonne en Irlande, en 2008. L'une des raisons identifiées de ce faible soutien des citoyens est le manque de débat et de publicité ayant entouré les décisions importantes prises au cours des années 1990 concernant l'élargissement aux pays d'Europe centrale et orientale et à la Turquie.

C'est pourquoi le « *consensus renouvelé pour l'élargissement* », adopté en 2006, souligne qu'un « *soutien large et durable de l'opinion publique* » doit être obtenu grâce à une plus grande transparence et une meilleure communication. C'est également dans ce but que l'article 49 TUE a été révisé en ajoutant une obligation d'information du Parlement européen et des parlements nationaux lors de tout dépôt de nouvelle candidature afin de les associer plus en amont du processus.

Du côté des pays candidats, au fur et à mesure que l'UE se développe, les négociations d'adhésion sont perçues comme étant de plus en plus complexes et les efforts à fournir de plus en plus lourds. La perspective de l'adhésion apparaît comme quasiment hors d'atteinte, au risque d'un découragement des gouvernements et des populations concernés. Déjà, lors du cinquième élargissement, on a pu constater un déclin du soutien des populations vers la fin de négociations s'étendant sur plus d'une décennie. Aujourd'hui la perspective de l'adhésion semble également trouver ses limites pour la résolution des conflits les plus aigus en ex-Yougoslavie et à Chypre.

Pour retrouver pleinement leur sens, les négociations d'adhésion ne doivent plus être vues comme un instrument de politique extérieure à la disposition de l'exécutif européen, mais bien comme une partie intégrante du projet européen voulu par les citoyens européens

L'essentiel

Depuis quarante ans, parallèlement à la construction européenne, de nouveaux États membres ont rejoint la CEE puis l'UE dans une tension récurrente entre élargissement et approfondissement. Le Conseil européen de Copenhague de 1993 a permis de résoudre en partie cette tension en définissant quatre critères (critère politique, critère économique, critère institutionnel, capacité d'assimilation de l'UE) à l'aune desquels doit être jugée chaque candidature selon ses mérites propres.

Le processus d'adhésion a, en outre, progressivement été structuré autour de plusieurs phases successives : reconnaissance du statut de candidat potentiel, conclusion d'un accord d'association, dépôt de candidature officielle, reconnaissance du statut de candidat, ouverture des négociations d'adhésion, négociations divisées en 35 chapitres sectoriels dans le cadre d'une conférence intergouvernementale, conclusion et ratification d'un traité d'adhésion. Les États membres sont associés étroitement à ce processus dont ils contrôlent le bon déroulement en adoptant toutes les décisions à l'unanimité.

La défiance exprimée par les citoyens européens à la faveur des référendums sur le projet de traité constitutionnel ont amené le Conseil européen à adopter, en 2006, un « consensus renouvelé pour l'élargissement » mettant l'accent sur une évaluation méthodique et rigoureuse de l'état d'avancement de chaque État candidat dans la reprise de l'acquis communautaire ainsi que sur une bonne prise en compte de la capacité d'assimilation de l'UE. Parallèlement, les différents instruments existants d'assistance aux pays candidats ont été regroupés en un seul nouvel instrument, l'IPA (instrument de préadhésion).

Aujourd'hui, les pays suivants sont officiellement reconnus par l'UE comme candidats à l'adhésion : ARYM (Ancienne République yougoslave de Macédoine), Croatie, Islande, Monténégro, Turquie. L'ensemble des pays des Balkans occidentaux se sont par ailleurs vu reconnaître le statut de « candidats potentiels » lors du sommet de Zagreb de 2000.

Index

A

Abus de position dominante : 77
Accises : 81
Accord commercial anti-contrefaçon (ACAC) : 159
Accord d'association : 187
Accord de libre-échange (ALE) : 156
Accord de partenariat économique (APE) : 159, 162
Accord de partenariat et de commerce (APC) : 156
Accord de stabilisation et d'association (ASA) : 187, 190
Accord général sur le commerce de services (AGCS) : 155
Accord général sur les tarifs et le commerce (AGTC) : 155
Affaire Schneider-Legrand : 78
Afrique-Caraïbes-Pacifique (pays ACP) : 161
Agence européenne chargée de la sécurité des réseaux et de l'information (ENISA) : 105
Agence européenne de défense (AED) : 169, 178
Agence européenne de sécurité aérienne : 85
Agence européenne de sécurité maritime : 86
Agence ferroviaire européenne : 85
Agence spatiale européenne : 101, 102
Agenda numérique : 105
Anti-dumping (mesure) : 157
Anti-subvention (mesure) : 157
Autorité européenne de sécurité des aliments : 111

B

Banque centrale européenne : 62
Banque européenne d'investissement (BEI) : 164
Banque européenne de reconstruction et de développement (BERD) : 164
Bibliothèque Europeana : 117
Biodiversité : 93, 95
Bloc d'espace aérien fonctionnel : 85
Brevet : 69, 72-75
Brigade franco-allemande : 177
Budget européen :
- **adoption et exécution :** 55, 56
- **cadre financier pluriannuel :** 57
- **ressources propres :** 53

C

Cabotage : 85
Cadre stratégique « éducation et formation 2020 » : 113
Candidat (pays) : 190-192
Charte des droits fondamentaux de l'UE : 16
Ciel unique (projet) : 85
Clause de défense mutuelle : 176
Clause de solidarité : 176
Cohésion (politique de) : 125-126
Comité de la politique commerciale (CPC) : 153
Comité économique et social européen (CESE) : 51
Comité des régions : 51
Comité européen du risque systémique : 71
Comité militaire de l'UE (CMUE) : 168, 175
Comité politique et de sécurité (COPS) : 168, 175
Comitologie : 33, 157
Commission européenne : 26-34
Communauté européenne de défense (CED) : 15, 167, 174
Conférence intergouvernementale (CIG) : 188
Conseil : 35-42
Conseil « Affaires étrangères » : 170
Conseil « Espace » : 101-102
Conseil européen : 42-43
Conseil européen de la recherche : 98
Contrôleur européen de la protection des données : 51
Convergence fiscale : 83
Coopération renforcée : 41
Coopération politique européenne (CPE) : 167
Coopération structurée permanente : 176
COREPER : 39
Cotonou (accord de) : 162
Cour de justice de l'UE (CJUE) : 50-51
Cour des comptes : 51
Criblage : 188
Critères de Copenhague : 185
Critères de Maastricht : 61

D

Démographie : 40
Député européen : 44-45
Doha (cycle du développement de) : 155
Droit du travail : 107
Droit dérivé : 17

E

ECHO (office d'aide humanitaire de la CE) : 161
Effet direct (principe de l') : 18
Énergie (politique de) : 89-91
Énergie renouvelable : 94
ERTMS (système) : 87
Espace économique européen (EEE) : 187
Espace européen de la recherche : 99
État-major de l'UE (EMUE) : 168
Eurocorps : 177
Eurofor : 177
Eurogendfor : 177
Eurogroupe : 62

F

Feuille de route (pour 2050) : 96
Fiscalité directe : 82
Fiscalité énergétique : 82, 91
Fiscalité indirecte : 81
Flexicurité : 66, 109
Fonds d'ajustement à la mondialisation : 108
Fonds de cohésion : 126
Fonds européen agricole de développement rural (FEADER) : 120
Fonds européen agricole de garantie (FEAGA) : 120
Fonds européen de développement (FED) : 163, 172
Fonds européen de développement régional (FEDER) : 126
Fonds européen de stabilité financière (FESF) : 64
Fonds européen pour la pêche (FEP) : 23
Fonds social européen (FSE) : 108, 125
Fonds structurels : 125
Force de réaction rapide (FRR) : 177
Force multinationale : 177

G

Galileo : 87, 100, 101, 102
GATT (voir AGTC)
GMES (programme) : 101, 102
Grandes orientations des politiques économiques (GOPE) : 62, 63
Groupe aérien européen : 177
Groupement tactique : 177

H

Hedge funds : 70
Hiérarchie des normes : 22

I

Identité européenne de sécurité et de défense (IESD) : 174
Instrument de coopération industrielle (ICI) : 164, 172
Instrument de coopération pour la sûreté nucléaire (ICSN) : 172
Instrument de préadhésion (IPA) : 164, 187
Instrument de stabilité : 172
ITER (projet) : 91, 100

L

Libre circulation :
- **des capitaux :** 69, 70
- **des marchandises :** 68, 70
- **des personnes :** 69, 71
- **des services :** 69, 71

Life + : 92
Lomé (convention de) : 161

M

Marché intérieur (politique) : 68-75
Marché public : 69, 72, 73
Marquage CE : 70
Marque communautaire : 71
Mécanisme européen de stabilité (MES) : 65
Médiateur européen : 51
Minorité : 186
Missions Petersberg : 175

O

Organe de règlement des différends (ORD) : 156
Organe des régulateurs des communications électroniques : 104
Organisation du traité de l'Atlantique Nord (OTAN) : 9, 167, 174, 175, 176, 180
Organisation mondiale du commerce (OMC) : 155
Organisations communes de marchés : 119

P

Pacte de stabilité et de croissance : 63, 64, 65
Paquet « défense » : 72
Paquet « énergie-climat » (PEC) : 94
Paquet « Erika » : 86
Paquet « gouvernance économique » : 65
Paquet « pharmacie » : 107, 111
Paquet « télécoms » : 104
Parlement européen : 44-50
Parlements nationaux : 23
Perspectives financières : 57
PHARE : 165, 185
Politique agricole commune (PAC) : 119-121
Politique de sécurité et de défense commune (PSDC) : 176
Politique européenne de sécurité et de défense (PESD) : 175
Primauté (principe de) : 18
Principes généraux du droit : 16
Procédure législative : 47-48
Procédure législative ordinaire : 48
Processus de Bologne : 114
Processus de Copenhague : 114
Programmation conjointe : 98-99
Programme cadre de recherche et développement technologique (PCDRT) : 98
Programme Culture : 116, 117
Programme Erasmus : 113, 114
Programme Eurêka : 97
Programme Jeunesse en action : 114
Programme Leonardo da Vinci : 114
Programme Media : 116, 117
Propriété intellectuelle : 69, 71
Protocole de Kyoto : 92, 96

Q

Quota laitier : 119, 120

R

RAPEX (dispositif) : 110
REACH (règlement) : 93
Reconnaissance mutuelle (principe de la) : 69
Recours collectif : 79, 112
Réforme structurelle : 63, 66
Réglementation financière : 70, 73
Règlement des obstacles au commerce (ROC) : 158
Réseau Natura 2000 : 93
Responsabilité de la puissance publique : 19
RTE-énergie : 89
RTE-transports : 87

S

Santé : 106, 107
Secrétaire général du haut représentant : 168, 175
Secteur aérien (libéralisation du) : 84
Sécurité aérienne : 85, 86 :
Sécurité alimentaire : 110, 111, 120,121
Sécurité d'approvisionnement énergétique : 90, 91
Sécurité des réseaux : 105
Sécurité maritime : 86
Sécurité routière : 86
Semestre européen : 64
Service européen d'action extérieure (SEAE) : 169
Service d'intérêt économique général (SIEG) : 74
Service universel : 104, 105
SESAR (projet) : 85
SOLVIT : 75
Stratégie Europe 2020 : 63
Stratégie de Lisbonne : 63
Subsidiarité (principe de) : 23-25
Sûreté aérienne : 85, 86, 87
Sûreté nucléaire : 91
Système des préférences généralisées (SPG) : 159, 161
Système européen des banques centrales : 62
Système européen ECVET : 114
Système TRACES : 111

T

Transports (livre blanc) : 88
Transport ferroviaire (concurrence) : 85, 87
Transport maritime : 85
Transposition :
- **jurisprudence administrative :** 19
- **jurisprudence constitutionnelle :** 20

Troïka : 38, 168
TVA : 81, 83

U

Union de l'Europe occidentale (UEO) : 174
Union douanière (UD) : 156

Z

Zone monétaire optimale : 66

À la rentrée universitaire 2011, la collection réflexeeurope lancera la série DÉBATS

Cette série de livres de poche entend remettre en perspective les controverses qui émaillent l'histoire de l'Union et permettre aux lecteurs de mieux cerner les enjeux et les défis actuels de la construction européenne.

Que reste-t-il de l'influence française en Europe ?
de François-Xavier Priollaud et David Siritzky
ISBN : 9782110085337
9 euros

Naguère moteur de la construction européenne, la France demeure-t-elle audible et écoutée ? Depuis quelques années, certains en doutent et voient de nombreux signes de sa perte d'influence. Quelle est l'audience réelle de la France dans le concert européen ? Par quels indicateurs la mesurer et par quelles stratégies peut-on la renforcer ?

L'Europe peut-elle se passer d'un gouvernement économique ?
de Jean-François Jamet
ISBN : 9782110085344
9 euros

À l'occasion des crises grecque et irlandaise, l'idée d'un gouvernement économique européen, sans contenu clairement identifié, a refait son apparition, brisant ainsi le tabou du fédéralisme budgétaire. Quels sont les obstacles à la constitution d'un tel gouvernement ? Comment les États membres perçoivent-ils cette perspective ? Le principal défi ne consiste-t-il pas à définir un projet économique pour l'Europe ?

L'élargissement met-il en péril le projet européen ?
de Lukáš Macek
ISBN : 9782110085320
9 euros

L'élargissement est-il la source de tous les maux de l'Union européenne (blocage institutionnel et décisionnel, perte de cohésion…) ? Ce processus est-il incompatible avec l'approfondissement de la construction européenne ? A-t-il sapé le projet d'une Europe politique, comme on l'entend parfois ? Ces questionnements ont pris de l'ampleur depuis les élargissements de 2004 et 2007. Mais sont-ils nouveaux ? Quel bilan dresser du changement d'échelle de l'Union ? Où doivent s'arrêter les frontières de l'UE ?

L'euro est-il un échec ?
de Michel Dévoluy
ISBN : 9782110085313
9 euros

Indéniable réussite sur le plan technique, la mise en place de l'euro demeure incomplète et ses contraintes, notamment en termes de discipline budgétaire collective, soulèvent de nombreuses réticences politiques et sociales. L'euro a-t-il tenu toutes ses promesses (limitation de la dépendance économique à l'égard du dollar, stabilité monétaire, contribution au progrès politique de l'Union) ? Les critiques qui lui sont adressées (perte de pouvoir d'achat, contraintes macroéconomiques…) sont-elles fondées ? Quel est l'avenir de l'Union monétaire européenne ?

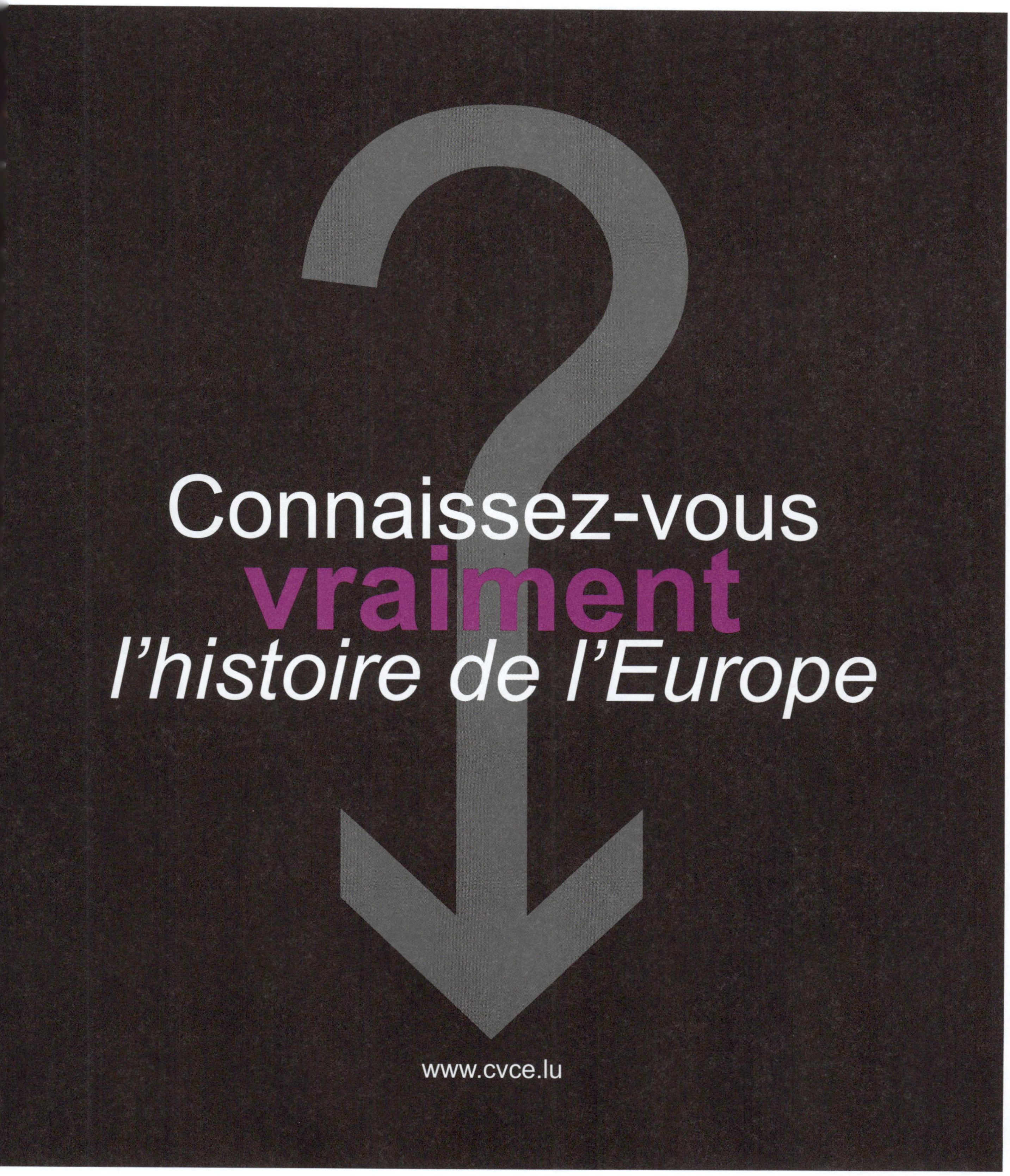
Connaissez-vous
vraiment
l'histoire de l'Europe
www.cvce.lu

Imprimerie de la Direction de l'information légale et administrative IMPRIM'VERT®
N° 503110308-000411 – Dépôt légal : avril 2011